池田知久著

郭店楚簡老子の新研究

汲古書院

前書き

一　郭店楚墓竹簡の發掘・構成と『老子』の書名

本書は、荊門市博物館『郭店楚墓竹簡』（文物出版社、一九九八年。以下、本書を『郭店楚簡』と略稱し、またその中に收められている十六種類の文獻を「郭店楚簡」と略稱する。）所收の『老子』甲本・乙本・丙本について譯注を施しつつ、關聯する若干の問題を檢討した研究書である。

『郭店楚墓竹簡』は、一九九三年の冬に中國湖北省荊門市郭店村の一號楚墓より出土した八〇〇餘枚の竹簡の「圖版」（寫眞版）と「釋文注釋」を收めている。

この郭店村一號楚墓（以下、「郭店楚墓」と略稱する。）の、發掘の經過、墓葬の形態、隨葬品の種類や數量、墓主人の身分、戰國時代の楚都をめぐる歷史地理學などについては、すでに中國の研究者の代表的な見解が發表されている。以下の論文を參照されたい。

劉祖信「荊門楚墓的驚人發現」（『文物天地』一九九五年第六期、中國文物研究所、一九九五年十一月）

湖北省荊門市博物館「荊門郭店一號楚墓」（『文物』一九九七年第七期、文物出版社、一九九七年七月）

崔仁義「荊門楚墓出土的竹簡《老子》初探」（『荊門社會科學』一九九七年第五期、一九九七年十月）

荊門市博物館「前言」（『郭店楚墓竹簡』、文物出版社、一九九八年）

近藤浩之「序文」（池田知久監修『郭店楚簡の思想史的研究』第一卷、東京大學文學部中國思想文化學研究室、一九九九年十一月）

ここではこれらに基づいて要點だけをごく簡單に述べることにする。

さて、郭店楚墓の場所は、現在では湖北省荊州市沙市區郭店村に屬しており、省都の武漢市から眞西に直線距離で約二〇〇キロメートルの地點にある。この郭店楚墓は、戰國時代の楚（南方の大國）の都、郢《えい》の紀南城附近（そこから北へ約九キロメートル）に位置している。そして、このあたり一帶には、戰國時代の楚の貴族の墳墓が多く聯なっており、紀山楚墓群を構成している。こういう狀況などから判斷して、郭店楚墓の墓主人は戰國時代、楚の士の身分の貴族であろうと考えられる。

この楚墓は、一九九三年八月から十月にかけて盜掘の被害を受けた。そのために、墓內の文物の一部分は持ち去られ、器物の一部分も破損・散亂するに至った。そこで、墓內に殘っている器物を保護するために、荊門市博物館は湖北省の文物主管部門の承認を得て、同年十月、緊急避難的に郭店楚墓の發掘調査を行った。

發掘調査の結果、八〇〇餘枚の竹簡が發見されたが、しかしこれらの竹簡は、すでに盜掘者の破壞を蒙っており、破損したり盜み去られたりしているものもあった。八〇〇餘枚の內、一小部分は無字簡（文字の書いてない竹簡）であるが、有字簡（文字の書いてある竹簡）が七三〇枚あり、總字數は一七〇〇〇字以上に達すると言う。本書が取り扱う『老子』の竹簡は、合計七十一枚、二〇四六字である。

郭店楚墓は、土坑竪穴木槨墓であり、その中から隨葬品として銅鈹・龍形玉帶鈎・七弦琴・漆耳杯・漆奩が發見されたが、それらの形狀や紋樣はいずれも戰國時代の楚文化の風格があると言う。發掘者の推測によれば、その下葬年代は戰國時代の中期から後期にかけてであるとするが、筆者はこの推測に贊成しない。この點については下文で詳しく檢討する。

『郭店楚簡』の八〇〇餘枚の竹簡は、荊州市博物館や荊門市博物館の整理者の手によって以下の十六種類の文獻に整理された。（書名の下の數字は竹簡の枚數である。）

『老子』甲　三十九簡
『老子』乙　十八簡
『老子』丙　十四簡（なお、本書では、『老子』甲本・乙本・丙本と稱する。）
『太一生水』十四簡（「太」は『郭店楚簡』の「圖版」によれば「大」の字である。本書では、『大一生水』と稱する。）
『緇衣』　四十七簡
『魯穆公問子思』　八簡
『窮達以時』　十五簡
『五行』　五十簡
『唐虞之道』　二十九簡
『忠信之道』　九簡
『成之聞之』　四十簡
『尊德義』　三十九簡
『性自命出』　六十七簡
『六德』　四十九簡

『語叢』一　一一二簡

『語叢』二　五十四簡

『語叢』三　七十二簡

『語叢』四　二十七簡

竹簡殘片　二十七簡

以上、合計七三〇簡である。これらの內、『五行』の冒頭に成書者あるいは抄寫者によって『五行』という書名（篇題）がつけられているのを除いて、他の書名はすべて上記の整理者によって假につけられたものである。これらの書名が正しくは何であるべきかに關しては、その『老子』という書名をも含めて、十分に愼重に取り扱い堅實で緻密な考證を行わなければならない。

なぜかと言えば、この最古の郭店楚墓竹簡本も次古の馬王堆漢墓帛書本（甲本は戰國時代最末期～前漢時代初期の紀元前一八〇年前後までの成書、乙本は甲本の後～前漢時代初期の紀元前一七〇年前後までの成書）も、ともに『老子』という書名はまだついていなかったからである。馬王堆漢墓帛書（以下、馬王堆漢墓『老子』あるいは馬王堆『老子』と略稱する。）甲本は歷史上初めてこの書の五千餘言の經文全體を二大分し、「德經」に當たる部分を前に置き、「道經」に當たる部分を後に置いた（ただし、兩者に何の名稱もつけていない。）が、同一系統に屬するテキストである乙本はこれを受けて、二大分された部分に歷史上初めてそれぞれ「德」と「道」という名稱を與えている。この書を『道德經』と呼ぶ名稱の(1)最古の起こりは、恐らくこのあたりに胚胎していたらしい。とは言うものの、馬王堆乙本の「德」「道」も『老子』と名づけられてはいなかった。

馬王堆乙本から二、三十年後（前漢初期の景帝期乃至武帝期）に成った『莊子』天下篇の老聃・關尹論の見たこの書は、すでに『老子』と稱されていた可能性がある。また、馬王堆乙本から七、八十年後（前漢武帝期の紀元前一〇〇年ごろ）に成った司馬遷『史記』老子列傳の見たこの書は、

於是老子廼著書上下篇、言道德之意五千餘言而去。

と記されているように、全體を二大分する處置が維持されて「上下篇」となっただけでなく、馬王堆乙本の「德」「道」という名稱が覆されて「道」「德」の順序、すなわち今本（王弼本）と同じ構成の『道德經』と成っていたようである。「德道の意を言う」ではなく「道德の意を言う」としているのは、「道」を前に置き「德」を後に置く『道德經』の成立を證しする資料ではなかろうか。さらに、總字數が「五千餘言」というのも馬王堆本の總字數と一致する。(2) こういうわけで、司馬遷の見たこの書も、すでに『老子』と稱されていた可能性がある。しかしながら、『莊子』天下篇にも『史記』老子列傳にも、この書が『老子』と稱されていたという明證は存在しない。したがって、前漢初期の司馬遷の時代に至るまで、この書は『老子』と呼ばれることはあったとしても『老子』の名稱はまだ定着していなかったのである。

この郭店楚簡は、この書がいつごろ、どの地において、いかなる理由により『老子』と呼ばれるようになったのかを検討する資料としても重要な價値を有する。このような事情もあることだから、それが今本（王弼本）『老子』と一致するからといって、直ちに今本（王弼本）と同一視してしまうのは適當ではない。むしろ今本（王弼本）『老子』の形成過程を解明するという見通しの下に、書名もまだつけられていない、その形成過程の最も早い時期の一テキストという位置づけを與えるのがよいと考える。本書において書名を郭店楚墓竹簡『老子』甲本・乙本・丙本と表現するのは、あくまでも行論の便宜に從うにすぎない。(3)（以下、郭店楚簡『老子』あるいは郭店『老子』と略稱する。）

ちなみに、『郭店楚簡』中の『大一生水』という文獻は、郭店『老子』丙本と同じテキストの形制、同じ抄寫の字體、類似する諸思想を持っている。(4) それゆえ、『大一生水』をも郭店『老子』を構成する一部分であると見なし、その中に入る文獻として一緒に取り扱うべきであるかもしれない。この問題に關しては、筆者は、谷中信一「郭店楚簡『老子』及び「太一生水」から見た今本『老子』の成立」(5) の提唱に贊成する者である。そして、このこともまた、最古の『老子』が今本（王弼本）とは異なる姿・形を持っていたという事實を裏づけているように思われる。けれども、筆者はかつて『大一生水』の譯注を公刊したことがある上に、(6) そのような取り扱い方をすると、問題が過度に複雜になってしまうので、本書では行論の便宜に従って、暫く『老子』甲本・乙本・丙本だけを研究對象とすることにしたい。郭店『老子』と『大一生水』との關係に關する筆者の見解は、近い將來世に問う預定である。

注

（1）Robert G. Henricks は前半部分が「德」、後半部分が「道」と名づけられている事實を重視して、このテキストを『德道經』と呼んでいる。Robert G. Henricks, LAO-TZU TE-TAO CHING, "*A New Translation Based on the Recently Discovered Ma-wang-tui Texts*", Ballantine Books, New York, 1989、を參照。

（2）馬王堆甲本には字數の記載はないが、實際は乙本とほぼ同じ字數である。また、乙本には「德　三千卌一」「道　二千四百廿六」という記載があって、總字數は約五四〇〇字である。したがって、司馬遷の「五千餘言」本は馬王堆乙本を引き繼ぐテキストと認めることができよう。

（3）以上に述べた郭店『老子』甲本・乙本・丙本の位置づけの詳細については、以下の拙著を參照。
『道家思想の新研究――『莊子』を中心として』（汲古書院、二〇〇九年）、第2章「道家の諸テキストの編纂――『莊子』『老子』『淮南子』」

『道家思想的新研究――以《莊子》爲中心』上（中國文、王啓發・曹峰譯、中州古籍出版社、二〇〇九年）、第二章「道家諸文本的編纂――《莊子》、《老子》、《淮南子》」を參照。

（4）李零『增訂本　郭店楚簡校讀記』（北京大學出版社、二〇〇二年）、「凡例」および「第一組簡文（道家和道家陰謀派的文獻）」を參照。

（5）谷中信一「郭店楚簡『老子』及び「太一生水」から見た今本『老子』の成立」（郭店楚簡研究會編『楚地出土資料と中國古代文化』、汲古書院、二〇〇二年）を參照。

（6）池田知久監修『郭店楚簡の研究』（一）（大東文化大學大學院事務室、一九九九年八月）、第一部「譯注編『大一生水』」を參照。

二　郭店一號墓の下葬年代――通說とそれへの批判

次に、郭店楚墓は、一體いつごろ下葬されたものであろうか。下葬年代が重要であるのは、今回出土した諸文獻の成書年代や抄寫年代がいつであるかを測る基礎になるのが、下葬年代だからである。この問題についても、すでに中國の研究者に見解があり、例えば、上引の劉祖信「荊門楚墓的驚人發現」は、

該墓的下葬時代應屬戰國中期偏晚。

と言い、また湖北省荊門市博物館「荊門郭店一號楚墓」は、

綜上所述、從墓葬形制和器物特徵判斷、郭店M一具有戰國中期偏晚的特點、其下葬年代當在公元前四世紀中期至前三世紀初。

と言い（荊門市博物館「前言」もこれを肯定的に引用）、さらに崔仁義「荊門楚墓出土的竹簡《老子》初探」は、より詳細

かつ具體的に、

竹簡《老子》的入葬時閒早於公元前二七八年。郭店一號墓位於以紀南城爲中心的楚國貴族陵墓區、是楚國貴族墓（詳見文之《一》）、而公元前二七八年、秦將白起拔郢、〝燒先王墓夷陵。楚襄王兵散、遂不復戰、東北保於陳城。〟楚都紀南城的廢棄、意味着楚國貴族集團的轉移和公墓區內楚國貴族墓葬的終止。同時、該墓出土的方形銅鏡與包山楚墓出土的方形銅鏡制作一樣、形制相同、紋飾一致、出土的漆耳環等也均與包山楚墓出土的同類同型器接近。包山二號墓入葬於公元前三一六年、郭店一號墓的入葬年代應與之不相上下、卽約當公元前三〇〇年。

と述べている。今日の中國の學界では、最後者の前三〇〇年前後の下葬とする見解が最も盛行しているようである。

しかしながら、筆者は、この見解に根本的な疑問を抱いており、最後者に論據を提供している「秦將白起拔郢」の前二七八年よりも、さらに後に下る年代を想定すべきではないかと考える。なぜなら、『郭店楚簡』には上記のとおり『窮達以時』という文獻が收められているが、この文獻の中に『荀子』のいわゆる「天人之分」より後の時代に、その影響を受けて成った文章が發見されるからである。すなわち、

又（有）天又（有）人、天人又（有）分。詧（察）天人之分、而智（知）所行矣。又（有）亓（其）人、亡亓（其）殜（世）、唯（雖）臤（賢）弗行矣。句（苟）又（有）亓（其）殜（世）、可（何）慬〈僅（難）〉之又（有）才（哉）。……堣（遇）不堣（遇）、天也。童（動）非爲達也、古（故）身（窮）而不〔困。學非〕爲名也、古（故）莫之智（知）而不哭（憐）。〔芷蘭生於深林、非以亡（無）人〕嗅（嗅）而不芳。無茖菫（根）愈（於）塩山石、不爲〔亡（無）人不〕☐。

がそれである。

第一に、この文章の中の「又天又人、天人又分。訬天人之分、而智所行矣。」は、『荀子』天論篇に、

天行有常、不爲堯存、不爲桀亡。應之以治則吉、應之以亂則凶。彊本而節用、則天不能貧。養備而動時、則天不能病。修道而不貳、則天不能禍。……本荒而用侈、則天不能使之富。養略而動罕、則天不能使之全。倍道而妄行、則天不能使之吉。……受時與治世同、而殃禍與治世異、不可以怨天、其道然也。故明於天人之分、則可謂至人矣。

とある、荀子のオリジナルな思想の表現を踏まえて書かれた文章である。荀子の思想體系の中で、人閒の內面にある「天人之分」として位置づけられている思想が「性僞之分」であるが、『荀子』性惡篇では、

孟子曰、「人之學者、其性善。」曰、是不然。是不及知人之性、而不察乎人之性僞之分者也。凡性者、天之就也、不可學、不可事。禮義者、聖人之所生也、人之所學而能、所事而成者也。不可學、不可事而在人者、謂之性。可學而能、可事而成之在人者、謂之僞。是性僞之分也。

とあるように、「性＝天」と「僞＝人」の區別を明確に說いた後、その「性僞之分」を「察」しなければならないと主張している。このように「天人之分」と「性僞之分」は荀子にとって他學派から借用してきた外來の思想ではなく、荀子以外には誰も唱えることのなかった完全にオリジナルな思想であった(1)。

第二に、『窮達以時』の中の、

又（有）亓（其）人、亡亓（其）殜（世）、唯（雖）臤（賢）弗行矣。句（苟）又（有）亓（其）殜（世）、可（何）慬〈㦗（難）〉之又（有）才（哉）。……堣（遇）不堣（遇）、天也。童（動）非爲達也、古（故）寡（窮）而不〔困。學非〕爲名也、古（故）莫之智（知）而不哭（憐）。〔芷蘭生於深林、非以亡（無）人〕嘆（嗅）而不芳。無茖菫（根）愈（於）坫山石、不爲〔亡（無）人不〕☐。

は、これと密接に關聯する思想の表現が、『呂氏春秋』愼人篇(2)、『荀子』宥坐篇・『韓詩外傳』卷七・『說苑』雜言篇・

『孔子家語』在厄篇に含まれている。ここでは、以上の五文獻を代表させて『荀子』宥坐篇を引用しておく。

夫遇不遇者、時也。賢不肖者、材也。君子博學深謀不遇時者多矣。由是觀之、不遇世者衆矣、何獨丘也哉。且夫芷蘭生於深林、非以無人而不芳。君子之學、非爲通也。爲窮而不困、憂而意不衰也、知禍福終始而心不惑也。夫賢不肖者、材也。爲不爲者、人也。遇不遇者、時也。死生者、命也。今有其人、不遇其時、雖賢其能行乎。苟遇其時、何難之有。

『窮達以時』と『荀子』宥坐篇の密接な關聯あるいは類似は、誰の目にも明らかではなかろうか。(3) したがって、極めて大雜把に把えるならば、『窮達以時』は『呂氏春秋』愼人篇・『荀子』宥坐篇などと大體同じ時代に成書された文章と見なすことができる。

筆者は、かつてこの『窮達以時』を具體的かつ詳細に研究したことがある。(4) 研究の方法は、『窮達以時』の思想內容および文章表現を、これと密接に關聯・類似する上記の五文獻と比較・對照することである。その結果、上述の盛行している見解とは根本的に異なる郭店楚墓の下葬年代を想定せざるをえないと考えるに至った。すなわち、その下葬年代は戰國末期であり、前二六五年前後～前二五五年よりやや後であろうと考える。

その理由は、一つには、『荀子』天論篇の「天人之分」の思想は、戰國後期、齊の稷下に遊學していた荀子が、莊子學派と接觸してその「天人」關係論から強い影響を被りながらも、彼らの「人」の否定を覆して「人」の肯定に轉ずる思想の革新を起こす中で、齊の土地において形成していった思想であり、『荀子』天論篇の成書年代は荀子がこの土地に滯在していた前二六五年か二六四年～二五五年の約十年の間にあること。(5)

二つには、『窮達以時』は、『荀子』天論篇が世に出た少しばかり後、その影響の下に「天人之分」の思想を大體のところ忠實に襲って、荀子の周邊か荀子の後學（つまり荀子學派）が筆を揮って成書した文獻であること。

三つには、『窮達以時』の成書された土地は、荀子をして莊子學派の「天人」關係論の影響からほぼ完全に自由になることを可能ならしめた楚の蘭陵よりも、どちらかと言えばそれ以前の齊の稷下の方がふさわしいが、荀子が楚の蘭陵に家を構えて生活していたのは前二五五年～二三八年の約十八年間であること。

四つには、大體、忠實に襲いはしたものの、しかし、『窮達以時』には『荀子』天論篇の「天人之分」の思想を修正した點もあって、この點において、『窮達以時』は『荀子』天論篇より後の『呂氏春秋』愼人篇・『荀子』宥坐篇などに接近しつつあること。

すなわち、『荀子』天論篇の「天人之分」と性惡篇の「性僞之分」が、荀子その人の思想にふさわしく「人」「僞」の意味を強調する點に重きを置くのに對して、『窮達以時』の「天人又分」は逆に「天」や「天」と類似する內容の「殜（世）」の意味を強調する點に重きを置く。陳蔡の閒における孔子の遭厄を述べた多くの文章の中で、「天」や「天」と類似する「時」などの意味を強調するのは、『呂氏春秋』愼人篇・『荀子』宥坐篇およびその影響下に成った後の時代の、『韓詩外傳』卷七・『說苑』雜言篇・『孔子家語』在厄篇などに共通する特徴である。(6)

五つには、結局のところ、『窮達以時』の成書年代は、『荀子』天論篇の成書年代（前二六五年前後～二五五年）よりやや後で、同じく前二六五年前後～二五五年の約十年閒かまたはそのやや後にあるが、『呂氏春秋』編纂年代（前二三九年乃至二三五年）に至る過程にあること。——ざっと以上のとおりである。

そして、もし郭店楚墓の下葬年代を以上のように想定することが許されるならば、郭店『老子』甲本・乙本・丙本の成書年代あるいは抄寫年代の下限を、戰國末期、前二六五年前後～二五五年より少し後までに置くことが荒唐無稽ではなくなり、そのことを通じて、郭店『老子』三本の中に荀子の思想を踏まえている箇所があることを始めとして、郭店『老子』三本の抱く思想內容全體に對しても、一層合理的な說明、正確な分析を行うことが可能となるのである。

注

（1）もっとも、荀子に先だって戰國後期の道家、特に『莊子』諸篇が、「天」と「人」の區別をすでに強調していた。當時、道家は「天」を肯定・重視し「人」を否定・輕視していたが、荀子はこれに反對して兩者の評價をひっくり返し、「人」を肯定・重視し「天」を否定・輕視するに至った。このような思想革新の取り組みと、それを「天人之分」というセットフレーズにまとめたことが、荀子のオリジナリティーである。以上の詳細については、以下の拙論を參照。
「郭店楚簡『窮達以時』の研究」（池田知久監修『郭店楚簡の思想史的研究』第三卷、東京大學文學部中國思想文化學研究室、二〇〇〇年一月）、Ⅲ、２「『莊子』の「天人」關係論と『荀子』の「天人之分」」

「郭店楚簡《窮達以時》研究」（中國文、曹峰譯、『池田知久簡帛研究論集』、中華書局、二〇〇六年）、第三章、（二）「《莊子》的〝天人〟關係論和《荀子》的〝天人之分〟」

を參照。

（2）文物出版社『郭店楚簡』は、『窮達以時』との類似性を認めることのできる諸文獻を擧げているが、『呂氏春秋』愼人篇を見落としている。

（3）『荀子』宥坐篇は、內山俊彥『荀子――古代思想家の肖像――』（評論社、一九七六年）、Ⅰ、2、「「荀子」の書」によれば、もと荀子の後繼者たちの手になる雜錄で、それが劉向によりこれらの篇に仕立てられたもの、と見るべく、荀子その人の思想を考える資料としては、價値がより低いといわねばならぬ。むしろそれらは、荀子以後の後繼者たちの思想傾向を示す資料といえる……。
という性質の文獻であり、恐らく戰國末期～前漢初期の成書と把えなければならない。そうだとすれば、『窮達以時』は、宥坐篇に先んじて成書された文獻であるにしても、戰國後期という早い時代に成ったと見なすことはできない。

（4）注（1）に引用した拙論「郭店楚簡『窮達以時』の研究」である。

（5）　荀子の生涯と事跡については、以下の諸論著を參照。
重澤俊郎『周漢思想研究』（弘文堂書房、一九四三年）、「荀況研究」、「荀況の稱號年代著作等に就いて」

內山俊彥『荀子』（「講談社學術文庫」、講談社、一九九九年）、Ⅰ章、2「戰國最後の儒家――荀子の生涯」、「姓名・生年」「齊國にて」「蘭陵の令」「晚年と死」

拙論「蘭陵荀子墓探訪記」（『漢學會誌』第四十四號、大東文化大學漢學會、二〇〇五年三月）、Ⅳ「荀子の生涯と事績」

なお、錢穆『先秦諸子繫年』（上册・下册）（香港大學出版社、一九五六年增訂初版）、一〇三「荀卿年十五之齊攷」、一三六「荀卿自齊適楚攷」、一四〇「春申君封荀卿爲蘭陵令辨」、一四三「荀卿齊襄王時爲稷下祭酒攷」、一四九「荀卿赴秦見昭王應侯攷」、一五一「荀卿至趙見趙孝成王議兵攷」、一五六「李斯韓非攷」をも參照。ただし、本書では錢穆說は採用していない。
（6）　荀子の「天人之分」を始めとする「天人」關係論の內容、および荀子以後、儒家などの「天人」關係論に發生した變化については、拙論「儒家の「三才」と『老子』の「四大」」（『中村璋八博士古稀記念東洋學論集』、汲古書院、一九九五年）を參照。ちなみに、以上の諸文獻を除けば、陳蔡の閒における孔子の遭厄を述べた文章の中で、「天人」關係を論じている文章としては、ただ一つ『莊子』山木篇があるのみである。そこでは、仲尼の口を借りて、「无受天損易、无受人益難、……人與天一也。……有人、天也。有天、亦天也。人之不能有天、性也。」と述べている。

三　本書執筆の經緯――前著と本書の成立事情

本書の基礎をなす拙著は『郭店楚簡老子研究』（1）であり、その執筆の開始は一九九八年三月である。『郭店楚簡』中の『老子』を中心とする多くの思想史の資料を檢討する國際シンポジウム「郭店老子國際研討會」（The International Conference on the Guodian *Laozi*）が、一九九八年五月、アメリカ、ニュー・ハンプシャー州ハノーヴァー市のダートマス大學で開催された。日本から參加した研究者は筆者一人だけである。このシンポジウムを成功させるために、中國の文物出版社はダートマス大學との契約に基づいて、正式に出版される約一ヶ月前の一九九八年三月、シンポジウム參加者約三〇名に荊門市博物館『郭店楚墓竹簡』（正式出版は同年五月）の試用本を送附して、各參加者が事前に研究することを可能ならしめる處置を取った。試用本が到着したのは三月末日であったが、それ以降、筆者は『老子』甲本・乙本・丙本と『五行』篇の注解に取り組み、五月までに何とか『荊門市博物館『郭店楚墓竹簡』筆記、『老子』甲・乙・丙』と『荊門市博物館『郭店楚墓竹簡』筆記、『五行』』を完成させた。なお、これら二篇の原稿は、脱稿後、直ちにシンポジウムの主催者である、ダートマス大學のロバート・G・ヘンリックス教授（Robert G. Henricks, Professor of Religion, Dartmouth College）に郵送したところ、同教授はこれらをコピーして全參加者に配布してくれた。(2)

以上の『荊門市博物館『郭店楚墓竹簡』筆記、『老子』甲・乙・丙』の執筆と並行して、筆者は、一九九八年四月〜七月の四ヶ月間、勤務する東京大學文學部および大學院のゼミナールにおいて郭店『老子』を取り上げてこれを講讀した。この講讀は七月中旬に完了した。この四ヶ月間のゼミナールで學生諸君から受けた知的刺激を基にし、また内外の郭店『老子』に關する研究成果を取り入れて、その增補・改訂版を作りたいと思うに至った。そこで、夏休みを利用してその作業に取りかかり、八月末日に『荊門市博物館『郭店楚墓竹簡』筆記、『老子』甲本・乙本・丙本（增補・改訂版）』を脱稿したが、兩篇の拙稿はその時々、周圍の人々の閲讀の勞を煩わして批判を仰ぎ貴重なご教示を得ることができた。

一方、上述のダートマス大學における國際シンポジウムの終了直後、臺灣大學哲學系の陳鼓應教授よりお話しがあり、同教授が主編を務める雜誌『道家文化研究』第十四輯で「郭店楚簡」の特集を組むので、『老子』に關する論文を書くようにとの慫慂を受けた。(3)上述の『荊門市博物館『郭店楚墓竹簡』筆記、『老子』甲・乙・丙』およびその增補・改訂版を執筆する課程で、心中に郭店『老子』について論じてみたいと思ういくつかの問題が生じていたので、同教授の慫慂に快く應ずることにした。このようにして、拙論「形成途上にある最古のテキストとしての郭店楚簡『老子』」（前著『郭店楚簡老子研究』の第一編）はできあがった。脫稿は八月初旬。その後、直ちに東京大學大學院生（當時。現清華大學教授）の曹峰氏にお願いして中國語に翻譯してもらい、出版社である中國の三聯書店に送附した。(4)

次に、筆者はもともと、非常勤講師をしていた大東文化大學大學院文學研究科「中國哲學特殊研究二」の一九九八年度一年間のゼミナールの研究成果を一冊の本にまとめて、刊行しようという計畫を持っていたが、この計畫に基づく『郭店楚簡の研究』（一）（大東文化大學大學院文學研究科中國學研究室、一九九九年八月）の刊行に對して、一九九九年二月、大東文化大學大學院より經濟的援助の手が差し伸べられることが決定された。そこで、筆者は、『郭店楚簡の研究』（一）を構成する一篇として収めるべく、上述した『郭店楚墓竹簡』筆記、『老子』甲本・乙本・丙本（增補・改訂版）をさらに加筆・修正して公表することにした。こうして舊稿に若干の加筆・修正を施して、一九九九年五月、拙稿「譯注編　『老子』甲本・乙本・丙本」が完成した。ところが、同年六月に入稿もすませ、同年七月に初校のゲラが出た段階になって、あいにく大東文化大學の經濟的理由で、拙稿は『郭店楚簡の研究』（一）の中に収載することができなくなってしまった。まことに遺憾なことである。(5)

幸い、筆者は、「古典學の再構築」の「原本『老子』の形成と林希逸『三子鬳齋口義』に關する研究」というテーマで、一九九九年度科學研究費補助金特定領域研究（A）を受けることができたので、その補助金をもって本書の刊行費の一部分に充當させてもらおうと考え、先の拙稿「譯注編　『老子』甲本・乙本・丙本」をもう一度、加筆・修正することにした。こうしてさらに相當の加筆・修正を施して、一九九九年九月、前著『郭店楚簡老子研究』の第二編・第三編・第四編は完成したのである。

その發行は第一刷（三六九ページ）の五〇〇冊が一九九九年十一月であるが、本書は讀者に好評をもって迎えられ、たちまち在庫がなくなってしまった。そこで、第二刷（三七一ページ）の三〇〇冊を二〇〇〇年一月に發行した。第二刷は、第一刷に含まれる字句や誤植などの誤りを修正したために、第一刷よりも二ページ增加している。この第二刷も、筆者が東京大學を停年退職して大東文化大學に移った二〇〇三年四月には、再び在庫がなくなっていた。そのために、この書を必要とする研究者は日本や外國（臺灣や韓國）の古書店にまで搜求の手を伸ばすことを強いられ、筆者のところに苦情を訴える聲が屆くようになった。しかし、職場が發行所である東京大學文學部中國思想文化學研究室から移ったためもあって、前著の第三刷や改訂版をそのままの形で發行することは躊躇せざるをえず、荏苒と無爲の内に月日を過ごして今日に至ったのである。

本書『郭店楚簡老子の新研究』の出版を思い立ったのは、二〇〇八年の春であった。その主な動機は、以下のとおり。――この八年間、郭店『老子』について論文を執筆・口頭發表することを通じて、筆者の郭店『老子』に對する理解が深まり、前著を大幅に改めたいという氣持ちを持つようになったこと、日本には郭店『老子』についての論文はあるけれども、專著がただ前著『郭店楚簡老子研究』の一種類しか存在せず、日本の學界の一員として內心に忸怩たる思いがし續けていたこと、好意的な讀者から本書を出版してほしいという要望が寄せられ、その聲が次第に強まってきていたが、筆者の年齢から言ってこの聲に應えるチャンスを逃すべきではないと考えたこと、などである。そこで二〇〇八年十月、汲古書院の石坂叡志社長に本書出版の件をお話ししたところ、快諾を得ることができた。

その後、二〇〇八年の冬、執筆を開始した。執筆の實際は、前著『郭店楚簡老子研究』を基礎にしてその內容を活かすというやり方に従ったが、前著の內容を大幅に改めただけでなく、新たに「第五編」「第六編」「第七編」を追加することになった。二〇一〇年四月に本書の主要部分を脫稿、原稿の一部分を汲古書院に送ったが、石坂社長との相談の結果、日本學術振興會の科學研究費補助金（研究成果公開促進費）の交付を申請してみようということになった。筆者がすべての原稿を完成させて汲古書院に渡したのは、二〇一〇年八月中旬である。二〇一一年四月、科學研究費補助金の交付が決まり、それから後の編集作業はすべて順調に推移した。

注

（1）東京大學文學部中國思想文化學研究室、一九九九年十一月第一刷發行。
（2）以上の經緯については、以下の二つの拙論に詳述した。參照されたい。
「アメリカ、ダートマス大學主催の「郭店老子國際研討會」に參加して」（中國出土資料學會『中國出土資料學會會報』第八號、一九九八年七月）
「アメリカ、ダートマス大學『郭店老子國際研討會』」（『東方學』第九十六輯、一九九八年七月）
（3）『道家文化研究―郭店楚簡專號』第十七輯（生活・讀書・新知三聯書店、一九九九年八月）。本來の預定では第十四輯であったが、實際には編集作業が遲延して第十七輯となった。
（4）拙論「尙處形成階段的《老子》最古文本―郭店楚簡《老子》」（中國文、曹峰譯）であるが、後に「郭店楚簡《老子》――形成階段的《老子》最古文本」と改題されて、『池田知久簡帛研究論集』（前揭）に收められた。
（5）拙稿「譯注編『老子』甲本・乙本・丙本」をめぐる經緯については、拙論「序文」（『郭店楚簡の研究』（一）、大東文化大學大學院文學研究科中國學研究室、一九九九年八月）を參照。

目　次

凡　例

一、本書の第一編・第五編・第六編・第七編は、『郭店楚墓竹簡』の『老子』に關する論文であり、第二編・第三編・第四編は同じく『老子』甲本・乙本・丙本全文の譯注である。後者は、「本文」「訓讀」「口語譯」「注」から成っている。

二、底本には、『郭店楚墓竹簡』（荊門市博物館編、文物出版社出版・發行、一九九八年五月第一版第一次印刷）を用いた。ただし、同書發行後に發表された國内外の種々の考證・研究や、筆者自身が同書の「圖版」に基づいて作った釋文などによって、底本の文字などを改めた箇所も少なくない。

三、『老子』という書名は、もともとこの竹簡には存在しなかったものであるが、底本が『老子』と稱しているので、本書でも便宜的にそれらを踏襲して用いることにした。

四、「第一章」「第二章」「第三章」などという章分け、および「上段」「中段」「下段」という段の指定は、もともと郭店『老子』には存在しなかったものである。しかし、底本がそのような章分けと指定を行っているので、本書でも便宜的にそれらを踏襲して用いることにする。前者すなわち『老子』の章分けは、言うまでもなく今本（例えば王弼本）の章分けであり、讀者に最も受け容れられやすいと考えたからである。

五、『老子』の「本文」の文字は、基本的には底本の「釋文注釋」によったが、その「圖版」にも目を通して、抄寫された時點における本來の文字を復元しようと努めた。

　異體字は可能な限り「圖版」のままとしたが、都合により正漢字や常用漢字などに改めざるをえなかった箇所も多い。また『郭店楚簡』の發行後、發表された諸研究や筆者自身の檢討の結果に基づいて、底本の「釋文注釋」の文字などを改めた箇所も少なくない。

「本文」中の假借字・省字・錯字・衍字はそのままとし、改めなかった。異體字・假借字・省字の場合は、その文字の下に何の異體字・假借字・省字であるかを「（　）」に入れて示し、錯字の場合は、その文字の下に正字を「〈　〉」に入れて示した。

殘缺の文字や判讀できない文字（缺字）および奪字は、一字の場合は「□」を用いて表し、何字であるか字數不明の場合は「⧄」を用いて表した。それが推測できる場合には龜甲括弧「〔　〕」の中に文字を入れた。以上のいずれの場合にも、そうであると認める理由は何かなどを後の「注」に記した。

符號の「■」や「乚」はそのままとしたが、重文符號（おどり字）あるいは合文符號の「=」は文字・文句に改めた。文の切れ目を示す點（鉤號）の「乚」や「ㄴ」などは省略した。

日本語式の句點「。」と讀點「、」とは『老子』にはなく、筆者が附したものである。

その本文が『老子』の第何號簡にあるかを示す「第○○號簡」は、底本の「圖版」に基づいて記入した。

六、「訓讀」は、日本語の古文を用いた直譯というつもりで書き下したが、必ずしも「本文」の改行の有無や「■」「乚」「ㄴ」の符號の位置に拘泥しなかった。

訓讀文は、現代假名遣いを採用している。

奪字は補足し、衍字は削除した。殘缺の文字や判讀できない文字（缺字）および奪字を推測して訓讀する場合は、訓讀文を龜甲括弧「〔　〕」の中に入れた。

（その他の「訓讀」についての、「本文」と重複する凡例は省略する。）

七、「口語譯」は、平易な現代語に譯するのに努めたが、流麗な美文に彫琢することはしなかった。
文脈の切れ目を考慮して適宜改行したが、必ずしも「本文」「訓讀」の改行の有無や「■」「－」「－」の符號の位置に拘泥しなかった。

使用する漢字は、原則として正漢字（舊漢字）である。

文意を明瞭にするために補って口語譯した部分は、括弧「（　）」に入れた。

（その他の「口語譯」についての、「本文」「訓讀」と重複する凡例は省略する。）

八、「注」は、「本文」「訓讀」「口語譯」を讀むために必要な諸問題を解明した注釋であるが、その番號は「本文」だけにふった。
各「注」の末尾に、各種今本（王弼本）や馬王堆『老子』甲本・乙本のテキスト上の異同を比較・對照してその結果を簡單に記した。その內、各種今本の比較・對照は、基本的に島邦男『老子校正』（汲古書院、一九七三年）に依據させていただいた。ここに特に記して感謝の意を表したい。ただし、すべての今本の原テキストに筆者が自ら當たり、問題のある箇所は調査・檢討した結果、島邦男說を修正した。

（その他の「注」についての、「本文」「訓讀」「口語譯」と重複する凡例は省略する。）

郭店楚簡老子の新研究

第一編　形成途上にある最古のテキストとしての郭店楚墓竹簡『老子』

一　始めに

本編は、一九九八年に公表された『郭店楚墓竹簡』所收の『老子』甲本・乙本・丙本が、すでに完成している『老子』五千言の一部分ではなくて、今まさに形成途上にある『老子』の、最も早い時期のテキストであることを解明することを、目的としている。

周知のとおり、『史記』老子列傳には、

老子者、楚苦縣厲鄕曲仁里人也、姓李氏、名耳、字耼、周守藏室之史也。

孔子適周、將問禮於老子。老子曰、「子所言者、其人與骨皆已朽矣、獨其言在耳。且君子得其時則駕、不得其時則蓬累而行。吾聞之、良賈深藏若虛、君子盛德容貌若愚。去子之驕氣與多欲、態色與淫志、是皆無益於子之身。吾所以告子、若是而已。」孔子去、謂弟子曰、「鳥、吾知其能飛。魚、吾知其能游。獸、吾知其能走。走者可以爲罔、游者可以爲綸、飛者可以爲矰。至於龍、吾不能知其乘風雲而上天。吾今日見老子、其猶龍邪。」

老子脩道德、其學以自隱無名爲務。居周久之、見周之衰、廼遂去。至關、關令尹喜曰、「子將隱矣、彊爲我著書」。於是老子廼著書上下篇、言道德之意五千餘言而去、莫知其所終。

という文章がある。ここには、老子という人物の活動していた時代は孔子とほぼ同じ時代であり、「關令尹喜」に請われて「上下篇」より成る「五千餘言」の「書」を「著」した、等々のことが述べられている。(1)

もしも我々が『史記』老子列傳の敍述をそのまま信じて、以上のことを歴史的事實であると見なすならば、馬王堆漢墓帛書『老子』（以下、馬王堆帛書『老子』あるいは馬王堆『老子』と略稱する。）や各種今本『老子』と基本的に同じ『老子』五千言がすでに春秋時代末期には完成しており、この郭店『老子』もその完成本『老子』の一部分か、もしくはその節略本かのいずれかである、などといった見方を取る方向に傾くであろう。しかしながら、『史記』老子列傳というのは、その中に非常に重大な、かつ極めて多くの問題を含んでいるために、その敍述を單純・安易に史實と信ずるわけにはいかないことで古來、特に有名な文獻である。(2)

したがって、郭店『老子』のテキストとしての位置と意義を解明しようとする本編では、『史記』老子列傳の敍述を史實と信ずる前提に依據することなく、『老子』や老子についてのあらゆる既存の理論や一切の先入觀を可能な限り捨て、一旦すべてを白紙に返す立場に立って、郭店『老子』の分析を進めるのがよいと考える。

注

(1)『史記』からの引用には、『史記』（中華書局、一九七二年）の標點本を使用した。

(2)『史記』老子列傳に含まれている矛盾・問題、およびそれに對する對處のしかたについては、以下の拙著を參照。
『老莊思想』（放送大學教育振興會、一九九六年）、1「最初の思想家たちとその生きた時代」、「謎に包まれた老子という人物」
『道家思想の新研究――『莊子』を中心として』（前掲）、第1章、第1節「多くの矛盾を含む『史記』老子列傳」
『道家思想的新研究――以《莊子》爲中心』上（前掲）、第一章、第一節「包含許多矛盾的《史記・老子列傳》」

二　章と段について

以下、郭店『老子』甲本・乙本・丙本それぞれの中から、性質の異なったテキスト上の問題を有する箇所を一箇所ずつを取り上げて検討する。それらの合計三箇所を、馬王堆『老子』や各種今本の當該箇所と比較・對照して分析することを通じて、郭店『老子』がすでに完成している『老子』の一部分などではなくて、今まさに形成途上にある『老子』の最も早い時期のテキストであることを解明したいと思う。なお、「各種今本」には、その代表として主に王弼本を引用して檢討することにする。(1)

第一に、次の「三」において、郭店『老子』甲本第六十四章上段・下段と丙本第六十四章下段を取り上げる。

今ここで、「第六十四章」という言葉を用いたけれども、郭店『老子』では馬王堆『老子』甲本・乙本と同じく、まだ「第一章」「第二章」……というような分章は行われていない。本編で「第一章」「第二章」「第六十四章」などと言うのは、操作の便宜のために假に今本（王弼本）の分章を用いるにすぎない。

第六十四章の檢討に入る前に、郭店『老子』三本の諸章の出現狀況を簡單に紹介しておきたい。この紹介は、主として文物本『郭店楚簡』の「老子釋文注釋」の【說明】に基づき、かつ筆者の見解によってそれを補足・修正したものである。

郭店『老子』甲本は、

第十九章→第六十六章→第四十六章中段・下段（上段を缺く）→第三十章上段・中段（下段を缺く）→第十五章上段・中段（下段を缺く）→第六十四章下段（上段を缺く）→第三十七章→第六十三章上段・下段（中段を缺く）→第二章→第三十二章。

第二十五章→第五章中段（上段・下段を缺く）。

第十六章上段（下段を缺く）。

第六十四章上段（下段を缺く）→第五十六章→第五十七章。

第五十五章上段・中段・下段（最下段を缺く）↓第四十四章↓第四十章↓第九章。

の順序に配列されており、乙本は、

第五十九章↓第四十八章上段（下段を缺く）↓第二十章上段（下段を缺く）↓第十三章。

第四十一章。

第五十二章中段（上段・下段を缺く）↓第四十五章↓第五十四章。

の順序、丙本は、

第十七章↓第十八章。

第三十五章↓第三十一章中段・下段（上段を缺く）。

第六十四章下段（上段を缺く）。

の順序である。これらの内、「中段・下段（上段を缺く）[2]」などという括弧内の附記のない、「第十九章」や「第六十六章」などは、當該章の文章がほぼ今本（王弼本）のとおりに完具していることを意味する。また、「↓」印は、綴合した竹簡の中で、前の章を受けて後の章が聯續して抄寫されていることを示し、「。」の記號は、その聯續がそこに至って斷絶していることを示す。

さて、これらの内、馬王堆『老子』および今本（王弼本）の章の順序と一致するものは、甲本の「第五十六章↓第五十七章」と丙本の「第十七章↓第十八章」の二箇所だけである。

前者については、第五十六章の章末に、文章のまとまりが終わることを示す「■」の符號が附けられているが、内容の面では第五十六章が緩やかながらそのまま次の第五十七章に聯續しているように感じられる。それゆえ、この「第五十六章↓第五十七章」の順序は、二つの章に分章するのが適當であるか否かの問題は別にして、郭店『老子』甲本に始まり馬王堆『老子』を經て、各種今本に受け繼がれていった配列ではなかろうか。

後者については、郭店『老子』丙本第十八章の冒頭に「古」の字があり、馬王堆『老子』甲本・乙本はともにこれを「故」の字に作るが、「古」は疑問の餘地なく「故」の假借字である。そうだとすれば、郭店『老子』丙本より馬王堆『老子』甲本に至る戰國時代後期〜戰國時代末期の『老子』は、第十七章と第十八章とを二つに分けずに一つのまとまり（一章）と把えていたことになる。そして、これが古い『老子』の本來の姿だったのである。(3)

以上の二箇所を除外すれば、郭店『老子』の章序は、そのすべてが馬王堆『老子』および今本（王弼本）の章序と一致しない。この事實は、郭店『老子』を修正・整理して成立したのが馬王堆『老子』および今本（王弼本）であることを示している、と筆者には思われる。その根據は、郭店『老子』のテキストとしての古樸・單純な自然性と、形成途上にあることから來る不安定性にあるが、これらの諸點については以下の行論の中で自ずから明らかになるはずである。

また、筆者は「上段・中段・下段」という言葉も用いたが、それらが郭店『老子』以下の諸テキストに見えるものでなく、『郭店楚墓竹簡』の編者の分段によるものであることは、改めて言うまでもない。本編ではやはり操作の便宜のために假にこれらの分段を用いることにする。(4)

ただし、例えば、本編で「第四十六章中段・下段」という言葉を用いたからといって、筆者が、當時、馬王堆『老子』や今本（王弼本）と基本的に同じ『老子』五千言がすでに完成しており、その第四十六章は完全に具足して「上段・中段・下段」より成っていたのであるが、郭店『老子』は何らかの理由でたまたま「中段・下段」だけが抄寫され、「上段」は結局、抄寫されることなく出土したのだ、と見なしているわけではない。注（4）に記した諸章の內容を丹念に檢討してみれば判明するとおり、例えば、「第四十六章中段・下段」はそれだけで完全に具足していて、內容の點でその「上段」と關係するところがなく、古樸・單純な自然性を保持した文章と言うことができる。それゆえ、第四十六章の「上段」は、馬王堆『老子』甲本に至る戰國時代の『老子』の形成過程において、道家の思想家の手により加筆・修正され整理されたものと考えなければならない。

その根據の一つは、馬王堆甲本第四十六章は、上段の冒頭と中段・下段の冒頭にそれぞれ「●」の符號が附けてあることである。この符號は、抄寫者が文章のまとまり（あるいは區切り）を意識していたことを示しているので、戰國時代末期になっても「上段・中段・下段」を一つのまとまり（一章）とする第四十六章という考えは、まだ想到されるに至ってはいなかったのだ。したがって、第四十六章の上段と中段・下段とを二つに分ける馬王堆甲本の考えが、中段・下段だけを抄寫した古い郭店『老子』に由來することは明らかである。ところが、馬王堆乙本第四十六章からは、それらの「●」符號が消えてしまっている。――馬王堆乙本は甲本よりも一層、今本（王弼本）に接近したと見なして差し支えあるまい。

そして、ここに第四十六章について略述した事情は、「上段・中段・下段」という言葉を用いた合計十二章（延べ十四箇所）の全部に當てはまるようである。

注

（1）王弼本は、各種今本の代表的な一つとして擧げるものである。主に依據したテキストは、島邦男『老子校正』（汲古書院、一九七三年十月）所收の「王本校正」であるが、波多野太郎『老子道德經研究』（國書刊行會、一九七九年）所收の「老子王注校正」や樓宇烈『王弼集校釋』上册（中華書局、一九八〇年）所收の「老子道德經注」などをも隨時參照した。

（2）なお、筆者の「上段を缺く諸章」「中段を缺く諸章」「下段を缺く諸章」という認定は、文物本『郭店楚簡』所收の「老子釋文注釋」の【説明】における認定とは、若干異なっている。
（3）その詳細については、本書、第六編「郭店楚墓竹簡『老子』の儒教批判」を參照。
（4）「上段・中段・下段」という言葉を用いている諸篇は、甲本の「第四十六章中段・下段」「第三十章上段・中段」「第十五章上段・中段」「第六十四章下段」「第六十三章上段・下段」「第五章中段」「第十六章上段」「第六十四章上段」「第五十五章上段・中段・下段」、乙本の「第四十八章上段」「第二十章上段」「第五十二章中段」、丙本の「第三十一章中段・下段」「第六十四章下段」、がそのすべてである。「第六十四章下段」が甲本と丙本に重複して現れるのを二箇所と數えて、延べ十四箇所である。

三　第六十四章における上段と下段

郭店『老子』甲本第六十四章と丙本第六十四章は、下段は具わっているが、上段を缺く章である。その甲本第六十四章（下段）の文章は、以下のとおり。

爲之者敗之、執之者遠〈遊（失）〉之。是以聖人亡（無）爲、古（故）亡（無）敗。亡（無）執、古（故）亡（無）遊（失）。臨事之紀、新（愼）冬（終）女（如）忌（始）、此亡（無）敗事矣。聖人谷（欲）不谷（欲）、不貴難导（得）之貨。斈（學）不斈（學）、复（復）衆之所化（過）。是古（故）聖人能尃（輔）萬勿（物）之自肰（然）、而弗能爲。

また、馬王堆甲本の全文は、(1)

●亓（其）安也、易持也。〔亓（其）未兆也〕、易謀〔也。亓（其）脆也、易泮（判）也。亓（其）微也、易散也。爲之於亓（其）未有、治之於亓（其）未亂。合抱之木、生於〕毫末、九成之臺、作於羸（蔂）土、百仁（仞）之高、台（始）於足〔下。爲之者敗之、執之者失之。是以聲（聖）人无爲〕也、〔故〕无敗〔也〕。无執也、故无失也。民之從事也、恆於亓（幾）成事而敗之。故愼終若始、則〔无敗事矣。是以聲（聖）人〕欲不欲、而不貴難得之𦢊（䝇）。學不學、而復衆人之所過。能輔萬物之自〔然而〕弗敢爲。

馬王堆乙本の全文は、(2)

〔亓（其）安也、易持也。亓（其）未兆也、易謀也。亓（其）脆也、易泮（判）也。亓（其）微也、易散也。爲之於亓（其）未有也、治之於亓（其）未亂也。合抱之〕木、作於毫末。九成之臺、作於虆（蔂）土。百千（仞）之高、始於足下。爲之者敗之、執〔之〕者失之。是以耶（聖）人无爲、〔故无敗也。无執、故无失也。〕民之從事也、恆於亓（幾）成而敗之。故曰、愼多（終）若始、則无敗事矣。是以耶（聖）人欲不欲、而不貴難得之貨。學不學、復衆人之所過。能輔萬物之自然、而弗敢爲。

さらに、王弼本の全文は、

其安、易持。其未兆、易謀。其脆、易泮。其微、易散。爲之於未有、治之於未亂。合抱之木、生於毫末、九層之臺、起於累土、千里之行、始於足下。爲者敗之、執者失之。是以聖人無爲、故無敗。無執、故無失。民之從事、常於幾成而敗之。愼終如始、則無敗事。是以聖人欲不欲、不貴難得之貨。學不學、復衆人之所過。以輔萬物之自然、而不敢爲。

である。また、郭店丙本第六十四章（下段）の文章は、以下のとおり。

爲之者敗之、執之者遊（失）之。聖人無爲、古（故）無敗也。無執、古（故）〔無遊（失）也〕。新（愼）終若詞（始）、則無敗事喜（矣）。人之敗也、亙（恆）於丌（其）戲（且）成也敗之。是以〔聖〕人欲不欲、不貴懃（難）㝵（得）之貨。學不學、逡（復）衆之所逃（過）。是以能補（輔）墓（萬）勿（物）之自肰（然）、而弗敢爲■。

ところで、郭店『老子』第六十四章は、實は上段も存在している。それは甲本の中にただ上段だけが、（甲本の）下段

から離れた別のところに置かれているのである。その郭店甲本の第六十四章（上段）の文章は、

亓（其）安也、易朱（持）也。亓（其）未菲（兆）也、易悬（謀）也。亓（其）毳（脆）也、易畔（判）也。亓（其）幾也、易後（散）也。爲之於亓（其）亡（無）又（有）也、絧（治）之於亓（其）未亂。合〔抱之木、生於毫〕末、九成之臺、己（起）〔於羸（虆）土、百仁（仞）之高、台（始）於〕足下■。

である。

以上の資料に基づいて、まず、離して別々のところに置くという形式の上から判斷するならば、郭店『老子』甲本の抄寫者に第六十四章の上段と下段を一つの章と見なす考えがなかったことは、明らかである。郭店甲本の上段の末尾に文章のまとまり・區切りを表示する「■」の符號がついていることも、この判斷の正しさを裏づけている。なお、郭店甲本第六十四章の下段の末尾には、郭店『老子』の諸他の章末に多く現れる「■」の符號がつけられていないが、これは偶然に發生した例外的なことと見なすべきであろう。

次に、郭店第六十四章の上段と下段の關聯を內容の上から檢討するならば、大雜把に把握して、上段の思想は、諸現象は「安・未菲（兆）・毳（脆）・幾」つまり萌芽したか否かも定かでない、ごく微小の段階から始まるものであり、その段階においては人閒が「易朱（持）也・易悬（謀）也・易畔（判）也・易後（散）也」つまり對處することが容易である。だから、人閒界の倫理的政治的な現象についても、「亡（無）又（有）也・未亂」すなわち發生したか否かも定かでない、ごく微小の段階において「爲之」「絧（治）之」などの對處を行うべきだ。これを裏から言えば、巨大な諸現象も「〔毫〕末・〔羸（虆）土〕・足下」すなわちごく微小の段階から始まって、「合〔抱之木〕・九成之臺・〔百仁（仞）之高〕」にまで發展した結果に他ならない、といったような內容を述べたものである。(3)

それに對して、下段の思想は、「亡（無）敗・亡（無）遊（失）」を望む我々は、「聖人」の「亡（無）爲」「亡（無）執」すなわち「谷（欲）不谷（欲）・不貴難导（得）之貨・𡥈（敎）不𡥈（敎）・𨒥（復）衆之所𧗿（過）」をモデルとして、「能尃（輔）萬勿（物）之自肰（然）、而弗能爲。」の態度を取るべきだ、といったような内容を述べたものであり、一言で言えば、「亡（無）爲」の勸めに他ならない。(4)

上段が「爲之於亓（其）亡（無）又（有）也、絧（治）之於亓（其）未亂。」のように、ともかく「爲之・絧（治）之」という人爲・作爲の必要性を主張しているのに對して、下段はその正反對の立場に立って「亡（無）爲」を勸めているではないか。こうしてみると、兩者を同じ第六十四章の中に置いて理解しようとする、今本（王弼本）やその前提となった馬王堆『老子』には相當に無理があり、郭店『老子』のように離れた別々のところに置いて相互に異なった内容の二つの文章としていたのが、素直で自然であり、本來の取り扱いであったと考えなければならない。とすれば、郭店『老子』が本來の古樸な自然性を保持した、現存する『老子』の最古のテキストであるのに對して、馬王堆『老子』・今本（王弼本）は古いテキストを基にして、それを修正し整理した後のテキストと考えることができよう。

その後の諸テキストにおける兩者の關聯づけの變遷については、馬王堆甲本は、當該箇所がはなはだしく殘缺しているので、下段の「爲之者敗之、執之者失之。」の冒頭に「●」の符號がつけられていて、上段とは異なる別の文章と見なしていたか否かは不明としか言いようがない。しかし、降って馬王堆乙本になると、兩者を一つのまとまり（一つの章）と見なす考えが、すでに發生していた可能性が高いと思われる。そして、王弼本が後者の延長線上に位置することは、改めて言うまでもない。

ちなみに、『韓非子』喩老篇を繙いてみると、第六十四章上段は「其安、易持也。其未兆、易謀也。」の二文だけが存在するが、下段はそれとは離れた別のところにまとめて置かれていて、「欲不欲、而不貴難得之貨。」「學不學、復歸衆人之所過也。」「恃萬物之自然、而不敢爲也。」に作っている。兩者が『韓非子』喩老篇において離れた別々のところに置かれているというこの事實も、やはり上述の推測の正しさを傍證するものであろう。(5)また、『戰國策』楚策一・賈誼『新書』審微篇・『史記』蘇秦列傳なども『老子』第六十四章を引用しているが、その引用には上段の一部分はあるが、下段はない。これらの資料も、本來、上段と下段が別々に取り扱われていた事實を推測する助けになるかもしれない。

さらに、郭店『老子』第六十四章下段には、甲本と丙本の間にある重要な相異が含まれている。それは、兩テキストの中間部分にある文章である。すなわち、甲本は、

臨事之紀、新（愼）冬（終）女（如）忌（始）、此亡（無）敗事矣。

に作っているところを、丙本は、

新（愼）終若詞（始）、則無敗事喜（矣）。人之敗也、亙（恆）於亓（其）叡（且）成也敗之。

に作っているのである。兩者の文章表現は、

新（愼）冬（終）女（如）忌（始）、此亡（無）敗事矣。

の一文を除いて異なっており、その相異は顯著であるが、それだけでなく、兩者の主語は、甲本が一貫して「聖人」であるのに對して、丙本の引用文の後半が一般に「人」である點も相異している。したがって、この箇所における兩者は、思想內容の點でもかなり相異している。(6)

同じ郭店『老子』の同じ第六十四章下段の經文が、甲本と丙本でこのように相異しているのは、一體なぜであろうか。それは恐らく、郭店『老子』が歷史上ほとんど最初にこの世に現れた『老子』であって、テキストとしてはまだ形成途上にある不安定なものだったからではなかろうか。ちなみに、同じ箇所を馬王堆『老子』甲本は、

　民之従事也、恆於亓（幾）成事而敗之。故愼終若始、則〔无敗事矣〕。

に作り、乙本は、ほぼ同じように、

　民之従事也、恆於亓（幾）成而敗之。故曰、愼冬若始、則无敗事矣。

に作り、王弼本は、これらを受けて、

　民之従事也、常於其幾成而敗之。愼終如始、則無敗事。

に作っている。これらを比較・對照すれば、郭店『老子』甲本よりも丙本の方が、馬王堆『老子』甲本・乙本や王弼本に近いことは明らかであるが、その丙本でさえ馬王堆『老子』や王弼本に至るためには、「訢（愼）終若詞（始）、則無敗事喜（矣）。」と「人之敗也、亙（恆）於亓（其）叡（且）成也敗之。」の順序を入れ換えるという修正を施さなければならなかったのである。

注

（1）拙著『老子』（「馬王堆出土文獻譯注叢書」、東方書店、二〇〇六年）、「老子（甲本）」を參照。

（2）拙著『老子』（前掲）、「老子（乙本）」を參照。

（3）郭店『老子』甲本第六十四章の上段、特に最後の箇所の、

　合〔抱之木、生於毫〕末、九成之臺、己（起）〔於羸（虆）土、百仁（仞）之高、台（始）於〕足下。

という文章には、戰國末期の儒家の代表である、荀子の「積微」（微小な努力をこつこつと積み重ねて巨大な目的を達成する）の思想からの影響があるように感じられる。とは言うものの、荀子からの影響は、馬王堆『老子』甲本・乙本・王弼本の第六十三章の中段ほどには強くないので、それゆえ、郭店『老子』甲本の成書年代および抄寫年代は、荀子の思想が世の中にぽつぽつ知られるようになったころ、と考えるのが適當であろう。

（4）郭店甲本第六十四章と丙本第六十四章の下段の冒頭の「爲之者敗之、執之者遠〈遊（失）〉之。」の一文は、馬王堆甲本・乙本・王弼本の第二十九章にもまた見えている。けれども、第二十九章のこの一文を含む章は、郭店『老子』甲本・乙本・丙本には存在しておらず、また『韓非子』解老篇・喩老篇にも引用・解說されていない。恐らく、比較的遲く作られて『老子』（例えば、馬王堆甲本・乙本）に採用された章なのではなかろうか。

（5）小野澤精一『韓非子』上の巻第七「喩老第二十一」は、『老子』第六十四章上段の「其安、易持也。其未兆、易謀也。」の解說の中で、

『老子』第六十四の文。……今の第六十四の引用は、このあと二つ他章のが入って、また二段見える。喩老の『老子』は第六十四が今の形に固定する前のものといえよう。

とすでに指摘していた。郭店『老子』が出土したことによって、今日、小野澤教授のこの指摘の正しさが證明されたわけである。

（6）馬王堆甲本・乙本の「民之從事也」や王弼本の「民之從事」は、郭店甲本に依據したものではなくて、郭店丙本の「人之敗也」に依據したものと考えられる。それだけでなく、馬王堆甲本・乙本・王弼本における「聖人」と「民」の二項對立の強調、さらには「聖人」の「民」に對する敎化の強調といった思想も、やはりまた郭店丙本に由來しているらしい。

四　第二十章上段と第十三章の聯續と斷絕

第二に、郭店『老子』乙本第二十章上段と第十三章を取り上げて検討する。郭店乙本第二十章は、上段は具わるが下段を缺いている。そして、その上段は、末尾の「乚」の符號を挾んで、第十三章に聯續している。兩章の全體を通して引用すれば、その文章は以下のとおり。

𢇍（絕）學亡（無）𢝊（憂）。售（唯）與可（訶）、相去幾可（何）。𡵂（美）與亞（惡）、相去可（何）若。人之

所景（畏）、亦不可以不景（畏）。人龍（寵）辱若纓（攖）、貴大患若身。可（何）胃（謂）龍（寵）辱。龍（寵）爲下也、㝵（得）之若纓（攖）、遊（失）之若纓（攖）。是胃（謂）龍（寵）辱〔若〕纓（攖）。〔可（何）胃（謂）貴大患〕若身。虛（吾）所以又（有）大患者、爲虛（吾）又（有）身。汲（及）虛（吾）亡（無）身、或可（何）〔患。故貴爲身於〕爲天下、若可以厇（託）天下矣。炁（愛）以（爲）身爲天下、若可以迲（寄）天下矣■。

また、『老子』第二十章の馬王堆甲本は、

〔絶學无憂〕。唯與訶、其相去幾何。美與惡、其相去何若。人之所〔畏〕、亦不〔可以不畏人〕。朢（恍）呵（乎）亓〔其〕未央才（哉）〕。衆人巸（熙）巸（熙）、若鄉（饗）於大牢、而春登臺。我泊（怕）焉未佻（兆）、若〔嬰兒未咳〕、纍（儽）呵（乎）如〔无所歸。衆人〕皆有餘、我獨遺（匱）。我禺（愚）人之心也、惷（沌）惷（沌）呵（乎）。鬻（俗）〔人昭昭、我獨若〕悶（昏）呵（乎）。鬻（俗）人蔡（察）蔡（察）、我獨悶（紊）悶（紊）呵（乎）。忽呵（乎）其若〔海〕、朢（恍）呵（乎）其若无所止。〔衆人皆有以、我獨閌（頑）〕以悝（俚）。吾欲獨異於人、而貴食母。

であり、馬王堆乙本は、

絶學无憂。唯與呵（訶）、亓（其）相去幾何。美與亞（惡）、亓（其）相去何若。人之所畏、亦不可以不畏人。朢（恍）呵（乎）亓（其）未央才（哉）。衆人巸（熙）巸（熙）、若鄉（饗）於大牢、而春登臺。我博（怕）焉未垗（兆）、若嬰兒未孩、纍（儽）呵（乎）佁（似）无所歸。衆人皆又（有）余（餘）、〔我獨遺（匱）〕。我愚人之心也、惷（沌）惷（沌）呵（乎）。鬻（俗）人昭昭、我獨若悶（昏）呵（乎）。鬻（俗）人察察、我獨閩（紊）閩（紊）呵（乎）。沕（忽）呵（乎）亓（其）若海、朢（恍）呵（乎）亓（其）若无所止。衆人皆有以、我獨閌（頑）以鄙。吾欲獨異於人、而貴食母。

であり、さらに、王弼本は、

絶學無憂。唯之與阿、相去幾何。善之與惡、相去若何。人之所畏、不可不畏。荒兮其未央哉。衆人熙熙、如享太牢、如春登臺。我獨泊兮其未兆、如嬰兒之未孩、儽儽兮若無所歸。衆人皆有餘、而我獨若遺。我愚人之心也哉、沌沌兮。俗人昭昭、我獨昏昏。俗人察察、我獨悶悶。澹兮其若海、飂兮若無止。衆人皆有以、而我獨頑似鄙。我獨異於人、而貴食母。

である。

まず、形式の上から檢討すると、郭店乙本第二十章のこの文章の末尾には、郭店『老子』の諸他の章末に多く現れる「■」の符號が、例外的につけられていない。それに代わって、末尾の「𥜽（畏）」の字の下に「－」の符號がつけられている。この箇所で文章が一旦終結しているのは明らかであるので、本章では、「－」の符號が章末の「■」の符號と同じ意味であるか、もしくはその誤抄であると考えて、以下、考察を進める。

ところで、この「－」の符號を挾んで竝んでいる郭店乙本の前後二つの章、すなわち第二十章上段と第十三章の接續箇所の變遷を注意深く調べてみると、郭店『老子』の經文と馬王堆『老子』の經文の直接的な繼承關係について、一つの重要な事實を發見することができる。

兩章の接續箇所で注意深く調べなければならないポイントは、第二十章上段の末尾もしくは第十三章の冒頭にある「人」の字を、以後の『老子』諸テキストがどのように處理しているかという問題にある。その核心部分をしぼって取り出せば、

人之所𥜽（畏）、亦不可以不𥜽（畏）。－人𢤴（寵）辱若纓（攖）、貴大患若身。

であり、その眞ん中にある「人」の字が核心中の核心である。

上にも觸れたように、郭店乙本第二十章の文章が「亦不可以不㬱（畏）」で一旦終結していると見なしうる[1]のは、その「圖版」（寫眞版）を調べてみると、「㬱（畏）」の字の下、「人」の字の上に「一」の符號がつけてあるからである。これは句讀を示す符號と考えることができる。加うるに、語法の面から論ずるならば、「不㬱（畏）」の客語はすぐ上に「人之所㬱（畏）」としてすでに出ており、下の「人」を「不㬱（畏）」の客語としたのでは文意を通じさせることができず、したがって、「人」は第十三章の「⿱龍心（寵）辱若纓（攖）」の主語と取るのが適當だからでもある。

ところが、馬王堆乙本は、第二十章上段の末尾を「人之所畏、亦不可以不畏人。」に作って、「人」の字を「不畏」の客語の位置に置いている。[2]一體全體、この「人」の字は、どこからここにやって來たのであろうか。——最も合理的な判斷は、郭店乙本第十三章の冒頭からこの位置に移された、と推測することではなかろうか。[3]だとすれば、馬王堆乙本は、郭店乙本それ自體、もしくはそれと類似する『老子』の古いテキストを直接目覩していて、その上で「人」などの經文の文字をいじっていたのではないかと疑われる。しかしながら、第二十章上段の末尾を「人之所畏、亦不可以不畏人。」に作って、「人」を「不畏」の客語とする馬王堆乙本のこの新しい處置は、語法の面からも到底無理であると斷ぜざるをえない。だからこそ、王弼本を始めとする各種今本は、いずれもみな「人之所畏、不可不畏。」に作り、それを引用した『淮南子』道應篇も「故老子曰、人之所畏、不可不畏也。」に作り、『文子』上仁篇も「故曰、人之所畏、不可不畏也。」に作って、「人」の字を削ってしまったのである。

それでは、郭店乙本第十三章の冒頭の「人」は、その後どこへ行ったのであろうか。この「人」の字は、『老子』第十三章では、馬王堆甲本・乙本にも王弼本にも見出されず、『老子』のテキストの歴史の中からついに姿を消してしまったようであるが、それもこれも、馬王堆乙本が無理に第二十章上段の末尾に移した處置に起因することであった。た

だし、『老子』の注釋の中で最古と考えられる『想爾注』は、第十三章の「貴大患若身」の部分に注釋を施して、

謂若者、彼人也。必違道求榮、患歸若身矣。

と解説している。(4) ことによると、『想爾注』は、郭店乙本のような冒頭に「人」の字があるテキストの存在を知っていたのかもしれない。

續いて、內容の上から『老子』第二十章を檢討すると、上段と下段を密接に關聯する文章であると見なすことは難しい。なぜなら、上段だけの郭店乙本の思想は、

「學」を捨て去れば、「慐（憂）」いはなくなる。「學」によって教えられる、「售（唯）」という答えと「可（訶）」という怒鳴り聲とは、そもそもどれほどのちがいがあろうか。「美」しいものと「亞《みにく》（惡）」いものとは、一體どれほどの隔たりがあろうか。ただ、人々の「禺《おそ》（畏）」れるものは、わたしも「禺（畏）」れないわけにはいかない。

という內容であって、ここには少なくとも「禺（畏）る所」に關しては、「我」が「人」に對して同調せざるをえない、という考えが表明されている。それに對して、馬王堆甲本・乙本・王弼本の下段の思想は、「衆人」あるいは「鬻（俗）人」と「我獨」が五回にわたって對比されて、兩者の人間としての生き方の本質に關わる相異が極端にまで強調されている。すなわち、第二十章の上段と下段とは反對方向を向いているのである。とすれば、このような內容上の矛盾を含まない郭店乙本第二十章が、下段を缺く上段だけという形態で出現したのは當然であり、まさしくそれが『老子』の本來の姿だったのである。恐らく、郭店乙本から馬王堆甲本・乙本に向かう過程で、下段の文章が新たに著述あるいは捜求されて、上段の後に追加されるに至ったのであろう。

ちなみに、『老子』第二十章を引用した文章を調査してみると、戰國・秦・前漢の諸文獻の中に、この全文を引用す

るものは一つもない。特に、上段の一部分を引用する文獻としては、『文子』道原篇および『淮南子』道應篇・『文子』上仁篇（上に既引）があるが、下段を引用するものは全然ないようである。――この事實は、第二十章下段の文章の後出を傍證するものと考えなければならない。

注

（1）文物本『郭店楚簡』の「老子釋文注釋」も、「𣅀」の字で第二十章が終わり、「人」の字から第十三章が始まると理解している。

（2）「老子乙本卷前古佚書釋文」の「老子乙本」、「道經」（『馬王堆漢墓帛書』〔壹〕所收）の「註釋」〔二二〕は、「人、各本皆無、疑是衍文。」と述べている。馬王堆甲本は「人之〔所畏〕、亦不□」に作っており、殘缺がはなはだしいので證據として擧げることは差し控えざるをえないが、恐らく馬王堆乙本と同じように、「人之所畏、亦不可以不畏人。」に作っていたと推測される。

（3）ちなみに、馬王堆第十三章の冒頭を調べてみると、甲本・乙本のいずれにも「人」の字は存在していない。

（4）想爾本のテキストは、主に島邦男『老子校正』所收の「想本校正」によったが、饒宗頤『老子想爾注校證』（上海古籍出版社、一九九一年）所收の「老子想爾注校箋」などをも參照した。

五　第十八章における一文の追加

第三に、郭店『老子』丙本第十八章を取り上げる。その文章は以下のとおり。

古（故）大道發（廢）、安（焉）又（有）𢗽（仁）義。六新（親）不和、安（焉）又（有）孝孳（慈）。邦豪（家）緍（昏）〔亂〕、安（焉）又（有）正臣■。

そして、同じ箇所を馬王堆甲本は、

故大道廢、案（焉）有仁義。知（智）快（慧）出、案（焉）有大僞（爲）。六親不和、案（焉）有畜（孝）茲（慈）。

邦家閽（昏）亂、案（焉）有貞臣。

に作り、乙本は、

故大道廢、安（焉）有仁義。知（智）慧出、安（焉）有〔大僞（爲）〕。六親不和、安（焉）又（有）孝茲（慈）。

國家閽（昏）亂、安（焉）有貞臣。

王弼本は、

大道廢、有仁義。慧智出、有大僞。六親不和、有孝慈。國家昏亂、有忠臣。

に作っている。ここでは、以下、馬王堆甲本によって論ずることにする。

この箇所において筆者が注目したい郭店『老子』丙本の特徴は、二つある。

一つは、第十八章の冒頭に「古」（「故」の假借字）があり、馬王堆『老子』甲本・乙本もともに「故」の字があり、したがって、郭店丙本より馬王堆甲本・乙本に至る戰國後期～前漢初期の『老子』は、第十八章を上文の第十七章と一つのまとまり（一章）と把えていたらしいことであるが、この點についてはすでに上文の「二」に略述した。ちなみに、第十七章と第十八章の間に、文章のまとまり（あるいは區切り）が終わることを示す「■」「－」「●」の符號が附けられていないことは、勿論である。[1] 逆に各種今本中、第十八章が冒頭の「古」「故」で始まるテキストは一つもないようである。

二つは、馬王堆甲本・乙本および各種今本に例外なく含まれる第二文「知（智）快（慧）出、案（焉）有大僞（爲）。」

が、郭店丙本には見出されないことである。これは、その六字乃至七字が、竹簡の保存狀態が悪かったなどの原因で殘缺したわけでないことは自明であるが、抄寫者の手によって意識的にあるいは無意識的に脱落させられたわけでもなく、恐らく著者の原文において最初から存在していなかったものではないかと思う。その六字乃至七字がない郭店丙本の方が、第十八章の文章として古樸・單純な自然性を保持しているからである。この事實に基づくならば、これはもともと郭店『老子』のような古い『老子』にはなかった文であり、それ以降、馬王堆『老子』甲本・乙本の形成過程で新たに附加されたものと判斷される。なぜなら、郭店『老子』の段階ではまだ存在していない文・句が、後の馬王堆『老子』の段階になって新たに附加される例は、相當に多いからである。(2)

この一文は、一體いかなる意味であろうか。從來の解釋の代表例として、諸橋轍次『掌中　老子の講義』（大修館書店、一九六六年）を見てみよう。諸橋轍次は、

ただ第二句の、「慧智出でて大僞有り」は、若干他の四句と形を異にしており、人間にさかしらな知識、利口さが出て來ると、必ずそこに大いなる僞りが生ずるとの意味である。

と解釋する。その後に世に出た日本人學者の研究も、多くはみな同樣の解釋を繰り返している。また、中國人學者も以上と類似する解釋を述べる者が多いが、ここでは取りあげない。

しかしながら、諸橋轍次およびその後の諸家の解釋は不適當である。なぜなら、この四聯對句の第二文を、前後の三文と同じ構造、同じ趣旨の文として讀もうとしないからである。

先ず、「知（智）快（慧）出」は、前後の「大道廢」「六親不和」「邦家闆（昏）亂」と同樣に、老子の目から見てマイナス價値の意味であるはずである。したがって、人間の古き良き「無知」あるいは「素樸」さが失われたために、という意味でなければならない。

次に、「案」の字は、「焉」の假借字ではあるが、一部の學者が主張するような反語の疑問詞ではなく、「於是」という意味の接續詞である。(3)

最後に、「有大僞」は、前後の「有仁義」「〔有〕畜（孝）茲（慈）」「有貞臣」と同様に、當代社會の常識的な目から見てプラス價値の内容を有し、なおかつそれへの皮肉あるいは逆説がこめられているはずである。だとすれば、この「有大僞」を「大いなる僞《いつわ》りが生ずる」と解釋した諸橋轍次などが不適當であることは、自ずから明らかではなかろうか。その「僞」という言葉は、「いつわり」というマイナス價値の意味と把えることはできず、世間の常識的な目から見てプラス價値の意味と把えるべきである。それゆえ、「僞」は、文字としては「爲」の假借字あるいは異體字と取るのがよかろう。そして、「大僞」は、大いなる人爲・作爲つまり人間の偉大な努力という意味であり、「仁義」「畜（孝）茲（慈）」「貞臣」と竝んで主に當代の儒家が唱えていた倫理の一つとして、世間の常識的な目からプラス價値の評價を受けていたものと考えなければならない。

結局のところ、第二文「知（智）快（慧）出、案（焉）有大僞（爲）。」の大意は、

> 本來の無知・素樸のよさが忘れられて智慧などといった小賢しいものが登場したために、大いなる人爲（人間の偉大なる努力）などといった立派な倫理がもてはやされるようになった。

ということになる。

そもそも第十八章の思想内容の大筋は、現代社會に出現している「𢚩（仁）義」「孝孳（慈）」「正臣」といった、一見、立派なプラスの價値を有する諸事物の存在を、それらが存在するに至った基盤「大道發（廢）」「六新（親）不和」「邦家（家）緍（昏）〔亂〕」に遡って把握しなおし、結局、それらは根本の解決にならないと言って皮肉り批判しよう

ということである。そうだとすれば、假にもし原文中に第二文が存在していたとするならば、「大僞（爲）」も立派なプラスの價値を有する事物でなければならないし、「知（智）快（慧）出」も大きなマイナスの基盤崩壞の敍述でなければならない。しかし、「知（智）快（慧）出、案（焉）有大僞（爲）。」の「大僞（爲）」批判が、郭店『老子』段階ですでに含まれていたと把えることは、絕對に不可能ではないけれどもかなり困難であろうと思う。ちなみに、木村英一・野村茂夫『老子』（講談社、一九八四年）は、この部分を「智慧がはびこる結果、廣く作爲が行われる。」と現代語譯した上で、「荀子に「人之性惡、其善者僞也」とあるように、「大僞」は「禮」を意識したものか。」と注釋する。筆者はこれを基本的に正しい解釋と認める者であるが、「大僞（爲）」が「禮」だけを指すとする理解は、やや窮屈ではなかろうか。

このように見てくると、「知（智）快（慧）出」は、郭店『老子』中に含まれる「智（智）」に對する批判、あるいは「無智（智）」の提唱、と軌を一にする思想であることに氣づく。馬王堆『老子』において第十八章にこの句が書きこまれた時、『老子』の「智（智）」への批判、「無智（智）」の提唱は、すでに世間に廣く浸透してよく知られるようになっていたにちがいない。

また、「案（焉）大僞（爲）」については、それが「仁義」「畜（孝）茲（慈）」「貞臣」と竝んで主に儒家が唱えていた倫理として、世間的常識からプラス價値の評價を受けるものであったとすれば、それは荀子の人爲・作爲を勸める思想に對する、皮肉あるいは逆說と認める他はない。

『老子』とほぼ同時代の儒家荀子が、性惡說という人間理解に立脚しつつ、その「性惡」を矯正するために種々様々の人爲・作爲の必要性を強調したことは、周知のとおりである。そうした意味の人爲・作爲を、『荀子』では、「爲」という字を用いて表現する場合も勿論少なくない。例えば、勸學篇に、

學惡乎始、惡乎終。……故學數有終、若其義則不可須臾舍也。爲之人也、舍之禽獸也。

とあり、脩身篇に、

故蹞步而不休、跛鼈千里。累土而不輟、丘山崇成。……一進一退、一左一右、六驥不致。彼人之才性之相縣也、豈若跛鼈之與六驥足哉。然而跛鼈致之、六驥不致、是無他故焉、或爲之或不爲爾。道雖邇、不行不至、事雖小、不爲不成。

とある。しかし、また「僞」という字を用いて表現する場合もある。例えば、性惡篇に、

人之性惡、其善者僞也。……然則從人之性、順人之情、必出於爭奪、合於犯分亂理而歸於暴。故必將有師法之化、禮義之道、然後出於辭讓、合於文理、而歸於治。用此觀之、然則人之性惡明矣、其善者僞也。

とあり、正名篇に、

散名之在人者、生之所以然者、謂之性。性之和所生、精合感應、不事而自然、謂之性。性之好惡喜怒哀樂、謂之情。情然而心爲之擇、謂之慮。心慮而能爲之動、謂之僞。慮積焉能習焉而後成、謂之僞。……是散名之在人者也、是後王之成名也。

とある。

だとするならば、この一文「知（智）快（慧）出、案（焉）有大僞（爲）。」の含まれない郭店丙本第十八章の成書は、荀子の作爲思想がぼつぼつ世に知られ、かつ注目されるようになってはいるものの、まだ『老子』がその影響を受けるに至る以前の時代にあった。それに對して、一文の含まれる馬王堆第十八章の成書は、荀子の作爲思想が十分に世に知られるようになって、すでに『老子』がその影響を受けるに至っただけでなく、『老子』自らもその「爲」への批判と「無爲」の提唱の立場から、強烈な皮肉・逆說を加えざるをえない狀況になった時代にあった、と考えられ

る。ちなみに、『老子』の儒教批判の中で、先にある郭店『老子』段階ではあまり明確に言われていなかった荀子への批判が、後に來る馬王堆『老子』段階では明確な荀子の「禮・前識（つまり知）」への批判となる例があることについては、本書、第六編「郭店楚墓竹簡『老子』の儒教批判」で指摘した(4)。

こういうわけで、筆者は、第二文は郭店丙本の原文に最初、存在してはおらず、當時は他の三文だけで完全に具足していたのだと考える。それが追加されたのは、戰國後期～戰國末期の郭店丙本より馬王堆甲本に至る、『老子』のテキストが加筆・修正され整理される過程においてのことであろう。それは、恐らく道家の內部に、思想の點では、戰國末期最大の儒家、荀子學派との對抗上、第二文をどうしても必要とする新たな事情が發生していたためであろう。あるいは文章の面で、奇數の三句よりも偶數の四句の方が落ち着きがよいと感ずる表現意識の變化が蓄積されていたためでもあるかもしれない。

注

（1）ただし、正確を期して言えば、馬王堆甲本第十七章の末尾には鈎號「ㄴ」が附けてある。しかし、この符號は馬王堆甲本には頻繁に現れるので、文章のまとまりを示す重要な意味はないと考えるべきである。

（2）その詳細については、本書、第六編「郭店楚墓竹簡『老子』諸章の上段・中段・下段――『老子』のテキスト形成史の中で」、および以下の拙論を參照。
「郭店楚簡『老子』諸章の上段・中段・下段――『老子』のテキスト形成史の中で――」（東京大學中國哲學研究會『中國哲學研究』第18號、東京大學文學部中國思想文化學研究室、二〇〇三年二月）
「郭店楚簡『老子』各章的上中下段」（曹峰譯、荆門郭店楚簡研究（國際）中心編『古墓新知――紀念郭店楚簡出土十周年論文專輯』、國際炎黃文化出版社、二〇〇三年十一月）

「郭店楚簡《老子》各章的上中下段——從《老子》文本形成史的角度出發」（前掲）

（3）　本書、第六編「郭店楚墓竹簡『老子』の儒敎批判」を參照。

（4）　その四、3「馬王堆帛書『老子』第十八章における一文の追加」を參照。

六　終わりに

以上、郭店『老子』甲本・乙本・丙本の中から、性質の異なったテキスト上の問題を有する箇所を一箇所ずつを取り上げて檢討してきた。それらの合計三箇所を、馬王堆『老子』・今本（王弼本）の當該箇所と比較・分析することを通じて、郭店『老子』がすでに完成している『老子』の一部分などではないことが明らかになったと考える。それとは正反對に、今まさに形成途上にある『老子』の最も早い時期のテキストに他ならなかったのである。

第二編　郭店楚墓竹簡『老子』甲本譯注

第十九章

第一號簡

本　文

𢇍（絕）智（智）弃叏（辯）(1)、民利百伓（倍）(2)。𢇍（絕）攷（巧）弃利(3)、䟃（盜）悬（賊）亡（無）又（有）(4)。𢇍（絕）𢡺（爲）弃慮(5)、民复（復）季〈孝〉子（慈）(6)。三言以(7)

訓　讀

智《ち》（智）を𢇍《た》（絕）ち叏《べん》（辯）を弃《す》つれば、民の利は百伓《ひやくばい》（倍）す。攷《こう》（巧）を𢇍（絕）ち利を弃つれば、䟃《とう》（盜）悬《ぞく》（賊）は有る亡《な》（無）し。𢡺《い》（爲）を𢇍（絕）ち慮《りよ》を弃つれば、民は季《こう》〈孝〉子《じ》（慈）に复《ふく》（復）す。三言は以て

口語譯

統治者が理知や言論という開化の手段を捨て去るならば、人々の利益は今の百倍にも達することだろう。技術や利益という財富への志向を捨て去るならば、世にはびこる盜賊もいなくなることだろう。人爲（人間の努力）や思慮という生活規律を捨て去るならば、人々は本來の孝行・慈愛を取りもどすことだろう。

しかし、この三つの言葉では、打つべき方策がまだ不十分だと思うのならば、

注

（1）　𢇍智弃叏―本章全體の論旨は、今本『老子』（王弼本）第三章のそれと大同小異である（福永光司『老子』上、「中國古典選」、

朝日新聞社、一九八七年、を參照)。人々が利益を享受しておらず貧困であること、世に盜賊がはびこっていて治安が悪いこと、人々に孝慈の家族倫理がなくなってしまったこと、作者は以上の三つを現代社會の重要問題と見なし、その原因を統治者の「𣉻(智)叏(辯)」「攷(巧)利」「𢙢(爲)慮」重視にあると考えて、この社會問題を解決するために統治者が自ら諸原因を捨て去ることを提唱する。本章の末尾で行われている補足的な提案も、同じ社會問題を解決するための方策であって、統治者が自ら「索(素)𦍒(樸)」「須〈寡〉欲」になるべきだと言うのである。

これらの諸方策の「𣉻(智)を㡭(絕)ち叏(辯)を弃つ」「攷(巧)を㡭(絕)ち利を弃つ」「𢙢(爲)を㡭(絕)ち慮を弃つ」、そして補足案の「索(素)を視(示)し𦍒(樸)を保ち、厶(私)を少なくし欲を須〈寡〉なくす。」は、いずれも世間的なマイナス價値を有しており、この點でまさに道家一流の逆說的辨證法的な思考の產物である。しかし、恐らくこれらは、窮極的根源的な「道」とその働き「德」を把える方向に向かっているのではなかろうか。

「㡭」は、『郭店楚簡』の【注釋】〔一〕によって「絕」の異體字とする。この字は「絕」とも「繼」とも讀むことができるが、意味の上から「絕」の意であることは明らかである。

「𣉻」は、『郭店楚簡』の言うように「智」の異體字。「𣉻」は、以下にもしばしば登場するがいずれも同じ。以下、同じ指摘と說明は省略する。

「叏」の字は、『郭店楚簡』は「卞」と判讀するが疑問であり、「叏」と判讀すべきである。意味は、【注釋】〔一〕の引く裘錫圭が「鞭」の古文とし、ここでは「辯」の意とする。暫くこれによっておくが、これらの兩說はともに韻が合わない。

なお、「棄知(智)」の古典文獻に現れる用例としては、『呂氏春秋』任數篇に、

故至智棄智、至仁忘仁、至德不德、無言無思、靜以待時、時至而應、心暇者勝。

『莊子』徐无鬼篇に、

於蟻棄知、於魚得計、於羊棄意。

同じく天下篇に、

是故愼到棄知去己、而緣不得已、泠汰於物、以爲道理。曰、知不知。將薄知而後隣傷之者也。

『淮南子』詮言篇に、

是故滅欲則數勝、棄智則道立矣。

同じく精神篇に、

棄聰明而反太素、休精神而棄知故、覺而若眯、以生而若死、終則反本未生之時、而與化爲一體。死之與生、一體也。

とある。當時の道家の用いた常套語である。

（2）民利百伓―「民利」は、古典文獻にあまり多くは現れない言葉である。『呂氏春秋』愛類篇に、

故仁人之於民也、可以便之、無不行也。神農之教曰、士有當年而不耕者、則天下或受其饑矣。女有當年而不績者、則天下或受其寒矣。故身親耕、妻親織、所以見致民利也。

同じく處方篇に、

五曰、凡爲治必先定分。君臣・父子・夫婦、君臣・父子・夫婦六者當位、則下不踰節、而上不苟爲矣、少不悍辟、而長不簡慢矣。金木異任、水火殊事、陰陽不同、其爲民利一也。

『墨子』節用中篇に、

子墨子言曰、古者明王聖人、所以王天下、正諸侯者、彼其愛民謹忠、利民謹厚、忠信相連、又示之以利、是以終身不厭食、歿世而不卷。是故古者聖王制爲節用之法曰、……諸加費不加于民利者、聖王弗爲。……古者聖王制爲服之法曰、……諸加費不加於民利者、聖王弗爲。……古者人之始生、未有宮室之時、因陵丘堀穴而處焉。聖王慮之、以爲堀穴曰、……然則爲宮室之法將奈何哉。子墨子言曰、其旁可以圉風寒、上可以圉雪霜雨露、其中蠲潔、可以祭祀、宮牆足以爲男女之別則止、諸加費不加民利者、聖王弗爲。

とある。原本『老子』の成書は、これらとほぼ同じ時代にあると考えて差し支えない。

この「民利百伓（倍）」および第三文の「民复（復）季〈孝〉子（慈）」から考えて、三つの文のそれぞれの前半部分は、統治者が「民」に對して取るべき方策について言ったものと判斷される。

「伓」は、『說文解字』にない字。『集韻』には「伓、山名。」とあるのみ。『郭店楚簡』の言うように「倍」の異體字であろう。

「亾智弃叏、民利百伓。」の一文は、『莊子』胠篋篇に、

　故絕聖棄知、大盜乃止。

を含む詳細な文章があり、同じく在宥篇に、

　絕聖棄知、而天下大治。

を含む具體的な文章がある。『老子』という書物の成立は、これらの多くの同類の文章を背景としながら、それらの骨子を經典として教條化したところにあると考えられる。

各種今本『老子』はいずれも「絕聖棄智（または知）、民利百倍。」に作っており、その前半部分が相當に異なる。そして、一文の後半部分は、必ずしもまだ「民利百倍」だけに定着していない。しかし『淮南子』道應篇になると、

　故老子曰、絕聖棄智、民利百倍。

に作って、すでに「民利百倍」に定着するに至っている。馬王堆帛書『老子』甲本は「絕聲（聖）棄知（智）、民利百負（倍）。」に作り、乙本は「絕耶（聖）棄知、而民利百倍。」に作り、基本的に今本と同じ。

（3）亾攷弃利―「攷」は、『郭店楚簡』の言うように「巧」の假借字。「攷（巧）利」は、富を生み出す巧みな技術、および利益・財富を言う。なお、上文では「民の利は百伓（倍）す」のように「利」の追求を是認しながら、ここでは「利を弃つ」のようにそれを否認するが、これは必ずしも矛盾ではない。統治者サイドには「利」の追求を否認し、「民」サイドにはそれを是認する、というように、社會階層によって「利」の追求に關する態度を變えていると考えられる。

（4）賘悬亡又―「賘」は、『郭店楚簡』の【注釋】〔二〕の引く裘錫圭の說によって「盜」の假借字とする。「悬」の字は、上部が「貝」、下部が「心」。『郭店楚簡』は「惻」の字とする。意味は、『郭店楚簡』の言うように「賊」の假借字であろう。兩字は以下にもしばしば現れる。以下、同じ指摘と說明は省略する。

「盜賊」のことは、今本『老子』（王弼本）第五十七章に、

　天下多忌諱、而民彌貧。民多利器、國家滋昏。人多伎巧、奇物滋起。法令滋彰、盜賊多有。

とある（本書甲本第五十七章注（11）を參照）。その他「盜賊」の有無・多寡について論じている文章としては、『荀子』富國

篇に、

若是、故奸邪不作、盗賊不起、而化善者卷勉矣。

同じく君道篇に、

故天子諸侯無靡費之用、士大夫無流淫之行、百吏官人無怠慢之事、衆庶百姓無奸怪之俗、無盗賊之罪、其能以稱義偏矣。

同じく君子篇に、

聖王在上、分義行乎下、則士大夫無流淫之行、百吏官人無怠慢之事。衆庶百姓無奸怪之俗、無盗賊之罪、莫敢犯上之禁。

『呂氏春秋』季秋篇に、

行冬令、則國多盗賊、邊境不寧、土地分裂。

とある。また、『墨子』尙同下篇に、

然而使天下之爲寇亂盗賊者、周流天下無所重足者、何也。其以尙同爲政善也。

同じく兼愛上篇に、

雖至天下之爲盗賊者亦然、盗愛其室不愛其異室、故竊異室以利其室。賊愛其身不愛人、故賊人以利其身。此何也。皆起不相愛。……若使天下兼相愛、愛人若愛其身、猶有不孝者乎。……猶有盗賊乎。故視人之室若其室、誰竊。視人身若其身、誰賊。故盗賊亡有。……若使天下兼相愛、國與國不相攻、家與家不相亂、盗賊無有、君臣父子皆能孝慈、若此則天下治。

同じく節葬下篇に、

是故盗賊衆而治者寡。夫衆盗賊而寡治者、以此求治、譬猶使人三睘而毋負己也。

同じく天志下篇に、

故凡從事此者、寇亂也、盗賊也、不仁不義、不忠不惠、不慈不孝、是故聚斂天下之惡名而加之。是其故何也。則反天之意也。

同じく明鬼下篇に、

子墨子言曰、逮至昔三代聖王既沒、天下失義、諸侯力正、是以存夫爲人君臣上下者之不惠忠也、父子弟兄之不慈孝弟長貞良也、正長之不強於聽治、賤人之不強於從事也、民之爲淫暴寇亂盜賊、以兵刄毒藥水火、退無罪人乎道路率徑、奪人車馬衣裘以自利者竝作、由此始、是以天下亂。……民之爲淫暴寇亂盜賊、以兵刄毒藥水火、退無罪人乎道路、奪人車馬衣裘以自利者、有鬼神見之。是以吏治官府、不敢不絜廉、見善不敢不賞、見暴不敢不罪。民之爲淫暴寇亂盜賊、以兵刄毒藥水火、退無罪人乎道路、奪車馬衣裘以自利者、由此止。

同じく非樂上篇に、

今有大國卽攻小國、有大家卽伐小家、強劫弱、衆暴寡、詐欺愚、貴傲賤、寇亂盜賊竝興、不可禁止也。

同じく非儒下篇に、

若將有大寇亂、盜賊將作、若機辟將發也、他人不知、己獨知之、雖其君親皆在、不問不言。是夫大亂之賊也。

とある。このように、「盜賊」の多量の發生は、國家秩序の混亂していた戰國時代には重大な社會問題となっていたのである。また、前漢時代初期に成書された『淮南子』覽冥篇にも、

昔者黃帝治天下、而力牧・太山稽輔之。……田者不侵畔、漁者不爭隈、道不拾遺、市不豫賈、城郭不關、邑無盜賊、鄙旅之人相讓以財、狗彘吐菽粟於路而無忿爭之心。

同じく主術篇に、

末世之政則不然。……智詐萌興、盜賊滋彰、上下相怨、號令不行。

同じく道應篇に、

故老子曰、法令滋彰、盜賊多有、此之謂也。

同じく道應篇に、

由此觀之、盜賊之心、必託聖人之道而後可行。故老子曰、絕聖棄智、民利百倍。

同じく泰族篇に、

趙政晝決獄、夜理書、御史冠蓋接於郡縣、覆稽趨留、戍五嶺以備越、築脩城以守胡、然奸邪萌生、盜賊群居、事愈煩而亂愈生。

とある。

「亡」は、從來「亡」に作る本は存在しなかった。馬王堆帛書『老子』甲本・乙本は「无」に作り、各種今本は「無」または「无」に作る。「又」は、『郭店楚簡』の言うように「有」の省字あるいは異體字。以下にも頻出するが、同じ指摘と説明は一々繰り返さない。

「㡭攷弃利、覜恳亡又。」は、各種今本および馬王堆『老子』甲本・乙本は、『郭店楚簡』【注釋】〔二〕の言うように、いずれも第三文に置く。各種今本は「絶巧棄利、盜賊無（または无）有。」に作り、馬王堆『老子』甲本・乙本は「絶巧棄利、盜賊无有。」に作る。

（5）㡭𢡺弃慮――「𢡺」は、『郭店楚簡』は「僞」の假借字あるいは異體字とする。「僞」と讀爲しても差し支えないが、しかし『荀子』に見えるような肯定的な意味であって、【注釋】〔三〕の言うような「いつわり」といった、表面上悪い意味ではない。よって「爲」の假借字あるいは異體字とする。ちなみに、この字は、馬王堆『老子』甲本第三十七章にも現れるが、その乙本は「化」に作る。

「慮」は、『郭店楚簡』は、上「虍」、中「且」、下「心」の字とする。中「且」は「田」の字であろう。楷書の「田」を楚系文字が「目」に作る例は少なくない。また、「慮」であるとすれば、前後の韻も合う。意味は、『郭店楚簡』【注釋】〔三〕の引く裘錫圭の説が「詐」の假借字とするが、表面上、否定的な意味ではありえない。

馬王堆『老子』や今本『老子』にある「絶仁棄義」は、本書、郭店『老子』は「㡭（絶）𢡺（爲）弃慮」に作っており（第三文に置く）、そこには「仁義」に對する直接の批判が含まれていない。そこで近年では、これを根據の一つにして、本書、郭店『老子』などの古い『老子』にはもともと「仁義」に對する批判、さらには儒教に對する批判がなかった、もしくは弱かったのだ、とする新説が出現している。例えば、

丁原植『郭店竹簡老子釋析與研究』（萬卷樓圖書公司、一九九八年）

谷中信一「郭店楚簡『老子』及び「太一生水」から見た今本『老子』の成立」（郭店楚簡研究會編『楚地出土資料と中國古代文化』所收、汲古書院、二〇〇二年）

などが、これを唱えている。しかし、郭店『老子』本章に「絶仁棄義」の一句がないことは、そのまま儒教への批判がこの時まだ開始されていなかったということを意味するのではなく、單に本章において批判のターゲットが「仁義」に置かれていなかったことを意味するにすぎないと考えるべきである。と言うのは、「㡭（絶）悳（爲）弃慮」もまた明らかに儒教への批判であり、特に荀子學派の作爲の思想に對する批判と理解されるからである。その上、本書丙本第十八章には、

古（故）大道發（廢）、安（焉）又（有）㤅（仁）義。

という一文があって、明確に「㤅（仁）義」を批判しているからでもある。

（6）　民复季〈孝〉子—「复」は、『郭店楚簡』の言うように「復」の假借字あるいは省字。「季」は、『郭店楚簡』の言うように「孝」の錯字。「子」は、『郭店楚簡』の言うように「慈」の假借字。

「孝慈」は、本書丙本第十八章にも、

六新（親）不和、安（焉）又（有）孝孶（慈）。

のように現れる（その注（3）を參照）。ただし、第十八章の「孝孶（慈）」の見方には皮肉がこめられていたのに對して、本章の「季〈孝〉子（慈）」の見方は素直にこれを肯定するものであり、兩者の閒には相異がある。そして、本章のように素直に肯定した「季〈孝〉子（慈）」の見方は、儒家を始めとする道家以外の諸子百家に多い。『墨子』兼愛上篇に、

若使天下兼相愛、愛人若愛其身。猶有不孝者乎、視父兄與君若其身、惡施不孝。猶有不慈者乎、視弟子與臣若其身、惡施不慈。故不孝不慈亡有。……若使天下兼相愛、國與國不相攻、家與家不相亂、盜賊無有、君臣父子皆能孝慈、若此則天下治。

同じく非命上篇に、

是故古之聖王發憲出令、設以爲賞罰以勸賢、是以入則孝慈於親戚、出則弟長於鄉里、坐處有度、出入有節、男女有辨。是故使治官府、則不盜竊、守城則不崩叛、君有難則死、出亡則送、此上之所賞、而百姓之所譽也。

『淮南子』脩務篇に、

堯立孝慈仁愛、使民如子弟。

とあるのを參照。

「㡭憍弃慮、民复季子。」は、各種今本は「絕仁棄義、民復孝慈。」に作るが、ただ想爾本の中には「民」を「人」に作るものがある。馬王堆『老子』甲本は「絕仁棄義、民復畜（孝）茲（慈）。」に作り、乙本は「絕仁棄義、而民復孝茲。」に作る。以上の諸本はいずれもこの句を第二文に置くのに對して、本書、郭店『老子』だけが第三文に置いている。

（7）三言以一　「三言」は、上文の三つのセンテンス、中でも各センテンスの前半部分の「㡭（絕）智（智）弁妄（辯）」「㡭（絕）攷（巧）弃利」「㡭（絕）憍（爲）弃慮」を指す。

各種今本は「此三者」に作るものが多いが、想爾本は「此三言」に作り、古本（道藏傅奕本と范應元本を指す。以下も同じ。）の中には「此」がなくて「三者」に作るテキストがある。馬王堆『老子』甲本・乙本はともに「此三言也」に作っており、本書、郭店『老子』本章に近い。

第二號簡

本　文

爲叓（事）不足⑧、或命（令）之或（有）虐（乎）豆（續）⑨。視（示）索（素）保芺（樸）⑩、少厶（私）須〈寡〉欲⑪。

訓　讀

叓《こと》（事）足らずと爲せば、或いは之れをして豆《つづ》（續）くもの或《あ》（有）らしめん。「索《そ》（素）を視《しめ》（示）し芺《ぼく》（樸）を保ち、厶《わたくし》（私）を少なくし欲を須《すく》〈寡〉なくす。」と。

口語譯

しかし、この三つの言葉では、打つべき方策がまだ不十分だと思うのならば、次の言葉をこれに加えておきたい。すなわち、「統治者たる者は、素地のままを外に現し純樸さを内に守り、私心を抑えて我欲を寡なくするのがよい。」

と。

注

（8）爲叀不足―「爲」は、『郭店楚簡』は「為」の字と判讀するが、本字の上に「爪」があり「爲」に作るべきである。以下の「爲」もみな同じであり、同じ指摘と説明は繰り返さない。

「叀」は、上「卜」、中「日」、下「又」の字。『郭店楚簡』【注釋】〔四〕は李家浩の説を引いて「弁」の異體字とし、これを「辨」「判」「別」の意味の方向へ持っていくが、「事」の字ではなかろうか。『郭店楚簡』の諸文獻にしばしば出現する字である。爲すことがら・仕事の意。「弁」の字であるとすれば、「辯」、しゃべるの意であろうが、その「叓（辯）」は上文で否定されているから、やはり「弁」の字とするのは不合理である。

「三言以爲叀不足」は、上文の「𢇁（絶）智（智）弃叓（辯）」「𢇁（絶）攷（巧）弃利」「𢇁（絶）𢡺（爲）弃慮」の「三言」について、それが統治者の取る方策として不十分であると思うならば、という意味である。

（9）或命之或虐豆―「命」は、『郭店楚簡』【注釋】〔五〕の引く裘錫圭は、必ずしも「令」の意に讀まないと言う。これは、實動詞で「命」の意と取るべきだとする主張のようであるが、やはり助動詞で「令」の意であろう。「令」と「命」の兩字の區別がない用法は、先秦時代の諸文獻に頻繁に現れるが、現に本書甲本第三十二章にも見えている（その注（8）を參照）。

「或」（下）は、『郭店楚簡』【注釋】〔五〕の引く裘錫圭は、上の「或」と同じ意味とし、一句を對句の兩部分から成ると考えるが、この「或」は「有」の意ではなかろうか。

「虐」は、『郭店楚簡』【注釋】〔五〕の引く裘錫圭は、簡文は「乎」の假借字とすることが多いが、ここでは「呼」の意に讀むべきではないかと言う。この讀み方は一句を「或命之、或虐（呼）豆（屬）」のように二分する考えから來るもので、かなり強引と言わなければならない。筆者の考えでは、馬王堆帛書に「虖」として頻出する字に相當しており、やはり「乎」の假借字とすべきである。ここでは前置詞の「於」の意。副詞を作る接尾辭としても用いられることが多い。以下に現れる「虐」もみな同じ。以下、同じ指摘と説明は省略する。

「豆」は、『郭店楚簡』【注釋】〔五〕の引く裘錫圭は「屬」の假借字とする。しかし、『郭店楚簡』には「豆」に從う字が多いので、愼重に考察すべきである。筆者は、「續」の假借字ではないかと考える。すなわち、上文の「三言」に以下の若干の「言」を「豆（續）」けることによって「叀（事）足らず」という狀況を補足したい、ということである。

「三言以爲叀不足、或命之或虐豆。」は、各種今本は「此三者以爲文不足、故令有所屬。」に作るものが多い。馬王堆『老子』甲本・乙本はいずれも「此三言也、以爲文未足、故令之有所屬（續）。」に作っており、本書、郭店『老子』本章に近いところもある。今本は、「以爲」を「爲」に作って「以」のないテキストが想爾本にあり、「文」の下に「而」のあるテキストが王弼本・古本（道藏傅奕本と范應元本を指す）にあり、「不」を「未」に作るテキストが想爾本・王弼本・古本にあり、「足」の下に「也」のあるテキストが古本にある。

（10）視索保芺──「視」の字は、『郭店楚簡』【注釋】〔六〕の言うように、「視」であって「見」ではないようである。「視」は、「示」の假借字で、しめす・現すの意。

「索」の字は、「素」とは異なる。ここでは『郭店楚簡』に從って、「素」の異體字あるいは假借字としておく。

「視（示）索（素）」は、自己の內面にある素樸さを外面に現すこと。今本『老子』（王弼本）第七十二章に、

是以聖人自知不自見、自愛不自貴。故去彼取此。

第七十七章に、

是以聖人爲而不恃、功成而不處、其不欲見賢。

とあるのとほぼ同じ意味。

「保」は、「抱」の假借字かもしれないが、如字で十分に通ずる。

「芺」は、『郭店楚簡』【注釋】〔六〕は、「僕」の字とするが、左旁の「人」字が存在しない。「樸」の省字あるいは異體字。

「樸」の今本『老子』（王弼本）に見える用例としては、第十五章に、

古之善爲士者、微妙玄通、深不可識。夫唯不可識、故強爲之容。……儼兮其若客、渙兮若氷之將釋、敦兮其若樸、曠兮其若谷、混兮其若濁。（本書甲本第十五章上段・中段も「樸」に作る。）

第二十八章に、

爲天下谷、常德乃足、復歸於樸。樸散則爲器、聖人用之、則爲官長。故大制不割。

第三十二章に、

道常無名。樸雖小、天下莫能臣也。侯王若能守之、萬物將自賓。天地相合、以降甘露。民莫之令、而自均。（本書甲本第三十二章は「僕」に作る。）

第三十七章に、

道常無爲而無不爲。侯王若能守之、萬物將自化。化而欲作、吾將鎭之以無名之樸。無名之樸、夫亦將無欲。不欲以靜、天下將自定。（本書甲本第三十七章は「菐」に作る。）

第五十七章に、

故聖人云、我無爲而民自化、我好靜而民自正、我無事而民自富、我無欲而民自樸。（本書甲本第五十七章も「樸」に作る。）

とある。

（11）少ム須〈寡〉欲―「ム」は、『郭店楚簡』および『郭店楚簡』【注釋】〔七〕によって「私」の字とする。「私」の今本『老子』（王弼本）に見える用例としては、第七章に、

天長地久。天地所以能長且久者、以其不自生、故能長生。是以聖人後其身而身先、外其身而身存。非以其無私邪、故能成其私。

とある。ちなみに、今本『老子』第七章は、中國古代の諸思想がいずれも一様に「私」を否定するのとは異なって、「其の私を成す」ことを肯定している點に注意されたい。

「須」は、『郭店楚簡』【注釋】〔七〕の言うように「寡（寡）」の錯字。字形がよく似ているので誤ったのであろう。

「寡欲」は、今本『老子』（王弼本）では本章にしか見えない言葉であるが、他の文獻では『孟子』盡心下篇に、

孟子曰、養心莫善於寡欲。其爲人也寡欲、雖有不存焉者寡矣。其爲人也多欲、雖有存焉者寡矣。

『荀子』正名篇に、

凡語治而待去欲者、無以道欲而困於有欲者也。凡語治而待寡欲者、無以節欲而困於多欲者也。有欲無欲、異類也、生死也、非治亂也。欲之多寡、異類也。

とある。「無欲」「不欲」という言葉であれば、今本『老子』（王弼本）第一章に、

故常無欲、以觀其妙。常有欲、以觀其徼。此兩者、同出而異名。

第三章に、

是以聖人之治、虛其心、實其腹、弱其志、強其骨、常使民無知無欲、使夫智者不敢爲也。爲無爲、則無不治。

第三十四章に、

大道氾兮、其可左右。……常無欲、可名於小。萬物歸焉而不爲主、可名爲大。以其終不自爲大、故能成其大。

第三十七章に、

道常無爲而無不爲、侯王若能守之、萬物將自化。化而欲作、吾將鎭之以無名之樸。無名之樸、夫亦將無欲。不欲以靜、天下將自定。（本書甲本第三十七章は「無欲」「不欲」の語がなく、その語を「智（知）足」に作る。）

第五十七章に、

故聖人云、我無爲而民自化、我好靜而民自正、我無事而民自富、我無欲而民自樸。（本書甲本第五十七章は「無欲」を「谷（欲）不谷（欲）」に作る。）

第六十四章に、

是以聖人欲不欲、不貴難得之貨。學不學、復衆人之所過。以輔萬物之自然、而不敢爲。（「欲不欲」を、本書甲本第六十四章下段は「谷（欲）不谷」に作り、同丙本第六十四章下段は「欲不欲」に作る。）

とある。

この一文は、關聯する思想表現が『莊子』天地篇に、

夫明白入素、无爲復朴。

同じく山木篇に、

其民愚而朴、少私而寡欲。

『呂氏春秋』任數篇に、

故至智棄智、至仁忘仁、至德不德、無言無思、靜以待時、時至而應、心暇者勝。凡應之理、淸淨公素、而正始卒焉。……爲則擾矣、因則靜矣。因冬爲寒、因夏爲暑、君奚事哉。故曰、君道無知無爲、而賢於有知有爲、則得之矣。

同じく知度篇に、

至治之世、……行其情不雕其素、蒙厚純樸、以事其上。

同じく上德篇に、

故古之王者、德迴乎天地、澹乎四海、東西南北、極日月之所燭、天覆地載、愛思不臧、虛素以公、小民皆之其之敵而不知其所以然、此之謂順天。

同じく分職篇に、

夫君也者、處虛素服而無智、故能使衆智也。智反無能、故能使衆能也。能執無爲、故能使衆爲也。無智・無能・無爲、此君之所執也。人主之所惑者則不然、以其智彊智、以其能彊能、以其爲彊爲、此處人臣之職也。

同じく士容篇に、

故君子之容、……乾乾乎取舍不悅、而心甚素樸。

とあるのを參照。

「視素保苿、少厶須〈寡〉欲。」は、各種今本は「見（現）素抱樸、少私寡欲。」に作るものが多い。馬王堆『老子』甲本は「見（現）素抱〔樸、少私而寡欲〕。」に作り、乙本は「見素抱樸、少□而寡欲。」に作る。

第六十六章

第二號簡

本文

江海（海）所以爲百浴（谷）王(1)、以亓（其）(2)

訓讀

江海《こうかい》（海）の百浴《ひゃっこく》（谷）の王と爲《な》る所以《ゆえん》は、亓《そ》（其）の能く百浴（谷）の下《した》と爲るを以てなり、

口語譯

大河や大海があらゆる谷川《たにがわ》の上に立って王者として君臨することができるのは、彼らがその谷川の下に位置してへり下ることができるからである。

注

（1）江海所…百浴王―「海」は、『郭店楚簡』の言うように「海」の異體字。この文字は以下にも現れる。「江海」という言葉は、今本『老子』（王弼本）では第三十二章に、

始制有名。名亦既有、夫亦將知止。知止可以不殆。譬道之在天下、猶川谷之於江海。

とある（本書甲本第三十二章注（14）（15）を參照）。また、この「江海（海）」は、本章の下文では「不争」の比喩とされているらしいが、同じように「不争」の比喩として「水」を擧げるのは、今本『老子』第八章に、

上善若水。水善利萬物而不爭、處衆人之所惡、故幾於道。……夫唯不爭、故無尤。

とある。本章では「江海（海）」が「聖人」すなわち統治者に相當し、「百浴（谷）」が「民」すなわち被統治者に相當し、「江海（海）」が「百浴（谷）」の「下」にあることが、「聖人」が「民」にへり下ることに相當する。

「浴」は、正しくは上「谷」、下「水」の字。以下にはこの字とともに、左「水」、右「谷」の字も現れる。ただし、煩雑を避

けるために一々注を附けない。『郭店楚簡』の言うように「谷」の異體字。今本『老子』（王弼本）に現れる「谷」は、第六章に、

谷神不死、是謂玄牝。玄牝之門、是謂天地根。綿綿若存、用之不勤。

第十五章に、

古之善爲士者、微妙玄通、深不可識。夫唯不可識、故強爲之容。……儼兮其若客、渙兮若氷之將釋、敦兮其若樸、曠兮其若谷、混兮其若濁。（本書甲本第十五章上段・中段には今本の「曠兮其若谷」に相當する一句がない。）

第二十八章に、

知其雄、守其雌、爲天下谿。爲天下谿、常德不離、復歸於嬰兒。……知其榮、守其辱、爲天下谷。爲天下谷、常德乃足、復歸於樸。樸散則爲器、聖人用之、則爲官長。故大制不割。

第三十二章に、

道常無名。樸雖小、天下莫能臣也。……譬道之在天下、猶川谷之於江海。（本書甲本第三十二章は「猷（猶）少（小）浴（谷）之與（於）江海（海）」に作る。その注（15）を參照。）

第三十九章に、

昔之得一者、天得一以清、地得一以寧、神得一以靈、谷得一以盈、萬物得一以生、侯王得一、以爲天下貞。其致之、天無以淸將恐裂、地無以寧將恐發、神無以靈將恐歇、谷無以盈將恐竭、萬物無以生將恐滅、侯王無以貴高將恐蹶。

第四十一章に、

故建言有之、明道若昧、進道若退、夷道若纇。上德若谷、大白若辱、廣德若不足。……道隱無名、夫唯道善貸且成。（本書乙本第四十一章注（7）を參照。）

とある。

本書において、本章は第十九章から直接接續している。『老子』の章の順序について述べれば、郭店『老子』甲本・乙本・丙本は、今本や馬王堆『老子』甲本・乙本とまったく異なっているので、別に詳細な檢討が必要であるが、馬王堆『老子』のよ

うに徐々に整理される以前の、戰國時代末期に成立しつつあるテキストなのであろう。
各種今本は「江海所以能爲百谷王者」に作って、「所以」の下に「能」があり、「浴」を「谷」に作り、「王」の下に「者」がある。馬王堆『老子』甲本は「〔江〕海之所以能爲百浴（谷）王者」に作り、乙本は「江海所以能爲百浴〔王者〕」に作る。

（2）以亓─「亓」は、『郭店楚簡』は「其」に作るが、正しくは「亓」に作るべきである。以下も同じ誤りは多いが、煩雜を避けるために一々注を附けない。

「A之所以B者、以C、是以B。」という表現形式と類似するものは、今本『老子』（王弼本）の中にいくつか存在している。例えば、第七章に、

天地所以能長且久者、以其不自生、故能長生。

第六十二章に、

古之所以貴此道者何。不曰以求得、有罪以免邪、故爲天下貴。

第七十一章に、

聖人不病、以其病病、是以不病。

第七十五章に、

民之饑、以其上食稅之多、是以饑。民之難治、以其上之有爲、是以難治。民之輕死、以其上求生之厚、是以輕死。

とある。以上の事實に基づくならば、本書、郭店『老子』本章の下文に、

天下樂進（推）而弗詁（猒）、以丌（其）不靜（爭）也、古（故）天下莫能與之靜（爭）。

とあり、今本（王弼本）本章の下文に、

是以天下樂推而不厭、以其不爭、故天下莫能與之爭。

とあるのは、同じ表現形式に従っていると考えなければならない。以下に擧げる日本の諸入門書は、いずれも句作りの把え方（句讀點の打ち方）に誤りがある。――諸橋轍次『掌中　老子の講義』（大修館書店、一九六六年）、福永光司『老子』下、金谷治『老子　無知無欲のすすめ』（「講談社學術文庫」、講談社、一九九七年）、楠山春樹『老子の人と思想』（「汲古選書」、汲古書

院、二〇〇二年)、楠山春樹『老子入門』(「講談社學術文庫」、講談社、二〇〇二年)、小川環樹『老子』(「中公クラシックス」、中央公論新社、二〇〇五年)、蜂屋邦夫『老子』(「岩波文庫」、岩波書店、二〇〇八年)。

第三號簡

本文

能爲百浴(谷)下(3)、是以能爲百浴(谷)王(4)。聖人之才(在)民前也、以身後之(5)。亓(其)才(在)民上也(6)、以

訓讀

能《よ》く百浴(谷)の下《した》と爲るを以てなり、是《こ》こを以て能く百浴(谷)の王と爲る。聖人の民の前に才《あ》(在)るや、身を以て之れに後《おく》るればなり。亓(其)の民の上に才(在)るや、言を以て之れに下ればなり。

口語譯

彼らがその谷川の下に位置してへり下ることができるからである。だからこそ、あらゆる谷川に王者として君臨することができるのだ。同じように、聖人が人々の前に陣取《じんど》っているのは、抑制した振る舞いを行って彼らの後に回るからである。また、人々の上に君臨しているのは、謙虚な言葉を用いて彼らにへり下るからである。

注

(3) 能爲百浴下―「下」は、上文の「王」に對し、名詞的用法である。下文の「以言下之」のような動詞的用法ではない。「以亓能爲百浴下」は、各種今本は「以其善下之」に作り、馬王堆『老子』甲本は「以亓(其)善下之」に作り、乙本は「〔以〕亓〔善〕下之也」に作る(『郭店楚簡』【注釋】〔八〕を參照)。これらの點では、馬王堆『老子』甲本・乙本は明らかに今本に近い。

（4）是以能爲百浴王―以上の一文は、『淮南子』説山篇が『老子』からの引用であると明記しないまま、

江河所以能長百谷者、能下之也。夫惟能下之、是以能上之。

のように述べている。

「江海所以爲百浴王」以下の一文は、「萬物」のへり下るあり方の一例を示すことを通じて、「聖人」もそれをモデルとして謙虚であるべきことを導き出す、という趣旨。

「是以能爲百浴王」は、各種今本は「故能爲百谷王」に作り、馬王堆『老子』甲本・乙本はいずれも一〇〇パーセント本書、郭店『老子』甲本に同じ。

（5）聖人之…身後之―「才」は、『郭店楚簡』の言うように「在」の假借字。以下にもしばしば現れるが、煩雑を避けるために一々注を附けない。

「聖人之才民前也、以身後之。」は、各種今本は以下の一文と順序が逆になっている。そして、「是以聖人……欲先民、必以其身後之。」に作る。「欲」の上に嚴遵指歸本には「其」があり、「民」は想爾本・玄宗本の中に「人」に作るものがあり、「必」は嚴遵本・想爾本・玄宗本にはなく、「其身」の「其」は嚴遵指歸本・想爾本龍興觀碑・王弼本・河上公本にはない。馬王堆『老子』甲本・乙本も、『郭店楚簡』【注釋】〔九〕が言うように、郭店『老子』本章の下文と順序が逆である。馬王堆『老子』甲本は「是以聖人……亓（其）欲先（民也）、必以亓身後之。」に作り、乙本は「是以耶（聖）人……亓欲先民也、必以亓身後之。」に作る。この部分も馬王堆『老子』の方が今本に近い。

（6）亓才民上也―「民上」という言葉は、『孟子』梁惠王下篇に、

不得而非上者、非也。爲民上而不與民同樂者、亦非也。

として出る。ただし、この言葉をめぐって兩者相互の間に影響關係があったわけではない。

第四號簡

本　文

言下之。(7) 亓（其）才（在）民上也、民弗厚也。(8) 亓（其）才（在）民前也、民弗害（害）也。(9) 天下樂進（推）而弗詁（猒）(10)、

訓　讀

言を以て之れに下ればなり。亓（其）の民の上に才（在）るや、民は厚しとせざるなり。亓（其）の民の前に才（在）るや、民は害《がい》（害）とせざるなり。天下進《お》（推）すを樂しんで詁《いと》（猒）わざるは、

口語譯

謙虚な言葉を用いて彼らにへり下るからである。

　こうして、聖人がその上に君臨していても人々は厚い恩恵とは感ぜず、その前に陣取っていても人々は有害な邪魔者とは思わないのだ。天下中の人々が喜んで彼を推戴《すいたい》して嫌な顔一つしないのは、

注

（7）言下之――「以言下之」は、今本『老子』（王弼本）第三十九章に、

故貴以賤爲本、高以下爲基。是以侯王自謂孤寡不穀、此非以賤爲本邪、非乎。故致數輿無輿、不欲琭琭如玉、珞珞如石。

第四十二章に、

人之所惡、唯孤寡不穀、而王公以爲稱。故物或損之而益、或益之而損。

とあるように、主として統治者の自稱について言うようである。

「聖人之才民前也、以身後之。亓才民上也、以言下之。」の趣旨は、今本『老子』（王弼本）第七章に、

是以聖人後其身而身先、外其身而身存。非以其無私邪、故能成其私。

とあるのに類似する。

「亓才民上也、以言下之。」は、各種今本は「欲上民、必以其言下之。」に作る。「欲」の上に嚴遵指歸本には「其」があり、

想爾本敦煌成玄英本には「言」がある。「民」は想爾本・河上公本・玄宗本の中に「人」に作るものがあり、「必」は嚴遵本・想爾本・玄宗本にはなく、「其言」の「其」は嚴遵指歸本・想爾本龍興觀碑・王弼本・河上公本にない。馬王堆『老子』甲本は「是以聖人之欲上民也、必以亓（其）言下之。」に作り、乙本は「是以耶（聖）人之欲上民也、必以亓言下之。」に作る。

（8）亓才民…弗厚也──「民弗厚也」は、「聖人」が「民の上」に君臨していても、「民」は「厚」いとは感じないの意。この「厚」は、下文の「害（害）」が否定的な意味であるのと對をなして、恩惠と感ずるといった肯定的な意味であろう。

この部分の兩句は、馬王堆『老子』甲本は「故居前而民弗害也、居上而民弗重也。」に作り、乙本は「故居上而民弗重也、居前而民弗害。」に作る（『郭店楚簡』【注釋】〔一〇〕は不正確）。句順が前後逆になっていることに注意。句法の點では、本書、郭店『老子』と馬王堆『老子』甲本が相い近く chiasmus（交差對句法）になっており、ともに比較的古いと考えられる。一方、馬王堆『老子』乙本と今本が相い近く chiasmus になっておらず、比較的新しいと考えられる。

「亓才民上也、民弗厚也。」は、各種今本は兩句を「是以聖人處上、而民不重。處前、而民不害。」に作る。ただし、「是以」は嚴遵本は「故」に作り、「聖人」は嚴遵本・想爾本玄宗本になく、上の「處」は嚴遵本は「在」に作り古本は「處之」に作る。上の「而」は想爾本の中に「其」に作る本がある。上の「民」は想爾本・玄宗本の中に「人」に作る本がある。上下の「不」は古本が「弗」に作る。下の「處」は嚴遵本は「居民之」に作り古本は「處之」に作る。下の「民」は想爾本・玄宗本の中に「人」に作る本がある。「不害」は道藏傅奕本が「不害也」に作る。

（9）亓才民…弗害也──「害」は、『郭店楚簡』【注釋】〔一〇〕は「害」の字と判讀している。【注釋】〔一〇〕の引く裘錫圭は「害」の字と判讀し、「害」と讀爲する。これが正しいであろうが、上「又」、中「二」、下「目」の字、あるいは上「宀」、中「二」、下「目」の字のようにも見える。暫くは裘錫圭および『郭店楚簡』に從っておく。「民弗害也」は、「民」が「聖人」すなわち統治者を「害（害）」とは感じないの意。『淮南子』主術篇に、

百姓〔載〕之上、弗重也。錯之前、而弗害也。擧之而弗高也、推之而弗猒〔也〕。

とあるのを參照。

（10）天下樂進而弗詁──「進」は、「推」の異體字であろう。馬王堆『老子』乙本は「誰」に作る（下文を參照）が、馬王堆帛書『五

行』にも「誰」に作って「進」と讀む例がある（第二十一章說）。

「詀」は、『郭店楚簡』は「猒」の假借字とするが、その根據については說明がない。『玉篇』に「詀、多言。」として出る字であるが、この場合當てはまらないようである。『說文解字』の「猒、飽也。」の假借字と考えられる。

「天下樂進」は、各種今本は「是以天下樂推」に作る。ただし、指歸本は「是以天下樂推而上之」に作る。馬王堆『老子』甲本は「天下樂隼（推）」に作り、乙本は「天下皆樂誰（推）」に作る。「而弗詀」は、各種今本は「而不厭」に作るものが多いが、指歸本は「而不知猒」に作る。そして、「猒」は他に古本・河上公本にも用いられている。景龍寫本は「饜」の字に作る。馬王堆『老子』甲本・乙本ともに「而弗猒也」に作る。

第五號簡

本　文

以丌（其）不靜（爭）也、(11)古（故）天下莫能與之靜（爭）。(12)

訓　讀

丌《そ》（其）の靜《あらそ》（爭）わざるを以て、古《ゆえ》（故）に天下に能《よ》く之《こ》れと靜《あらそ》（爭）うもの莫《な》し。

口語譯

聖人が誰にもへり下って爭わないからであって、だからこそ、天下中に誰一人として彼と爭うことのできる者はいないのだ。

注

(11)　以丌不靜也――「丌」は、「亓」の異體字である。以下にも多く出るが、特に問題がない限り注を附けない。「亓」は、「其」の省字あるいは古字。
「静」は、『郭店楚簡』の言うように「爭」の假借字。以下の「静」もみな同じであり、同じ指摘と說明は繰り返さない。「不爭」の今本『老子』（王弼本）における用例としては、第三章に、
不尙賢、使民不爭。不貴難得之貨、使民不爲盜。不見可欲、使民心不亂。
第八章に、
上善若水。水善利萬物而不爭、處衆人之所惡、故幾於道。居善地、心善淵、與善仁、言善信、正善治、事善能、動善時。夫唯不爭、故無尤。
第六十八章に、
善爲士者不武、善戰者不怒、善勝敵者不與、善用人者爲之下。是謂不爭之德、是謂用人之力、是謂配天古之極。
第七十三章に、
天之道、不爭而善勝、不言而善應、不召而自來、繟然而善謀。天網恢恢、疏而不失。
第八十一章に、
天之道、利而不害。聖人之道、爲而不爭。
とある（第二十二章は下文で引用する）。

(12) 古天下…與之静――「古」は、『郭店楚簡』の言うように「故」の假借字あるいは省字。この通假は以下にもしばしば登場するが、煩雜を避けるために一々注を附けない。
「與」は、『郭店楚簡』の言うように「與」の字であるが、滕壬生『楚系簡帛文字編』（湖北教育出版社、一九九五年）の引く「信一・〇三」「信一・〇八」の字形に近い。兩者とほぼ同じ時代の字であろう。
「以亓不静也、古天下莫能與之静。」は、ほぼ同じ文が今本『老子』（王弼本）第二十二章に、
是以聖人抱一、爲天下式。不自見故明、不自是故彰、不自伐故有功、不自矜故長。夫唯不爭、故天下莫能與之爭。
とある。

關聯する思想の表現としては、『荀子』君子篇に、

不矜矣、夫故天下不與爭能、而致善用其功。有而不有也、夫故爲天下貴矣。

とあり、『莊子』天道篇に、

靜而聖、動而王、无爲也而尊、樸素而天下莫能與之爭美。

とあり、『淮南子』原道篇に、

是故聖人守淸道而抱雌節、因循應變、常後而不先。柔弱以靜、舒安以定、攻大礦堅、莫能與之爭。

同じく道應篇に、

老子曰、夫唯不爭、故莫能與之爭。

とある。

本章の「不靜（爭）」は、統治者が天下の人民を統治する地位を獲得しようという場合の逆說的な「不靜（爭）」である。したがって、この「靜（爭）」の直接の意味は、天下を統治する地位の獲得をめぐる鬪爭であると考えられる。今本『老子』（王弼本）におけるそうした意味の「爭」の用例は、以上に擧げたものとの重複を厭わず擧げるならば、第八章に、

上善若水。水善利萬物而不爭、處衆人之所惡、故幾於道。……夫唯不爭、故無尤。

第二十二章に、

是以聖人抱一、爲天下式。……夫唯不爭、故天下莫能與之爭。

第六十八章に、

善爲士者不武、善戰者不怒、善勝敵者不與、善用人者爲之下。是謂不爭之德、是謂用人之力、是謂配天古之極。

第八十一章に、

天之道、利而不害。聖人之道、爲而不爭。

とある。そして、同じような問題意識を持って當時、鬪爭の否定を說いていたのは、『老子』よりも古い墨家の非攻論や宋鈃・尹文の鬪爭否定論であるから、本章などはそれらを下敷きにして書かれていると把えて差し支えあるまい。

一文は、各種今本は「以其不争、故天下莫能與之争。」に作る。「以」の上に嚴遵指歸本・河上公敦煌本は「非」があり、古本道藏傅奕本・范應元本は「不」がある。「不争」の「不」は、想爾本の各本が「無」あるいは「无」に作る。本書、郭店『老子』は基本的に今本とほぼ一致している。

馬王堆『老子』甲本は「非以亓（其）无諍（争）與、〔故天下莫能與〕静（争）。」に作り、乙本は「不以亓无争與、故天下莫能與争。」に作る。文頭に「非」あるいは「不」がある點は、今本の一部分と一致し、本書、郭店『老子』とは一致しないが、文中に語氣詞がある點は郭店『老子』と一致する。なお、上引のとおり、今本『老子』（王弼本）第二十二章にも「夫唯不争、故天下莫能與之争。」（上引）とあるが、馬王堆『老子』は甲本・乙本ともに「夫唯不争、故莫能與之争。」に作る。

第四十六章中段・下段（1）

第五號簡

本文

辠莫厚虐（乎）甚欲（2）、咎莫僉（憯）虐（乎）谷（欲）㝵（得）（3）、

訓読

辠《つみ》（罪）は甚だ欲《ほっ》するより厚きは莫《な》く、咎《とが》は㝵《え》（得）んと欲するより僉《いた》（憯）ましきは莫く、

口語訳

罪は厭《あ》くことなく欲しがる欲望ほど大きなものはなく、災いは得たいと願う物欲ほど痛ましいものはなく、

注

（1）本章は、今本『老子』第四十六章を基準とするならば、上段の「天下有道、郤走馬以糞。天下無道、戎馬生於郊。」の部分を缺いている。このような事實に基づいて、郭店『老子』は完全具足していた『老子』本來のテキストから拔粹した、一種の節略本であるとする見解が今日生まれている。しかし、事實はその逆である。すなわち、一般的に言って、上段・中段・下段の完全具足していない郭店『老子』は、歷史上ほとんど最初にこの世に現れた古い『老子』の本來の姿を示しており、したがって、またテキストとしてまだ形成途上にある、原本に最も近い『老子』である。それに對して、完全具足している馬王堆『老子』甲本・乙本や各種今本は、前漢時代初期までにさらにまたそれ以後に、新たな文章が著述されたり搜求されたりして成った『老子』の姿を示しており、それゆえ、テキストとして一歩一歩安定するようになっていった時代の『老子』なのである。

第四十六章に卽して述べれば、馬王堆『老子』甲本は、上段の冒頭と中段・下段の冒頭にそれぞれ「●」の符號がつけてある。この符號は、抄寫者が文章のまとまり・區切りを意識していたことを示しているので、前漢初期の馬王堆甲本には第四十六章の上段・中段・下段を一つのまとまり（すなわち一つの章）とする考えが、まだ生まれていなかったのではないかと疑われる。そして、第四十六章の上段と中段・下段を二つに分ける馬王堆甲本の考えが、上段を含まず中段・下段だけを抄寫した古い本書、郭店『老子』甲本の本章に由來することは明らかである。ところが、馬王堆乙本からは、中段・下段の冒頭にあった「●」の符號が消えてしまっている。したがって、『老子』テキストの形成は、郭店甲本→馬王堆甲本→馬王堆乙本のように動き、次第に今本第四十六章に向かって進んでいったのだと把えることができよう。この問題については、本書、第六編「郭店楚墓竹簡『老子』諸章の上段・中段・下段――『老子』のテキスト形成史の中で」を參照。

（2）辠莫厚麿甚欲――「辠」は、『郭店楚簡』の言うように「罪」と同じ字であるが、『說文解字』に、

辠、犯法也。从辛、从自。言辠人蹙鼻、苦辛之憂。秦以辠似皇字、改爲罪。

とあるのによれば、秦代以前の古字ということになる。

また、この第一文の「辠（罪）」は、人閒の欲望追求の活動を、國家の法律に違反して犯罪を犯すことに繫がるという視角から議論しており、第二文の「咎」（『周易』に頻出する言葉）が「天」「鬼神」の意思に背き宗敎的なタブーを犯して咎を得るこ

とになるという視角からの議論、第三文の「化（禍）」（「禍福」の「禍」）が家庭・郷里における日常生活の中で誰もが願う幸福とは逆の禍いに歸結するという視角からの議論、と合わせて、一種の總合的な欲望批判の議論になっている。人間社會における諸惡の根源を人間の欲望追求の活動に求めたこの思想は、當時の儒家の思想、特に荀子學派が、人間の欲望追求を社會發展の基礎的エネルギーとして位置づけたのと鋭く對立する。荀子學派の欲望論が、主として上記の第一文と關係するだけであるのに引き替え、本書、郭店『老子』本章の欲望批判がさらに廣い問題領域を抑えている點に注意されたい。『老子』と『荀子』のこれらの思想の先後・影響關係は、必ずしも一概に『老子』→『荀子』とは決められず、章によっては、反對に『荀子』→『老子』である場合も考えられる。

「甚」は、『郭店楚簡』【注釋】〔一一〕の言うように確かに「甚」の字である。【注釋】〔一一〕はこの場合「淫」と讀爲すべきではないかとするが、如字に讀むのがよい。『韓詩外傳』巻九がこの部分を引いて「罪莫大於多欲」に作っているのも參考になる。

「辠莫厚虖甚欲」は、各種今本・『韓非子』喩老篇は「罪莫大於可欲」に作り、『韓非子』解老篇は「禍莫大於可欲」に作る。（「可欲」は、ほしい・ほしがるの意。）王弼本にはこの一句がなく、『經典釋文』も「禍莫大於不知足」を掲出して、「河上本有此句上有罪莫大於可欲一句。」と言う。この事實から考えるならば、郭店『老子』は『老子』の完成していた經書を節略したテキストではなく、逆に完成に向かって進みつつある形成途上のテキストであろう。なぜなら、この箇所のように、同じ意味の文章を竝べた部分がいくつかある場合、當然節略してもよいと思われるのに、郭店『老子』は（例えば王弼本のように）節略していないからである。以上の點から判斷すれば、郭店『老子』というテキストは恐らく戰國時代末期以降の作ではなかろうか。

馬王堆『老子』甲本は「●罪莫大於可欲」に作って上文と區切っているが、「●」の符號があるのだから、本章の上段と中段・下段とは本來同じ第四十六章に屬していなかった可能性が高い。馬王堆乙本は「罪莫大可欲」に作って「於」がない。『韓詩外傳』巻九には、

老子曰、……罪莫大於多欲、禍莫大於不知足。故知足之足常足矣。

とある。

ちなみに、『韓非子』解老篇は第四十六章に上段・中段があって下段がなく、喩老篇は上段・中段・下段がそろって含まれている。上段と中段・下段とを同じ章にあるものとして關係づけるとすれば、「天下無道」の原因が以下の「甚欲」「谷㝵（得）」「不智（知）足」であるということになろうか。

（3）咎莫僉⿸虍各谷㝵―「咎」は、今本『老子』（王弼本）第九章に、

富貴而驕、自遺其咎。

とある（本書甲本第九章注（5）を參照）。「咎」の字が頻出する古典文獻は、『周易』である。例えば、乾卦に、

九三、君子終日乾乾、夕惕若、厲、无咎。

九四、或躍在淵、无咎。

とあり、坤卦に、

六四、括嚢、无咎无譽。

とあるなど、枚擧するに遑がない。『周易』は非常に古い時代から民閒に存在していた占いの書であり、その背景には「天」「鬼神」が鎭座すると考えられるから、この「咎」は宗教的な罪過という意味であるにちがいない。そして、『老子』本章はこの言葉を使用しているのである。

「僉」は、『郭店楚簡』は「憯」の假借字とする。恐らくこの說が正しかろう。「莫僉（憯）」という句は、『莊子』庚桑楚篇に、

兵莫憯于志、鏌鋣爲下。寇莫大於陰陽、無所逃於天地之閒。非陰陽賊之、心則使之也。

とある。

「谷」は、『郭店楚簡』の言うように「欲」の省字あるいは假借字。以下にもしばしば登場するが、煩雜を避けるために一々注を附けない。

「㝵」は、『郭店楚簡』には左旁の「彳」がないけれども、まちがいなく「得」の字である。

「咎莫僉⿸虍各谷㝵」は、各種今本はいずれも第二句ではなく第三句に置いており（この點は馬王堆『老子』甲本・乙本、『韓非

子』解老篇・喩老篇も完全に同じ）、多くは「咎莫大於欲得」に作る。ただし、その「大」を想爾本は「甚」に作り、古本（道藏傅奕本・范應元本）は「憯」に作る。馬王堆『老子』甲本は「咎莫憯於欲得」に作り、乙本はすべて缺字である。『韓非子』解老篇は「咎莫憯於欲利」に作り、『韓非子』喩老篇は「咎莫憯於欲得」に作る。

第六號簡

本　文

化（禍）莫大虐（乎）不智（知）足。(4) 智（知）足之爲足、此亙（恆）足矣。(5)

訓　讀

化《わざわ》（禍）いは足《た》るを智《し》（知）らざるより大なるは莫《な》し。足るを智（知）るの足る爲《た》るは、此《こ》れ亙《つね》（恆）に足る。

口語譯

不幸は滿足するを知らないことほど大きなものはない。だから、滿足を知ることが肝要であるが、滿足することを知っている者の滿足は、永遠に變わらない滿足である。

注

（4）化莫大虐不智足―「化」は、『郭店楚簡』の言うように「禍」の假借字であろう。「禍福」の「禍」として古典文獻に頻繁に現れる言葉であるが、主として日常生活において遭遇する不幸を言う。「禍莫大於〇〇」という語法は、今本『老子』（王弼本）第六十九章にも「禍莫大於輕敵」とある。

「智」は、「知」の異體字。以下にも頻繁に登場する字であるが、煩雜を避けるために一々注を附けない。

「不智（知）足」は、『荀子』榮辱篇に、

人之情、食欲有芻豢、衣欲有文繡、行欲有輿馬、又欲夫餘財蓄積之富也。然而窮年累世不知足、是人之情也。

とあるのと、正反對の方向を向いて對立している。『荀子』榮辱篇では、永遠に「足るを知らざ」る人間の多面的な欲望追求を、「人の情」つまり生まれながらにして有する人間の本性であると見なし、これをすべての出發點にしてその社會思想を構築する方向に向かっていく。それに對して、『老子』本章は、そのような「足るを智（知）らざ」る欲望追求こそが逆に人間最大の不幸であると唱え、「足るを智（知）る」知恵の力によって永遠に「足り」た狀態を作り出そうとしている。このように考えると、『老子』本章の「足るを智（知）らざ」ることへの非難は、『荀子』の欲望論の直後に現れてそれを批判のターゲットにしたもののようである。なお、「不智（知）足」は、『莊子』盜跖篇の「無足」とも意味が近い（福永光司『老子』下を參照）。

「化莫大虐不智足」は、各種今本は第二句にあって、いずれもみな「禍莫大於不知足」に作る。『韓非子』解老篇・喩老篇もまったく同じ。馬王堆『老子』甲本は「𢝐（禍）莫大於不知足」に作り、乙本は「禍□」に作る（これらもやはり第二句にある）。ちなみに、『郭店楚簡』【注釋】〔一二〕は馬王堆『老子』甲本だけを引用して乙本に言及しておらず、不正確である。

（5）智足之…亙足矣—「智（知）足」という言葉は、今本『老子』（王弼本）第三十三章に、

知足者富、強行者有志。

第四十四章に、

知足不辱、知止不殆、可以長久。

とある（本書甲本第四十四章注（6）を參照）。欲望追求への衝動を人間の「智（知）」の力でコントロールすることを言う。

『老子』以外では『莊子』讓王篇にも、

知足者、不以利自累也。

『荀子』榮辱篇に、

人之情、食欲有芻豢、衣欲有文繡、行欲有輿馬、又欲夫餘財蓄積之富也。然而窮年累世不知足、是人之情也。（上引）

同じく正論篇に、

凡人之盜也、必以有爲、不以備不足、則以重有餘也。而聖王之生民也、皆使當厚優猶知足、而不得以有餘過度。

とあるのを參照。

「亙」は、『郭店楚簡』【注釋】〔一三〕の言うように「恆」の古文。以下にもしばしば登場するが、同じ指摘と説明は省略する。「亙（恆）」は、各種今本は「常」に作るが、「常」の字は前漢の文帝の諱「恆」を避けた文字が後代までそのまま遺ったものである。「亙（恆）」の字の存在によって、本書本章が前漢の文帝以前に抄寫されたことを確認することができる。以下、本書、郭店『老子』の「恆」の字を、王弼本などの各種今本が文帝の諱を避けて「常」の字に作る例は少なくないが、煩瑣にわたるのを避けるために一々指摘しない。「亙（恆）足」は、上引の『荀子』榮辱篇の「窮年累世不知足」とちょうど反對の意。「智足之爲足、此亙足矣。」は、各種今本は「故知足之足、常足矣。」に作るが、「故」は嚴遵本・想爾本にはなく、「矣」は想爾本の系統はいずれもない。『韓非子』喩老篇は「知足之爲足矣」に作るのは、「爲」がある點で古いところを遺している。馬王堆『老子』甲本は「〔故知足之足〕、恆足矣」、乙本は「□足矣」に作って、残念ながらほとんど見えない。

第三十章上段・中段（1）

第六號簡

本文

以衍（道）差（佐）人宔（主）者（2）、不谷（欲）以兵伹（強）（3）

訓讀

衍《みち》（道）を以て人宔《じんしゅ》（主）を差《たす》（佐）くる者は、兵を以て天下に伹《つよ》（強）からんと谷《ほっ》（欲）せず。

口語譯

我が道によって君主の政治を補佐する者は、君主に天下に對して軍事力で強權を奮わせようとは思わない。

注

（1）本章は、今本『老子』（王弼本）第三十章を基準とするならば、上段の後半部分の「師之所處、荊棘生焉。大軍之後、必有凶年。」と下段の「物壯則老、是謂不道。不道早已。」の部分を缺いている。馬王堆『老子』甲本・乙本、各種今本などとの比較・對照（以下の注を參照）によれば、第三十章に關しては、本書、郭店『老子』甲本は歴史上最も古い『老子』の本來の姿であり、それに對して、馬王堆『老子』甲本・乙本は前漢初期までにこれを整えて成った『老子』である。今本『老子』（王弼本）はさらにそれらの表現を修飾して成った『老子』と考えられる。

（2）以衍差人宔者―「衍」は、『郭店楚簡』【注釋】〔一四〕の言うように「道」の異體字。『郭店楚簡』に使用例が多い字である。宋代の郭忠恕『汗簡』第一に見えるが、それだけでなく宋代の夏竦『古文四聲韻』（『汗簡・古文四聲韻』所收、中華書局、一九八三年）卷三にも見えている。

「差」は、『郭店楚簡』の言うように「佐」の假借字。

「宔」は、『郭店楚簡』の言うように「主」の假借字。「人主」という言葉は、戰國後期以降、多用されるようになった言い回しである（福永光司『老子』上を參照）。その使用例は、『晏子春秋』に數例、『荀子』『呂氏春秋』『韓非子』『商君書』に頻出、『莊子』『吳子』にそれぞれ一例、『春秋三傳』『周易』『論語』『孟子』『墨子』『孝經』『愼子』『孫子』にはない。

「以衍差人宔者」は、道家の「道」を體得した上で臣下となって祿仕し、統治者の政治を補佐しようとする者のことを言う。このような者が誕生している社會狀況は、戰國中期以前の古くからのことではありえず、戰國後期以後の新しい現象であろうと考えられる（福永光司『老子』上を參照）。

「以衍差人宔者」以下は、各種今本は「以道佐人主者」に作るが、想爾本龍興觀碑は「佐」を「作」に作り、河上公本は「者」がない。馬王堆『老子』甲本・乙本はいずれも「以道佐人主」に作って「者」がない。

（3）不谷以兵佀於天下―「兵」は、今本『老子』（王弼本）では、他に第三十一章・第五十章・第五十七章・第六十九章・第七十六章・第八十章にも出る（本書丙本第三十一章中段・下段注（2）、同甲本第五十七章注（2）を參照）。

「佀」は、『郭店楚簡』の言うように「強」の字。『包山楚簡』には「弫」に作って「強」の字となる例がある。工藤元男他『包山楚簡データベース・βバージョン』（早稲田大學文學部工藤研究室、一九九八年）を參照。

「以兵侶（強）於天下」は、天下の各國に對して軍事力に訴えて強い態度を取るの意。『老子』中の道家哲學を背景にした、『老子』らしい特色のある戰爭反對論としては、第三十一章・第四十六章・第六十九章などが注目されるが、本章もまた戰爭批判論の一つである。

「不谷以兵侶於天下」は、各種今本は「不以兵強天下」に作るが、「強」は想爾本系統・道藏傅奕本は「彊」に作る。「強天下」は河上公本は「強於天下」に作る。馬王堆『老子』甲本は「不以兵強〔於〕天下」に作り、乙本は「不以兵強於天下」に作る。

第七號簡

本文

於天下。善者果而已(4)、不以取侶（強）(5)。果而弗癹（伐）(6)、果而弗喬（驕）(7)、果而弗矝（矜）(8)。是胃（謂）果而不侶（強）(9)。丌（其）

訓讀

兵を以て天下に侶《つよ》（強）からんと谷《ほっ》（欲）せず。善《よ》くする者は果《か》なるのみ、以て侶（強）きを取らず。果にして癹《ほこ》（伐）らず、果にして喬《おご》（驕）らず、果にして矝《たかぶ》（矜）らず。是《こ》れを果にして侶（強）からずと胃《い》（謂）う。丌《そ》（其）の

口語譯

君主に天下に對して軍事力で強權を奮わせようとは思わない。

政治を立派に補佐する者は、結果をきちんと出すだけであって、天下に強權を奮うことは認めない。結果をきちんと出して手柄顔《てがらがお》をせず、結果をきちんと出して驕《おご》らず、結果をきちんと出して威張《いば》らない。これが、結果をきちんと出すだけで強權は奮わない、ということなのである。このような政治の仕事振りであれば結構だ。

注

（4）善者果而已――「善者」は、統治者を補佐する政治的な仕事を立派に行う者。

「果」は、果敢・果斷の意、仕事をきちんと行って結果を出すこと。本章上段・中段の文脈の中での實際の意味は、戰爭を行って勝利すること（高延第『老子證義』を參照）。王弼注は「濟」の意とするが、適當とは思われない。その一般的な意味は、『說文解字』に「果、木實也。」とあり、段玉裁注は「引伸假借爲誠實勇敢之偁」とする。『論語』子路篇に、

子……曰、言必信、行必果、硜硜然小人也。抑亦可以爲次矣。

『墨子』修身篇に、

志不彊者、智不達。言不信者、行不果。據財不能以分人者、不足與友。守道不篤、偏物不博。辯是非不察者、不足與遊。

同じく兼愛下篇に、

當使若二士者、言必信、行必果、使言行之合猶合符節也、無言而不行也。……常使若二君者、言必信、行必果、使言行之合猶合符節也、無言而不行也。

とある。

「已」は、「巳」とも讀む場合がある。楚系文字には兩者の區別はないようである。「而已」は、文末に置かれる語氣詞。

「善者果而已」の前は、今本『老子』（王弼本）第三十章には、

其事好還。師之所處、荊棘生焉。大軍之後、必有凶年。

の文章があるが、しかし馬王堆『老子』甲本は「〔亓（其）事好還。師之〕所居、楚朸（棘）生之。」に作り、乙本は「亓〔事好還。師之所居、楚〕棘生之。」に作る。以上から考えるならば、「大軍之後、必有凶年。」の文は馬王堆『老子』にも存在しなかったのであるから、前漢以後になって馬王堆『老子』などの表現を修飾して附加されたものであろう（福永光司『老子』上を參照）。ちなみに、『呂氏春秋』應同篇には「師之所處、必生棘楚。」とあるが、それは『老子』とは格別、關係がないらしいのに加えて、「大軍之後、必有凶年。」の一文を含んでいない。

「善者果而已」は、各種今本もほぼ同じであるが、その上に「故」のあるテキストが想爾本系統・古本系統・河上公本景福碑・

玄宗本系統にある。また、「者」は王弼本系統は「有」に作り、「已」は古本の道藏傅奕本は「已矣」に作る。馬王堆『老子』甲本・乙本はともに「善者果而已矣」に作って、「故」は存在しない。

（5）不以取侣―「不以」は、王弼注は「不以兵」の意とする。「侣（強）きを取る」は、天下に對して「癹（伐）る」「喬（驕）る」「矜（矜）る」の態度を取ることを言う。

「不以取侣」は、各種今本は「不敢以取強」に作るが、想爾本系統には「敢」の字がない。ちなみに、「敢」が衍文であることは、兪樾『諸子平議』がかつて指摘していたところであるが、馬王堆『老子』・郭店『老子』の出土によってその正しさが證明された。馬王堆『老子』甲本・乙本はいずれも「毋以取強焉」に作る。

「善者果而已、不以取侣（強）。」は、下文にこれを縮約して「是胃（謂）果而不侣（強）」と表現している。

（6）果而弗癹―「癹」は、『郭店楚簡』【注釋】〔一五〕によって「伐」の假借字とする。その意味は、ほこる。今本『老子』（王弼本）第二十二章に、

不自伐故有功、不自矜故長。

第二十四章に、

自伐者無功、自矜者不長。

とあるのを參照。

「果而弗癹」は、各種今本は類似句の第二句に置いている（ただし、想爾本系統は第三句に置く）。例えば、王弼本は「果而勿矜、果而勿伐、果而勿驕、果而不得已。」に作って、始めの三句の順序が郭店『老子』・馬王堆『老子』と異なる。そして、「弗癹」は諸本はみな「勿伐」に作る。馬王堆『老子』甲本は第三句に「果而〔勿伐〕」とあり、乙本は第三句に「果〔而勿伐〕」とある（『郭店楚簡』【注釋】〔一六〕は不正確）。

（7）果而弗喬―「喬」は、『郭店楚簡』の言うように「驕」の假借字あるいは省字。

「果而弗喬」は、各種今本は類似句の第三句に置いている（ただし、想爾本系統は第一句に置く）。そして、「弗喬」は諸本はみな「勿驕」に作る（ただし、范應元本は「勿憍」に作る）。馬王堆『老子』甲本は第一句に「果而毋驕（驕）」とあり、乙本

は第一句に「果而毋驕」とある。

（8）果而弗𢼸――「𢼸」は、『郭店楚簡』の言うように「矜」（正しくは「矝」に作るべきか。）の異體字。

「果而弗𢼸」は、各種今本は類似句の第一句に置いている（ただし、想爾本系統は第二句に置く）。そして、「弗𢼸」は諸本はみな「勿矜」に作る。馬王堆『老子』甲本・乙本はともに第二句に「果而勿矜」とある。

なお、この下文に、各種今本は類似句の第四句として「果而不得已」があり（ただし、想爾本龍興觀碑は「已」を「以」に作る）、馬王堆『老子』甲本・乙本はともに「果而毋得已居」がある（『郭店楚簡』【注釋】〔一六〕を參照）。後者の「居」の字は文末の語氣詞（王引之『經傳釋詞』弟五を參照）。第四句がある場合、前後の趣旨は、政治的な仕事（特に戰爭）はやむをえない狀況の出現に迫られて行え、という意味になるが、本書、郭店『老子』本章にはまだそのような微妙なニュアンスは附加されていないようである。

（9）是胃果而不佢――「胃」は、『郭店楚簡』の言うように「謂」の假借字あるいは省字。以下の「胃」もみな同じであり、同じ指摘と說明は繰り返さない。

「果而不佢」は、上文の「善者果而已、不以取佢（強）。」を縮約してもう一度、繰り返したもの。だからこそ、その頭に「是胃（謂）」を冠したのである。この表現は、馬王堆『老子』と本書、郭店『老子』の共通點であり、ここから兩者の近接した關係、すなわち郭店『老子』が馬王堆『老子』の先驅であることが推知される。

ちなみに、各種今本にある「是謂不道、不道早已。」について述べれば、想爾本系統は「謂之非道、非道早已。」に作って若干異なり、傅奕本も二つの「不道」を「非道」に作る。馬王堆『老子』甲本は「是胃（果）而不強。物壯則老、是胃之不道。不道蚤已。」に作り、乙本は「是胃果而〔不〕強。物壯則老、是胃之不道。不道蚤已。」に作る。今本の「物壯則老。是謂不道、不道早已。」という文章は、各種今本や馬王堆『老子』甲本・乙本では、本章（第三十章）と第五十五章に「物壯則老、謂之不道。不道早已。」（王弼本）として重出する。第五十五章は、一章全體が養生說を述べた章であるから、養生說的アフォリズムであるこの文章「物壯則老。是謂不道、不道早已。」が末尾に置かれてもまったく違和感はないが、しかし、本章（第三十章）は上段・中段が政治思想を述べているので、この文章が末尾に置かれると若干、違和感を生じ、作者の主張したいポイントがぼけてしまう嫌いなしとしない。ところが、この文章は、本書、郭店『老子』甲本第三十章には含まれていないのである。（ちなみに、本書甲本第五十五章上段・中段・下段には「勿（物）𡒄（壯）則老、是胃（謂）不道。」とある。）郭店『老子』本章は單純に「伹（強）」を否定するだけの政治思想であって、作者の主張のポイントは極めて把握しやすい。以上から推測するならば、これこそが『老子』第三十章のオリジナルな姿なのではなかろうか。

「是胃果而不伹」は、各種今本は「是果而勿強。物壯則老。是謂不道、不道早已。」に作るが、上の「是」は王弼本・河上公本になく、范應元本は「是謂」に作る。「強」は想爾本系統には「彊」に作るテキストがあり、古本も「彊」に作る。

第八號簡

本　文

事好⑽。

訓　讀

事は好し。

口語譯

このような政治の仕事振りであれば結構だ。

注

（10）丌事好—「好」の下には、明らかな標識「ㄧ」がある。ここで文章が終結していると把えるべきであろう。その場合は、「丌（其）の事は好し」と讀むことができる。あるいは『郭店楚簡』【注釋】〔一七〕の言うように、「還」の字が奪しているのかもしれない。

「亓（其）事」は、「衍（道）を以て人宝（主）を差（佐）くる者」の仕事、すなわち政治的な事業。「好」は、『經典釋文』は「其事好」を掲出して「呼報反」と言うのによれば、このむの意に讀んでいた。「還」が奪字であるとすれば、それは「強」の反義語ではなかろうか。『經典釋文』は「還」を掲出して「音旋」と言う。「好還」は、「道」に立ち返るのを好むの意で、復歸の思想の一種ということになるが、最古の郭店『老子』甲本第三十章にはまだそのような思想は含まれていなかった、と見ておきたい。

「亓事好」は、各種今本は「其事好還」に作るが、河上公本系統には一句のないテキストがあり、玄宗本開元廿六碑は「好還」の二字を缺く。馬王堆『老子』甲本は今本の位置、つまり前の方にあるらしいが、四字とも殘缺。乙本も今本の位置、つまり前の方にあるらしいが、「亓（其）」の一字があるだけで、他は殘缺。

第十五章上段・中段(1)

第八號簡

本文

長古之善爲士者、(2)必非（微）溺（妙）玄造、(3)深不可志（識）。(4)是以爲之頌。(5)夜（豫）虐（乎）奴（如）冬涉川、(6)猷（猶）虐（乎）亓（其）(7)

訓讀

長古《ちょうこ》の善く士爲《た》る者は、必ず非《び》（微）溺《みょう》（妙）にして玄造《げんぞう》し、深くして志《し》（識）る可《べ》からず。是《こ》こを以《もっ》て之《こ》れが頌《よう》を爲《な》さん。夜《よ》（豫）虐《こ》（乎）として冬川を涉《わた》るが奴《ごと》（如）く、猷《ゆう》（猶）虐《こ》（乎）として亓《そ》（其）れ

口語譯

その昔、立派な士であった人は、必ず深遠・高尚な上に八方に通ずる知恵を有し、その奥の深さはとても測り知ることができなかった。測り知ることができないのだから、ここでは假にその姿・形を描いてみることにしたい。――おずおずと眞冬に氷の張った川を渉るかのよう、ぐずぐずと四方の敵國を恐れるかのよう、

注

（1）本章は、今本『老子』（王弼本）第十五章を基準とするならば、下段の「夫唯不盈、故能蔽不新成。」の部分を缺いている。馬王堆『老子』甲本・乙本、今本などとの比較・對照によれば、本章に關しても、本書、郭店『老子』甲本は歴史上最も古い『老子』の本來の姿であり、それに對して、馬王堆『老子』甲本・乙本は前漢、文帝期までにこれを整えて成った『老子』、今本『老子』はさらにそれらの表現を修飾して成った『老子』と考えられる。本書、第六編「郭店楚墓竹簡『老子』諸章の上段・中段・下段――『老子』のテキスト形成史の中で」を參照。

（2）長古之善爲士者――「長」は、『郭店楚簡』【注釋】〔一八〕の言うように『說文解字』に「長、久遠也。」とあり、「長古」は「上古」の意であろう。すべてのものに優れた價値が伴っていた古代を言う。

「長古之善爲士者」は、今本『老子』（王弼本）第六十五章に、

古之善爲道者、非以明民、將以愚之。……常知稽式、是謂玄德。玄德深矣遠矣、與物反矣。然後乃至大順。

第六十八章に、

善爲士者不武、善戰者不怒、善勝敵者不與、善用人者爲之下。是謂不爭之德、是謂用人之力、是謂配天古之極。

とあるのを參照。

「長古之善爲士者」は、各種今本は「古之善爲士者」に作って「長」がない。ただし、「士」は道藏傅奕本は「道」に作る。馬王堆『老子』甲本はすべて殘缺、乙本は「古之仙（善）爲道者」に作る。こういうわけで、動詞「爲」の目的語は、古くから「士」に作るテキストと「道」に作るテキストの二種類があったことが分かる。本書、郭店『老子』甲本は「士」に作るが、

これが唯一本來の『老子』の正しいテキストであり、馬王堆『老子』乙本が「道」に作るのは後代に成ったテキストであるか否かは、今のところ未詳。

（3）必非溺玄造──「必」は、各種今本・馬王堆『老子』乙本にはない字である（馬王堆甲本はこの部分が殘缺）。「非」は、『郭店楚簡』の言うように「微」の假借字であろう。「溺」は、字形は『郭店楚簡』【注釋】〔一九〕の言うとおり「弓」「勿」「水」に从っている。「妙」の假借字であろう。

「微妙」は、あまりに深遠なために人々の把握を超えていること。「微」は、今本『老子』（王弼本）第十四章に、

　搏之不得、名曰微。

とあり、「妙」は、今本『老子』（王弼本）第一章に、

　玄之又玄、衆妙之門。

とある。「微妙」という言葉は、『韓非子』五蠹篇に、『老子』などの「道」の言説を皮肉って、

　且世之所謂賢者、貞信之行也。所謂智者、微妙之言也。微妙之言、上智之所難知也。今爲衆人法、而以上智之所難知、則民無從識之矣。……故微妙之言、非民務也。

とある。

「玄」は、根源に向かって遡及して窮極的には「道」に達する作用を形容する言葉。「玄」の今本『老子』（王弼本）における他の用例は、第一章に、

　此兩者、同出而異名。同謂之玄。玄之又玄、衆妙之門。

第六章に、

　谷神不死、是謂玄牝。玄牝之門、是謂天地根。綿綿若存、用之不勤。

第十章に、

　滌除玄覽、能無疵乎。……生之畜之。生而不有、爲而不恃、長而不宰、是謂玄德。

第五十一章に、

故道生之、德畜之、長之育之、亭之毒之、養之覆之。生而不有、爲而不恃、長而不宰。是謂玄德。

第五十六章に、

塞其兌、閉其門、挫其鋭、解其分、和其光、同其塵。是謂玄同。

第六十五章に、

古之善爲道者、非以明民、將以愚之。……常知稽式、是謂玄德。玄德深矣遠矣、與物反矣。然後乃至大順。

のように多く現れる（本書甲本第五十六章注（5）を參照）。

「造」は、『郭店楚簡』は「達」と判讀し、【注釋】〔一九〕に若干の考證があるが、しかし『古文四聲韻』巻五の「達」はこの字とは異なる。「造」の字であろう。『包山楚簡』第一一九號簡に出る字も「達」ではなく「造」のようである。「溺（妙）」と疊韻をなす點から考えても「造」の方がよい。その意味は『説文解字』に、

造、就也。从辵、告聲。譚長説、造上士也。

とある。

「玄造」は、「玄達」とほぼ同じ意味。窮極的な根源者「道」を把えて知恵が四方八方に達すること。『淮南子』精神篇に、

使耳目精明玄達、而無誘慕。

とあるのを參照。「玄造」は、李邕「海州大雲寺禪院碑」に、

天也地也、攝生之謂玄造。日也月也、容光之謂神功。

とあるが、意味がやや異なるようである。

「必非溺玄造」は、各種今本はいずれも「微妙玄通」に作り、馬王堆『老子』甲本はすべて缺字、乙本は「微眇（妙）玄達」に作る。

（4）深不可志―「深」は、正しくは「水」旁のない字。「志」は、『郭店楚簡』の言うように「識」の假借字であろう。「深不可志」とほぼ同意の「深不可測」は、『淮南子』に多く見える句である。『淮南子』では主に「道」について言うが、ここではそれを「道」を把えた者「士」への形容として用いている。『淮南子』原道篇に、

　夫道者、覆天載地、廓四方、柝八極、高不可際、深不可測、包裹天地、稟授無形。

原道篇に、

　天下之物、莫柔弱於水。然而大不可極、深不可測。

主術篇に、

　天道玄默、无容无則、天不可極、深不可測、尙與人化、知不能得。

人閒篇に、

　故福之爲禍、禍之爲福、化不可極、深不可測也。

とあるのを參照。

「深不可志」は、各種今本はいずれも「深不可識」に作る。ただし、嚴遵本には「深」がない。馬王堆『老子』甲本・乙本はいずれも本書、郭店『老子』本章と完全に同じ。なお、この下文に、今本には「夫唯不可識」があり（ただし范應元本は「識」を「測」に作る）、馬王堆『老子』甲本・乙本には「夫唯不可志（識）」がある（『郭店楚簡』【注釋】〔二〇〕を參照）。しかし、本書本章にはない。馬王堆『老子』甲本・乙本の整った修辭に比べると、郭店『老子』の方が素樸で未完成であることがよく分かる箇所である。

（5）是以爲之頌―「是以」は、各種今本および馬王堆『老子』甲本・乙本はいずれも「故強」に作る。ただし、想爾注本・天寶玉關本・道藏傳奕本は「故彊」に作る。「強」「彊」の字は、「道」とか「道」を把えた者とかについては、そのありさま（「頌」）を述べることが實は不可能である。だから無理を押して（「強」「彊」）それを述べてみよう、という趣旨を表す。したがって、本書、郭店『老子』よりも各種今本、馬王堆甲本・乙本の方が修辭の上でよく整っていることは、明らかである。

なお、「是以爲之頌」は、下文の「坉虖亓奴濁。」まで係り、「竺能濁以朿者、𤖵舍清。」以下は地の文である。

「頌」は、各種今本および馬王堆『老子』甲本・乙本はいずれも「容」に作る。『郭店楚簡』は「頌」を「容」の假借字とするが、そうではなく「頌」が本來の字である。『說文解字』に、

　頌、皃也。从頁、公聲。䫘、籒文。

とある。また、「頌」の下に、各種今本は「曰」がないけれども、ただ道藏傅奕本だけに「曰」があり、馬王堆『老子』は甲本・乙本ともに「曰」がある。

（6）　夜虐奴冬渉川――「夜」は、『郭店楚簡』の言うように「豫」の假借字であろう。各種今本はみな「豫」に作る（ただし想爾注本だけは「猭」に作る）。馬王堆『老子』甲本・乙本はともに「與」に作る。『經典釋文』は「豫」を掲出して「如字。本或作懊。簡文與此同也。」と言う。意味は、朱謙之『老子校釋』が言うように、下句の「猷」と併せて「猶兮與兮、遲回不進、蓋因物而狀其容如此。」の意。ためらうさま、躊躇するさま。關聯する表現が、『楚辭』離騷篇に、

心猶豫而狐疑兮、欲自適而不可。……欲從靈氛之吉占兮、心猶豫而狐疑。

『吳子』治兵篇に、

故曰、用兵之害、猶豫最大。三軍之災、生於狐疑。

『韓非子』八經篇に、

不公會、則猶豫而不斷、不斷則事留。

とある。また、『莊子』養生主篇に、

提刀而立、爲之四顧、爲之躊躇滿志。善刀而藏之。

同じく田子方篇に、

孫叔敖曰、……且不知其在彼乎、其在我乎。其在彼邪、亡乎我。在我邪、亡乎彼。方將躊躇、方將四顧。何假至乎人貴人賤哉。

とあるのをも參照。

「虐」は、各種今本は「兮」に作るが、想爾本系統・玄宗本系統には「兮」がない。また、王弼本の武英殿本は「焉」に作る。馬王堆『老子』甲本・乙本はともに「呵（乎）」に作る。後者については、以下も同じ。

「奴」は、『郭店楚簡』【注釋】〔二一〕の言うように「如」と讀爲する。「如」の異體字であろうか。「奴」に作って「如」と讀爲するこの字は、以下にもしばしば登場する。以下、同じ指摘と説明は省略する。各種今本・馬王堆本はいずれも「若」に

作る。また、『郭店楚簡』【注釋】〔二一〕はこの上に「其」が奪したと言うが、各種今本はいずれも「其」がない。馬王堆『老子』甲本には「其」があり、乙本には「亓（其）」がある。

「冬」は、字形は『郭店楚簡』【注釋】〔二一〕の言うように『説文解字』の古文と同じ。「川」は、各種今本はみな同じであるが、馬王堆『老子』甲本は「涉水」以下六字が缺字、乙本は「涉水」に作る。

この一句は、恐る恐る眞冬に氷の張った川を渉る様子を言う。以下、「長古之善爲士」についての描寫は、いずれも世間的にはマイナス價値を帶びた否定的消極的なものであることに注意。

（7）猷虐丌――「猷」は、『郭店楚簡』の言うように「猶」と讀爲する。本來「猶」と同じ字である。この通假は以下にも頻繁に現れる。以下、同じ指摘と説明は省略する。各種今本はいずれもこの三字を「猶兮」の二字に作る。

「虐」は、各種今本は「兮」に作るが、想爾本系統・道藏傅奕本・玄宗本系統には「兮」がない。「丌」は、各種今本はすべてここに「其」がない。馬王堆『老子』甲本はこの三字がすべて缺字、乙本は「猷（猶）呵（乎）亓（其）」に作る。

第九號簡

本文

奴（如）愳（畏）四哭（鄰）(8)、敢（儼）虐（乎）丌（其）奴（如）客(9)、⿰見壴（渙）虐（乎）丌（其）奴（如）懌（釋）(10)、屯虐（乎）丌（其）奴（如）樸(11)、坉虐（乎）亓（其）奴（如）濁(12)。竺（孰）能濁以朿（靜）(13)

訓讀

四哭《しりん》（鄰）を愳《おそ》（畏）るるが奴《ごと》（如）く、敢《げん》（儼）虐《こ》（乎）として丌《そ》（其）れ客の奴（如）く、⿰見壴《かん》（渙）虐《こ》（乎）として丌（其）れ懌《しゃく》（釋）の奴（如）く、屯虐《とんこ》（乎）として丌（其）れ樸《あらき》の奴（如）く、坉虐《ちゅんこ》（乎）として亓（其）れ濁《にご》れるが奴（如）し、と。竺《た》（孰）れか能《よ》く濁って以て朿《しず》（靜）かなる

口語譯

ぐずぐずと四方の敵國を恐れるかのよう、おごそかに居住《いず》まいを正した客人のよう、さらさらと氷がとけて流れ出すかのよう、どっしりと純樸に構えて樸《あらき》のよう、どんよりと淀《よど》んだ濁り水のよう。

一體、誰が、自らは濁っていて靜かでありながら、

注

（8）奴愄四哭―「愄」は、『郭店楚簡』【注釋】〔一二〕の言うように「畏」の假借字であろう。

「哭」は、『汗簡』第六に「吅」の字が「鄰」の古字として出るし、中山王鼎にも「哭」の字が現れる（黃錫全『汗簡注釋』、武漢大學出版社、一九九〇年、を參照）。『郭店楚簡』【注釋】〔一二〕の言うように「鄰」の異體字。「四哭（鄰）」は、『尚書』益稷篇に、

予違汝弼、汝無面從、退有後言、欽四隣。

同じく蔡仲之命篇に、

懋乃攸績、睦乃四鄰、以蕃王室、以和兄弟、康濟小民。

とある。四方の隣國の意。

この一句は、上古の君主がぐずぐずと四方の隣國を恐れる様子を言う。

「猷虐丌奴愄四哭」は、各種今本は「猶兮若畏四鄰」に作るが、想爾本系統・河上公本系統には「鄰」を「隣」に作るテキストもある。馬王堆『老子』甲本は「〔猶呵（乎）亓（其）若〕畏四〔哭（鄰）〕」に作り、乙本は「猷呵亓若畏四哭」に作る。

（9）敢虐丌奴客―「敢」は、「儼」の省字あるいは假借字。「敢（儼）虐（乎）」は、おごそかなさま。『禮記』曲禮上篇の鄭玄注に「儼、矜莊貌。」とある意味か、それとも『爾雅』釋詁に「儼、敬也。」とある意味のいずれか。『老子』の『經典釋文』は「儼」を掲出して「魚檢反」と言う。

「嚴乎」は、『莊子』秋水篇に「道」を形容して、

　嚴乎若國之有君、其无私德。繇繇乎若祭之有社、其无私福。泛泛乎其若四方之无窮、其无所畛域。

と言うが、この箇所と類似する點がある。

この一句は、居住まいを正した客人の、しゃちほこばった様子を言う。

「敢虐丌奴客」は、各種今本は「儼兮其如客」に作るが、想爾本系統・道藏傅奕本・玄宗本系統には「兮其」の二字がなく、想爾本系統の次解本・道藏李榮本・范應元本は「客」を「容」に作る。後者が誤りであることは、本書、郭店『老子』の出土によって確定した。そのことは「懌」「濁」「樸」と韻を踏むことからも明らかである。馬王堆『老子』甲本は「〔嚴（儼）〕呵〔乎〕其若客」に作り、乙本は「嚴呵亓（其）若客」に作る。

(10) 賸虐丌奴懌―「賸」の字は、未詳。『郭店楚簡』【注釋】〔一二三〕の言うように各種今本の「渙」の異體字であろうか。今本の多くは「渙兮」に作るが、想爾本系統には「渙兮」を「散」に作るテキストが多い。今本の「兮」は想爾本系統・道藏傅奕本・玄宗本系統にない。馬王堆『老子』甲本・乙本はともに「渙呵（乎）」に作る。「渙」の異體字とすれば、『說文解字』に「渙、流散也。」とある意味であろう。「賸（渙）虐（乎）」は、氷がとけて水が流れ出すさまであろうか。

「懌」は、上「睪」、下「心」の字。『郭店楚簡』【注釋】〔一二三〕の言うように「釋」の假借字であろう。とけるの意。「賸虐丌奴懌」は、『莊子』庚桑楚篇に「是乃所謂氷解凍釋者」とあるのを參照。

この一句は、さらさらと氷がとけて、水が流れ出す様子を言うのではなかろうか。

「丌奴懌」は、各種今本の多くは「冰之將釋」に作って「冰」あるいは「氷」の字があるが、本書、郭店『老子』にはない。そこで『郭店楚簡』【注釋】〔一二三〕は「凌」の字が奪したと唱えるが、前後の「奴〇」の「〇」は一字であり、かつ名詞でなければならない。「懌」の一字で誤りはなく、溶けかかった冰の意であろう。今本の「冰」は、玄宗本系統以外はいずれのテキストも「氷」に作るものが多い。今本の「之」は、想爾本系統・道藏傅奕本・玄宗本系統にない。今本の「釋」は、想爾本系統に「汋」に作るテキストが多い。馬王堆『老子』甲本は「其若淩（凌）澤（釋）」、乙本は「亓（其）若淩澤」に作る。その「淩」は「凌」の假借字で、「冰」の意である。

（11）屯虘丌奴樸――「屯」は、「敦」の假借字であろう。「屯虘（乎）」は、篤實で飾り氣のないさま。
「樸」は、上「菐」、下「木」の字。『郭店楚簡』【注釋】〔二四〕を參照。『經典釋文』は「樸」を掲出して「普角反。又作朴。」とする。

「樸」は、山から伐り出してきたばかりの、まだ加工していない荒木。『老子』中にしばしば現れるキーワードの一つで、今本『老子』（王弼本）では、他に第十九章・第二十八章・第三十二章・第三十七章・第五十七章にも見える（本書甲本第十九章注（10）、同甲本第三十二章注（2）、同甲本第三十七章注（5）、同甲本第五十七章注（16）を參照）。「道」という「樸」（荒木）のような自然のままの素樸な素材に對して、人工的な彫琢の手が加わって「萬物」という「器」が作られる、場合の比喩とすることが多い。この問題については、拙論「『老子』の道器論――馬王堆漢墓帛書本に基づいて――」（『東方學會創立五十周年記念東方學論集』所收、東方學會、一九九七年）を參照。

ちなみに、本章を踏まえた類似の思想表現が、『淮南子』原道篇に、

> 道者、一立而萬物生矣。是故一之理施四海、一之解際天地。其全也純兮若樸、其散也混兮若濁。濁而徐清、沖而徐盈、澹兮其若深淵、汎兮其若浮雲、若無而有、若亡而存。

『文子』上仁篇に、

> 爲天下有容者、豫兮其若冬涉大川、猶兮其若畏四鄰、儼兮其若容、渙兮其若冰之液、敦兮其若樸、混兮其若濁、廣兮其若谷、此爲天下容。豫兮其若冬涉大川者、不敢行也。猶兮其若畏四鄰者、恐自傷也。儼兮其若容者、謙恭敬也。渙兮其若冰之液者、不敢積藏也。敦兮其若樸者、不敢廉成也。混兮其若濁者、不敢清明也。廣兮其若谷者、不敢盛盈也。

同じく道原篇に、

> 道者、一立而萬物生矣。故一之理施於四海、一之解際天地。其全也敦兮若樸、其散也渾兮若濁。濁而徐清、沖而徐盈、澹然若大海、氾兮若浮雲、若無而有、若亡而存。

とあって參照される。

この一句は、どっしりとした樸（荒木）の様子を言う。

「屯虐丌奴樸」は、各種今本は「敦兮其若樸」に作るものが多いが、その「敦」は想爾本系統が「混」に作り、「兮其」の二字は想爾本系統・開元廿六碑にない。『經典釋文』は「混」を掲出して「胡本反」とする。また、「樸」は「朴」に作るテキストがある（龍興觀碑・范應元本）。馬王堆『老子』甲本は「□（敦）呵（乎）其若楃（樸）」に作り、乙本は「沌呵亓（其）若樸」に作る。なお、馬王堆『老子』甲本の「楃」は、「樸」の異體字である。

(12) 坉虐丌奴濁―「坉」は、『玉篇』に「坉、坉水不通、不可別流。」とあり、『廣韻』に「坉、以草裹土築城及塡水也。」とある。あるいは『集韻』に「沌、水不通。」とある、「沌」の假借字と考えても悪くはあるまい。ここではそれを擬音語・擬態語として使用している。

「濁」は、『郭店楚簡』【注釋】〔二四〕に字形について若干の説がある。

この一句は、濁り水のどんよりと淀んだ様子を言う。

「坉虐丌奴濁」は、各種今本は王弼本系統・古本系統は「混兮其若濁」に作り、河上公本系統・玄宗本系統は「渾兮其若濁」に作るが、想爾本系統は「肫（あるいは沌）濁」に作る。これが本書、郭店『老子』本章に最も近いテキストである。馬王堆『老子』甲本は「湷〔呵（乎）亓（其）若濁〕」に作り、乙本は「湷呵亓若濁」に作る。

各種今本はこの一句の上に、「曠兮其若谷」があり、馬王堆『老子』はこの句の下に、甲本は「〔𣿅呵亓（其）〕若浴（谷）」、乙本は「𣿅呵亓若浴」がある（『郭店楚簡』【注釋】〔二五〕を參照）。馬王堆『老子』甲本・乙本の「𣿅呵亓若浴」などは、本書、郭店『老子』本章にはなく、馬王堆『老子』の形成される過程で增補されたものである。それゆえ、郭店『老子』本章こそが最古の『老子』の本來の姿を示している。そのことは、下文の「竺（孰）能濁以朿（靜）者、牆（將）舍（徐）淸。」が、上文の「坉虐（乎）亓（其）奴（如）濁」を直ちに受けて書かれていることから考えて、自明ではなかろうか。

(13) 竺能濁以朿―「竺」は、『郭店楚簡』の言うように「孰」の假借字。各種今本は句頭を「孰能」に作るが、想爾本系統・河上公本敦煌本にはこの二字がない。馬王堆『老子』甲本・乙本にもこの二字はない。しかし、この前後の箇所は、「孰能」に始まるこの二つの疑問文を受けて、下文で「保此衍（道）者、不谷（欲）篂（常）呈（盈）。」を提起している構文と考えられるので、馬王堆『老子』甲本・乙本は「孰能」を誤奪したか、あるいは意圖的に削ったのではなかろうか。

「以」は、「而」（而且）の意。「束」は、『郭店楚簡』の言うように「靜」の假借字であろう。

「竺能濁以束者」は、各種今本は「孰能濁以靜之」に作るが、「靜」は道藏傅奕本が「澄靖」に作り、范應元本が「靖」に作り、廣明碑が「靜動」に作り、河上公道藏本が「止靜」に作る。馬王堆『老子』甲本は「濁而情（靜）之」、乙本は「濁而靜之」に作る。

第十號簡

本文

(14)者、牆（將）舍（徐）清■(15)。竺（孰）能庀〈安〉以迬（逗）者(16)、牆（將）舍（徐）生(17)。保此術（道）者、不谷（欲）嵔（常）呈（盈）(18)。

訓讀

者、牆《まさ》（將）に舍《おもむ》（徐）ろに清《す》ましめんとする■。竺《た》（孰）れか能《よ》く庀《やす》〈安〉らかにして以て迬《とど》（逗）まる者、牆（將）に舍（徐）ろに生ぜしめんとする。此の術《みち》（道）を保つ者は、嵔《つね》（常）に呈《み》（盈）つるを谷《ほっ》（欲）せず。

口語譯

やがておもむろに他の者を清らかに澄ませることができるであろうか■。また一體、誰が、自らは安らかで停止していながら、やがておもむろに萬物を生み出すことができるであろうか。この道を保持している者は、常に滿ち足りた充實を望むことはないのだ。

注

（14）者―以上の文意は、郭店『老子』本章、馬王堆『老子』甲本・乙本、各種今本ともに基本的に同じ。ただし、馬王堆『老子』甲本・乙本が平敍文であるのとは異なり、郭店『老子』本章は疑問文であって、その答えが下文の「保此衍（道）者」だと言うのである。

「者」は、各種今本、馬王堆『老子』甲本・乙本にないことは本章注（13）に既述。各種今本は、この下に、道藏傅奕本・范應元本に「而」があり、廣明碑に「以」がある。この點は以下も同じ。

（15）𤖹舍淸■―「𤖹」は、『郭店楚簡』の言うように「將」の假借字あるいは異體字。以下にもしばしば登場するが、同じ指摘と説明は省略する。

「舍」は、『郭店楚簡』【注釋】〔二六〕の言うように「徐」と通ずる字である。「淸」は、上「靑」、下「水」の字。

「𤖹舍淸」は、各種今本は「徐淸」に作って「𤖹（將）」がなく、馬王堆『老子』甲本は「余（徐）淸」、乙本は「徐淸」にそれぞれ作る。ちなみに、この部分は、『淮南子』原道篇に、上引文以外に、

夫道者、覆天載地、廓四方、柝八極。高不可際、深不可測。包裹天地、稟授無形。源流泉浡、沖而徐盈、混混汨汨、濁而徐淸。

『文子』道原篇に、上引文以外に、

夫道者、高不可際、深不可測。苞裹天地、稟受無形。源流泏泏、沖而不盈、濁以靜之徐淸。

とある。

「■」の符號は、郭店『老子』では一般に各章の末尾に現れる場合が多いが、甲本第十五章のこの箇所では、文章が明らかに區切れない途中に「■」がつけられており、誤抄ではないかと疑われる（乙本第五十九章注（5）を參照）。

一文の趣旨は、「衍（道）」を把えた者の「濁」「朿（靜）」というマイナス價値は、あくまで世間的な目から見た表面的な觀察の結果であるが、ことがらの本質上、かえって「淸」というプラス價値を生み出すものであることを、疑問文の形を取って述べることにある。

（16）竺能庀〈安〉以迬者―「庀」は、『集韻』に「庀、治也。」とあり、『玉篇』に「庀、具也。」とある。これらの訓詁では前後の意味が通じないと思う。『郭店楚簡』【注釋】〔二七〕は「安」の誤寫とする。ここでは、この說に從っておく。馬王堆『老子』甲本・乙本が「女（安）」、王弼本が「安」にそれぞれ作るからである。

「迬」は、『郭店楚簡』は左「辵」、右「主」の字とする。『郭店楚簡』【注釋】〔二八〕の引く裘錫圭の說はこれを「動」の假借字とするが、馬王堆『老子』甲本の「動」、乙本の「重（動）」、王弼本の「久動」に引かれた解釋であって、疑問である。「逗」または「住」の意ではなかろうか。

一文の趣旨は、「術（道）」を把えた者の「庀〈安〉」「迬（逗）」というマイナス價値が、かえって萬物萬事を「生ずる」というプラス價値に轉ずるものであることを、疑問文の形を取って述べること。

（17）竺能庀…牆舍生―「竺能庀以迬者、牆舍生。」の趣旨は、「道」を把えた者が「庀〈安〉らか」な上に「迬（逗）ま」っていることを通じて、かえって萬物萬事を「生ずる」多產性を具えていることを言う。

この一文は、各種今本は「孰能安以久動之、徐生。」に作るが、「孰能」は想爾本系統になく、敦煌本・景福碑は「孰」の一字に作る。また、「久」は想爾本系統になく、「之」の下に道藏傅奕本・范應元本は「而」がある。

馬王堆『老子』甲本は「女（安）以動之、余（徐）生。」に作り、乙本は「女以重（動）之、徐生。」に作って、「孰能」の二字がない。その「女」は「安」の省字であろう。

（18）保此術…谷𡍮呈―「此術（道）」は、章頭よりここに至るまでの全體の內容を指すが、主に「是以爲之頌」の下文の六句の內容を指している。また、「保此術（道）者」は、上文の「長古之善爲士者」にほぼ等しい。

「道を保つ」という表現は、今本『老子』（王弼本）では、他に第六十二章に、

道者、……不善人之所保。

第六十七章に、

我有三寶、持而保之。

とある。

「〓」は、上「尙」、下「立」の字。『郭店楚簡』の言う「尙」の意味ではなくて、「常」の假借字であろう。

「呈」は、『郭店楚簡』の言うように「盈」の假借字であろう。朱駿聲『說文通訓定聲』によれば、『春秋左氏傳』襄公二十三年の「晉欒盈」を『史記』はみな「逞」に作るという。

「〓呈」は、『淮南子』氾論篇に、

故達道之人、不苟得、不讓福。其有弗棄、非其有弗索、常滿而不溢、恆虛而易足。今夫霤水足以溢壺榼、而江河不能實漏巵、故人心猶是也。自當以道術度量、食充虛、衣禦寒、則足以養七尺之形矣。若无道術度量而以自儉約、則萬乘之勢不足以爲尊、天下之富不足以爲樂矣。

とあるのとは少々異なるが、「知足」の思想であろうか。

「不谷〓呈」は、「道」の性質を説明する文章中にしばしば登場する逆說的な表現で、實有でないことを言う「無」や「虛」の同義語。「盈」の字を用いた關聯する表現が、今本『老子』（王弼本）では、他に第四章に、

道、沖而用之、或不盈。

第九章に、

持而盈之、不如其已。……金玉滿堂、莫之能守。

第四十五章に、

大盈若沖、其用不窮。

とある（本書甲本第九章注（1）（4）、同乙本第四十五章注（3）を參照）。

本書、郭店『老子』はここに至って第十五章が終了している。「此の術（道）を保つ者は、〓（常）に呈（盈）つるを谷（欲）せず。」の一文は、この道を保持している者は、常に滿ち足りた充實を望むことはない、という意味であるが、その文氣は「〓（常）に呈（盈）つるを谷（欲）せざ」るマイナス價値のままで終結しておらず、だからこそ滿ち足りた充實を勝ち取ることができる、というプラス價値への轉換が言外に漂っている。馬王堆『老子』甲本下文の「夫唯不欲〔盈、是以能褩（敝）而不〕成。」、乙本の「是以能褩（敝）而不成。」、今本の「夫唯不盈、故能蔽不新成。」は、郭店『老子』ではまだ存在していなかった

文であり、後にこれが書かれ附加されたのは、馬王堆『老子』甲本・乙本の形成される過程で行われたものにちがいない（乙本には「夫唯不欲盈」の句がなく、經文がまだ安定していないことをも參照）。

ちなみに、『淮南子』道應篇に、

故老子曰、服此道者、不欲盈。夫唯不盈、故能弊而不新成。

『文子』九守篇にも、

服此道者、不欲盈。是以能弊不新成。

とある。今本の「弊」について、『經典釋文』は「蔽」を掲出して「必世反。王云、覆蓋也。鍾、婢世反。梁武同也。」とするが、「敝」の異體字あるいは假借字で、破れた衣服。引伸して、仕事の失敗の意。

「保此術者、不谷䀭呈。」は、各種今本は「保此道者、不欲盈。夫唯不盈、故能弊復成。」に作る（テキスト間の相異がはなはだしい）。馬王堆『老子』甲本は「葆（保）此道、不欲盈。夫唯不欲〔盈、是以能㡀（敝）而不〕成。」に作り、乙本は「葆此道〔者、不〕欲盈。是以能㡀而不成。」に作る。

第六十四章下段（1）

第十號簡

本　文

爲之者敗之、執之者遠〈遊（失）〉（2）

訓　讀

之れを爲《な》す者は之れを敗《やぶ》り、之れを執《と》る者は之れを遠《うしな》〈遊（失）〉う。

口語譯

ものごとを人爲的に爲そうとする者はそれをぶち壞《こわ》し、捕《つか》まえようとする者はそれを取り逃がす。

注

（1）郭店『老子』甲本第六十四章は、下段は具わっているが上段を缺く章である。この第六十四章下段は、ほぼ同じ文章が本書丙本第六十四章下段にも重出する。ところで、郭店『老子』第六十四章は、實は上段も存在している。それは甲本の中にただ上段だけが、甲本の下段から離れた別のところに置かれているのである。このように、まず、離して別々のところに置くという形式の上から判斷するならば、郭店『老子』甲本の抄寫者に第六十四章の上段と下段を同一の章と見なす考えがなかったことは、明らかである。郭店甲本上段の末尾に文章のまとまり・區切りを表示する「■」の符號がついていることも、この判斷の正しさを裏づける。（なお、甲本第六十四章下段の末尾には、郭店『老子』の諸他の章末に多く現れる「■」の符號が、例外的につけられていない。）

次に、郭店第六十四章の上段と下段の關聯を内容の上から檢討するならば、大雜把に把握して、上段の思想と下段の思想とは正反對の方向を向いている（本章注（2）（5）、および本書、第六編「郭店楚墓竹簡『老子』諸章の上段・中段・下段——『老子』のテキスト形成史の中で」を參照）。したがって、兩者は、もともと同じ一つの章を構成する二つの文章であったのではなく、郭店『老子』が取り扱ったように、離れた別々のところに置いて特に關聯のない二つの文章としていたのが、本來の姿であったと考えなければならない。

（2）爲之者…者遠〈遊〉之——「之れを爲す者は之れを敗る」は、「之れを爲す」ことを否定する下文の「亡（無）爲」を導き出すための言葉。

「執」は、手でしっかりと捕らえること。「遠」は、『睡虎地秦簡』の「遠」の字に類似する。しかし「遊（失）」の錯字であろう。

この二句は、『老子』第二十九章にも今本（王弼本）に、

將欲取天下而爲之、吾見其不得已。天下神器、不可爲也。爲者敗之、執者失之。

馬王堆『老子』甲本に、

將欲取天下而爲之、吾見其弗〔得已。夫天下、神〕器也、非可爲者也。爲者敗之、執者失之。

乙本に、

將欲取〔天下而爲之、吾見亓（其）弗〕得已。夫天下、神器也、非可爲者也。爲之者敗之、執之者失之。

として重出する。これによるならば、「爲す」「執る」は「天下を取る」ための方法であって、「天下を爲す」「天下を執る」の意ということになるが、ここでは、下文との繫がりを考慮してやや廣い意味に解する。ちなみに、『莊子』山木篇に、

若夫萬物之情、人倫之傳、則不然。合則離、成則毀、廉則挫、尊則議、有爲則虧、賢則謀、不肖則欺。胡可得而必乎哉。

『鶡冠子』備知篇に、

至世之衰、父子相圖、兄弟相疑。何者、其化薄而出於相以有爲也。故爲者敗之、治者亂之。

『文子』上仁篇に、

天之道、爲者敗之、執者失之。夫欲名之大而求之爭之、吾見其不得已、而雖執而得之、不留也。

とあるのをも參照。

本章下段のテーマは、「亡（無）爲」「亡（無）執」「谷（欲）不谷（欲）」「（學）不孝（學）」、代表的な一言でまとめて言えば、要するに「無爲」を主張することである。それに對して、本章上段は、ものごとを「幾《かす》」かな萌芽の狀態の內に「爲」すことを唱えており、したがって兩者の閒には相當大きなギャップが存在している。もしも敢えて兩者を同一の第六十四章に收めて整合的に解釋しようとするならば、「亡（無）爲」の意味を文字どおりの「亡（無）爲」ではなく、大きなものごとを直接には「爲」さず、小さなものごとを「爲」して積み重ねること、と變更しなければならない。

既述のとおり、本章下段は、郭店楚簡『老子』では、甲本に一回、丙本に一回、合計二回現れる。丙本第六十四章上段の全文は、以下のとおり。

爲之者敗之、執之者遊（失）之。聖人無爲、古（故）無敗也。無執、古（故）〔無遊（失）也〕。訢（愼）終若詞（始）、則無敗事喜（矣）。人之敗也、互（恆）於亓（其）䖒（且）成也敗之。是以〔聖〕人欲不欲、不貴𪻝（難）㝵（得）之貨。學不學、𨓚（復）衆之所𨑭（過）。是以能補（輔）蠆（萬）勿（物）之自肰（然）、而弗敢爲■。

このように、兩者は經文が若干異なっている。同じ章の經文が異なっているところから、郭店『老子』の段階では、『老子』という書物はまだ形成途上にあり、まだ未完成であったことが分かるのである。

「爲之者敗之、執之者遠之。」は、各種今本は「爲者敗之、執者失之。」に作り、上の兩「之」の字がない。馬王堆『老子』甲本はすべて缺字、乙本は「爲之者敗之、執〔之〕者失之。」に作る。

第十一號簡

本文

之。是以聖人亡（無）爲、古（故）亡（無）敗。(3) 亡（無）執、古（故）亡（無）遊（失）。(4) 臨事之紀、(5) 訢（愼）冬（終）女（如）㠯（始）、(6) 此亡（無）敗事矣。(7) 聖人谷（欲）(8)

訓讀

之《こ》れを遠《うしな》〈遊（失）〉う。是《こ》こを以て聖人は爲すこと亡《な》（無）し、古《ゆえ》（故）に敗《やぶ》ること亡（無）し。執《と》ること亡（無）し、古（故）に遊《うしな》（失）うこと亡（無）し。事に臨むの紀《のり》は、冬《お》（終）わりを訢《つつし》（愼）むこと㠯《はじ》（始）めの女《ごと》（如）くすれば、此《すなわ》ち事を敗ること亡（無）からん。聖人は不谷《ふよく》（欲）を谷《ほっ》（欲）して、

口語譯

捕《つか》まえようとする者はそれを取り逃がす。こういうわけで、聖人は人爲を行わないので、ぶち壞すこともないし、捕まえようとしないので、取り逃がすこともないのだ。

一體、仕事を行う場合の原則は、最終の段階を最初の段階と同じように愼重に取り扱うことであるが、こうすれば、仕事をぶち壞すこともあるまい。そこで、聖人は欲望のなさを自己の欲望として、

注

（3）是以聖…古亡敗―これ以下の二文は、『文子』符言篇に、

是以聖人無執、故無失。無爲、故無敗。

とあるのを參照。

「是以聖人亡爲、古亡敗。」は、各種今本は「是以聖人無爲、故無敗。」に作るが、「是以」は嚴遵指歸本は「故」に作り、河上公本系統は「是以」がない。また、各種今本の二つの「無」は「无」に作るテキストがあり、また「故」は指歸本は「則」に作る。馬王堆『老子』甲本は「〔是以聲（聖）人无爲〕也、〔故〕无敗〔也〕。」、乙本は「是以耶（聖）人无爲〔也、故无敗也〕。」に作る。

（4）亡執、古亡遊―「遊」は、『郭店楚簡』【注釋】〔二八〕によって「失」の異體字とする。

「亡執、古亡遊。」は、各種今本は「無執、故無失。」に作るが、その上に景福碑・奈良本は「聖人」があり、二つの「無」は「无」に作るテキストが若干あり、「故」は指歸本は「則」に作る。馬王堆『老子』甲本は「无執也、故无失也。」に作り、乙本はすべて殘缺。

（5）臨事之紀―「臨」は、『郭店楚簡』【注釋】〔二九〕が「視」「治」の意とするが、適當とは思われない。政治・軍事に關して上から臨む、あるいは前にするの意。「臨事」という言葉の使用例を古典文獻から集めてみると、『春秋左氏傳』成公十六年に、

今兩國治戎、行人不使、可謂整。臨事而食言、不可謂暇。請攝飮焉。

『論語』述而篇に、

子路曰、子行三軍、則誰與。子曰、暴虎馮河、死而不悔者、吾不與也。必也臨事而懼、好謀而成者也。

『荀子』君道篇に、

不知法之義而正法之數者、雖博、臨事必亂。

同じく致士篇に、

臨事接民而以義變應、寛裕而多容、恭敬以先之、政之始也。

『禮記』樂記篇に、

明乎商之音者、臨事而屢斷、明乎齊之音者、見利而讓。臨事而屢斷、勇也。見利而讓、義也。有勇有義、非歌孰能保此。

『晏子春秋』内篇雜下に、

臣聞古之賢君、臣有受厚賜而不顧其困族、則過之。臨事守職、不勝其任、則過之。

同じく外篇に、

盆成适。于是臨事不敢哭、奉事以禮、畢、出門、然後舉聲焉。

『管子』立政篇に、

故國有德義未明於朝者、則不可加于尊位。功力未見於國者、則不可授以重祿。臨事不信於民者、則不可使任大官。……是故國有德義未明於朝而處尊位者、則良臣不進。有功力未見於國而有重祿者、則勞臣不勸。有臨事不信於民而任大官者、則材臣不用。

などとある。

「紀」は、『郭店楚簡』【注釋】〔二九〕の引く『禮記』樂記篇が有益である。規範・原則・大綱の意。「……之紀」という表現は、『荀子』や荀子學派の文獻に多く見えるもののようである。『荀子』勸學篇に、

書者、政事之紀也。

同じく樂論篇に、

樂者、天下之大齊也、中和之紀也、人情之所必不免也。

同じく堯問篇に、

彼正身之士、舍貴而爲賤、舍富而爲貧、舍佚而爲勞、顏色黎黑而不失其所。是以天下之紀不息、文章不廢也。

とある。また、『呂氏春秋』孟春篇に、

是月也、……無變天之道、無絕地之理、無亂人之紀。

同じく明理篇に、

故至亂之化、君臣相賊、長少相殺、父子相忍、弟兄相誣、知交相倒、夫妻相冒、日以相危、失人之紀、心若禽獸、長邪苟利、不知義理。

同じく論威篇に、

義也者、萬事之紀也、君臣上下親疏之所由起也、治亂安危過勝之所在也。

同じく孝行篇に、

夫孝、三皇五帝之本務、而萬事之紀也。

同じく本味篇に、

凡味之本、水最爲始。五味三材、九沸九變、火爲之紀。

同じく處方篇に、

同異之分、貴賤之別、長少之義、此先王之所愼、而治亂之紀也。

『禮記』月令篇に、

是月也、……毋變天之道、毋絕地之理、毋亂人之紀。

同じく禮器篇に、

是故君子之行禮也、不可不愼也。衆之紀也、紀散而衆亂。

同じく樂記篇に、

故樂者天地之命、中和之紀、人情之所不能免也。

等々とある。他の文獻では『莊子』『淮南子』などにも見える。

一文の趣旨については、各種今本と馬王堆甲本・乙本は、「民」は常に「事」がほぼ完成しようという最終段階に至って失敗する、という意味であるから、否定的な評價である。それに對して、本書、郭店甲本の本章は「民之從事也」の二句が存在せず、そのまま肯定的な評價である。それゆえ、兩者は正反對の方向を向いている。郭店丙本の本章は下文に「人之敗也」の二句が附加されて、各種今本と馬王堆甲本・乙本の否定的な評價に接近している。したがって、郭店丙本の本章は第六十四章下段の經文としては、甲本より後に成書されたものと考えることができる。

「臨事之紀」は、『郭店楚簡』【注釋】〔一九〕の言うように、各種今本・馬王堆本には見えない。前後の一文を、各種今本は「民之從事、常於幾成而敗之。」に作るが、李榮本・次解本は「民」を「人」に作り、道藏傅奕本・范應元本は「於」の下に「其」がある。馬王堆『老子』甲本は「民之從事也、恆於亓（幾）成事而敗之。」に作り、乙本は「民之從事也、恆於亓（幾）成而敗之。」に作る。

（6）新冬女悥――「新」は、『郭店楚簡』【注釋】〔一九〕によって「愼」の假借字とする。「女」は、『郭店楚簡』の言うように「如」の省字あるいは假借字。同じ用法の「女」は以下にもしばしば登場するが、煩雑を避けるために一々指摘・說明しない。

「悥」は、上「司」、下「心」の字のようである。張守中『包山楚簡文字編』（文物出版社、一九九六年）にある、上「牙」、下「心」の字あるいは上「與」、下「心」の字かもしれない。字形については、『郭店楚簡』【注釋】〔一九〕に若干の說があるが、筆者にはその是非がよく分からない。意味は、今本の「始」の假借字であろう。

類似の文句は、古典文獻に多く現れているが、それらはみな儒教的な思想を表している。本書甲本第六十四章において、この句の思想は『老子』にふさわしいものではないから、郭店『老子』本章は、むしろ儒教的諸文獻を踏まえての表現と見なすのが適當である。『尙書』仲虺之誥篇に、

能自得師者王、謂人莫己若者亡。好問則裕、自用則小。嗚呼、愼厥終、惟其始。殖有禮、覆昏暴。欽崇天道、永保天命。

同じく太甲下篇に、

無輕民事惟難、無安厥位惟危、愼終于始。有言逆于汝心、必求諸道。有言遜于汝志、必求諸非道。

『春秋左氏傳』襄公二十五年に、

君子久行、思其終也、思其復也。書曰、愼始而敬終、終以不困。

『禮記』表記篇に、

子曰、事君愼始而敬終。

『荀子』議兵篇に、

慮必先事而申之以敬、愼終如始、終始如一、夫是之謂大吉。凡百事之成也、必在敬之、其敗也、必在慢之。

同じく禮論篇に、

禮者、謹於治生死者也。生、人之始也。死、人之終也。終始倶善、人道畢矣。故君子敬始而愼終、終始如一。是君子之道、禮義之文也。

『韓詩外傳』卷八に、

官怠於有成、病加於小愈、禍生於懈惰、孝衰於妻子。察此四者、愼終如始。

『文子』符言篇に、

學敗于官茂、孝衰于妻子、患生于憂解、病甚于且瘉。故愼終如始、則無敗事。

とある。以上の諸文獻の中でも、『荀子』議兵篇は「愼終如始」とともに「百事」の「成敗」に言及しており、これが本書甲本第六十四章下段の藍本となったのではないかと疑われる。

なお、本章のコンテキストの中では、この「冬《お》（終）わりを訢《つつし》（愼）むこと忌《はじ》（始）めの女《ごと》（如）し」は、「聖人」の「亡（無）爲」の具體的な現れの一つに位置づけられている。

「訢冬女忌」は、各種今本はいずれも「愼終如始」に作り、馬王堆『老子』甲本は「故愼終若始」、乙本は「故曰、愼冬（終）若始」に作る。

（7）　此亡敗事矣―「此」は、「則」の意。このことは、以下に引く今本、馬王堆甲本・乙本がいずれもこの字を「則」に作っていることからも推測できる。

「此亡敗事矣」は、各種今本は「則無敗事」に作るが、道藏傅奕本にのみ句末に「矣」がある。馬王堆『老子』甲本は「則（无敗事矣亡」に作り、乙本は「則无敗事矣」に作る。

（8）聖人谷――「聖人」は、各種今本はいずれもその上に「是以」の二字があって、「是以聖人」に作る。馬王堆『老子』甲本は残缺、乙本は「是以耶（聖）人」に作る。『韓非子』喩老篇には「聖人」がない。

第十二號簡

本　文

不谷（欲）[9]、不貴難㝵（得）之貨[10]。斈（學）不斈（學）[11]、復（復）衆之所化（過）[12]。是古（故）聖人能尃（輔）萬勿（物）之自肰（然）[13]、而弗

訓　讀

不谷《ふよく》（欲）を谷《ほっ》（欲）して、㝵《え》（得）難《がた》きの貨《たから》を貴ばず。不斈《ふがく》（學）を斈《まな》（學）んで、衆《しゅう》の化《す》（過）ぐる所に復《かえ》（復）る。是の古《ゆえ》（故）に聖人は能《よ》く萬勿《ばんぶつ》（物）の自肰《しぜん》（然）を尃《たす》（輔）けて、爲《な》す能《あた》わず。

口語譯

そこで、聖人は欲望のなさを自己の欲望として、珍しい財貨などを珍重せず、學問のなさを自己の學問として、大衆の通り過ぎてしまう原點に立ち返る。その結果、聖人は萬物の自力で行う自律性を助けることはできるけれども、しかし萬物を取りしきることはできない。

注

（9）不谷――「谷不谷」という言葉は、本書甲本第五十七章にも見え（その注（16）を參照）、また本書丙本第六十四章下段には「欲

不欲」として出る（その注（7）を參照）。「不谷（欲）を谷（欲）す」とは、要するに「不欲」「無欲」のこと。その語法は、下文の「𡥈（學）不𡥈（學）」に同じく、また今本『老子』（王弼本）第六十三章の、

　爲無爲、事無事、味無味。

とも類似する（本書甲本第六十三章上段・下段注（1）を參照）。

「谷不谷」は、各種今本、馬王堆『老子』甲本・乙本、『韓非子』喩老篇はいずれも「欲不欲」に作る。

（10）不貴難㝵之貨―「難㝵之貨」は、今本『老子』（王弼本）第三章に「不貴難得之貨、使民不爲盜。」とあり、同じく第十二章に「難得之貨令人行妨。」とある言葉であるが、しかしそれらの章は本書、郭店『老子』には含まれていない。

「不貴難㝵之貨」は、各種今本はいずれも「不貴難得之貨」に作り、馬王堆『老子』甲本は「而不貴難得之⿰月焉（⿰貝焉）」、乙本は「而不貴難得之貨」、『韓非子』喩老篇も「而不貴難得之貨」に作る。すなわち、後三者には「而」の字がある。

（11）𡥈不𡥈―「𡥈」は、上「爻」、下「子」の字。『郭店楚簡』【注釋】〔三一〕によって「敎」の字と判讀するが、「學」の假借字であろう。

「不𡥈（學）を𡥈（學）ぶ」とは、要するに「不𡥈（學）」「亡（無）𡥈（學）」のこと。その語法については、本章注（9）を參照。

一句の大意は、今本『老子』（王弼本）第二十章の「絕學無憂。」に近い（本書乙本第二十章上段注（1）を參照）。

「𡥈不𡥈」は、各種今本、『韓非子』喩老篇、馬王堆『老子』甲本・乙本はいずれも「學不學」に作る（『郭店楚簡』【注釋】〔三二〕を參照）。

（12）⿺辶复衆之所⿱化止―「⿺辶复」は、『郭店楚簡』は「復」に作るが、正しくは「⿺辶复」の字である。その意味について、朱謙之『老子校釋』は「復補」の意とするが、不適當。劉師培『老子斠補』の言うように「復歸」、かえること。

「衆」は、多くの人々。上文・下文の「聖人」に對立して言う。今本『老子』（王弼本）には「衆人」という言葉が、第八章に、

　上善若水。水善利萬物而不爭、處衆人之所惡、故幾於道。

とあって、「道」の反義語として使用されており、また第二十章に、

絶學無憂。……衆人熙熙、如享太牢、如春登臺。我獨泊兮其未兆、如嬰兒之未孩、儽儽兮若無所歸。衆人皆有餘、而我獨若遺。……衆人皆有以、而我獨頑似鄙。我獨異於人、而貴食母。

とあって、「我獨」の反義語として使用されている。これらの對立關係は本章とまったく同じ。

「所」は、『郭店楚簡』【注釋】〔三二〕の言うように重文符號を衍している。

「𨑒」は、『郭店楚簡』の言うように「過」の異體字。その意味は、あやまつ、ではなく、すぎる。今本『老子』（王弼本）第八章に、

上善若水。水善利萬物而不爭、處衆人之所惡、故幾於道。

とあるのと趣旨は同じ。第三十五章に「樂與餌、過客止。」とある「過」も、すぎるの意である（本書内本第三十五章注（3）を參照）。また、『韓非子』喩老篇がこの箇所を引用して「復歸衆人之所過也」に作っていることから考えても、「𨑒（過）」は、すぎるの意と取らなければならない。

「復衆之所𨑒」は、各種今本は「復衆人之所過」に作るが、「復」の上に道藏傅奕本は「以」があり、「復」は想爾本系統は「備」に作るテキストがあり、「人」は開元廿六碑は「民」に作る。馬王堆『老子』甲本は「而復衆人之所過」に作り、乙本は「復衆人之所過」に作る。

（13）是古聖…之自肰─「尃」は、『郭店楚簡』の言うように「輔」の假借字。「輔」の意味は、朱謙之『老子校釋』が『廣雅』釋詁二に「輔、助也。」とあるのを引いて、優れた考證を行っている。『周易』泰卦の象傳に、

象曰、天地交、泰。后以財成天地之道、輔相天地之宜、以左右民。

とあり、『論衡』自然篇に、

然雖自然、須有爲輔助。

とあるのを參照。

「勿」は、『郭店楚簡』の言うように「物」の省字あるいは假借字。以下にも頻出するが、同じ指摘と説明は省略する。「肰」

は、『郭店楚簡』の言うように「然」の省字あるいは假借字。以下にもしばしば出るが、同じ指摘と説明は省略する。『說文解字』は、

肰、犬肉也。从肉犬。讀若然。

として、「然」とは區別している。

「自然」という言葉は、今本『老子』では合計五見する、すなわち、他に第十七章・第二十三章・第二十五章・第五十一章に見える（本書丙本第十七章注（9）、同甲本第二十五章注（15）を參照）。『老子』のキーワードの一つであり、みずからの意。「道」や「聖人」の「無爲」（本書本章では「谷（欲）不谷（欲）」「𡥈（學）不𡥈（學）」）を原因として發生する、結果としての「萬物」「百姓」の自發性自律性を言う。

「是古聖人能專萬勿之自肰」は、各種今本は「以輔萬物之自然」に作るが、「萬」を「万」に作るテキストが若干ある。馬王堆『老子』甲本は「能輔萬物之自（然）」に作り、乙本は「能輔萬物之自然」に作る。『韓非子』喩老篇は「恃萬物之自然」に作る。『郭店楚簡』【注釋】〔三二〕の言うように、「是古聖人」の四字は、各種今本、馬王堆甲本・乙本には含まれていなかったところである。

第十三號簡

本文

能爲（14）。

訓讀

爲す能わず。

口語譯

しかし萬物を取りしきることはできない。

注

（14）而弗能爲――「弗能爲」は、否定詞「弗」の用法から考えれば、「萬勿（物）を爲《な》す能わず」の意。「是古（故）聖人能専（輔）萬勿（物）之自肰（然）」と竝んで、結果としての「自然」の一部分を構成する句である。その原因に當たるものは、本書本章の中では、「谷（欲）不谷（欲）、不貴難looks（得）之貨。」「斈（學）不斈（學）、䨖（復）衆之所𠇍（過）。」を具體例とする、「聖人」の「亡（無）爲」「亡（無）執」ということになる。

本書本章の「亡（無）爲」の思想は、他に今本『老子』（王弼本）第二章に、

是以聖人處無爲之事、行不言之敎。萬物作焉而不辭、生而不有、爲而不恃、功成而弗居。夫唯弗居、是以不去。

第三章に、

爲無爲、則無不治。

第十章に、

明白四達、能無爲乎。生之畜之、生而不有、爲而不恃、長而不宰。是謂玄德。

第三十七章に、

道常無爲而無不爲。侯王若能守之、萬物將自化。

第四十三章に、

吾是以知無爲之有益。不言之敎、無爲之益、天下希及之。

第四十七章に、

是以聖人不行而知、不見而名、不爲而成。

第四十八章に、

爲學日益、爲道日損。損之又損、以至於無爲。無爲而無不爲。取天下、常以無事。及其有事、不足以取天下。

第五十七章に、

以正治國、以奇用兵、以無事取天下。……故聖人云、我無爲、而民自化。我好靜、而民自正。我無事、而民自富。我無欲、

而民自樸。

とあって（本書甲本第二章注（11）、同甲本第三十七章注（1）、同乙本第四十八章上段注（3）、同甲本第五十七章注（14）を参照）、『老子』の最も重要な思想の一つである。これらはいずれも、「道」や「道」を把えた「聖人」などが「無爲」であるならば、「萬物」「民」が「自然」に（つまり自分の力で）生々と發生し展開する、という思想を示している。

他の文獻では、『莊子』知北遊篇に、

是故至人無爲、大聖不作、觀於天地之謂也。

同じく在宥篇に、

故君子不得已而臨莅天下、莫若无爲。无爲也、而後安其性命之情。……從容无爲、而萬物炊累焉。

同じく在宥篇に、

汝徒處无爲、而物自化。墮爾形體、吐爾聰明、倫與物忘、大同乎涬溟。解心釋神、莫然无魂、萬物云云、各復其根。各復其根而不知。渾渾沌沌、終身不離。若彼知之、乃是離之。无問其名、无闚其情、物故自生。

同じく天地篇に、

古之畜天下者、无欲而天下足、无爲而萬物化、淵靜而百姓定。

同じく至樂篇に、

天无爲、以之淸、地无爲、以之寧。故兩无爲相合、萬物皆化。芒乎芴乎、而无從出乎。芴乎芒乎、而无有象乎。萬物職職、皆從无爲殖。故曰、天地无爲也、而无不爲也。人也孰能得无爲哉。

同じく田子方篇に、

夫水之於汋也、无爲而才自然矣。

とある。

「而弗能爲」は、各種今本は「而不敢爲」に作るが、「爲」の下に、道藏傅奕本・范應元本・『韓非子』喩老篇は「也」があり、河上公本系統は「焉」がある。馬王堆『老子』甲本は「〔而〕弗敢爲」、乙本は「而弗敢爲」に作る。

第三十七章

第十三號簡

本文

術（道）亙（恆）亡（無）爲也。(1) 侯王能守之、(2) 而萬勿（物）𤖍（將）自𢡺（爲）。(3) 𢡺（爲）而雒（欲）复（作）、(4) 𤖍（將）貞（定）之以亡（無）名之𡢃（樸）、(5) 夫

訓讀

術《みち》（道）は亙《つね》（恆）に爲《な》すこと亡《な》（無）きなり。侯王《こうおう》能《よ》く之れを守れば、而《すなわ》ち萬勿《ばんぶつ》（物）は𤖍《まさ》（將）に自《みずか》ら𢡺《な》（爲）さんとす。𢡺（爲）して复《おこ》（作）らんと雒《ほっ》（欲）すれば、𤖍（將）に之れを貞《さだ》（定）むるに亡《む》（無）名《めい》の𡢃《あらき》（樸）を以てせんとし、夫《そ》れ

口語譯

眞の道は、常に一切の活動を爲さないものである。もし侯王がこの道を抱き續けることができるならば、あらゆる物が自ら進んでさまざまの活動を爲そうとするだろう。進んでさまざまの活動を爲す中で何かをしでかそうとする者があれば、侯王はそれを自然のままの無名の樸《あらき》、すなわち道によって落ち着かせるだろうし、それだけでなく、

注

（1）術亙亡爲也―「術亙亡爲也」以下は、前章の末尾が「而弗能爲」で終わり、ここから「亡爲也」で始まるので、前の文章と

の繫がりは極めてよい。これが古い『老子』の本來の章の順序であるにちがいない。

「術」は、『郭店楚簡』の言うように、「道」の古文。『說文解字』にはないが、『汗簡』と『古文四聲韻』に收められている字である。

一文は、「術（道）」という實在が、永遠不變に人間的な諸行爲を行わないものであることを言う。

各種今本の「無爲而無不爲」と類似する表現は、今本『老子』（王弼本）第四十八章に、

　損之又損、以至於無爲。無爲而無不爲。

とあり（本書乙本第四十八章上段注（3）を參照）、『莊子』至樂篇に、

　故曰、天地无爲也、而无不爲也。

同じく知北遊篇に、

　故曰、爲道者日損。損之又損之、以至於无爲。无爲而无不爲也。

同じく庚桑楚篇に、

　虛則无爲而无不爲也。

同じく則陽篇に、

　萬物殊理、道不私、故无名。无名、故无爲。无爲而无不爲。

『韓非子』解老篇に、

　故曰、上德無爲而無不爲也。

『淮南子』原道篇に、

　漠然無爲而無不爲也。

『文子』上仁篇に、

　道無爲而無不爲也。

などとある。

「衍亙亡爲也」は、各種今本は「道常無爲而無不爲」に作るが、「無」を「无」に作るテキストが若干ある。馬王堆『老子』甲本・乙本はともに「道恆无（無）名」に作るが、これは本書、郭店『老子』甲本第三十二章に「道亙（恆）亡（無）名」とあるのなどに引かれて、郭店『老子』から馬王堆『老子』に至る過程で發生したテキスト上の變化と考えられる。『郭店楚簡』【注釋】〔三四〕を參照。また、今本の前半部分「道常無爲」は本書、郭店『老子』本章と基本的に同じであるから、これには古くからの由來があるらしいことが分かる。郭店『老子』本章に含まれない後半部分「而無不爲」は、後代になって附加された修飾ではなかろうか。

（2）侯王能守之――「侯王」は、侯や王の地位にいる者。戰國時代の各國のトップ・クラスの統治者を指す。他に今本『老子』（王弼本）では、第三十二章・第三十九章にも見える言葉（本書甲本第三十二章注（4）を參照）。

「侯王」や「聖人」などが「道」を把えることを通じて、現に統治者となることができている、もしくは天下に君臨する天子にまで上昇していくことができるとする思想は、『老子』の最も基本的な政治思想であり、本章もその代表的な一例と言うことができる（本書甲本第三十二章注（5）（7）（9）を參照）。その他、今本『老子』（王弼本）第二十二章に、

聖人抱一、爲天下式。

第三十九章に、

侯王得一、以爲天下貞。

とあるが、これらの「一」は「道」とほぼ同意である。

「侯王能守之」は、各種今本は「侯王若能守之」に作るが、「侯王」は想爾本系統・道藏傅奕本・范應元本が「王侯」に作り、「若」は河上公本が「而」に作り、「之」は想爾本系統・道藏傅奕本・玄宗本系統にない。馬王堆『老子』甲本は「侯王若（能）守之」、乙本は「侯王若能守之」に作る。各種今本第三十二章にも「侯王若能守之、萬物將自賓。」として出、馬王堆『老子』甲本・乙本第三十二章も完全に同じ（甲本は「侯」が缺字）。第三十二章の郭店『老子』甲本は、「侯王女（如）能獸（守）之、萬（物）酒（將）自賔（賓）。」に作って、基本的に同じである。

（3）而萬勿酒自憑――「而」は、ここでは接續詞の「則」と同じで、すなわちの意。

「萬勿（物）」は、實際には、萬民・あらゆる人々を指す。

「⿱爲心」は、『郭店楚簡』は「化」の假借字とするが、この讀み方は各種今本に引かれすぎていて、不適當。「爲」の異體字。『郭店楚簡』には多くの「爲」の異體字が登場するが、これもその一つである。以下の「⿱爲心」も同じ。

「自⿱爲心（爲）」は、萬民がみずから自律的にさまざまの活動を行う、ということ。「萬勿（物）牐（將）自⿱爲心（爲）」は、類似の文が本書甲本第三十二章に「萬（物）牐（將）自賓（賓）」とある（その注（5）を參照）。

この一文に含まれている論理は、主體である「侯王」が「亡（無）爲」という原因を作り出すことができるならば、その結果、客體である「萬勿（物）」の「自⿱爲心（爲）」がもたらされる、というもの。すなわち、主體「侯王」の「亡（無）爲」→客體「萬勿（物）」の「自然」という、「原因：亡（無）爲→結果：自然」の因果關係である。同じ論理は、『老子』だけでなく『莊子』などの主に道家系の諸文獻に頻繁に現れるが、郭店『老子』では、他に甲本第五十七章に誤解の餘地のない例がある（その注（13）（14）（15）（16）を參照）。なお、下文の「智（知）〔足〕以朿（靜）、萬勿（物）牐（將）自定■。」の論理もまったくこれと同じ。

「萬勿牐自⿱爲心」は、各種今本は「萬物將自化」に作るが、「萬」を「万」に作るテキストもある。馬王堆『老子』甲本は「萬物將自⿱爲心」に作り、乙本は「萬物將自化」に作る。

（4）⿱爲心而⿰谷隹⿱乍又—「⿰谷隹」は、『郭店楚簡』の言うように「欲」の異體字。その意味は、范應元『道德經古本集註』は名詞の「欲」「慾」と取るが、上文の「牐（將）」と同じく助動詞であろう。これを引用した『淮南子』道應篇（下引）の「欲」も、明らかに名詞ではない。

「⿱乍又」は、『郭店楚簡』の言うように「作」の異體字。以下にも何度か出てくる字であるが、同じ指摘と説明は省略する。その意味は、『說文解字』に「作、起也。从人、从乍。」とある。萬民が自律的に諸活動を行う際の、突發的發作的な行動を言うのであろう。あるいは積極的になりすぎることであるかもしれない。今本『老子』（王弼本）における「作」の用例は、第二章に、

是以聖人處無爲之事、行不言之教。萬物作焉而不辭、生而不有、爲而不恃、功成而弗居。

第十六章に、

致虛極、守靜篤、萬物竝作、吾以觀復。

とある（本書甲本第二章注（13）、同甲本第十六章上段注（3）を參照）。なお、『淮南子』道應篇に、『老子』を引用して、

故老子曰、化而欲作、吾將鎭之以無名之樸也。

と言う。

「愚而雒旻」は、各種今本は「化而欲作」に作るが、「而」は想爾注本・天寶玉關本が「如」に作る。馬王堆『老子』甲本は「愚（爲）而欲〔作〕」、乙本は「化而欲作」に作る。

（5）　牆貞之…名之蓁―「貞」は、「正」あるいは「定」の意。『郭店楚簡』は「鎭」の假借字とするが、如字に讀んで十分に文意が通ずる。「貞（定）之」は、萬民の行き過ぎた突發的發作的な行動を、「侯王」が沈靜化させるの意。沈靜化させるための手段は、刑罰や戰爭といったハードな手段ではなく、「亡（無）名之蓁（樸）」つまり「衍（道）」というソフトな手段だ、と言うのである。

「蓁」は、『郭店楚簡』の言うように「樸」の假借字。「亡（無）名之蓁（樸）」は、要するに「衍（道）」を指しているが、絶對的に「名」を持たない、「名」を超えた何ものかであり、「蓁（樸）」（荒木）のような自然のままの素樸な原質である點を強調した言い方である。直接的には章頭の「衍（道）亙（恆）亡（無）爲也」を受けて言うが、今本『老子』（王弼本）第三十二章の、

道常無名。樸雖小、天下莫能臣也。

などと同類の思想を踏まえているようである（本書甲本第三十二章注（2）を參照）。

「牆貞之以亡名之蓁」は、各種今本は「吾將鎭之以無名之樸、無名之樸」に作るが、「無」を「无」に作るテキスト、「樸」を「朴」に作るテキストが少しある。『經典釋文』は「吾將鎭之以無名之樸夫亦將無」を掲出して「簡文作不」と言うのによれば、王弼本に「無名之樸」を重ねないテキストがあったことが分かる。馬王堆『老子』甲本は「〔吾將闐（鎭）之以无（無）〕名之楃（樸）。〔闐之以〕无名之楃」に作り、乙本は「吾將闐之以无名之樸。闐之以无名之樸」に作る。

第十四號簡

本 文

亦牆（將）智（知）足(6)。智（知）〔足〕以束（靜）(7)、萬勿（物）牆（將）自定■(8)。

訓 讀

亦《ま》た牆《まさ》（將）に足るを智《し》（知）らんとす。〔足る〕を智（知）りて以て束《しず》（靜）かなれば、萬勿《ばんぶつ》（物）は牆（將）に自《みずか》ら定まらんとす■。

口語譯

それだけでなく、彼はまた際限のない欲望追求に陥るのを避けて、ほどほどのところで満足することを知るだろう。

彼が〔ほどほどに満足すること〕を知ってなお静穏を保つならば、あらゆる物は自《みずか》らの力で安定の方向に向かって進んでいくだろう■。

注

（6）夫亦牆智足――「夫亦牆（將）」は、今本『老子』（王弼本）第三十二章に、

道常無名。樸雖小、天下莫能臣也。侯王若能守之、萬物將自賓。天地相合、以降甘露。民莫之令、而自均。始制有名。名亦既有、夫亦將知止。知止可以不殆。

とあって（本書甲本第三十二章注（12）を參照）、本章とよく似た表現である。

「夫亦牆智足」の主語は、上文の「牆（將）貞（定）之以亡（無）名之蒌（樸）」の主語とともに、「侯王」である。この點は、上引の今本『老子』第三十二章の「夫亦將知止」の主語が、「侯王」であることによって傍證される（本書甲本第三十二章注

（12）を參照）。『莊子』天地篇に、

故曰、古之畜天下者、无欲而天下足、无爲而萬物化、淵靜而百姓定。

とあり、「古」の理想的な統治者のあり方の問題として、欲望追求の否定と「淵靜」が一緒に論じられているのも參考になる。

ところが、以下に擧げる日本の諸入門書は、いずれも主語を「萬物」つまり人民とする誤りを犯している。——諸橋轍次『掌中　老子の講義』、木村英一・野村茂夫『老子』（「講談社文庫」、講談社、一九八四年）、福永光司『老子』上、金谷治『老子　無知無欲のすすめ』、楠山春樹『老子入門』、小川環樹『老子』、蜂屋邦夫『老子』がそれである。

「夫亦牆智足」の趣旨は、「侯王」が萬民の行動を沈靜化する際、「亡（無）名之菐（樸）」というソフトな手段を用いるので、彼自らも萬民に對してほどほどの欲望追求で滿足する、ということ。

各種今本は「夫亦將無欲」に作るが、「夫」は想爾本系統・河上公本系統・玄宗本系統になく、「無」は想爾本系統・古本系統・河上公本系統・玄宗本系統が「不」に作る（『郭店楚簡』【注釋】〔三五〕を參照）。また、馬王堆『老子』甲本・乙本はともに「夫將不辱」に作る。

（7）智〈足〉以束——「智〈足〉」の「足」は、『郭店楚簡』【注釋】〔三六〕の言うように、重文符號が奪している。

「智〈足〉」は上文の「夫亦牆（將）智（知）足」を受け、「束」は遡って上文の「牆（將）貞（定）之以亡（無）名之菐（樸）」を受ける（chiasmus の句法）。したがって、「智（知）〈足〉以束（靜）」の主語は、言うまでもなく「侯王」である。

「束」は、本書甲本第十五章上段・中段に既出（その注（13）を參照）。「靜」の假借字であって、「侯王」が萬民の突發的發作的な行動を沈靜化する際の靜かな態度を言う。今本『老子』（王弼本）第十五章に、

古之善爲士者、微妙玄通、深不可識。……孰能濁以靜之徐清、孰能安以久動之徐生。

第十六章に、

致虛極、守靜篤、萬物竝作、吾以觀復。夫物芸芸、各復歸其根。歸根曰靜、是謂復命。

第二十六章に、

重爲輕根、靜爲躁君。

第四十五章に、

　躁勝寒、靜勝熱。淸靜、爲天下正。

第五十七章に、

　故聖人云、我無爲而民自化、我好靜而民自正、我無事而民自富、我無欲而民自樸。

第六十一章に、

　牝常以靜勝牡、以靜爲下。

とある（本書甲本第十五章上段・中段注（13）（14）（15）、同乙本第四十五章注（6）（7）、同甲本第五十七章注（15）を參照）。これらの「靜」が「聖人」などの爲政者の態度であることは、自明ではなかろうか。また、『史記』老子列傳にも、

　李耳無爲自化、淸靜自正。

とある。

　一句の大意は、「侯王」が萬民の突發的發作的な行動を沈靜化するやり方について言い、「亡（無）名之蔞（樸）」というソフトな手段を用いるので、「侯王」自身が萬民への欲望追求に關して、「〔足る〕を智（知）り」かつ「朿《しず》（靜）か」でいることができる、ということ。

　「智〔足〕以朿」は、各種今本は「不欲以靜」に作るが、想爾本系統は「不」を「無」あるいは「无」に作る。馬王堆『老子』甲本は「不辱以情（靜）」に作り、乙本は「不辱以靜」に作る。

（8）　萬勿湎自定■──一句の意味は、萬民が自ら進んで安定化していくこと。

　「智（知）〔足〕以朿（靜）、萬勿（物）湎（將）自定。」に現れている論理は、上文の「侯王能守之、而萬勿（物）湎（將）自𢚩（爲）。」の場合とまったく同じ。主體「侯王」の「智（知）〔足〕以朿（靜）」が原因となって、客體「萬勿（物）」の「自定」が結果としてもたらされる、というもの。すなわち、「主體・原因：侯王の智（知）〔足〕以朿（靜）→客體・結果：萬勿（物）の自然」となっている。

　「萬勿湎自定」は、各種今本は「天下將自正」に作るが、「天下」は想爾注本・索洞玄書・天寶玉關本が「天地」に作り、「將」

は想爾本系統になく、「正」は王弼本が「定」に作る。馬王堆『老子』甲本・乙本はともに「天地將自正」に作る（『郭店楚簡』【注釋】〔三七〕を參照）。

第六十三章上段・下段

第十四號簡

本文

爲亡（無）爲、事亡（無）事、未（味）亡（無）未（味）(1)。大少（小）之多惖（易）必多難（難）(2)。是以聖人

訓讀

爲すこと亡《な》（無）きを爲し、事とすること亡（無）きを事とし、未《あじ》（味）亡（無）きを未《あじ》（味）わう。大少（小）の惖《やさ》（易）しとすること多ければ必ず難《かた》（難）きこと多し。是《こ》こを以《もっ》て聖人《せいじん》すら

口語譯

　一切の人爲を捨てた無爲を爲し、まったく仕事を行わない無事を行い、全然、味のしない無味を味わう（ことによって道の立場を確立していく）。大であれ小であれ、易しいと見くびってかかることが多ければ、必ず多くの困難に陥るものだ。こういうわけで、聖人でさえ

注

（1）爲亡爲…未亡未――「爲亡爲」は、本章を除いて今本『老子』（王弼本）第三章に「爲無爲、則無不治。」とある。

「亡事」は、今本『老子』（王弼本）第四十八章に、

取天下、常以無事。及其有事、不足以取天下。

同じく第五十七章に、

以正治國、以奇用兵、以無事取天下。……故聖人云、我無爲而民自化、我好靜而民自正、我無事而民自富、我無欲而民自樸。

とある（本書甲本第五十七章注（3）（13）を參照）。

「未」は、『郭店楚簡』の言うように「味」の省字あるいは假借字。「亡未」は、今本『老子』（王弼本）第三十五章に、

道之出口、淡乎其無味。視之不足見、聽之不足聞、用之不可旣。

とある（本書丙本第三十五章注（5）を參照）。「味」は人間が感覺する對象の一つであるから、「亡（無）未（味）」は「道」が人間の感覺で把えられるような性質を持っていない、すなわち人間の感覺による把握を超越していることを言う。「未（味）亡（無）未（味）」とは、そのような「道」を把えることのシンボルであり、「爲亡（無）爲、事亡（無）事。」と竝んで「道」を把えるための廣義の行動の一つである。

「爲亡爲、事亡事、未亡未。」は、各種今本は「爲無爲、事無事、味無味。」に作るが、「無」を「无」に作るテキストがいくつかある。馬王堆『老子』甲本は「●爲无爲、事无事、味无未（味）。」に作り、乙本は「爲无爲、〔事无事、味无味〕。」に作る。

なお、『文子』道原篇に、

爲無爲、事無事、知不知也。

荀悅『申鑒』政體篇に、

無爲爲之、使自施之。無事事之、使自交之。

とあるのを參照。

（2）　大少之…必多難――「少」は、『郭店楚簡』の言うように「小」の假借字。この通假は以下にもしばしば現れるが、煩雜を避けるために同じ指摘と説明は省略する。

「大少（小）」は、大小のあらゆる事の意。『莊子』天下篇に、

其大小精粗、其行適至是而止。

とあるのを參照。

「㤾」は、上「易」、下「心」の字。ただし、上の「易」字の判讀が正しいか否かについて不安がある。暫く『郭店楚簡』の言うように「易」の假借字としておく。「𡑿」は、上「難」、下「土」の字のようである。『郭店楚簡』の言うように「難」の假借字とする。

「多易」は、事物に對する人の誤った處置を言う。易しいと甘く見てかかることが多いこと。「多難」は、その人が陥ることになる缺陷を言う。事物を處置する上での困難が多いこと。

「大少之多㤾必多𡑿」は、各種今本は「大小多少、報怨以德。圖難於其易、爲大於其細。天下難事必作於易、天下大事必作於細。是以聖人終不爲大、故能成其大。夫輕諾必寡信、多易必多難。」に作るが、「大小多少」は治要本になく、「圖難於其易」は嚴遵本・想爾本系統は「圖難於易」に作り、道藏傅奕本・范應元本は「圖難乎於其易」に作り、「爲大於其細」は嚴遵本・想爾本系統は「爲大於細」に作り、道藏傅奕本・范應元本は「爲大乎於其細」に作り、「天下難事必」は指歸本は「難事」に作り、道藏傅奕本・范應元本は「天下之難事必」に作り、「天下大事必」は指歸本は「大事」に作り、道藏傅奕本・范應元本は「天下之大事必」に作り、「細」は想爾本系統は「小」に作り、「是以聖人終不爲大、故能成其大。」は想爾本系統になく、「夫輕諾」は指歸本は「輕諾者」に作り、道藏傅奕本・范應元本は「夫輕諾者」に作り、「多易」は指歸本・道藏傅奕本・范應元本は「多易者」に作る。

馬王堆『老子』甲本は「大小多少、報怨以德。圖難乎〔亓（其）易也、爲大乎亓細也〕。天下之難作於易、天下之大作於細。是以聖人冬（終）不爲大、故能〔成亓大。夫輕若（諾）者必寡信、多易〕必多難。」に作り、乙本は「〔大小多少、報怨以德。圖難乎亓易也、爲大〕乎亓細也。天下之〔難作於〕易、天下之大〔作於細。是以聖人冬不爲大、故能成亓大〕。夫輕若〔必寡〕信、多易必多難。」に作る。これによれば、馬王堆『老子』にある中間部分の文章は、より古い本書、郭店『老子』では元來まだ書かれていなかったのであるが、馬王堆『老子』の成書段階に至って新たに追加されたものと考えられる（『郭店楚簡』【注

釋】〔三八〕を參照)。

さらに、『韓非子』喩老篇に、

故曰、天下之難事必作於易、天下之大事必作於細。……故曰、圖難於其易也、爲大於其細也。……故曰、聖人蚤從事焉。

とあり、同じく難三篇に、

此謂圖難於其所易也、爲大者於其所細也。

とあるのを見ると、戰國末期以降になっても本章の經文は安定していなかったことが分かる。

第十五號簡

本　文

猷(猶)難(難)之(3)、古(故)終亡(無)難(難)■(4)。

訓　讀

猷《な》(猶)お之れを難《かた》(難)しとす、古《ゆえ》(故)に終《つい》に難(難)きこと亡《な》(無)し■。

口語譯

こういうわけで、聖人でさえ事態を難しいと考えて取り組むのだが、そうであればこそ最後まで困難に陥らないのである■。

注

(3)　是以聖人猷難之――「猷」は、本來「猶」と同じ字である。

「是以聖人猷難之」の句は、各種今本は「是以聖人猶難之」に作るが、指歸本には「聖人」がない。馬王堆『老子』甲本は「是

〔以聲（聖）〕人猷（猶）難之」に作り、乙本は「是以耶（聖）人〔猷難〕之」に作る。また、今本『老子』（王弼本）第七十三章にも、

天之所惡、孰知其故。是以聖人猶難之。

とある。しかし、この句は、馬王堆『老子』甲本・乙本第七十三章になく、郭店『老子』には第七十三章自體が存在しない。馬王堆本以降、誰かが本章（第六十三章）からコピーして第七十三章に入れたのではなかろうか。

（4）古終亡難■ー「終」は、「冬」と判讀してもよいと思うが、郭店『老子』は「冬」と「終」とを書き分けているらしいので、『郭店楚簡』によって「終」の字とする。以下にもこの「終」の字は現れる。例えば、本書甲本第五十五章上段・中段・下段にそれが見える（その注（7）を參照）。しかし、煩雜を避けるために同じ指摘と説明は省略する。

本章全體の趣旨は、「亡（無）爲」「亡（無）事」「亡（無）未（味）」といった、世間的常識ではマイナスに價値評價されることがらに對して、むしろ逆に價値を與えてプラスに轉じさせるのが本來の「道」の姿であるが、これをことがらに立ち向かう「難（難）惖（易）」という人間の生き方の問題にも適用して、世間的なマイナス價値の「難（難）」に身を置くことを通じて、むしろ逆にプラス價値の「惖（易）」に轉じていこう、ということ。ここに見られる逆説的辨證法的な否定超出は、『老子』には別段珍しくないその特有の論理であって、本書本章では、

是以聖人猷（猶）難（難）之、古（故）終亡（無）難■。

の結句に、それが典型的に表現されている。他に今本『老子』（王弼本）第七章に、

天地所以能長且久者、以其不自生、故能長生。

第三十四章に、

以其終不自爲大、故能成其大。

第七十一章に、

聖人不病、以其病病、是以不病。

とあるのもまったく同じ。

「古終亡難」は、各種今本は「故終無難」に作るが、「無」は「无」に作るテキストが若干あり、王弼本系統・道藏傅奕本は文末に「矣」がある。馬王堆『老子』甲本は「故終於无難」に作り、乙本は「故〔終於无難〕」に作る。

第二章

第十五號簡

本文

天下皆智（知）敚（美）之爲敚（美）也、(1)亞（惡）已。(2)皆智（知）善、(3)此丌（其）不善已。(4)又（有）亡（無）之相生也、(5)

訓讀

天下皆な敚《び》（美）の敚《び》（美）爲《た》るを智《し》（知）るも、亞《あく》（惡）なるのみ。皆な善を智（知）るも、此れ丌《そ》（其）れ不善なるのみ。又《う》（有）亡《む》（無）は之れ相《あ》い生ずるなり、

口語譯

　天下の人々はみな美がそのまま美であると考えているが、實はその美は醜《しゅう》に他ならない。みな善がそのまま善であると考えているが、實はその善は惡なのだ。（同樣に、人々の作爲の結果、本來は何もない世界の中に、）有ると無いとが相互に依存しあって發生し、

注

（1）天下皆…爲𢼸也―「𢼸」は、『郭店楚簡』【注釋】〔三九〕が『汗簡』第五を引いて「美」の假借字とするのによる。兩字に意味上の區別はないようである。
「天下皆智𢼸之爲𢼸也」は、各種今本はいずれも「天下皆知美之爲美」に作り、馬王堆『老子』甲本は「天下皆知美爲美」に作り、乙本は「天下皆知美之爲美」に作る。
「天下皆智𢼸之爲𢼸也、亞已。」は、天下の人々はみな單純に美がそのまま美であると考えているが、實は反對に醜である場合がある、ということ。「惡已」は、下文の「此丌（其）不善已」とともに、人間の「美」「善」という價値判斷が實は反對に「惡」「不善」であるかもしれないように、はなはだ不確實であることを少々大げさに述べたもの。

（2）亞已―「亞」は、『郭店楚簡』の言うように「惡」の省字あるいは假借字。本書、郭店『老子』では以下にもいくつか現れる。例えば、今本『老子』（王弼本）第二十章の「惡」字を、本書乙本第二十章上段は「亞」に作っている（その注（3）を參照）。
なお、關聯する思想の表現には、『莊子』天地篇に、

德人者、居無思、行無慮、不藏是非美惡。

同じく知北遊篇に、

故萬物一也。是其所美者爲神奇、其所惡者爲臭腐、臭腐復化爲神奇、神奇復化爲臭腐。故曰、通天下一氣耳。聖人故貴一。

同じく徐无鬼篇に、

愛民、害民之始也。爲偃兵、造兵之本也。…凡成美、惡器也。

とある。ただし、道家の諸思想が價値判斷を否定する理由はさまざまであって、表面的な類似だけで直ちに關聯があると認めることはできないから、本章と同じ理由を擧げている價値判斷の否定を參照することが望ましい。
「亞已」は、各種今本はいずれも「斯惡已」に作る。馬王堆『老子』甲本は「惡已」に作り、乙本は「亞（惡）已」に作って、兩者ともに本書、郭店『老子』に近い。

（3）皆智善―この前後は、『淮南子』道應篇が本章を引用して、

老子曰、天下皆知善之爲善、斯不善也。故知者不言、言者不知也。

と言っている。

「皆智善」は、各種今本はいずれも「皆知善之爲善」に作るが、馬王堆『老子』甲本・乙本はともに「皆知善」に作って、本書、郭店『老子』と一致する（『郭店楚簡』【注釋】〔四〇〕を參照）。上文のように「天下皆智（知）善之爲善也」と書くべきところを省略した形であろう。

（4）此丌不善已―「皆智善、此丌不善已。」は、天下の人々はみな單純に善がそのまま善であると考えているが、實は逆に惡である場合がある、ということ。

類似する表現としては、『莊子』胠篋篇に、

天下每每大亂、罪在於好知。故天下皆知求其所不知、而莫知求其所以知者。皆知非其所不善、而莫知非其所已善者。是以大亂。

とある。また、そもそも正しい價値判斷などが存在しえないものであることを主張した文章としては、『莊子』齊物論篇に、

民溼寢則腰疾偏死、鰌然乎哉。木處則惴慄恂懼、猨猴然乎哉。三者孰知正處。民食芻豢、麋鹿食薦、蝍且甘帶、鴟鴉耆鼠。四者孰知正味。猨猵狙以爲雌、麋與鹿交、鰌與魚游。毛嬙麗姫、人之所美也。魚見之深入、鳥見之高飛、麋鹿見之決驟。四者孰知天下之正色哉。自我觀之、仁義之端、是非之塗、樊然殽亂。吾惡能知其辯。

とある。これは判斷する主觀の相異を理由にした否定であって、本章の否定の理由が一層根本的であるのとは異なるが、參考にすることのできる資料である。

「此丌不善已」は、各種今本はいずれも「斯不善已」に作るが、馬王堆『老子』甲本は「訾（斯）不善矣」に作り、乙本は「斯不善矣」に作る。

（5）又亡之相生也―一句は、「又（有）」があるから「亡（無）」もあり、「亡（無）」が生ずるから「又（有）」も生ずる、すなわち對立しあう「又（有）」と「亡（無）」とは相互規定的に同時に「生」ずる、という意味。作者がこれを否定する理由は、下文に「是以聖人居亡（無）爲之事、行不言之孷（教）。」とあるのによれば、この「又（有）亡（無）之相生也」が「又（有）

爲」「又（有）言」つまり人間の作爲・言論の所産であって、「萬勿（物）」の卽自的な世界それ自體には全然存在しないことだからだ、とされている。

「又亡之相生也」は、各種今本は「故有無相生」に作るが、「故」は索洞玄書・次解本にはなく、「無」を「无」に作るテキストが若干あり、「無」の下には古本系統・河上公本系統・玄宗本系統に「之」がある。馬王堆『老子』甲本は「有无之相生也」に作り、乙本は「［有无之相］生也」に作っていて、本書、郭店『老子』と同じである。

第十六號簡

本文

戁（難）惖（易）之相成也、(6) 長耑（短）之相型（形）也、(7) 高下之相浧（盈）也、(8) 音聖（聲）之相和也、(9) 先後之相墮（隨）也。(10) 是

訓讀

戁《なん》（難）惖《い》（易）は之れ相い成るなり、長耑《ちょうたん》（短）は之れ相い型《あらわ》（形）るるなり、高下《こうげ》は之れ相い浧《み》（盈）つるなり、音聖《おんせい》（聲）は之れ相い和するなり、先後は之れ相い墮《したが》（隨）うなり。是《こ》こを

口語譯

難しいと易しいとが相互に依存しあって成立し、長いと短いとが相互に依存しあって形成され、高いと低いとが相互に依存しあって現象し、音樂と雜音とが相互に依存しあって調和し、前と後とが相互に依存しあって行列している。（世界はすべて例外なくこういう状況になっているのだ。）

　それゆえ、

注

（6） 戁惖之相成也―「戁」は、正しくは上「難」、中「土土」、下「心」の字。『郭店楚簡』の言うように「難」の異體字。「惖」の字は、本書甲本第六十三章上段・下段に既出（その注（2）を參照）。

この一句も、その趣旨は上文の「又（有）亡（無）之相生也」の場合とまったく同じ。對立しあう「戁（難）」と「惖（易）」とは、本來「萬勿（物）」それ自體の中には影も形も存在しないはずであるにもかかわらず、人間が「萬勿（物）」のあれこれに對して作爲的に勝手なレッテルを貼ったために、「戁（難）」と「惖（易）」とが相互規定的に同時に「成」るに至ったものだ、ということ。なお、『文子』道原篇に、

夫道、有無相生也、難易相成也。是以聖人執道、虚靜微妙以成其德。

とあるのは、『老子』の原意から遠く離れてしまった後代の解釋である。

「戁惖之相成也」は、各種今本はいずれも「難易相成」に作るが、古本系統・河上公本系統・玄宗本系統は中間に「之」がある。馬王堆『老子』甲本・乙本はいずれも「難易之相成也」に作る。

（7） 長耑之相型也―「耑」は、『郭店楚簡』の言うように「短」の假借字。「型」は、『郭店楚簡』の言うように「形」の假借字。「長」と「耑（短）」とが相互依存により「型（形）」を持って現れるようになる、という意味。

一句の趣旨は、上文の「又（有）亡（無）之相生也、戁（難）惖（易）之相成也」の場合とまったく同じ。

なお、『莊子』天地篇に、

視乎冥冥、聽乎无聲。冥冥之中、獨見曉焉、无聲之中、獨聞和焉。故深之又深、而能物焉、神之又神、而能精焉。故其與萬物接也、至无而供其求、時騁而要其宿。大小・長短・脩遠。

『淮南子』齊俗篇に、

高下之相傾也、短脩之相形也、亦明也。

『文子』道原篇に、

古者民童蒙、……高下不相傾、長短不相形。

とあるのを參照。

「長耑之相型也」は、各種今本はいずれも「長短相形」に作るが、古本系統・河上公本系統・玄宗本系統は中間に「之」があり、「形」は王弼本系統は「較」に作る。王弼本の「較」の字については、『經典釋文』も「較」を掲出して「音角。又校量深淺。」と言う。しかし、この字が不適當であることについては、朱謙之『老子校釋』・劉師培『老子斠補』に優れた考證がある。馬王堆『老子』甲本・乙本はいずれも「長短之相荆（形）也」に作る。

（8）　高下之相涅也―「涅」は、『郭店楚簡』の言うように「盈」の假借字。「呈」の字として本書甲本第十五章上段・中段に既出（その注（18）を參照）。「盈」という言葉は、先秦論理學の專門術語の一つであり、同一物の中に二つの異なった性質が含まれている、という意味である。例えば、『公孫龍子』堅白論篇に、

曰、其白也、其堅也、而石必得以相盈。其自藏奈何。

『墨子』經上篇の「堅白、不相外也。」の說（經說上篇）に、

（堅）於尺〈石〉無所往而不得二。異處不相盈、相非（排）、是相外也。

同じく經下篇の「堅白、說在因。」の說（經說下篇）に、

（堅）無堅得白、必相盈也。

とある。したがって、本章は、このような先秦論理學の盛行を受けてその後に、そのテクニカル・タームを意識的に使用しながら、その形式論理學の人爲性を批判する立場から書かれたものと考えなければならない。

一句の趣旨は、上文の「又（有）亡（無）」などの場合とまったく同じ。

「高下之相涅也」は、各種今本は「高下相傾」に作るが、古本系統・河上公本系統・玄宗本系統は中間に「之」があり、馬王堆『老子』甲本・乙本はともに「高下之相盈也」に作る。「傾」の字は、「老子甲本釋文」（『馬王堆漢墓帛書』〔壹〕所收、文物出版社、一九八〇年）の註釋〔六〕が言うように、前漢、惠帝の諱「盈」を避けて「傾」に改めたものである。馬王堆甲本・乙本はこれを避けていない。『經典釋文』は「傾」を掲出して「高下不正皃。去營反。」とするが、先秦論理學史を理解しない

ために生じた誤解である。

（9）音聖之相和也―「音」は、暫く『郭店楚簡』【注釋】〔四一〕の言うように「音」の字としておく。「聖」は、『郭店楚簡』の言うように「聲」の假借字。以下にも現れるが、煩雜を避けるために一々注を附けない。「音」は奏でられた音樂、「聲」は單なる物理的な音。

一句の趣旨は、上文の「又（有）亡（無）」などの場合とまったく同じ。

「音聖之相和也」は、各種今本はいずれも「音聲相和」に作るが、古本系統・河上公本系統・玄宗本系統は中間に「之」があり、馬王堆『老子』甲本は「意〈音〉聲之相和也」に作り、乙本は「音聲之相和也」に作る。

（10）先後之相墮也―「墮」は、『郭店楚簡』【注釋】〔四二〕の言うように「隨」の假借字。

一句の趣旨は、上文の「又（有）亡（無）」などの場合とまったく同じ。

以上の趣旨をまとめると、上述の價値判斷（𢼸亞・善不善・戁惖）・事實判斷（長耑・高下・音聖・先後）・存在判斷（又亡）は、いずれもみな本來「萬勿（物）」それ自體の中には全然存在しないものであるのに、人間が「萬勿（物）」のあれこれに對して作爲を弄したために、相互規定的に同時に生ずるに至ったレッテルにすぎない、ということ。對立しあう相互規定的な諸概念を總括的に批判した文章としては、『莊子』秋水篇に、

> 河伯曰、若物之外、若物之內、惡至而倪貴賤、惡至而倪小大。北海若曰、以道觀之、物无貴賤。以物觀之、自貴而相賤。以俗觀之、貴賤不在己。以差觀之、因其所大而大之、則萬物莫不大。因其所小而小之、則萬物莫不小。知天地之爲稊米也、知豪末之爲丘山也、則差數覩矣。以功觀之、因其所有而有之、則萬物莫不有。因其所无而无之、則萬物莫不无。知東西之相反、而不可以相无、則功分定矣。以趣觀之、因其所然而然之、則萬物莫不然。因其所非而非之、則萬物莫不非。知堯桀之自然而相非、則趣操覩矣。……故曰、蓋師是而无非、師治而无亂乎、是未明天地之理、萬物之情者也。是猶師天而无地、師陰而无陽。其不可行明矣。……默默乎、河伯。女惡知貴賤之門、小大之家。

とあるのが重要である。

「先後之相墮也」の下に、馬王堆『老子』甲本・乙本はともに「恆也」の二字がある（『郭店楚簡』【注釋】〔四二〕を參照）。

常に變わらないことである、例外なくこうである、という意味。言い換えれば、以上の諸判斷は、いずれもみな本來「萬勿（物）」それ自體に具わらないもので、人間が「萬勿（物）」のあれこれに作爲を弄して貼りつけたレッテルにすぎないのであるが、そういった狀況が全面的普遍的に廣がっていることを説明する言葉である。この「恆也」のない本書、郭店『老子』こそが古樸な『老子』の本來の姿ではなかろうか。

「先後之相墮也」は、各種今本は「前後相隨」に作るが、「前」は想爾本系統が「先」に作り、古本系統・河上公本系統・玄宗本系統は中間に「之」があり、馬王堆『老子』甲本・乙本はともに「先後之相隋（隨）也」に作る。「前後」という表現が『老子』に存在しないことに關しては、朱謙之『老子校釋』に優れた考證がある。

第十七號簡

本文

以聖人居亡（無）爲之事(11)、行不言之𡥈（敎）(12)。萬勿（物）⿰亻复（作）而弗⿱司心（治）也(13)、爲而弗志（恃）也(14)、成而弗居(15)。天〈夫〉售（唯）(16)

訓讀

以て聖人《せいじん》は爲す亡《な》（無）きの事に居《お》り、言わざるの𡥈《おし》（敎）えを行う。萬勿《ばんぶつ》（物）は⿰亻复《おこ》（作）るも⿱司心《おさ》（治）めざるなり、爲るも志《たの》（恃）まざるなり、成るも居らざるなり。天《そ》〈夫〉れ售《た》（唯）だ

口語譯

それゆえ、聖人は、一切の人爲を捨てて無爲の事業に立脚し、すべての言葉を排して無言の敎化を實行する。そうすると、萬物が生起してくるけれども、聖人はそれを支配せず、萬物が成長してくるけれども、聖人はそれを賴りにせず、萬物が功績を擧げるけれども、聖人はそれを統治する地位に居座《いすわ》らない。そもそも居座らないからこそ、

注

（11）是以聖…爲之事——「聖人」は、第一義的には、作者の考える理想的な人間、つまり「道」の體得者であるが、それが相當、政治的な統治者、それも萬民の上に君臨する天下の支配者に傾いている點に『老子』の特徴がある。

「亡（無）爲之事」は、道家的な統治者が「又（有）爲」を否定して行う事業であり、これを通じて萬物・萬民の活發な活動が生まれることが期待されている。『莊子』大宗師篇に、

芒然彷徨乎塵垢之外、逍遙乎无爲之業、彼又惡能憒憒然爲世俗之禮、以觀衆人之耳目哉。

同じく在宥篇に、

汝徒處无爲、而物自化。

などとある。

「是以聖人居亡爲之事」は、各種今本は「是以聖人處無爲之事」に作るが、「是以」は治要本になく、「無」は「无」に作るテキストが若干あり、「處」は想爾本系統は「治、處」に作る。馬王堆『老子』甲本は「是以聲（聖）人居无爲之事」に作り、乙本は「是以耶（聖）人居无爲之事」に作って、本書、郭店『老子』に一致している。

（12）行不言之𡥈——「不言之𡥈」は、道家的な統治者が「言わざる」ことによって行う人民の教化であり、その目的も「亡（無）爲之事」の場合とほぼ同じ。類似する思想の表現としては、『莊子』齊物論篇に、

孰知不言之辯、不道之道。

同じく德充符篇に、

立不教、坐不議、虚而往、實而歸。固有不言之教、无形而心成者邪。

同じく知北遊篇に、

夫知者不言、言者不知。故聖人行不言之教。

同じく徐无鬼篇に、

丘也聞不言之言矣。未之嘗言、於此乎言之。……彼之謂不道之道、此之謂不言之辯。故德總乎道之所一、而言休乎知之所不知、至矣。

とある。

一文の趣旨は、以上のように、相互規定的に同時に發生するあらゆる概念・判斷が、人間が「萬勿（物）」に對して貼りつけた無意味なレッテルであるとするならば、それらの概念・判斷の基礎をなす一切の人間の行爲と言論の營みは無意味であり、それゆえ、一切の「爲」「言」を否定して「亡（無）爲」「不言」の態度を取るべきだ、ということ。

「亡（無）爲」と「不言」を竝稱している文章としては、今本『老子』（王弼本）第四十三章に、

吾是以知無爲之有益。不言之教、無爲之益、天下希及之。

とある。また、『淮南子』主術篇に、

人主之術、處无爲之事、而行不言之教、淸靜而不動、一度而不搖、因循而任下、責成而不勞。

『文子』自然篇に、

王道者、處無爲之事、行不言之教、淸靜而不動、一定而不搖、因循任下、責成而不勞。

とあるのをも參照。

なお、この部分には、「聖人」の「亡（無）爲・不言」→「萬勿（物）」の「㑅（作）・爲・成」という、「無爲→自然」の因果關係が示されているが、その後の「聖人」の「弗𢘑（治）」「弗志（恃）」「弗居」もやはり「無爲」の一種である。

「行不言之𡥈」は、各種今本はいずれも「行不言之教」に作り、馬王堆『老子』甲本は「行［不言之教］」に作り、乙本は「行不言之教」に作る。

（13）萬勿㑅而弗𢘑也―「㑅」は、『郭店楚簡』の言うように「作」の異體字。『莊子』天道篇に、

萬物化作、萌區有狀、盛衰之殺、變化之流也。

とある。

「𢘑」は、本書甲本第六十四章下段に既出（その注（6）を參照）。ここでは、「𤔲」の異體字で、「治」の意であろう。聖人

が主宰する・統治するの意。下文に引く『老子』第十章・第五十一章にある「宰」や、『文子』道原篇に、

大常之道、生物而不有、生化而不宰、萬物恃之而生、莫知其德、恃之而死、莫之能怨。

とある「宰」の意。ちなみに、今本『老子』（王弼本）第三十四章に、

萬物恃之而生而不辭、功成不名有、衣養萬物而不爲主。……萬物歸焉而不爲主。

とある文章は、馬王堆『老子』甲本は、

〔功成〕遂事而弗名有也。萬物歸焉而弗爲主、……萬物歸焉〔而弗〕爲主。

に作り、乙本は、

功成遂〔事而〕弗名有也。萬物歸焉而弗爲主、……萬物歸焉而弗爲主。

に作る。

一句の意味は、萬物が生起してくるけれども、聖人はそれを支配しない、ということ。以下の三句の主語は、各句の前半部分の主語がすべて「萬勿（物）」、後半部分の主語がすべて「聖人」である。以下の諸入門書は、いずれもこの點を明確に把えていない。――諸橋轍次『掌中　老子の講義』、木村英一・野村茂夫『老子』、福永光司『老子』上、金谷治『老子　無知無欲のすすめ』、楠山春樹『老子の人と思想』、楠山春樹『老子入門』、小川環樹『老子』、蜂屋邦夫『老子』。

「萬勿復而弗忌也」は、各種今本は「萬物作焉而不辭（治）」に作るが、「焉」は想爾本系統・道藏傅奕本・景福碑・玄宗本系統になく、「辭」は想爾本系統・道藏傅奕本・范應元本は「不爲始」に作る。馬王堆『老子』甲本は「〔萬物昔（作）而弗始（治）〕也」に作り、乙本は「萬物昔而弗始」に作る。

(14)　爲而弗志也――「志」は、『郭店楚簡』の言うように「恃」の假借字。

「爲而弗志（恃）也」は、萬物が成長するけれども、聖人はそれに賴りにしないの意。

關聯する文章としては、第十章（王弼本）に、

生之畜之。生而不有、爲而不恃、長而不宰、是謂玄德。

第三十四章に、

大道氾兮、其可左右。萬物恃之而生而不辭、功成不名有。衣養萬物而不爲主、常無欲、可名於小。萬物歸焉而不爲主、可名爲大。以其終不自爲大、故能成其大。

第五十一章に、

故道生之、德畜之。長之育之、亭之毒之、養之覆之。生而不有、爲而不恃、長而不宰、是謂玄德。

第七十七章に、

是以聖人爲而不恃、功成而不處、其不欲見賢。

とある。また、『莊子』應帝王篇に、

明王之治、功蓋天下而似不自己、化貸萬物而民不恃。

同じく達生篇に、

忘其肝膽、遺其耳目、茫然彷徨乎塵垢之外、逍遙乎无事之業。是謂爲而不恃、長而不宰。

とあるのをも參照。

「爲而弗志也」は、各種今本はいずれも「爲而不恃」に作るが、ただ次解本だけは「而」がない。また、この上に、想爾本系統を除いて大體「生而不有」の一句がある（『郭店楚簡』【注釋】〔四三〕を參照）。恐らく『老子』第十章・第五十一章に引かれて誤衍したのであろう。この箇所は「萬物」に關して「复（作）」→「爲」→「成」のように、その「誕生→成長→完成」のプロセスが順序よく描かれているところであり、「生而不有」の句はあってもそれほど惡くはないが、いっそのことない方が文章はスムーズに流れるようである。馬王堆『老子』甲本は「爲而弗志（恃）也」に作り、乙本は「爲而弗侍（恃）也」に作る。

（15）成而弗居─「成」は、『郭店楚簡』【注釋】〔四四〕は郭店『老子』に「功」が誤奪したとするが、そうではなくこれが古い『老子』の本來の表現である。「成」の主語は「萬勿（物）」、「弗居」の主語は「聖人」。

「功而弗居」は、萬物が功業を成就するけれども、聖人はその地位に居座らない、ということ。『淮南子』道應篇に、

故老子曰、功成而不居。夫唯不居、是以不去。

とあるのを參照。

「成而弗居」は、各種今本は「功成而弗居」に作るが、「功成」は想爾本系統が「成功」に作り、「而」は想爾本系統・道藏傅奕本・河上公本系統・玄宗本系統になく、「弗」は想爾本系統・古本系統・河上公本系統・玄宗本系統が「不」に作り、「居」は索洞玄書・次解本・道藏傅奕本・范應元本は「處」に作る。馬王堆『老子』甲本・乙本はともに「成功而弗居也」に作る。

(16) 天〈夫〉售—「天」は、『郭店楚簡』【注釋】〔四五〕の言うように「夫」の錯字。「售」は、「唯」の異體字。

「夫唯」は、各種今本『老子』ではこれを除いて、第八章・第十五章・第二十二章・第四十一章・第五十九章・第六十七章・第七十章・第七十一章・第七十二章・第七十五章に出る句である（本書乙本第四十一章注（11）を參照）。これらの中で「夫唯……、是以……。」のように呼應する語法、および「夫唯……、故……。」のように呼應する語法が『老子』に特徴的な語法であることについては、本書乙本第五十九章注（2）を參照。

第十八號簡

本　文

弗居(17)也、是以弗去也(18)■。

訓　讀

居らざるや、是《こ》を以て去らざるなり■。

口語譯

そもそも居座《いすわ》らないからこそ、聖人は統治者の地位を去ることもないのだ■。

注

（17）弗居也―「弗居也」は、「成」った「萬勿（物）」の上に君臨する地位に「聖人」は居座らないの意。
「天唯弗居也」は、各種今本は「夫唯弗居」に作るが、「唯」は道藏傅奕本・范應元本は「惟」に作り、「弗」は想爾本系統・古本系統・河上公本系統・玄宗本系統は「不」に作り、「居」は索洞玄書・次解本・道藏傅奕本・范應元本は「處」に作る。馬王堆『老子』甲本は「夫唯（弗）居」に作り、乙本は「夫唯弗居」に作る。

（18）是以弗去也■―「弗去也」の主語は「聖人」、その客語はすぐ上を受けて「成」った「萬勿（物）」であるが、上文の全體「萬勿復而……、爲而……、成而……。」を踏まえているはずである。
一句は、「聖人」は「成」った「萬勿（物）」の上に君臨する地位から「去」らない、の意。したがって、民衆の歸服が去らないということにも繋がる。『莊子』德充符篇に、
衞有惡人焉。曰哀駘它。丈夫與之處者、思而不能去也。婦人見之、請於父母曰、與人爲妻、寧爲夫子妾者、十數而未止也。
とあるのを參照。
「是以弗去也」は、各種今本はいずれも「是以不去」に作り、馬王堆『老子』甲本・乙本はともに「是以弗去」に作る。

第三十二章

第十八號簡

本文

道𠄨（恆）亡（無）名。[1]僕（樸）唯（雖）妻（細）、[2]天陛（地）弗敢臣。[3]侯王女（如）能

訓讀

道は亙《つね》（恆）に名亡《な》（無）し。僕《あらき》（樸）は妻《ほそ》（細）しと唯《いえど》（雖）も、天陸《てんち》（地）も敢《あ》えて臣とせず。侯王女《も》（如）し能《よ》く

口語譯

眞の道は、絶對的に名づけることのできないものだ。自然のままの素樸な樸《あらき》は小さいけれども、天地の下、誰一人としてそれを臣下としようとする者はいない。もしも侯王がこの樸《あらき》を抱き續けることができるならば、

注

（1）道亙亡名――「道亙亡名」の上は、前章末の「■」より約三字の空格がある。

一文は、「道」が絶對的に「名」を持たない、「名」を超えた何ものかであり、人間が「名」をもってしても把握できない窮極の實在であることを言う。下文の「詞（始）折（制）又（有）名」がこの反義文であり、以下、「亡（無）名」の「道」から「又（有）名」の「天下」の萬物が形作られた後のことについて述べている。

「亙（恆）」は、人間が「道」を把握する際の論理的哲學的な緊張關係を表現する言葉。常に變わらない、その意味では絶對的な、の意。今本『老子』（王弼本）第一章に「道可道、非常道。名可名、非常名。」とある、「常」と同意。なお、先秦時代の古典文獻においては、「亙（恆）」は形容詞・副詞として使用し、「常」は名詞として使用する、という使用の區別があることに注意されたい。

「亡名」は、他に今本『老子』（王弼本）第一章に、

無名、天地之始。有名、萬物之母。

第二十五章に、

吾不知其名、字之曰道、強爲之名曰大。

第三十七章に、

化而欲作、吾將鎭之以無名之樸。無名之樸、夫亦將無欲。

第四十一章に、

道隱無名、夫唯道善貸且成。

とある（本書甲本第二十五章注（5）、同甲本第三十七章注（5）、同乙本第四十一章注（11）を參照）。また、『莊子』天地篇に、

泰初有无、无有无名、一之所起。有一而未形、物得以生、謂之德。

同じく則陽篇に、

萬物殊理、道不私、故无名。无名、故无爲。无爲而无不爲。

同じく知北遊篇に、

道不可聞、聞而非也。道不可見、見而非也。道不可言、言而非也。知形形之不形乎。道不當名。

とある。

この一文は、各種今本は「道常無名」に作るが、「無」を「无」に作るテキストが多い。馬王堆『老子』甲本・乙本はともに「道恆无名」に作る。

（2）僕唯妻―「僕」は、『郭店楚簡』の言うように「樸」の假借字。馬王堆甲本は「楃」に作り、馬王堆乙本・王弼本は「樸」に作る。「僕（樸）」は、「道」が「亡（無）名」で自然のままの素樸な原質であることを譬え、下文の「詞（始）折（制）又（有）名」以下における「天下」が、それに人工が加えられて萬物が形作られることを譬えるのに對している。

「唯」は、『郭店楚簡』の言うように「雖」の假借字。「唯」と「雖」とが通假する例は『墨子』に多い。

「妻」は、「妻」の字のようにも見えるが、確であるか否か未詳。「妻」であるとすれば、「細」と通假できるのではなかろうか。『郭店楚簡』は「微」と讀爲するが、音韻上はそれは不可能。

一句は、「道」を世間的社會的な事物のレベルで見た場合、それは小さなものでしかない、ということ。下文の「天陛（地）」「天下」の大に對して言う（福永光司『老子』上を參照）。今本『老子』（王弼本）第十四章に、

搏之不得、名曰微。

第三十四章に、

大道……。常無欲、可名於小。

とあるのを參照。

「僕唯妻」は、各種今本はいずれも「樸雖小」に作るが、道藏王弼本には三字がなく、「樸」は龍興觀碑は「朴」に作る。馬王堆『老子』甲本は「楃（樸）唯（雖）〔小〕」に作り、乙本は「樸唯小」に作る。

（3）天陛弗敢臣―「陛」は、『郭店楚簡』の言うように「地」の異體字。

一文の趣旨は、「道」や「道」を把えた者は世間的政治的な世界から獨立・超越しており、「天陛（地）」的規模の統治者から見ればコントロールしがたい存在である、ということ。類似の文章としては、『莊子』讓王篇に、

天子不得臣、諸侯不得友。故養志者忘形、養形者忘利、致道者忘心矣。

とある。

「天陛弗敢臣」は、各種今本は「天下莫能臣也」に作るが、「莫能」は想爾本系統・河上公本系統・玄宗本系統が「不敢」に作り、句末に王弼本系統は「也」がある。『經典釋文』は「天下莫能臣也」を掲出して、「河上本作天下不敢」と言う。馬王堆『老子』甲本はすべて缺字、乙本は「而天下弗敢臣」に作る。

第十九號簡

本文

獸（守）之、(4)萬勿（物）⿰爿酉（將）自賓（賓）■(5)。天陛（地）相會也、(6)以逾（輸）甘零（露）(7)。民莫之命（令）(8)、天〈而〉自均安（焉）(9)。詞（始）折（制）又（有）名(10)。名

訓讀

之《こ》れを獸《まも》（守）れば、萬勿《ばんぶつ》（物）は酒《まさ》（將）に自《みずか》ら賔《ひん》（賓）せんとす■。天陞《てんち》（地）は相い會《かい》して、以て甘霝《かんろ》（露）を逾《もたら》（輸）す。民は之れに命《れい》（令）する莫《な》くして、天《しこう》〈而〉して自ら均《ひと》しくす。詞《はじ》（始）めて折《せい》（制）して名又《あ》（有）り。名も

口語譯

もしも侯王がこの樸《あらき》を抱き續けることができるならば、あらゆる物が自ら進んで彼に歸服するだろう■。天と地は和合してそれを祝福し、めでたい甘露を降らせるだろう。人民は命令を下すまでもなく、自ら進んでその統制に服するだろう。

　樸《あらき》が一たび切り分けられると、そこに名を持つさまざまの器物（萬物）が生まれるが、

注

（4）侯王女能獸之――「侯王」は、侯や王の地位にいる者。戰國時代の各國のトップ・クラスの統治者を指す。他に今本『老子』（王弼本）第三十七章・第三十九章にも見える言葉（本書甲本第三十七章注（2）を參照）。「侯王」などが「道」を把えることを通じて、天下に君臨する天子にまで上昇していくことができるとする思想は、『老子』の最も基本的な政治思想である（本書甲本第三十七章注（2）を參照）。例えば、今本『老子』（王弼本）第二十二章に、

聖人抱一、爲天下式。

第三十七章に、

道常無爲而無不爲。侯王若能守之、萬物將自化。……不欲以靜、天下將自定。

第三十九章に、

侯王得一、以爲天下貞。

とある（本書甲本第三十七章注（2）（3）（7）（8）を參照）。これらの「一」は「道」とほぼ同意である。

「獸」は、『郭店楚簡』の言うように「守」の假借字。以下にも多少は登場する。『說文解字』には「獸、守備者也。」とある。

「侯王女能獸之」は、各種今本は「侯王若能守之」に作るが、「侯王」を想爾本系統・古本系統は「王侯」に作り、「之」は想爾本系統・道藏傅奕本・玄宗本系統にない。馬王堆『老子』甲本は「〔侯〕王若能守之」に作り、乙本は「侯王若能守之」に作る。『經典釋文』も「侯王」を掲出して「梁武作王侯」と言う。

（5）萬勿𤖯自𡧍■―「萬勿」は、萬民・あらゆる人々の意。

「𡧍」は、上「宀」、下「貝」の字のようである。『郭店楚簡』【注釋】〔四六〕の言うように「賓」の異體字であろう。「賓」は、『說文解字』に「賓、所敬也。」とあり、『爾雅』釋詁に「賓、服也。」とある。德に懷いて歸服すること。

「自𡧍（賓）」は、下文の「自均」とともに、「萬物の自然」の思想の具體的な表現である（本書甲本第五十七章注（13）（14）（15）（16）を參照）。

「侯王女（如）能獸（守）之、萬勿（物）𤖯（將）自𡧍（賓）■。」は、類似の表現が今本『老子』（王弼本）第三十七章に、

道常無爲而無不爲。侯王若能守之、萬物將自化。……無名之樸、夫亦將無欲。

とある（本書甲本第三十七章注（2）（3）を參照）。「侯王」が「亡（無）名」の「道」を守ることができれば、それが原因となって「萬勿（物）は𤖯（將）に自ら𡧍（賓）せんとす」「民は之れに命（令）する莫くして、天〈而〉して自ら均し。」の結果がもたらされ、「侯王」は「天下を取る」ことになるとする政治思想である。「萬物の自然」の思想がこの政治思想の根底にあることも、本書甲本第三十七章に既述した。

「萬勿𤖯自𡧍」は、各種今本はいずれも「萬物將自賓」に作るが、「萬」を「万」に作るテキストもある。馬王堆『老子』甲本・乙本はともに「萬物將自賓」に作る。

「■」は、章の區切りを示す一種の符號であるが、ここに置いたのは誤りではなかろうか。文氣は以下に續いているからである。

（6）天陛相會也―「會」の文字の判讀は、『郭店楚簡』【注釋】〔四七〕の引く裘錫圭の說によった。

「天陛相會也」は、各種今本はいずれも「天地相合」に作り、馬王堆『老子』甲本は「天地相谷〈合〉」に作り、乙本は「天地相合」に作る。

（7）以逾甘零―「逾」は、『郭店楚簡』【注釋】〔四八〕に若干の考證がある。『說文解字』の「輸、委輸也。」の假借字であろう。段玉裁注は「以車遷賄曰委輸、亦單言曰輸。」と解說する。致す・運ぶの意。

「零」は、『郭店楚簡』の言うように「露」の異體字。「甘露」は、『呂氏春秋』貴公篇に、

陰陽之和、不長一類。甘露時雨、不私一物。

『淮南子』本經篇に、

太清之治也、……是以天覆以德、地載以樂、四時不失其敘、風雨不降其虐、日月淑淸而揚光、五星循軌而不失其行。當此之時、玄元至碭而運照、鳳麟至、蓍龜兆、甘露下、竹實滿〈盈〉、流黃出、而朱草生、機械詐僞、莫藏于心。

『春秋繁露』王道篇に、

五帝三王之治天下、……故天爲之下甘露、朱草生、醴泉出、風雨時、嘉禾興、鳳凰麒麟遊於郊。

とある。これらは、いずれも瑞祥說の表現であり、本章の「甘零（露）」も同じと見て差し支えない。

一文の趣旨は、もしも「侯王」がこの「道」を保持することができるならば、天地も新たな帝王の出現を祝福して瑞祥の甘露を降らせるであろう、ということ。これらは、『老子』の中に現れた一種の革命（天命が革まること）を期待する思想であって、中國古代社會の大きな轉換期（戰國時代後期～末期）に書かれたものと認めなければならない。

「以逾甘零」は、各種今本はいずれも「以降甘露」に作り、馬王堆『老子』甲本・乙本はともに「以俞（輸）甘洛（露）」に作る。

（8）民莫之命―「民莫之命、天〈而〉自均安。」の表現は、今本『老子』（王弼本）第五十一章に、

道之尊、德之貴、夫莫之命、而常自然。

とあるのと類似している。

「民莫之命」は、各種今本は「民莫之令」に作るが、「民」は次解本・龍興觀碑・道藏李榮本・范應元本・玄宗本系統は「人」

に作り、馬王堆『老子』甲本は「民莫之〔令〕」に作り、乙本は「〔民莫之〕令」に作る。

（9）天〈而〉自均安―「天」は、『郭店楚簡』の言うように「而」の錯字。この錯字は、本書、郭店『老子』に以下、しばしば現れるが、煩雑を避けるために一々注を附けない。「安」は、『郭店楚簡』【注釋】〔四九〕によって語氣詞「焉」の假借字とする。本書、郭店『老子』には、以下にも「焉」と通假する「安」の字が多く現れる。

「均」は、木村英一・野村茂夫『老子』が言うように、上位者から見て人民が均治されること。平均・平等の意ではない。諸橋轍次『掌中　老子の講義』が、

自ら均しとは、よく齊（ととの）った生活に入ることであり、又すべての人民が平等な待遇を得て滿足しておる姿である。

とし、小川環樹『老子』が、

均は、平均齊整の意。平等均一の意によって、「ひとし」とよむ。

とし、蜂屋邦夫『老子』が、

「均」は「調」や「同」の意味で、人民がむつみ合って爭わないこと。

とするが、これらはいずれも『老子』思想に對する思いこみによる誤讀である。『莊子』天地篇に、

天地雖大、其化均也。萬物雖多、其治一也。人卒雖衆、其主君也。

同じく天地篇に、

天下均治而有虞氏治之邪、其亂而後治之與。……天下均治之爲願。

同じく天道篇に、

所以均調天下、與人和者也。

同じく達生篇に、

聖人藏於天。……是以天下平均。故无攻戰之亂、无殺戮之刑者、由此道也。

などとある。朱謙之『老子校釋』がこの部分を「古原始共産社會之反映」とするのは、上述の諸橋轍次・小川環樹・蜂屋邦夫などの誤讀の原型と言うことができよう。

「天自均安」は、各種今本はいずれも「而自均」に作るが、句末に道藏傅奕本・廣明碑・景福碑には「焉」がある。馬王堆『老子』甲本は「〔而自均〕焉」に作り、乙本は「而自均焉」に作る。

(10) 詞折又名―「詞」は、『郭店楚簡』の言うように「始」の假借字。「𠮷」の字として本書甲本第六十四章下段に既出（その注(6)を參照)。

「折」は、『郭店楚簡』の言うように「制」の假借字。「制」は、「僕(樸)」(山から伐り出してきた荒木)を裁斷し、人工的な彫琢の手を加えてさまざまの「器」を作ること。これを比喩として、「名」のつけられない「道」に何らかの力が加わってさまざまの「名」を有する萬物が形成されることを言う。一種の宇宙生成論に他ならない。今本『老子』(王弼本)第二十八章に、

　樸散則爲器、聖人用之、則爲官長。故大制不割。

とある。

「又名」は、それぞれの「名」を持つ萬物の世界が形成されること。ただし、下文に「步(止)まるを智(知)る」とあることからも明らかになるように、作者はこれを欲望論の視角から論じようとしている。「亡(無)名」と對比された「又(有)名」の例としては、今本『老子』(王弼本)第一章に、

　無名、天地之始。有名、萬物之母。

とある。

「詞折又名」は、各種今本はいずれも「始制有名」に作る。馬王堆『老子』甲本は「始制有〔名〕」に作り、乙本は「始制有名」に作る。

第二十號簡

本文

亦既又(有)(11)、夫亦牆(將)智(知)步(止)(12)。智(知)步(止)所以不詞(殆)(13)。卑(譬)道之才(在)天下也(14)、猷(猶)

少（小）浴（谷）之與江海（海）■(15)。

訓　読

亦《ま》た既に又《あ》（有）れば、夫《そ》れ亦た湣《まさ》（將）に歩《とど》（止）まるを智《し》（知）らんとす。歩（止）まるを智（知）るは詞《あや》（殆）うからざる所以《ゆえん》なり。道の天下に才《あ》（在）るを卑《たと》（譬）うれば、猷《な》（猶）お少《しょう》（小）浴《こく》（谷）と江海《こうかい》（海）とのごとし■。

口語訳

名を持つ器物（萬物）が生まれた後も、侯王は滿足することを忘れたりはしないだろう。滿足を忘れないことこそ危險な目に會わない祕訣なのだ。道の中から天下のあらゆる器物（萬物）が生まれてくるありさまは、譬《たと》えてみれば、小さな谷川が流れ注いで大河・大海となるようなものである■。

注

(11) 名亦既又―一文は、「天下」にさまざまの「名」を有する萬物が形成された以降は、という意味。「名亦既又」は、各種今本はいずれも「名亦既有」に作る。馬王堆『老子』甲本は「〔名亦既〕有」に作り、乙本は「名亦既有」に作る。

(12) 夫亦湣智歩―「夫亦湣（將）」という語法は、今本『老子』（王弼本）第三十七章に、

無名之樸、夫亦將無欲。不欲以靜、天下將自定。

とある（本書甲本第三十七章注（6）を參照）。その主語は本章・第三十七章ともに、どちらも「侯王」である。「歩」は、上「止」、下「止」、すなわち「歩」の字形。『郭店楚簡』【注釋】〔五〇〕によって「止」と讀爲する。「智（知）歩（止）」は、廣義の欲望追求の行動を行う場合、一定の範圍內で滿足して、その行動を停止すること。「智（知）足」とほぼ同意。

「侯王」の萬物に對する欲望追求が「歩（止）まるを智（知）る」ことになるという意味であるが、それは「侯王」が「僕（樸）」（荒木の純樸さ）を保持しているため、と考えられているらしい。今本『老子』（王弼本）第四十四章に、

知足不辱、知止不殆、可以長久。

第四十六章に、

禍莫大於不知足、咎莫大於欲得、故知足之足常足矣。

とある（本書甲本第三十七章注（6）（7）、同甲本第四十四章注（6）（7）、同甲本第四十六章中段・下段注（2）（3）（4）を參照）。

なお、今本『老子』（王弼本）第一章にも、

無名、天地之始。有名、萬物之母。故常無欲、以觀其妙。常有欲、以觀其徼。

とあるとおり、「無名」「有名」が提起された後に、「無欲」「有欲」が論じられているが、このことは偶然の一致ではあるまい。「有名」が「萬物」（權力の地位、種々の利得）の意味であり、作者が欲望追求の對象という視角から「萬物」を眺めているためではなかろうか。

「夫亦⿰爿酉智歩」は、各種今本は「夫亦將知止」に作るが、「夫」は龍興觀碑・河上公本系統は「天」に作り、「亦」は龍興觀碑になく、「止」は河上公本系統は「之」に作る。馬王堆『老子』甲本は「夫〔亦將知止〕」に作り、乙本は「夫亦將知止」に作る。

（13）智歩所以不詞——「詞」は、「始」の假借字として本章の上文に既出（本章注（10）を參照）。『郭店楚簡』の言うように、ここでは「殆」の異體字。その右旁「司」は「台」の字であろうか。「不詞（殆）」は、一生涯、危険な目に會わないの意。「詞」は、「危」の意であるが、養生說における「詞（殆）」である（本書甲本第四十四章注（7）を參照）。

「智歩所以不詞」は、各種今本は「知止所以不殆」に作るが、「所以」は想爾本系統になく、王弼本系統は「可以」に作るテキストが多い。かつて兪樾『諸子平議』・朱謙之『老子校釋』が「可以」は「所以」の誤りと主張していたが、馬王堆『老子』と郭店『老子』の出土によってその正しさが判明した。馬王堆『老子』甲本は「〔知止〕所以不〔殆〕」に作り、乙本は「知止

所以不殆」に作る。

（14）　卑道之才天下也──「卑」は、『郭店楚簡』の言うように「譬」の假借字。

一文の比喩の關係は、文中における語順から考えて、「道」が「少（小）浴（谷）」に比喩され、「天下」が「江海（海）」に比喩されている。したがって、この一文は、今本『老子』（王弼本）第六十六章の、

江海所以能爲百谷王者、以其善下之、故能爲百谷王。是以欲上民、必以言下之。欲先民、必以身後之。……是以天下樂推而不厭。以其不爭、故天下莫能與之爭。

と同じように解釋することはできない（本書甲本第六十六章注（1）を參照）。なぜなら、第六十六章の比喩は、「江海」が（「道」を把えた）「聖人」の比喩、「百谷」が「民」「天下」の比喩というもので、兩章の比喩は正反對の關係だからである。以下に擧げる日本の諸入門書は、いずれもこの比喩關係を誤解したために、本章の趣旨の理解がはなはだしく混亂している。──諸橋轍次『掌中　老子の講義』、木村英一・野村茂夫『老子』、福永光司『老子』下、金谷治『老子　無知無欲のすすめ』、楠山春樹『老子の人と思想』、楠山春樹『老子入門』、小川環樹『老子』、蜂屋邦夫『老子』がそれである。

「天下」は、そこに包含されている萬物の意。「道之才（在）天下也」は、「道」が分散・擴大して「天下」の萬物となって展開する、という生成論あるいは存在論を述べた文である。上文の「道亙（恆）亡（無）名。……詞（始）折（制）又（有）名。」を別の言葉で表現したもの。類似の思想は、『管子』心術下篇に、

聖人一言之解、上察於天、下察於地。

同じく內業篇に、

道滿天下、普在民所、民不能知也。一言之解、上察於天、下極於地、蟠滿九州。

馬王堆帛書『十六經』成法篇に、

一之解、察於天地。一之理、施於四海。

『淮南子』原道篇に、

道者、一立而萬物生矣。是故一之理施四海、一之解際天地。

とある（本書甲本第五十六章注（4）を參照）。

「卑道之才天下也」は、各種今本は「譬道之在天下」に作るが、「之」は想爾本系統・開元廿六碑にない。馬王堆『老子』甲本は「俾（譬）之在天〔下也〕」に作り、乙本は「卑（譬）〔道之〕在天下也」に作る。また、『文子』上仁篇に、

故道之在天下也、譬猶江海也。

とある。

（15）猷少浴…江海■――「猷」は、本來「猶」と同じ字。「與」は、「於」の假借字であろうが、どちらの字を用いても文意に變わりはない。

「少（小）浴（谷）」は、「道」の比喩。上文の「僕（樸）唯（雖）妻（細）」を受ける表現と思われる。「江海（海）」は、「天下」の萬物の比喩。「少（小）浴（谷）之與江海（海）」は、小さな「浴（谷）」が成長・發展してやがて大きな「江海（海）」ができあがる、ということ。「小谷」が「江海」を生むことを比喩に用いて、「道」が「天下」の萬物を生成することを論じているが、しかし、本章の「萬物の自然」の思想を踏まえて考えるならば、ここでは「道」の主宰者性が弱まり「萬物」の自發性自律性が強まっているために、むしろ「江海」が「小谷」から生まれてくるように、「天下」の萬物が「道」から生成してくる、といった流出論に傾いているように感じられる。

「谷」の比喩の今本『老子』（王弼本）にある例としては、他に第六章に、

谷神不死、是謂玄牝。

第十五章に、

曠兮其若谷。

第二十八章に、

知其榮、守其辱、爲天下谷。爲天下谷、常德乃足、復歸於樸。

第三十九章に、

谷得一以盈、……。其致之、……谷無以盈將恐竭。

第四十一章に、

　上德若谷。

第六十六章に、

　江海所以能爲百谷王者、以其善下之、故能爲百谷王。

とある。これらの內、第六章・第十五章・第二十八章・第四十一章の「谷」は、疑問の餘地なく「道」の類義語である（本書乙本第四十一章注（7）を參照）。

「猷少浴之與江海」は、各種今本は「猶川谷之與江海」に作るが、「之」は想爾本系統になく、「與」は王弼本系統が「於」に作り、句末に古本系統は「也」がある。馬王堆『老子』甲本は「〔猷（猶）小〕浴（谷）之與江海也」に作り、乙本は「猷小浴之與江海也」に作る。

文章末の「■」は、『郭店楚簡』はその存在を見落としている。

第二十五章

第二十一號簡

本文

又（有）⿰爿百（狀）蟲（蚰）成(1)、先天陞（地）生(2)。敓（寂）繆（穆）蜀（獨）立不亥（改）(3)、可以爲天下母(4)。未智（知）亓（其）名(5)、孥（字）之曰道(6)。虘（吾）(7)

訓讀

⿰爿百《じょう》（狀）又《あ》（有）り蟲《こん》（蚰）成《せい》し、天陞《てんち》（地）に先だって生ず。敓《じゃく》（寂）繆《ぼく》（穆）として蜀《どく》（獨）立《りつ》して亥《あらた》（改）

めず、以て天下の母と爲す可し。未《いま》だ亓《そ》（其）の名を智《し》（知）らず、之《こ》れを孥《あざな》（字）して道《みち》と曰《い》う。虗《わ》（吾）れ

口語譯

何やらごちゃごちゃと一つになって形作られているものがあって、それは天地が生まれる以前から存在している。ひっそりと靜かで、淸らかで深く、ただ一つしっかと自立して、まだ何の動きも兆していないが、天下の萬物を生み出す母と見ることができよう。まだその名前が分からないので、假に呼び名をつけて「道」としておく。わたしが無理に名前をつければ「大きい」ということになる。

注

（1）又䊵䖵成――「䊵」は、『郭店楚簡』【注釋】〔五一〕は「道」の異體字とするが、「狀」の異體字であろう。「又䊵」は、何らかの狀態があることを漠然と言う。下文から判斷するならば、それは「道」を指す。この一文は、今本『老子』（王弼本）第二十一章の「道之爲物、惟恍惟惚。」と、表現は異なるものの、意味は近い。本章は、以下、「道」が窮極的根源的な實在であることを、從來の道家哲學に倣って型どおりに描いている。

「䖵」は、『郭店楚簡』【注釋】〔五二〕の言うように「蚰」の異體字であって「昆」の意。『說文解字』に、

蚰、䖵之總名也。从二䖵。讀若昆。

とある。その「昆」は、『說文解字』に「昆、同也。从日、从比。」とある。「䖵成」は、ごちゃごちゃと混然一體となって形成されている、ということ。今本『老子』（王弼本）第十四章に、

此三者、不可致詰、故混而爲一。

第十五章に、

混兮其若濁。

とある。

（2）「又媏蟲成」は、各種今本はいずれも「有物混成」に作る。馬王堆『老子』甲本・乙本はともに「有物昆成」に作る。

先天陞生―一句は、「道」は、「天陞（地）」が形成される以前から存在していた、時間の彼方にある實在である、ということ。關聯する思想の表現が、今本『老子』（王弼本）第一章に、

無名、天地之始。有名、萬物之母。

第六章に、

玄牝之門、是謂天地根。

『莊子』大宗師篇に、

夫道、……自本自根、未有天地、自古以固存。神鬼神帝、生天生地。

同じく知北遊篇に、

有先天地生者、物邪。物物者非物。物出不得先物也、猶其有物也。猶其有物也、无已。

などとある。

後代になって『老子』本章を引用した文獻としては、張衡『靈憲』に、

故道志之言云、有物渾成、先天地生。

『文子』道原篇に、

老子曰、有物混成、先天地生。惟象無形、窈窈冥冥、寂寥淡漠、不聞其聲。吾強爲之名、字之曰道。

『牟子理惑論』に、

老子曰、有物混成、先天地生、可以爲天下母。吾不知其名、強字之曰道。

などとあるのを參照。

「先天陞生」は、各種今本はいずれも「先天地生」に作り、馬王堆『老子』甲本・乙本もともに「先天地生」に作る。

（3）敓繆蜀立不亥―「敓」は、『包山楚簡』によく出てくる文字である。ここでは「寂」の假借字ではなかろうか。「寂」は、『說文解字』に「宗、無人聲。从宀、尗聲。」とある。ひっそりと靜かなさま。

「繆」は、上「穆」、下「糸」の字。『郭店楚簡』の言うように「穆」の異體字、さらに「寥」の假借字であろう。「寥」は、『廣雅』釋詁三に「寥、深也。」とある。『說文解字』に「漻、淸深也。」とあるのをも參照。淸らかで深いさま。「敓繆」は、「天陸（地）」が形成される以前の世界の狀態を、オノマトペイア（擬態語）で形容した表現。靜かで深いさま。

「寂寥」の古典文獻における用例としては、上引の『文子』道原篇に、

　老子曰、……惟象無形、窈窈冥冥、寂寥淡漠、不聞其聲。

とある。また、『莊子』大宗師篇に、

　聞諸副墨之子。副墨之子聞諸洛誦之孫。……於謳聞之玄冥。玄冥聞之參寥、參寥聞之疑始。

同じく大宗師篇に、

　造適不及笑、獻笑不及排。安排而去化、乃入於寥天一。

とあるのをも參照。

「敓繆」は、各種今本は「寂兮寥兮」に作るが、想爾本は「家家漠」、索洞玄書・天寶玉關本・次解本・龍興觀碑は「寂寞」、道藏李榮本は「寂寞兮」、道藏傅奕本・范應元本は「宋兮寞兮」に作る。なお、「寂」は「宋」の字に作るテキストが若干ある。『經典釋文』は「宋」を掲出して「本亦作寂」と言い、「寞」を掲出して「音莫。河上云、廖空無形也。鍾會作飂云、空跡無質也。」と言う。馬王堆『老子』甲本は「繡（寂）呵（乎）繆（寥）呵」に作り、乙本は「蕭（寂）呵漻（寥）呵」に作る。

「蜀」は、『郭店楚簡』の言うように「獨」の省字あるいは假借字。兩字の通假の例は、馬王堆『五行』に多く見える。

「蜀（獨）立」は、「道」だけが獨り存在しているの意。「天陸（地）」すらまだ形成されていない靜かで深い世界であるから、このように言うのである。『莊子』應帝王篇に、

　彫琢復朴、塊然獨以其形立、紛而封哉〈戎〉、一以是終。

同じく在宥篇に、

　吾與日月參光、吾與天地爲常。當我緡乎、遠我昬乎。人其盡死、而我獨存乎。

同じく田子方篇に、

孔子……曰、向者先生形體掘若槁木。似遺物離人而立於獨也。老聃曰、吾遊心於物之初。

とあるのが參照される。

「亥」は、『郭店楚簡』の言うように「改」の假借字。『說文解字』に「改、更也。从攴己。」とある。「不亥」は、以上のような「道」の世界にまだ何の變化・運動も一切發生していない、ということ。

「獨立不亥」は、各種今本は「獨立不改」に作るが、古本系統・河上公本系統・玄宗本系統は中間に「而」がある。馬王堆『老子』甲本は「獨立〔而不玹（改）〕」に作り、乙本は「獨立而不玹」に作る。

なお、この句の下に、各種今本は「周行不殆」の句があり（中間に「而」があるテキストが多い）、『經典釋文』も「而不殆」を掲出して「田賴反。危也。」と言う。しかし、本書、郭店『老子』本章および馬王堆『老子』甲本・乙本にもこの句がなく、ない方が本來の古いテキストであったことが分かる。この句は、前漢時代以降、今本の形成過程で附加されたものである。

（4）可以爲天下母――一句の意味は、以上のような「道」をこそ「天下の萬物」を生み出した母と認めることができる、ということ。「天下母」は、文脈から考えるならば、上文の「天陛（地）」を受けるので「天陛母」が正しい書き方と思われるが、郭店『老子』を始めとして多くのテキストが「天下母」に作っている。「天下母」については、今本『老子』（王弼本）第五十二章に、

天下有始、以爲天下母。

とある。

「可以爲天下母」は、各種今本はいずれも「可以爲天下母」に作るが、范應元本だけが「下」を「地」に作る。馬王堆『老子』甲本・乙本はともに「可以爲天地母」に作る。

（5）未智亓名――一句の趣旨は、以上の「道」が人間の命名・把握を超えた實在であることを言う。關聯する思想の表現としては、今本『老子』（王弼本）第一章に、

無名、天地之始。

第十四章に、

其上不皦、其下不昧、繩繩不可名、復歸於無物。

第三十二章に、

道常無名。

第四十一章に、

道隱無名。

などとある（本章甲本第三十二章注（1）、同乙本第四十一章注（11）を參照）。

「未智亓名」は、各種今本はいずれも「吾不知其名」に作る。馬王堆『老子』甲本は「吾未知其名」に作り、乙本は「吾未知亓（其）名也」に作る。

（6）孥之曰道―「孥」は、『汗簡』第六に「孥、字。」とあるのによれば、『郭店楚簡』の言うように「字」の異體字。

一句の趣旨は、「道」とは本來、名づけようのないものにつけた便宜的な呼び名・あだ名にすぎない、ということ。

關聯する思想の表現としては、『呂氏春秋』大樂篇に、

道也者、至精也。不可爲形、不可爲名。彊爲之、謂之太一。

『莊子』則陽篇に、

陰陽者、氣之大者也。道者爲之公、因其大而號以讀之、則可也。……道之爲名、所假而行。

『韓非子』解老篇に、

聖人觀其玄虛、用其周行、強字之曰道。然而可論。故曰、道之可道、非常道也。

何晏「無名論」（『列子』仲尼篇注所引）に、

道本無名、故老氏曰、彊爲之名。

とある。

「孥之曰道」は、各種今本はいずれも「字之曰道」に作るが、この上に道藏傅奕本は「吾彊」があり、范應元本は「吾強」があり、『經典釋文』は「強」を掲出して「其文反」と言う。馬王堆『老子』甲本・乙本はともに「字之曰道」に作る。

（7）虗―「虗」は、『説文解字』にない字であるが、『郭店楚簡』【注釋】〔五二〕の考證によって「吾」の異體字とする。以下に

も頻出する假借字であるが、煩雑を避けるために一々注を附けない。本書、郭店『老子』の作者の自稱である。

第二十二號簡

本文

弜（強）爲之名曰大。(8) 大曰潛(9)、潛曰遠(10)、遠曰反(11)。天大、陛（地）大、道大、王亦大(12)。國中又（有）四大安（焉）(13)、王凥（處）一安（焉）(14)。人

訓讀

弜《し》（強）いて之《こ》れが名を爲して大《だい》と曰う。大を潛《せい》と曰い、潛を遠と曰い、遠を反と曰う。天は大なり、陛《ち》（地）は大なり、道は大なり、王も亦た大なり。國中《こくちゅう》に四大《しだい》又《あ》（有）って、王は一に凥《お》（處）り。人は

口語譯

わたしが無理に名前をつければ「大きい」ということになる。この大きなものに動きが兆し始めると、次第に離れて遠ざかっていくが、やがてまたもとの根源に立ち返ってくる。

（このようなわけで）、天は大きく、地は大きく、道は大きく、王もまた大きい。國家の中で大きなものは以上の四つであるが、王はその一角を占めているのだ。人間（の代表である王）は地のあり方をモデルとし、

注

（8）　弜爲之名曰大―「弜」は、『郭店楚簡』の言うように「強」の異體字。

一句の趣旨は、無理に名をつけて「大」と呼ぶことにする、ということ。上文の記述と合わせると呼び名（孳（字））と本名

（名）がそろい、下文の「道大」を言い起こす伏線になっている。また、『老子』や道家は一般に「道」のことを「大道」と稱する（例えば、今本『老子』（王弼本）第十八章・第五十三章など）が、そうした稱呼の背景にある思想もここには踏まえられているにちがいない。なお、今本『老子』（王弼本）第三十四章に「萬物歸焉而不爲主、可名爲大。」とある。「弜爲之名曰大」は、各種今本はいずれも「強爲之名曰大」に作るが、この上に想爾本系統は「吾」があり、「爲之名」は道藏本は「名之」に作る。馬王堆『老子』甲本・乙本はともに「吾強爲之名曰大」に作る。

（9）大曰潛―「大」は、「道」が「天陛（地）」や「人」のまだ生じていない以前にあって、世界にただ一つしか存在していない何かあるものの、限りなく廣がる大きさを言う言葉。

「潛」は、『郭店楚簡』【注釋】〔五三〕も言うように意味未詳。滕壬生『楚系簡帛文字編』の八一三ページと張守中『包山楚簡文字編』の一七一ページとは、同じ文字に對して異なった判讀を行っている。ここでは假に、今本『老子』（王弼本）に從って「逝」の異體字としておく。

「逝」の字であれば、『說文解字』に、

逝、往也。从辵、折聲。讀若誓。

とあるように、往くこと。引伸して、動き・運動の意。萬物（「天陛（地）」や「人」）を生み出す「道」の胎動を言うのであろう。

一句の趣旨は、以上のように、靜かで深い、何の運動も發生していなかった「道」の廣大無邊の世界に、やがてある種の運動が發生して萬物（「天陛（地）」や「人」）が誕生するに至る、ということ。『莊子』天地篇に、

君子明於此十者、則韜乎其事心之大也、沛乎其爲萬物逝也。

という用例があり、「逝」という字を用いて「道」が萬物を運動させることを描いている。今本『老子』（王弼本）第三十五章に、

執大象、天下往。

とあるのもほぼ同じ思想である（本書丙本第三十五章注（1）を參照）。

「大曰潛」は、各種今本はいずれも「大曰逝」に作り、馬王堆『老子』甲本は「〔大〕曰筮（逝）」に作り、乙本は「大曰筮」に作る。

（10）潛曰遠―「遠」は、『郭店楚簡』は別の字「連」の錯字とするが、直接「遠」の字であると認めてよい。

一句の意味は、運動した結果、誕生した萬物が「道」から遠ざかって「道」から離れていくこと。今本『老子』（王弼本）第六十五章に、

玄德深矣遠矣、與物反矣。

『莊子』田子方篇に、

遠矣、全德之君子。

とある。これらの「遠」の內容は、「道」や「德」が普通の「物」から「遠く」離れていることを言う點で多少は異なるが、「道」それ自體の中に「遠」という作用があると認める點では本章の思想に相當近い。また、今本『老子』（王弼本）第四十章に、

反者、道之動。

ともある（本書甲本第四十章注（1）を參照）。

「潛曰遠」は、各種今本はいずれも「逝曰遠」に作り、馬王堆『老子』甲本は「筮（逝）曰〔遠〕」、乙本は「筮曰遠」に作る。

（11）遠曰反―一句の意味は、「道」から遠ざかり離れた萬物（「天陸（地）」や「人」）がやがて「道」に復歸すること。「復歸」の思想は、今本『老子』（王弼本）第十四章・第二十八章・第五十二章などにも見える（本章乙本第五十二章中段注（2）を參照）が、本章と思想の上で最も關係が深い章は、「萬物」の興起する現象を「道」への「復歸」であると意味づけた第十六章の、

致虛極、守靜篤、萬物竝作、吾以觀復。夫物芸芸、各復歸其根。歸根曰靜、是謂復命。

である（本書甲本第十六章上段注（4）を參照）。

關聯する思想の表現としては、『莊子』天地篇に、

泰初有无、无有无名、一之所起。有一而未形、物得以生、謂之德。未形者有分、且然无閒、謂之命。留動而生物、物成生理、謂之形。形體保神、各有儀則、謂之性。性脩反德、德至同於初。同乃虛、虛乃大、合喙鳴。喙鳴合、與天地爲合。其

合緡緡、若愚若昏。是謂玄德、同乎大順。

とあるのが參照される。

「遠曰反」は、各種今本は「遠曰反」に作るが、「反」は次解本・龍興觀碑・道藏傅奕本・玄宗本系統が「返」に作る。馬王堆『老子』甲本は缺字、乙本は「遠曰反」に作る。

(12) 天大、陛…王亦大—「天大、陛大、道大、王亦大。」について、「四大」の順序が馬王堆本・各種今本と郭店『老子』とで異なることは『郭店楚簡』【注釋】〔五四〕の言うとおり。各種今本や馬王堆甲本・乙本などがよく整えられているのに比べて、本書、郭店『老子』の方が明らかに古樸である。『淮南子』道應篇にも、

故老子曰、天大、地大、道大、王亦大。域中有四大、而王處其一焉。以言其能包裹之也。

とあり、『說文解字』にも、

天大、地大、人亦大焉。象人形。

とある。「王」の字は、陳柱『老子集訓』・朱謙之『老子校釋』は改めて「人」の字に作るべしとするが、この說の誤りであることが郭店『老子』の出土によって確實となった。

「天大、陛大、道大、王亦大。」の「四大」は、世界における偉大な存在を列擧したものであるが、その中に政治的統治者である「王」を入れて、何のためらいもなく「王」の偉大さを主張している。從來の道家の思想から見るならば、そもそも「王」とは政治的倫理的な人爲を行う者であり、無爲に反するものとして否定される敵役のはずである。それが「四大」の一つとして重んじられているのは、作者の人爲に對する思想が從來の道家とは異なるものに變化したためではなかろうか。拙論「儒家の「三才」と『老子』の「四大」」（『中村璋八博士古稀記念東洋學論集』所收、汲古書院、一九九五年）を參照。

「天大、陛大、道大、王亦大。」のように、「天」「陛（地）」と竝んで君主を重んずるという點で共通する思想の表現が、今本『老子』（王弼本）第三十九章に、

昔之得一者、天得一以淸、地得一以寧、……侯王得一、以爲天下貞。其致之、天無以淸將恐裂、地無以寧將恐發、……侯王無以貴高將恐蹶。

『莊子』天地篇に、

天地雖大、其化均也。萬物雖多、其治一也。人卒雖衆、其主君也。君原於德、而成於天。

同じく天道篇に、

天道運而无所積、故萬物成。帝道運而无所積、故天下歸。聖道運而无所積、故海內服。

同じく天道篇に、

夫帝王之德、以天地爲宗、以道德爲主、以無爲爲常。……天不產而萬物化、地不長而萬物育、帝王無爲而天下功。故曰、莫神於天、莫富於地、莫大於帝王。故曰、帝王之德、配天地。此乘天地、馳萬物、而用人君之道也。

同じく天道篇に、

夫天地者、古之所大也。而黃帝堯舜之所共美也。故古之王天下者、奚爲哉。天地而已矣。

同じく知北遊篇に、

調而應之、德也。偶而應之、道也。帝之所興、王之所起也。

とある。

「天大、陛大、道大、王亦大。」は、各種今本は「故道大、天大、地大、王亦大。」に作るが、「故」は想爾注本・索洞玄書・天寶玉關本・龍興觀碑・道藏傅奕本になく、「王」は想爾注本が「生」に作り、道藏傅奕本・范應元本が「人」に作り、「亦」は想爾本系統にない。馬王堆『老子』甲本は「〔道大〕、天大、地大、王亦大。」に作り、乙本は「道大、天大、地大、王亦大。」に作る。

(13)　國中又四大安――「安」は、本書甲本第三十二章に既出（その注（9）を參照）。ここでも語氣詞「焉」の假借字。

「國」は、前漢の高祖、劉邦の諱「邦」を避けたのではあるまい。なぜなら、本書の抄寫が劉邦の崩御以前であることが確實だからである。統一されている天下を想定してではなく、分裂している戰國時代の國家を想定して、このように言うのではなかろうか。『說文解字』に「國、邦也。从口、从或。」とあり、段玉裁注は、

邑部曰、邦、國也。按邦國互訓、渾言之也。周禮注曰、大曰邦、小曰國。邦之所居、亦曰國、析言之也。戈部曰、或、邦

　　也。古或國同用、邦封同用。古惑切。

と解說する。

「國中又四大安」は、各種今本はいずれも「域中有四大」に作るが、次解本は「有」がない。馬王堆『老子』甲本・乙本はともに「國中有四大」に作る。

（14）王凥一安―「凥」は、『郭店楚簡』は「居」の異體字あるいは假借字とするが、楚系文字に「居」は別にあるので、『說文解字』の言う「處」の或體とすべきである（滕壬生『楚系簡帛文字編』、一〇〇七ページを參照）。『說文解字』に、

　　處、止也。从夂几。夂得几而止也。處、處或从虍聲。

とある。

一文の意味は、國家の中には以上の「四大」があるが、「王」はその一角を占めている、ということ。「王」が「四大」の一角を占めうるとされている原因・根據は、彼が「道」の中に發生した運動が生み出した產物の一つであり、その上、「道」に復歸することによってその地位を獲得したのだ、と考えているのであろうか。あるいは、「天・陛（地）」を媒介にしながら「道」の「自肰（然）」をモデルにすることができるので、その結果、こうした偉大な役割を演ずることも可能である、と考えているのかもしれない。

「王凥一安」は、各種今本は「而王處其一焉」に作るが、「而」は道藏本になく、「王」は想爾注本が「生」に作り、范應元本が「人」に作り、「處」は次解本・道藏李榮本・王弼本系統・范應元本・河上公本系統・玄宗本系統が「居」に作り、「其」は想爾本系統になく、「焉」は想爾本系統になく、道藏傅奕本は「尊」に作る。馬王堆『老子』甲本・乙本はともに「而王居一焉」に作る。

第二十三號簡

本文

法陸（地）、陸（地）法天、天法道、道法自肰（然）■(15)。

訓　読

陸《ち》（地）に法《のっと》り、陸（地）は天に法り、天は道に法り、道は自肰《しぜん》（然）に法る■。

口語譯

人間の代表である王は地のあり方をモデルとし、その地は、次に天のあり方をモデルとし、その天は、さらに道のあり方をモデルとしている。そして、その道は、結局萬物の自力で活動するあり方をモデルとしているのだ■。

注

(15)　人法陸…自肰■——「人」は、上文の「王」を受けて言う。「王」を人類全體の代表者と考えてこのように言い換えたのであろう。「法」は、正しくは「隸」の字。「灋」の省字のようである。以下にも何度か現れる。「肰」の字は、本書甲本第六十四章下段に既出（その注（13）を參照）。

「自肰」は、本書甲本第六十四章下段に既出（その注（13）を參照）。ここでは、世界のみずから性・自律性だけでなく、そのおのずから性・自然性をも含む。「道は自肰（然）に法る」は、上文の「四大」の場合と同様に、「道」のさらに上位にモデルとすべき「自肰（然）」があるというのではない。それでは「五大」となってしまうからである（諸橋轍次『掌中　老子の講義』を參照）。「道法自肰（然）」は、「道」の內容を新たに解釋しなおして、世界のみずから性・おのずから性であると限定したものと考えられる。言い換えれば、人類のトップに「王」を戴くとする政治思想の根底に、形式上は「陸（地）」「天」を媒介にして「道」の哲學をすえつつも、內容上はそれを「道法自肰（然）」という「自然の思想」に置き換えたもの、と考えられる。

一文の趣旨は、以上の「四大」を序列づけること。「人（王）→陸（地）→天→道」のように、下位の者が上位の者のあり方をモデルにする、という序列である。ただし、「自肰（然）」がこの「四大」に含まれていないことに注意。

「人法陛、陛法天、天法道、道法自肰。」は、各種今本・馬王堆『老子』乙本はいずれも「人法地、地法天、天法道、道法自然。」に作る。馬王堆甲本は「人法地、〔地〕法天、〔天〕法〔道、道〕法〔自然〕。」に作るが、缺字が相當に多い。

第五章中段

第二十三號簡

本文

天陛（地）之刎（閒）(1)、丌（其）猷（猶）⿴囗乇（槖）篧（籥）與。(2) 虚而不屈（竭）(3)、湩（動）而愈出■。(4)

訓讀

天陛《てんち》（地）の刎《あいだ》（閒）は、丌《そ》（其）れ猷《な》（猶）お⿴囗乇《たく》（槖）篧《やく》（籥）のごときか。虚《むな》しけれども屈《つ》（竭）きず、湩《うご》（動）いて愈《いよ》いよ出ず■。

口語譯

天と地の閒は、あたかも鞴《ふいご》のようなものだろうか。その中は空《から》であるけれどもその働きは無盡藏で、動くにつれて次から次へと萬物が生み出されてくる■。

注

（1）天陛之刎―ここには、今本第五章（王弼本）の上段「天地不仁、以萬物爲芻狗。聖人不仁、以百姓爲芻狗。」がなく、また下段「多言數窮、不如守中。」もない。これは當時、上段・中段・下段の完具した第五章が存在していたけれども、抄寫者が意識的に節略して中段だけを抄寫したというわけではなく、また、無意識の內に上段・下段を寫し忘れたというわけでもあるまい。形成途上にある古い『老子』の第五章は、本書、郭店『老子』のように中段だけが存在するテキストであったと考えられる。と言うのは、同じ「天地」という言葉を使いながらも、今本上段の「天地不仁、以萬物爲芻狗。」の內容は、中段の「天地之閒、其猶橐籥乎。」の內容と全然異なっており、同じ時期に形成された古い『老子』第五章に最初から含まれていたとは、到底考えられないからである。下段の「多言數窮、不如守中。」も事情は同じであって、中段の意味を方向づけ限定するために、郭店『老子』より後の時代になって附加されたのであろうと推測される。

「刎」は、『郭店楚簡』【注釋】〔五五〕の言うように「閒」の省字。『說文解字』に、

閒、隙也。从門月。閖、古文閒。

とある古文である。

「天陞之刎」は、「天」と「陞（地）」にはさまれた、およそ考えられる限りの最大の空閒であり、「萬物」の存在する世界・宇宙を指す。下文によれば、その內部で「萬物」を生成する活動が營まれており、したがって、またほぼ「道」に相當すると考えられる。

「天陞之刎」は、各種今本はいずれも「天地之閒」に作るが、ただ次解本だけは「天地閒」に作る。馬王堆『老子』甲本は「天地〔之〕閒」に作り、乙本は「天地之閒」に作る。なお、『牟子理惑論』に、

老子云、天地之閒、其猶橐籥乎。

とある。

（2）亓猷囩篧與―「囩」は、『郭店楚簡』【注釋】〔五六〕の言うように「橐」の假借字であろう。「篧」は、『郭店楚簡』の言うように「籥」の錯字あるいは異體字。

「橐籥」は、鑄物を作るためのふいご。「橐」は獸の皮で作った風を起こすふいごの本體、「籥」は空氣を出し入れする竹管（高明『帛書老子校注』（中華書局、一九九六年））。吳澄『道德眞經注』が、

橐籥、冶鑄所以吹風熾火之器也、爲函以周罩於外者、橐也。爲轄以鼓扇於內者、籥也。天地閒猶橐籥者、橐象太虛、包含

周偏之體。籥象元氣、絪縕流行之用。

と解說するのが優れている（朱謙之『老子校釋』を參照）。王弼・成玄英が「籥」を樂器と解釋するのは、適當でない。

「天陛（地）」という宇宙空間の中で「萬物」が生成されるありさまは、しばしば「橐籥」や「鑪」を用いて金屬器を鑄る作業に譬えられる。例えば、『管子』宙合篇に、

天地、萬物之橐、宙合有橐天地。天地苴萬物、故曰、萬物之橐。

『莊子』大宗師篇に、

今一以天地爲大鑪、以造化爲大冶、惡乎往而不可哉。

賈誼の「服鳥賦」に、

且夫天地爲鑪兮、造化爲工。陰陽爲炭兮、萬物爲銅。

とある。

「丌猷囩籊與」は、各種今本は「其猶橐籥乎」に作るが、「籥」は想爾本系統・敦煌本が「艸」に从う字に作り、「乎」は想爾本系統・開元廿六碑にない。馬王堆『老子』甲本は「其猶橐籥輿（與）」に作り、乙本は「亓（其）猷橐籥輿」に作る。

（3）虛而不屈―「屈」は、「竭」と同意。つきること。

「虛而不屈」は、各種今本はいずれも「虛而不屈」に作るが、「屈」は『經典釋文』王弼本が「掘」に作り、道藏傅奕本が「詘」に作る。『經典釋文』は「掘、求物反。又月反。河上作屈。屈、竭也。顧作掘。云、猶竭也。」とする。馬王堆『老子』甲本・乙本はともに「虛而不淈（屈）」に作る。

（4）潼而愈出■―「潼」は、『郭店楚簡』の言うように「動」の假借字。「出」は、「萬物」が作られて「出」てくるの意。

二句は、「天陛（地）の刎（閒）」は、何もない「虛」ではあるがその働きは無盡藏で、動けば動くほど「萬物」が生み出されてくる多產な存在である、という趣旨。すなわち、「道」の「萬物」生成活動の無盡藏性と多產性、という哲學を描くものである。「天陛（地）」の生成活動の無盡藏性は、今本『老子』（王弼本）ではまた次の第六章にも描かれている。

なお、この下に、各種今本はいずれも「多言數窮、不如守中。」があり、馬王堆『老子』甲本・乙本はともに「多聞數窮、不

若守於中（盅）。」に作るが、上述のとおり郭店『老子』にはこの一文がない。

「潼而愈出」は、各種今本は「動而愈出」に作るが、「愈」は道藏李榮本・道藏傅奕本・范應元本・河上公道藏本が「兪」に作り、開元廿七碑が「逾」に作る。馬王堆『老子』甲本は「蹱（動）而俞（愈）出」に作り、乙本は「動而俞出」に作る。

文章末の「■」は、『郭店楚簡』は見落としている。

第十六章上段

第二十四號簡

本文

至（致）虛亙〈亟（極）〉也(1)、獸（守）中（盅）箮（篤）也(2)、萬勿（物）方（旁）复（作）(3)、居以須遉（復）也(4)。天道員（䞇）員（䞇）(5)、各遉（復）亓（其）堇（根）■(6)。

訓讀

虛《きょ》を至《いた》（致）すこと亙《きわ》〈亟（極）〉まり、中《ちゅう》（盅）を獸《まも》（守）ること箮《あつ》（篤）ければ、萬勿《ばんぶつ》（物）は方《あまね》（旁）く复《お》（作）こり、居《お》りて以て遉《かえ》（復）るを須《ま》つなり。天道は員《うん》（䞇）員《うん》（䞇）として、各おの亓《そ》（其）の堇《ね》（根）に遉《かえ》（復）らしむ■。

口語譯

自分の心をどこまでも虛《むな》しくし、あくまでも靜けさを守っていくならば、やがて萬物は一齊に生々と生長し始めて、居ながらにして萬物が道に復歸していく樣子をながめることになる。天の道は萬物をわらわらと生い茂らせつつ、萬物をそれぞれの根本《ねもと》（である道）に復歸させるのだ■。

注

（1）至虛亙〈亟〉也―「亙」は、『郭店楚簡』【注釋】〔五七〕の言うように、『說文解字』の「恆」の古文であるが、しかし「亟」の錯字で「極」の意である。「亙」では「篙」「复」「復」と韻が踏めないし、加うるに本書乙本第五十九章にも同じ錯字の例がある（その注（5）を參照）。

「虛」は、「靜」とほぼ同意の言葉。人閒（特に聖人）が「道」を把えるための方法・態度を言う。『莊子』天道篇に、

夫虛靜恬淡、寂漠无爲者、天地之平、而道德之至。……夫虛靜恬淡、寂漠无爲者、萬物之本也。

『荀子』解蔽篇に、

人何以知道。曰、心。心何以知。曰、虛壹而靜。心未嘗不臧也、然而有所謂虛。……心未嘗不動也、然而有所謂靜。人生而有知、知而有志。志也者、臧也、然而有所謂虛、不以所已臧害所將受謂之虛。……心臥則夢、偸則自行、使之則謀。故心未嘗不動也、然而有所謂靜、不以夢劇亂知謂之靜。未得道而求道者、謂之虛壹而靜。作之、則將須道者之虛、虛則入、……將思道者靜、靜則察。知道察、知道行、體道者也。虛壹而靜、謂之大淸明。萬物莫形而不見、莫見而不論、莫論而失位。坐於室而見四海、處於今而論久遠、疏觀萬物而知其情、參稽治亂而通其度、經緯天地而材官萬物、制割大理而宇宙裏矣。恢恢廣廣、孰知其極。睪睪廣廣、孰知其德。涫涫紛紛、孰知其形。明參日月、大滿八極、夫是之謂大人。

とある。『荀子』の「虛壹而靜」は『老子』などの道家の影響を受けて成ったものであるが、本書、郭店『老子』においては、道家の虛靜說がまだ十分に成熟していないようである。

この前後を引用した文章としては、『淮南子』道應篇に、

故老子曰、致虛極、守靜篤、萬物竝作、吾以觀其復也。

『文子』道原篇に、

故曰、致虛極也、守靜篤也、萬物竝作、吾以觀其復。

とある。また、『老子』の引用ではないけれども、『韓非子』揚権篇に、

虚靜無爲、道之情也。

『莊子』天下篇に、

人皆取實、己獨取虛。

とあるのをも參照。

「至虛亙也」は、各種今本はいずれも「致虛極」に作るが、「致」は河上公敦煌本が「至」に作る。馬王堆『老子』甲本・乙本はともに「至（致）虛極也」に作る。

（2）獸中簹也―「獸」は、本書甲本第三十二章に既出（その注（4）を參照）。「守」の假借字である。「守」の今本『老子』（王弼本）における類似の用例は、第五章に、

多言數窮、不如守中。

第二十八章に、

知其雄、守其雌、爲天下谿。……知其白、守其黑、爲天下式。……知其榮、守其辱、爲天下谷。

第三十二章に、

道常無名。樸雖小、天下莫能臣也。侯王若能守之、萬物將自賓。天地相合、以降甘露。民莫之令、而自均。

第三十七章に、

道常無爲而無不爲。侯王若能守之、萬物將自化。

第五十二章に、

天下有始、以爲天下母。……既知其子、復守其母、沒身不殆。……見小曰明、守柔曰強。用其光、復歸其明、無遺身殃、是爲習常。

などとある（本書甲本第三十二章注（4）、同甲本第三十七章注（2）を參照）。本章の「獸（守）中」という言葉の中にも、第三十二章・第三十七章に感取される政治的な內容がやはり含まれているかもしれない。

「中」は、今本『老子』（王弼本）第四章に、

道、沖而用之、或不盈。淵兮似萬物之宗。

第四十五章に、

大盈若沖、其用不窮。

『莊子』應帝王篇に、

吾鄉示之以太沖莫勝。

『淮南子』原道篇に、

夫道者、……源流泉浡、沖而徐盈、混混汩汩、濁而徐淸。道者、一立而萬物生矣。……濁而徐淸、沖而徐盈。

などとあるのとほぼ同じ意味（本書乙本第四十五章注（3）を參照）。『說文解字』に、

盅、器虛也。从皿、中聲。老子曰、道、盅而用之。

とある、「盅」の省字あるいは假借字。器が空であること、または空の器を言う。したがって、「中」は「虛」とほとんど同じ意味である。

「䈞」は、『說文解字』に、

䈞、㫗也。从亯、竹聲。讀若篤。

とあり、段玉裁注は、

㫗各本作厚、今正。㫗厚古今字、䈞篤亦古今字。䈞與二部竺音義皆同。今字篤行而䈞竺廢矣。公劉毛傳曰、篤、厚也。此謂篤卽竺䈞字也。冬毒切。

とする。これによれば、「䈞」は古字、「篤」は今字ということになる。この字はまた『汗簡』第二にも出る。

この前後の文章構成は、以上の二句「至（致）虛亙〈亟（極）〉也、獸（守）中（盅）䈞（篤）也。」が主體（聖人）に關する條件の提示、以下の二句「萬勿（物）方（旁）复（作）、居以須遉（復）也。」が客體（萬物）に關する結果の敍述である。『老子』にこのような文章構成が多いことについては、拙著『道家思想の新研究――『莊子』を中心として』（汲古書院、二〇

○九年）、第12章「聖人の「無爲」と萬物の「自然」」を參照。

「獸中管也」は、各種今本はいずれも「守靜篤」に作るが、「靜」は道藏傅奕本だけが「靖」に作る。馬王堆『老子』甲本は「守情（靜）表〈裻（篤）〉也」に作り、乙本は「守靜督（篤）也」に作る。

（3）　萬勿方复—「方」は、『郭店楚簡』の言うように「旁」の省字あるいは假借字であって、『說文解字』に、

　旁、溥也。从二。闕。方聲。

とある。あるいは、「竝」の假借字としてもよいかもしれない。

「萬勿方复」は、萬物・萬民が一齊に興起すること。下文の「天道員（貟）員（貟）」とほぼ同じ內容。今本『老子』（王弼本）の第二章に、

　是以聖人處無爲之事、行不言之敎。萬物作焉而不辭。

第三十七章に、

　道常無爲而無不爲。侯王若能守之、萬物將自化。化而欲作、吾將鎭之以無名之樸。

とあるのとほぼ同じ意味である（本書甲本第二章注（13）、同甲本第三十七章注（4）を參照）。

各種今本はいずれも「萬物竝作」に作るが、「萬」は「万」に作るテキストが若干ある。馬王堆『老子』甲本・乙本はともに「萬物旁作」に作る。

（4）　居以須复也—「居」は、如字に讀むべきであって、各種今本の「吾」の假借字ではあるまい。郭店『老子』に現れる「吾」は、本書甲本第二十五章にあったように「虗」の字だからである（その注（7）を參照）。

「須」は、「需」の假借字で、「待」の意（『儀禮』士昏禮篇の鄭玄注）であろう（『郭店楚簡』【注釋】〔五八〕を參照）。『莊子』人閒世篇に、

　耳止於聽、心止於符。氣也者、虛而待物者也。唯道集虛。

同じく大宗師篇に、

　又況萬物之所係、而一化之所待乎。

とある「待」の字が參照される。

「遉」は、「復歸」の意。「萬物」が「道」に「復歸」すること。「萬勿方（旁）复（作）」という現象を「道」への「復歸」であると意義づけた言葉である。「復歸」は、本章を除けば、今本『老子』（王弼本）第十四章に、

其上不皦、其下不昧、繩繩不可名、復歸於無物。

第二十八章に、

知其雄、守其雌、爲天下谿。爲天下谿、常德不離、復歸於嬰兒。知其白、守其黑、爲天下式。爲天下式、常德不忒、復歸於無極。知其榮、守其辱、爲天下谷。爲天下谷、常德乃足、復歸於樸。

第五十二章に、

用其光、復歸其明、無遺身殃、是爲習常。

第六十四章に、

是以聖人……學不學、復衆人之所過。

とある（本書甲本第二十五章注（11）、同甲本第六十四章下段注（12）、同丙本第六十四章下段注（8）を參照）。

「居以須遉也」の意味は、下文の「各遉（復）亓（其）堇（根）。」とほぼ同じである。

「居以須遉也」は、各種今本はいずれも「吾以觀其復」に作るが、「以」の下に河上公道藏本は「是」があり、「其」は王弼本系統にない。馬王堆『老子』甲本は「吾以觀其復也」に作り、乙本は「吾以觀亓（其）復也」に作る。

（5）天道員員―「天道」は、「夫勿（物）」の誤寫かもしれない。誤寫でないとすれば、「天道」が發生させる「萬勿（物）」の現象について言うと理解せざるをえない。

「員」は、『說文解字』に、

員、物數也。从貝、口聲。……𪔂、籀文、从鼎。

とある「𪔂」の字であるが、しかし『說文解字』に、

䞓、物數紛䞓亂也。从員、云聲。

とある、「⿰貝云」の省字あるいは假借字ではなかろうか。「員員」は、ここでは、ものが盛んに興こるさま。

　關聯する表現としては、『莊子』在宥篇に、

　　解心釋神、莫然无魂、萬物云云、各復其根。各復其根而不知。

『淮南子』覽冥篇に、

　　解意釋神、漠然若無魂魄、使萬物各復歸其根、則是所脩伏犧氏之迹、而反五帝之道也。

とある。

　「天道員員」は、各種今本は「夫物芸芸」に作るが、「夫」は『經典釋文』王弼本・道藏傅奕本・范應元本が「凡」に作り、『經典釋文』は「凡物」を掲出して「本作夫」と言う。また、「芸芸」は想爾本系統が「云云」に作り、道藏傅奕本・范應元本が「⿰貝云⿰貝云」に作る。馬王堆『老子』甲本は「天〈夫〉物雲（⿰貝云）雲（⿰貝云）」に作り、乙本は「天物⿰礻云（⿰貝云）⿰礻云（⿰貝云）」に作る。このように、「員員」「芸芸」「云云」「⿰貝云⿰貝云」「雲雲」「⿰礻云⿰礻云」などさまざまの表記法があるのは、『說文解字』の言うように「云聲」のオノマトペイア（擬態語）だからであろう。

（6）　各復亓堇■——「堇」は、『說文解字』の言う「堇」の古文である。『郭店楚簡』の言うように恐らく「根」の假借字であろう。「萬物」を生み出す根っこ、すなわち「道」の比喩。今本『老子』（王弼本）では、他に第六章に、

　　玄牝之門、是謂天地根。

第二十六章に、

　　重爲輕根、靜爲躁君。

第五十九章に、

　　有國之母、可以長久。是謂深根固柢、長生久視之道。

とある（本書乙本第五十九章注（8）を參照）。

　ところで、馬王堆『老子』甲本・乙本、および各種今本の下文にある「歸根曰靜、是謂復命。復命曰常、知常曰明。不知常、妄作凶。知常容、容乃公、公乃王、王乃天、天乃道。道乃久、沒身不殆。」は、本書、郭店『老子』には存在しない。言い換え

れば、郭店『老子』甲本第十六章は上段だけが存在していて下段は存在していないのである。形成途上にある古い『老子』の第十六章は、郭店『老子』のように上段だけの存在するテキストであったにちがいない。そして、下段の部分は郭店『老子』以後、馬王堆『老子』の形成過程において附加されたのであろうと推測される。

「各復亓菫」は、各種今本は「各復歸其根」に作るが、想爾本系統・古本系統には「復」がない。馬王堆『老子』甲本は「各復歸於其〔根〕」に作り、乙本は「各復歸於亓（其）根」に作る。

文章末の「■」は、『郭店楚簡』は見落としている。

第六十四章上段

第二十五號簡

本文

亓（其）安也、易朱（持）也。(1) 亓（其）未𦮃（兆）也、易𢘓（謀）也。(2) 亓（其）毳（脆）也、易畔（判）也。(3) 亓（其）幾也、易𢓜（散）也。(4) 爲之於亓（其）

訓讀

亓《そ》（其）の安らかなるものは、朱《じ》（持）し易《やす》きなり。亓（其）の未《いま》だ𦮃《きざ》（兆）さざるものは、𢘓《はか》（謀）り易きなり。亓（其）の毳《もろ》（脆）きものは、畔《わか》（判）ち易きなり。亓（其）の幾《かす》かなるものは、𢓜《さん》（散）じ易きなり。之《こ》れを亓（其）の

口語譯

安定しているものは維持しやすく、まだ兆候《ちょうこう》の現れていないものは對策を立てやすく、脆弱《ぜいじゃく》なものは分割しやす

く、微細なものは分散させやすい。だから、まだ形の現れない内に處理し、

注

（1）亓安也、易𣐂也——「𣐂」は、『郭店楚簡』【注釋】〔五九〕の言うように「持」の異體字。「持」は、持續する・維持するの意。
今本『老子』（王弼本）第九章に、
持而盈之、不如其已。
第六十七章に、
我有三寶、持而保之。
とある（本書甲本第九章注（1）を參照）。
「亓安也、易𣐂也。」は、各種今本はいずれも「其安、易持。」に作る。馬王堆『老子』甲本は「●亓（其）安也、易持也。」に作り、乙本はすべて缺字。『韓非子』喩老篇に「故曰、其安、易持也。其未兆、易謀也。」とある。

（2）亓未𦯬也、易𢘓也——「𦯬」は、『郭店楚簡』の言うように「兆」の假借字であろう。「未𦯬」は、事物の兆候がまだ現れないこと。今本『老子』（王弼本）第二十章に、
我獨泊兮其未兆、如嬰兒之未孩。

とある。

「𢘓」は、普通には「侮」の意になることが多いが、ここでは『郭店楚簡』の言うように「謀」の假借字であろう。『說文解字』に、
煤、憮也。从心、某聲。讀若侮。

とあるのによれば、兩字が通假する可能性は確かにある。

「亓未𦯬也、易𢘓也。」は、各種今本はいずれも「其未兆、易謀。」に作るが、「兆」は范應元本が「洮」に作る。馬王堆『老子』甲本は「〔亓（其）未兆也〕、易謀〔也〕。」に作り、乙本はすべて缺字。

（3）亓毳也、易畔也―「毳」は、『郭店楚簡』【注釋】〔六〇〕の言うように「脆」の假借字であろう。『說文解字』に、

脆、小耎易斷也。从肉、絕省聲。

とあり、また、

膬、耎易破也。从肉、毳聲。

とある。今本『老子』（王弼本）第七十六章に、

人之生也柔弱、其死也堅強。萬物草木之生也柔脆、其死也枯槁。

という用例がある。

「畔」は、『郭店楚簡』の言うように「判」の假借字であろう。『說文解字』に「判、分也。从刀、半聲。」とある。

「亓毳也、易畔也。」は、各種今本は「其脆、易破。」に作るが、「脆」は天寶神沙本・次解本が「毳」に作り、范應元本が「脃」に作り、「破」は王弼本系統が「泮」に作り、古本系統は「判」に作る。馬王堆『老子』甲本・乙本はともにすべて缺字。『經典釋文』は「其脆」を掲出して「七歳反。河上本作膬、昌睿反。」と言い、また「易泮」を掲出して「普半反」とする（『郭店楚簡』【注釋】〔六〇〕の『經典釋文』の引用は不正確）。

（4）亓幾也、易⿰彳戔也―「幾」は、『周易』繫辭下傳に、

子曰、知幾、其神乎。君子上交不諂、下交不瀆。其知幾乎。幾者、動之微、吉之先見者也。君子見幾而作、不俟終日。

とある「幾」と同じ意味。事物が發生し始めた微小な段階を言う。

「⿰彳戔」は、『說文解字』に「⿰彳戔、迹也。从彳、戔聲。」とあり、また、「⿴行戔、迹也。从行、戔聲。」ともある。しかし、如字に讀んだのでは意味が十分に通じないと思う。『郭店楚簡』は今本『老子』に基づいて「散」の假借字とするが、それがよかろう。この部分の趣旨は、ものごとは「未だ⿱艹兆（兆）さざる」「幾かな」萌芽の状態であれば、それに對處することが容易であることを言う。

「亓幾也、易⿰彳戔也。」は、各種今本はいずれも「其微、易散。」に作り、馬王堆『老子』甲本・乙本はともにすべて缺字。

第二十六號簡

本文

亡（無）又（有）也、(5) 絧（治）之於亓（其）未亂。(6) 合〔抱之木、生於毫〕末、(7) 九成之臺、己（起）〔於羸（蔂）土、(8) 百仁（仞）之高、台（始）於(9)〕

訓読

又《あ》（有）る亡《な》（無）きに爲し、之《こ》れを亓《そ》（其）の未《いま》だ亂れざるに絧《おさ》（治）む。合《ごう》〔抱《ほう》の木は、毫《ごう》〕末《まつ》〔より生じ〕、九《きゅう》成《せい》の臺《うてな》は、〔羸《るい》（蔂）土《ど》より〕己《お》（起）こり、〔百仁《ひゃくじん》（仞）の高きは〕、足下《そっか》〔より台《はじ》（始）まる〕。

口語訳

だから、まだ形の現れない内に處理し、まだ混亂しない内に統治しなければならない。一《ひと》〔抱《かか》えもある大木も、毛〕先ほどの萌芽〔から生じ〕、九層の高台も、〔もっこ一杯の土の積み重ねから〕立ち上がり、〔百仞《ひゃくじん》（約一五〇メートル）の高さも〕、足下《あしもと》〔から始まる〕。

注

（5）爲之於亓亡又也―以下の兩句は、『戰國策』楚策一に、

蘇秦爲趙合從、說楚威王曰、……臣聞治之其未亂、爲之其未有也。患至而後憂之、則無及已。

『史記』蘇秦列傳に、

蘇秦……乃西南說楚威王曰、……臣聞治之其未亂也、爲之其未有也。患至而后憂之、則無及已。

賈誼『新書』審微篇に、

老聃曰、爲之於未有、治之於未亂。管仲曰、備患於未形上也。

『吳志』孫策傳注に、

……可謂爲之於其未有、治之於其未亂者也。

とある。また、大田方『老子全解』・王鳴盛『尙書後案』によれば、『尙書』周官篇に、

制治於未亂、保邦於未危。

とあるのも『老子』の本章を利用したものと言う。

「爲之於亓亡又也」は、各種今本はいずれも「爲之於未有」に作るが、「於」は嚴遵指歸本になく、道藏傅奕本・范應元本が「乎其」に作り、河上公意林本が「于」に作る。馬王堆『老子』甲本・乙本はともにすべて缺字。

（6）絧之於亓未亂――「絧」は、「𢘓」の字として本書甲本第二章に既出（その注（13）を參照）。『郭店楚簡』の言うように「治」の假借字。「亂」は、楚系文字の實際は「亂」の左旁だけのある省字が書いてある。

この部分の趣旨は、ものごとを「又（有）る亡（無）き」「未だ亂れざる」萌芽狀態にある內に「爲」し「絧（治）」めるべきことを言う。『老子』には珍しい、作爲・人爲を肯定する思想であり、荀子學派からの影響を被ったものと考えるのが適當である。

「絧之於亓未亂」は、各種今本はいずれも「治之於未亂」に作るが、「於」は嚴遵指歸本になく、道藏傅奕本・范應元本が「乎其」に作り、河上公意林本が「于」に作る。馬王堆『老子』甲本・乙本はともにすべて缺字。

（7）合〔抱之…於毫〕末――「合」の下の缺字は、五字あるいは六字。『郭店楚簡』【注釋】〔六一〕によって「〔抱之木、生於毫〕」を補っておく。「合抱之木」は、一抱えの大木。

「毫末」は、『孟子』梁惠王上篇に、

明足以察秋毫之末、而不見輿薪。

『莊子』齊物論篇に、

天下莫大於秋毫之末、而大山爲小。

同じく秋水篇に、

此其比萬物也、不似豪末之在於馬體乎。

などとある。動物の體毛の毛先で、極めて小さいものの代表。

「合〈抱之木、生於毫〉末。」は、各種今本は「合抱之木、生於毫末。」に作るが、「抱」は道藏傅奕本が「褎」に作り、「毫」は想爾本系統・古本系統・河上公本系統に「豪」に作るテキストが多い。馬王堆『老子』甲本は「〈合抱之木、生於〉毫末。」に作り、乙本は「▨木、作於毫末。」に作る。

（8）九成之…〈於嬴土—「成」は、「層」の假借字とする說もある（高明『帛書老子校注』）が、そのように讀爲する必要はない。「成」「層」「重」が同じ意味になることについては、朱謙之『老子校釋』に考證がある。

「九成之臺」は、『呂氏春秋』音初篇に、

有娀氏有二佚女、爲之九成之臺、飮食必以鼓。

とあり、高誘注は「成猶重也」と言う。また、『楚辭』九問篇に、

厥萌在初、何所億焉。璜臺十成、誰所極焉。

とあり、王逸注は「紂果作玉臺十重、糟丘酒池、以至于亡也。」と解釋している。

「臺」は、今本『老子』（王弼本）では、他に第二十章に、

衆人熙熙、如享太牢、如春登臺。

とある。四方を展望できるように作った高殿のこと。

「己」は、『郭店楚簡』【注釋】〔六二〕は「甲」に作って「作」の錯字とするが、これは判讀の誤りであって、正しくは「己」の字である。滕壬生『楚系簡帛文字編』の一〇六四ページに引く「包二・一五七反」の字形に類似する。また、『汗簡』第一の「起」の字形をも參照。

「己」より下の缺字には、『郭店楚簡』【注釋】〔六二〕により、馬王堆『老子』甲本・乙本に基づいて九字を補足した。「嬴」は、「蘽」の假借字で、土籠・もっこの意。「蘽」の意味については、高亨『老子正詁』（中國書店影印本、一九八八年）に優れた追究がある。

この部分の趣旨は、ものごとを萌芽狀態の内に「爲」すところから始めて、微小な努力をこつこつと積み重ねつつ、最後に巨大な事業を爲し遂げるべきことを言う。『論語』子罕篇に、

子曰、譬如爲山、未成一簣、止吾止也。譬如平地、雖覆一簣、進吾往也。

『荀子』修身篇に、

蹞步而不休、跛鼈千里。累土而不輟、丘山崇成。

『淮南子』說山篇に、

先針而後縷、可以成帷。先縷而後針、不可以成衣。針成幕、虆成城。事之成敗、必由小生。言有漸也。

『文子』道德篇に、

十圍之木、始於把。百仞之臺、始於下。此天之道也。

とあるのと類似する。また、この部分は、戰國末期の代表的な儒家、荀子の「積微」（微小な努力をこつこつと積み重ねて巨大な事業を爲し遂げる）の思想を踏まえ、かつそれを自らの思想體系の中に包攝しようとしたものと考えられる。

「九成之臺、己〔於羸土〕。」は、各種今本は「九層之臺、起於累土。」に作るが、「層」は嚴遵指歸本・想爾本系統が「重」に作り、道藏傅奕本・范應元本が「成」に作る。馬王堆『老子』甲本は「九成之臺、作於羸（虆）土。」に作り、乙本は「九成之臺、作於虆（虆）土。」に作る。

（9）百仁之…於〕足下――「〔百仁之高、台於〕」は、馬王堆『老子』甲本・乙本を參照して補った部分である。「仁」は、「仞」の假借字。「台」は、「始」の省字あるいは異體字。

本書、郭店『老子』甲本によれば、「足下」の下に文章の一まとまりが終わることを示す「■」の符號があり、加うるに、「爲之者敗之、執之者遠〈遊（失）〉之。」に始まる文章（すなわち第六十四章下段）は、上文と一緒のところに置かれてはいない。したがって、本章の上段と下段とは、當時は同一の章と考えられてはいなかったはずである。

各種今本は「千里之行、始於足下。」に作るが、この上に敦煌成玄英本は「而」があり、「千里」は嚴遵指歸本・敦煌成玄英本・天寶神沙本・次解本が「百仞」に作り、「行」は嚴遵指歸本・敦煌成玄英本・天寶神沙本・次解本が「高」に作り、「足」

は景福碑に缺く。馬王堆『老子』甲本は「百仁（仞）之高、台（始）於足〔下〕。」に作り、乙本は「百千之高、始於足下。」に作る。

第二十七號簡

本文

足下(10)■。

訓讀

足下〔より台（始）まる〕■。

口語譯

足下《あしもと》〔から始まる〕■。

注

（10）足下■—「■」は、『郭店楚簡』はこの符號を見落としている。

第五十六章

第二十七號簡

本文

智（知）之者弗言、言之者弗智（知）(1)。閔（閟）亓（其）迖（穴）、賽（塞）亓（其）門(2)、和亓（其）光、迵（通）亓（其）新（塵）(3)、剖（剉）亓（其）貟（銳）、解亓（其）紛(4)。

訓讀

之《こ》れを智《し》（知）る者は言わず、之れを言う者は智（知）らず。亓《そ》（其）の迖《あな》（穴）を閔《と》（閟）ざし、亓（其）の門を賽《ふさ》（塞）ぎ、亓（其）の光を和《やわ》らげ、亓（其）の新《ちり》（塵）に迵《つう》（通）じ、亓（其）の貟《するど》（銳）きを剖《くじ》（剉）き、亓（其）の紛《みだ》れに解《かい》す。

口語譯

何かを眞に把えている者はそれを話さず、何かについて話す者は實はそれを把えていない。耳目鼻口の穴を塞ぎ、知覺の門を閉ざし、知恵の光を和《やわ》らげて、塵のような混沌たる世界と一つになり、鋭い頭腦を挫《くじ》いて、亂れた萬物のそれ自體の中に融卽《ゆうそく》していく。

注

（1）智之者…者弗智――この兩句は、語法の上から考えれば、「弗言」の目的語は上文にある「智」った「之」、同じく「弗智」の目的語は上文にある「言」った「之」である。すなわち、「言わず」「智ら」ない對象は、「道」だけでなく、「道」をも含む世界のあらゆる現象である。このような嚴しい「智」「言」の否定は、道家の思想史の中では比較的早い時期に出現していた思想である。それに對して、『莊子』天道篇の、

夫形色名聲、果不足以得彼之情、則知者不言、言者不知。而世豈識之哉。

同じく知北遊篇の、

黄帝曰、……夫知者不言、言者不知。故聖人行不言之教。

『淮南子』道應篇の、

　故知者不言、言者不知也。

などは、いずれもみな「道」に關する「知」「言」だけを否定するものであり、言い換えれば、「萬物」に關する「知」「言」は肯定されている。これらは、比較的おそい時期に成った思想と考えることができる。

「智之者弗言、言之者弗智。」は、各種今本はいずれも「知者不言、言者不知。」に作るが、兩句の末に道藏傅奕本・范應元本は「也」がある。馬王堆『老子』甲本は「（知者）弗言、言者弗知。」に作り、乙本は「知者弗言、言者弗知。」に作る。

（2）閔亓𨓚、賽亓門――「閔」は、『郭店楚簡』【注釋】（六三）は「閉」の錯字とするが、「閟」の（「必」の部分の）省字ではなかろうか。本書乙本第五十二章中段に「閟亓門、賽亓𨓚。」として出る（その注（1）を參照）。『説文解字』に「閟、閉門也。从門、必聲。」とある。

「𨓚」は、「穴」あるいは「閲」の假借字。『説文解字』に「閲、具數於門中也。从門、兌聲。」とあり、段玉裁注は引伸して「穴」の意にもなるとする。

「𨓚」と「門」とは、ともに人間の感覺器官の比喩。兩者の閒に特に區別を設けられていないようである。ここで論じているのは、欲望の問題ではなく認識の問題であり、以下の文章も同じ。木村英一・野村茂夫『老子』、金谷治『老子　無知無欲のすすめ』、小川環樹『老子』を例外として、日本の諸入門書の多くは、欲望の器官と理解しているが、適當とは思われない。――諸橋轍次『掌中　老子の講義』、福永光司『老子』下、蜂屋邦夫『老子』がそれである。『莊子』應帝王篇に、

　人皆有七竅、以視聽食息、此獨无有。嘗試鑿之。日鑿一竅、七日而渾沌死。

とある「七竅」の意である。以上については、本書乙本第五十二章中段注（1）を參照。

「賽」は、『郭店楚簡』の言うように「塞」の假借字であろう。兩字が通假する例は多い。

以下の文章は、「智」「言」を否定・排除するための方法、およびそれによって得られる結果を述べたものである。

「閔亓𨓚、賽亓門。」は、各種今本はいずれも「塞其兊、閉其門。」に作り、馬王堆『老子』甲本は「塞亓（其）悶（穴）、閉亓（門）。」に作り、乙本は「塞亓垸（穴）、閉亓門。」に作る。なお、今本『老子』（王弼本）第五十二章に、

　　塞其兌、閉其門。

とある（本書乙本第五十二章中段注（1）を參照）。

（3）　和亓光、迵亓新——「和」は、表面上は人間がその感覺・認識の能力を穩和にすること、周圍と調和させることであろうが、內容上は「智（知）之者」がその「智（知）」「言」の能力による價値判斷や事實判斷を捨て去ること、端的に言えば「智（知）」「言」の否定・排除である。この方法によってさしあたりまず到着する境地が「萬物齊同」の世界であり、この時、「智（知）之者」は「萬物齊同」の世界と完全に合體しているが、本章ではこの狀態を「玄同」と名づけている。類似の思想の表現は、『莊子』齊物論篇に、

　　是以聖人和之以是非、而休乎天鈞。

同じく齊物論篇に、

　　和之以天倪、因之以曼衍、所以窮年也。何謂和之以天倪。曰、是不是、然不然。

同じく寓言篇に、

　　卮言日出、和以天倪、因以曼衍、所以窮年。不言則齊、齊與言不齊。言與齊不齊也。故曰无言。……物固有所然、物固有所可。无物不然、无物不可。非卮言日出、和以天倪、孰得其久。

とある。

「光」は、他に今本『老子』（王弼本）第四章・第五十二章・第五十八章にも出てき、通常の耳目による知を言う。

「迵」は、『郭店楚簡』は「同」の意とするが、疑問である。馬王堆帛書『周易』では「通」の假借字として頻出する。また、『說文解字』に、

　　通、達也。从辵、甬聲。……迵、达也。从辵、同聲。

とある。これによれば、「通」と「迵」の兩字は同じ字である。

「新」は、『郭店楚簡』【注釋】〔六四〕は「慎」の異體字の場合が多いとするが、この場合もその意味であるかもしれない。暫く「塵」の異體字としておく。「塵」は、「光」の反義語。「智（知）」「言」によって把握される以前の世界、すなわち價値や

事實にまだ分節化されていない全一的な混沌を言う。

「和亓光、迵亓訢。」は、各種今本はいずれも以下の二句と順序が逆になった上で、「挫其鋭、解其紛、和其光、同其塵。」に作る。馬王堆『老子』は本書、郭店『老子』と同じ順序で、甲本は「〔和〕其光、同亓（其）墼（塵）、坐（剉）亓閲（鋭）、解亓紛。」に作り、乙本は「和亓光、同亓塵、銼（剉）亓兌（鋭）、而解亓紛。」に作る。この四句は、『老子』第四章にも見え、各種今本は「挫其鋭、解其紛、和其光、同其塵。」に作り、馬王堆『老子』甲本は「銼其〔兌〕、解其紛、和其光、同〔其塵〕。」、乙本は「銼亓兌、解亓芬（紛）、和亓光、同亓塵。」に作る。ちなみに、『淮南子』道應篇にも、

老子曰、挫其鋭、解其紛、和其光、同其塵。

とある。

以上の諸事實を基づくならば、馬王堆『老子』の段階までに四句は順序を異にする二種類の書き方（本章と第四章）があったが、馬王堆本以後（恐らく前漢時代）、第四章の順序が盛行するに至り、それに引かれて本章の順序も第四章のように修正され、第四章の順序がただ一つ行われるようになった、と推測することができる。そして、郭店『老子』本章（第四章は郭店『老子』に含まれていない）の順序も馬王堆『老子』本章と同じであるから、本章と第四章の二種類の順序の內、より古いのは本章の順序であると考えてよいと思う。

（4）⿰畗刂亓頏、解亓紛――「⿰畗刂」は、『郭店楚簡』は「⿰畗刂」と判讀するけれども、「副」の字であるかもしれない。「副」であるならば、『說文解字』に「副、判也。」とある。「⿰畗刂」であるならば、『說文解字』などの字書に見えない字である。各種今本の「挫」の異體字、もしくは『說文解字』の「剉、折傷也。」の異體字ではなかろうか。ここでは、「剉」の異體字としておく。くじくの意。

「頏」は、何の字であるか未詳。各種今本の「鋭」の異體字で、頭腦の鋭敏さを言うのかもしれない。上文の「光」とほぼ同じ比喩である。

「解」は、「道」あるいは「道」を把えた者の精神が分解して、全一的な混沌の世界の隅々にまで浸透していくこと。『管子』心術下篇に、

是故聖人一言之解、上察於天、下察於地。

同じく內業篇に、

正心在中、萬物得度。道滿天下、普在民所、民不能知也。一言之解、上察於天、下極於地、蟠滿九州。何謂解之、在於心安。

馬王堆『十六經』成法篇に、

黄帝曰、一者、一而已乎。亓（其）亦有長乎。力黑曰、一者、道亓（其）本也、胡爲而无長。□□所失、莫能守一。一之解、察於天地。一之理、施於四海。

『淮南子』原道篇に、

道者、一立而萬物生矣。是故一之理、施四海。一之解、際天地。其全也純兮若樸、其散也混兮若濁。

とある。

「紛」は、『廣雅』釋詁三に「紛、亂也。」とある。上文の「新（塵）」とほぼ同じ比喩。また、「劊亓頟、解亓紛。」は、上文の「和亓（其）光、迵（通）亓新（塵）。」とほぼ同じ意味である。

「劊亓頟、解亓紛。」は、各種今本は「挫其鋭、解其紛。」に作るが、「紛」は指歸本・想爾本系統・意林本・敦煌本が「忿」に作り、王弼本系統が「分」に作る。馬王堆『老子』甲本は「坐（剉）亓（其）閲（鋭）、解亓紛。」に作り、乙本は「銼（剉）亓兌、而解亓紛。」に作る。

第二十八號簡

本文

是胃（謂）玄同。[5] 古（故）不可导（得）天〈而〉新（親）、亦不可导（得）天〈而〉疋（疏）。[6] 不可导（得）天〈而〉利、亦不可导（得）天〈而〉害。[7]

訓　讀

是《こ》れを玄同《げんどう》と胃《い》（謂）う。古《ゆえ》（故）に导《え》（得）て新《した》（親）しむ可《べ》からず、亦《ま》た导（得）て疋《うと》（疏）んず可からず。导（得）て利《り》す可からず、亦た导（得）て害す可からず。

口語譯

これを奥深い合一と言うのである。

このように合一した者に對しては、誰一人として親愛することもできず、また疏外することもできない。利益を與えることもできず、また損害を與えることもできない。

注

（5）是胃玄同――「玄同」は、以上のような方法により、世界が脱構築されて全一的な混沌になるというだけの意味ではなく、これを行う「知者」がそのような世界に完全に合體しているという意味でもある。一種の mysticism（神祕主義）の哲學と言うことができよう。『莊子』胠篋篇に、

削曾史之行、鉗楊墨之口、攘棄仁義、而天下之德始玄同矣。

『淮南子』原道篇に、

無所喜而無所怒、無所樂而無所苦、萬物玄同。

同じく說山篇に、

不求美又不求醜、則無美無醜矣、是謂玄同。

『文子』道原篇に、

無所樂無所苦、無所喜無所怒、萬物玄同。

同じく下徳篇に、

故知和曰常、知常曰明、益生曰祥、心使氣曰強。是謂玄同。用其光、復歸其明。

とあるのを參照。

「是胃玄同」は、各種今本はいずれも「是謂玄同」に作り、馬王堆『老子』甲本・乙本はともに「是胃（謂）玄同」に作る。

(6) 古不可…天〈而〉疋—「天」は、『郭店楚簡』の言うように「而」の錯字。「可㝵而」は、二字で一つの助動詞。「不可㝵而」は、その否定形。「可以」「不可以」とほぼ同じ意味である。

「新」は、『郭店楚簡』の言うように「親」の假借字。この通假は楚系文字に多く、下文にも出るが、煩雜を避けるために一々注を附けない。「疋」は、『郭店楚簡』の言うように、「疋」が古字で「疏」が今字。

兩句の趣旨は、このように「玄同」した「智（知）之者」は、彼に對して誰一人として「新（親）」しむことも「疋（疏）」んずることもできない、普通の人閒を越えた獨立・自由の存在になっている、ということ。

「古不可㝵天新」は、各種今本はいずれも「故不可得而親」に作るが、「故」は指歸本・古本系統・河上公奈良本になく、「而」は想爾本系統・景福碑にない。馬王堆『老子』甲本は「故不可得而親」に作り、乙本は「故不可得而親也」に作る。

「亦不可㝵天疋」は、各種今本は「亦不可得而疏」に作るが、「亦」は指歸本・想爾本系統・王弼本系統・玄宗本系統になく、「而」は想爾本系統・景福碑になく、「疏」は指歸本・想爾本系統・王弼本系統・范應元本・河上公本・玄宗本系統が「踈」に作る。馬王堆『老子』甲本は「亦不可得而疏」に作り、乙本は「亦〔不可〕得而〔疏〕」に作る。

(7) 不可㝵…天〈而〉害—兩句の趣旨は、このような「智（知）之者」に對しては、誰しも「利」を與えることも「害」を與えることもできない、ということ。

「不可㝵天利、亦不可㝵天害。」は、各種今本はいずれも「不可得而利、亦不可得而害。」に作るが、二つの「而」は想爾本系統・景福碑になく、「亦」は指歸本・想爾本系統・王弼本系統・玄宗本系統にない。馬王堆『老子』甲本は「不可得而利、亦不可得而害。」に作り、乙本は「〔不可〕得而○利、〔亦不可〕得而害。」に作る。

第二十九號簡

本文

不可㝵（得）天〈而〉貴、亦可不可㝵（得）天〈而〉戔（賤）(8)。古（故）爲天下貴■(9)。

訓読

㝵《え》（得）て貴《たつと》ぶ可《べ》からず、亦《ま》た㝵（得）て戔《いや》（賤）しむ可からず。古《ゆえ》（故）に天下の貴《き》と爲《な》る■。

口語訳

高貴な地位につけることもできず、また卑賤な身分に落とすこともできない。だからこそ、天下で最も貴い人となるのだ■。

注

（8）不可㝵…天〈而〉戔―「可不可」は、『郭店楚簡』の言うように上の「可」が衍文。「戔」は、『郭店楚簡』【注釋】〔六六〕の言うように「賤」の省字あるいは假借字。

兩句の趣旨は、このような「智（知）之者」に對しては、誰しも「貴」くすることも「戔（賤）」しくすることもできない、ということ。

「不可㝵天貴、亦可不可㝵天戔。」は、各種今本はいずれも「不可得而貴、亦不可得而賤。」に作るが、上の「不可」の上に敦煌本は「亦」があり、二つの「而」は想爾本系統・景福碑になく、下の「亦」は指歸本・想爾本系統・王弼本系統・玄宗本系統にない。馬王堆『老子』甲本は「不可〔得〕而貴、亦不可得而淺（賤）。」に作り、乙本は「不可得而貴、亦不可得而賤。」に作る。

（9）古爲天下貴■―一文は、以上のようにして「道」を把えた「智（知）之者」が、天下において最も「貴」い者となるという趣旨を、主として哲學的倫理的な內容において述べたものであるが、しかし、ここには政治的な內容も濃厚に含まれている。今本『老子』（王弼本）第六十二章に、

古之所以貴此道者何、不曰以求得、有罪以免邪。故爲天下貴。

『荀子』王制篇に、

人有氣有生有知、亦且有義、故最爲天下貴也。

同じく君子篇に、

不矜矣、夫故天下不與爭能、而致善用其功。有而不有也、夫故爲天下貴矣。

とあるのを參照。また、今本『老子』（王弼本）第四十五章に、

躁勝寒、靜勝熱。淸靜、爲天下正。

第七十八章に、

是以聖人云、受國之垢、是謂社稷主。受國不祥、是謂天下王。

という例もある（本書乙本第四十五章注（7）を參照）。

「古爲天下貴」は、各種今本はいずれも「故爲天下貴」に作るが、「故」は指歸本にない。馬王堆『老子』甲本・乙本ともに「故爲天下貴」に作る。

第五十七章

第二十九號簡

本文

以正之（治）邦[1]、以戢（奇）甬（用）兵[2]、以亡（無）事[3]

訓　読

正《せい》を以て邦《くに》を之《おさ》（治）め、戠《き》（奇）を以て兵を甬《もち》（用）い、事とすること亡《な》（無）きを以て

口語訳

國家を治めるには正道により、戰爭を行うには奇策を用いるが、しかし天下を取るには人爲を捨てる無事（無爲）の立場に立たなければならない。

注

（1）以正之邦―「正」は、朱謙之『老子校釋』の言うとおり、「政」の意ではなく「正」の意。「正」は、主に儒家的な統治方法を指すのではなかろうか。道家の『莊子』が儒家の統治方法を「正」と述べた例としては、『莊子』德充符篇に、

受命於天、唯舜獨也正、幸能正生、以正衆生。

とある。

今本『老子』（王弼本）における「正」は、第八章に、

居善地、心善淵、與善仁、言善信、正（政）善治、事善能、動善時。

第四十五章に、

躁勝寒、靜勝熱。清靜、爲天下正。

第五十七章（本章）の下文に、

故聖人云、我無爲而民自化、我好靜而民自正。

第五十八章に、

其政悶悶、其民淳淳。其政察察、其民缺缺。禍兮福之所倚、福兮禍之所伏。孰知其極、其無正。正復爲奇、善復爲妖。

第七十八章に、

　　正言若反。

とあり（本書乙本第四十五章注（7）、同甲本第五十七章（本章）注（15）を參照）、「政」の意と「正」の意とが混在している。

『尹文子』大道下篇が本章を引用して、

　　老子曰、以政治國、以奇用兵、以無事取天下。政者、名法是也。……奇者、權術是也。

とするのは、前漢以後の新しい解釋に基づいている。

「之」は、『郭店楚簡』の言うように「治」の假借字。

「邦」は、前漢の高祖、劉邦の諱である。そのために、劉邦が崩御した後に抄寫された馬王堆『老子』乙本および王弼本などは、原則的に「邦」の字を避けて「國」の字に作ることとなった。そして、前漢・後漢王朝が倒れて「邦」の文字タブーがなくなった後も、古典文獻では「國」の字を用いる場合が多い。本書の「邦」は、劉邦が崩御する以前の本來の文字遣いである。「邦」の字は、以下にもしばしば現れるが、煩瑣にわたるのを避けるために一々指摘しない。

「治國」は、今本『老子』（王弼本）では、第十章に、

　　愛民治國、能無知乎。

第六十章に、

　　治大國、若烹小鮮。

第六十五章に、

　　故以智治國、國之賊。不以智治國、國之福。

とある。

「以正之邦」は、各種今本は「以正治國」に作るが、「正」は想爾本系統・道藏傅奕本・玄宗本が「政」に作り、「治」は想爾本の敦煌李榮本が「理」に作り、天寶神沙本・次解本・河上公敦煌本・奈良本が「之」に作る。馬王堆『老子』甲本は「●以正之（治）邦」に作り、乙本は「以正之國」に作る。「邦」を「國」に改めた馬王堆乙本は、明らかに劉邦崩御後の抄寫である。

（2）　以䩦甬兵―「䩦」は、『郭店楚簡』の言うように「奇」の假借字。「奇」は、儒家の「正」に對するアンチテーゼであり、兵

家・權謀家の術を指すのではなかろうか。これに伴う評價としては、劉師培『老子斠補』が『管子』白心篇の「奇身名廢」およびその尹知章注「奇、邪不正也。」を引くのがよいと思う。

今本『老子』（王弼本）の「奇」は、第五十七章（本章）の下文に、

人多伎巧、奇物滋起。

第五十八章に、

其無正。正復爲奇、善復爲妖。

第七十四章に、

若使民常畏死、而爲奇者、吾得執而殺之、孰敢。

とある（本書甲本第五十七章（本章）注（10）を參照）。

「甬」は、『郭店楚簡』の言うように「用」の異體字。「甬（用）兵」は、今本『老子』（王弼本）では、第三十一章に、

君子居則貴左、用兵則貴右。

第六十九章に、

用兵有言。

とある（本書丙本第三十一章中段・下段注（1）を參照）。

「以戠甬兵」は、各種今本はいずれも「以奇用兵」に作るが、「奇」は開元廿六碑が「其」に誤る。馬王堆『老子』甲本・乙本はともに「以畸（奇）用兵」に作る。

（3）以亡事―「亡（無）事」は、「亡（無）爲」とほぼ同じ意味。「邦」の範圍内で政治・軍事を考える儒家の「正」と兵家の「畸」との對立を越えたところにある、「天下」の獲得を目指す道家の「道」を言う。今本『老子』（王弼本）第二章に、

是以聖人處無爲之事、行不言之敎。

第四十八章に、

取天下、常以無事。及其有事、不足以取天下。

第五十七章（本章）の下文に、

　故聖人云、……我無事而民自富。

第六十三章に、

　爲無爲、事無事、味無味。

とある（本書甲本第二章注（11）、同甲本第五十七章（本章）注（13）、同甲本第六十三章上段・下段注（1）を參照）。

第三十號簡

本文

取天下。(4) 虛（吾）可（何）以智（知）亓（其）肰（然）也。(5) 夫天多期（忌）韋（諱）(6)、天〈而〉民爾（彌）畔（貧）(7)。民多利器、(8) 天〈而〉邦慈（滋）昏。(9) 人多

訓讀

天下を取る。虛《わ》（吾）れ可《なに》（何）を以て亓《そ》（其）の肰《しか》（然）るを智《し》（知）るや。夫《そ》れ天に期《き》（忌）韋《き》（諱）多ければ、天《すなわ》〈而〉ち民は爾《いよ》（彌）いよ畔《まず》（貧）し。民に利器多ければ、天《すなわ》〈而〉ち邦は慈《いよ》（滋）いよ昏《くら》し。人に智《ち》（智）多ければ、

口語譯

しかし天下を取るには人爲を捨てた無事（無爲）の立場に立たなければならない。わたしにどうしてそのことが分かるのかと言えば、以下のとおりである。

一體、天に關することで宗教的タブーが多く行われると、人民はいよいよ貧しくなり、人民の間に文明の利器が普

及すると、國家はますます混亂する。人々が知恵を發達させると、

注

（4）取天下――「取天下」は、朱謙之『老子校釋』は「取天下者、謂得民心也。」とするが、そういう意味ではない。統治の權力を掌握することである。今本『老子』（王弼本）の第二十九章に、

将欲取天下而爲之、吾見其不得已。

第四十八章に、

取天下、常以無事。及其有事、不足以取天下。

とある。

「以亡事取天下」は、各種今本はいずれも「以無事取天下」に作るが、「無」は「无」に作るテキストが若干ある。馬王堆『老子』甲本は「以无事取天下」に作り、乙本は「以無事取天下」に作る。

（5）虗可以智亓肰也――「虗」は、『郭店楚簡』の言うように「吾」の異體字。本書甲本第二十五章に既出（その注（7）を參照）。「可」は、『郭店楚簡』の言うように「何」の省字あるいは假借字。本書には、「何」の假借字としての「可」がいくつか登場する。

各種今本の文末にある「以此」の二字は、ないのが本書、郭店『老子』や馬王堆『老子』の古い本來の文章であり、ない方が意味はよく通ずる。

「虗可以智亓肰也」は、各種今本は「吾何以知其然哉、以此。」に作るが、「何」は道藏傅奕本・范應元本が「奚」に作り、「其」は想爾本系統・道藏河上公本が「天下之」に作り、道藏傅奕本・范應元本・道藏玄宗本が「天下其」に作り、「哉」は想爾本系統・景福碑・開元廿六碑になく、「以此」は嚴遵指歸本にない。馬王堆『老子』甲本は「吾何〔以知亓（其）然〕也戋（哉）」に作り、乙本は「吾何以知亓然也才（哉）」に作る。

（6）夫天多期韋――「天」は、『郭店楚簡』【注釋】〔六七〕の言うように、その下の「下」の字が奪したと考えられなくもないが、

以下の句頭の各一字、すなわち「民」「人」「法」と對をなすことを考慮して、ママとするのがよい。

「期韋」は、『郭店楚簡』の言うように「忌諱」の假借字。「忌諱」という言葉は、『荀子』正名篇に、

辭讓之節得矣、長少之理順矣、忌諱不稱、妖辭不出、……是士君子之辨說也。

『管子』輕重己篇に、

以春日始、數九十二日、謂之夏至、而麥熟。天子祀於太宗、其盛以麥。麥者、穀之始也。宗者、族之始也。同族者人、殊族者處。皆齊大材、出祭王母、天子之所以主始而忌諱也。

『史記』太史公自序「六家之要指」に、

嘗竊觀陰陽之術、大祥而衆忌諱、使人拘而多所畏。然其序四時之大順、不可失也。

『淮南子』要略篇に、

天文者、所以和陰陽之氣、理日月之光、節開塞之時、列星辰之行、知逆順之變、避忌諱之殃、順時運之應、法五神之常、使人有以仰天承順、而不亂其常者也。

『論衡』四諱篇に、

實說忌諱產子、乳犬者、欲使人常自潔清、不欲使人被汚辱也。……夫忌諱非一、必託之神怪、若設以死亡、然後世人信用畏避。忌諱之語、四方不同、略擧通語、令世觀覽。若夫曲俗微小之諱、衆多非一、咸勸人爲善、使人重愼、無鬼神之害、凶醜之禍。

同じく辨祟篇に、

世俗信禍祟、以爲人之疾病死亡、及更患被罪、戮辱懽笑、皆有所犯。……故發病生禍、絓法入罪、至于死亡、殫家滅門、皆不重愼、犯觸忌諱之所致也。……天下千獄、獄中萬囚、其擧事未必觸忌諱也。居位食祿、專城長邑、以千萬數、其遷徙日未必逢吉時也。……祠祀嫁娶、皆擇吉日、從春至冬、不犯忌諱、則夫十人比至百年、能不死乎。

とある。以上の「忌諱」の概念から判斷するならば、上文の「天」は、「天下」に作るよりも「天」に作る方が優れている。その實際の內容は、『荀子』天論篇に、

星隊木鳴、國人皆恐。曰、是何也。曰、無何也、是天地之變、陰陽之化、物之罕至者也。

とあり、同じく天論篇に、

雩而雨、何也。曰、無何也、猶不雩而雨也。日月食而救之、天旱而雩、卜筮然後決大事、非以爲得求也、以文之也。

に見えるような宗教的なタブーを指す。

「天下」の「忌諱」であるならば、『孟子』梁惠王下篇に、

臣始至於境、問國之大禁、然後敢入。臣聞郊關之內、有囿方四十里。殺其麋鹿者、如殺人之罪。

とあるような、國家の定めた禁令を指す。しかし、本書のような古い『老子』はただ「天」に作って「下」の字はなかったのであり、「下」の追加はそれ以後の馬王堆『老子』の形成過程において行われた措置と推測することができよう。

「夫天多期韋」は、各種今本は「天下多忌諱」に作るが、「天下」は道藏傅奕本・范應元本が「夫天下」に作る。馬王堆『老子』甲本は「夫天下〔多忌〕諱」に作り、乙本は「夫天下多忌諱」に作る。

（7）天〈而〉民爾畔——「爾」は、楚系文字の實際は「爾」の省字。『郭店楚簡』の言うように「彌」の假借字であろう。いよいよ・ますますという意味。

「畔」は、『郭店楚簡』は「叛」の假借字とするが、「貧」の假借字ではなかろうか。

「天民爾畔」は、各種今本はいずれも「而民彌貧」に作るが、「民」は敦煌李榮本・次解本・龍興觀碑が「人」に作り、「彌」は想爾本系統・河上公本系統に「彌」に作るテキストが多く、道藏傅奕本は「㜷」に作る。馬王堆『老子』甲本・乙本はともに「而民彌〈彌〉貧」に作る。

（8）民多利器——「利器」は、便利な道具の意。今本『老子』（王弼本）第三十六章に、

國之利器不可以示人。

とある。具體的には『莊子』天地篇に、

有機械者、必有機事。有機事者、必有其心。

とある「機械」の如きものであろうか。

「民多利器」は、各種今本はいずれも「民多利器」に作るが、「民」は想爾本系統・玄宗道藏本が「人」に作る。馬王堆『老子』甲本・乙本はともに「民多利器」に作る。

（9）天〈而〉邦慈昏―「慈」は、楚系文字の實際は「慈」の字。『郭店楚簡』の言うように「滋」の假借字。いよいよ・ますますの意。

この一句と關聯する表現が、今本『老子』（王弼本）第十八章に、

國家昏亂、有忠臣。

とあり、本書丙本第十八章に見える（その注（4）を參照）。

「天邦慈昏」は、各種今本はいずれも「國家滋昏」に作るが、一句の上に范應元本のみ「而」があり、「昏」は想爾本系統・王弼本系統・河上公本系統に「昬」に作るテキストが多い。馬王堆『老子』甲本は「而邦家茲（滋）昬〈昏〉」に作り、乙本は「☐昏」に作る。

第三十一號簡

本文

智（智）、天〈而〉戠（奇）勿（物）慈（滋）记（起）(10)。法勿（物）慈（滋）章（彰）、覜（盗）恳（賊）多又（有）(11)。是以聖人之言曰(12)、我無事、天〈而〉民自福（富）(13)。

訓讀

智《ち》（智）多ければ、天《すなわ》〈而〉ち戠《き》（奇）勿《ぶつ》（物）は慈《いよ》（滋）いよ记《お》（起）こる。法勿《ほうぶつ》（物）慈（滋）いよ章《あき》（彰）らかにして、覜《とう》（盗）恳《ぞく》（賊）多く又《あ》（有）り。是《こ》こを以て聖人《せいじん》の言《げん》に曰《い》わく、「我れ事とすること無ければ、天《すなわ》〈而〉ち民は自《みずか》ら福《と》（富）む。

口語譯

人々が知恵を發達させると、奇をてらった品物がますます作られ、法などというものが整備されると、盜賊が大量に發生する。

そこで、聖人の言葉にこうある。「わたしが人爲を行わなければ、人民は自《みずか》ら裕福になり、

注

（10）人多智…勿慈𨑡——「𢦏」は、本章の上文に既出（その注（2）を參照）。「奇」の假借字。「𨑡」は、『郭店楚簡』の言うように「起」の異體字。

この部分と內容上關聯する文章は、今本『老子』（王弼本）第十九章に、

絕聖棄智、民利百倍。絕仁棄義、民復孝慈。絕巧棄利、盜賊無有。

『文子』道原篇に、

故曰、民多智能、奇物滋起。法令滋章、盜賊多有。去彼取此、天殃不起。故以智治國、國之賊。不以智治國、國之德。

とある（本書甲本第十九章注（1）を參照）。

「人多智、天𢦏勿慈𨑡。」は、各種今本は「人多伎巧、奇物滋起。」に作るが、諸テキストは相當に異同がある。「人」は景龍寫本・天寶神沙本・道藏傅奕本・范應元本が「民」に作り、「伎巧」は敦煌李榮本・景龍寫本・天寶神沙本・次解本が「知巧」に作り、道藏傅奕本が「知慧」、范應元本が「智惠」に作り、河上公景福碑・河上公道藏本が「技巧」に作る。また、下句の頭は道藏傅奕本・范應元本だけに「而」があり、「奇物」は藏傅奕本・范應元本だけが「衺事」に作る。馬王堆『老子』甲本は「人多知（智）、而何（奇）物茲（滋）〔起〕。」に作り、乙本はすべて缺字。

（11）法勿慈…悬多又——「法物」は、趙紀彬に「法物鉤沈——讀《老子》斷想之一——」（山東大學《文史哲》編輯委員會『文史哲』一九八三年第三期、山東人民出版社）という論文がある。「法物」は、上文の「何物」と同じ語法であって、「法」なる「物」、

「法」という「物」の意であろう。『公孫龍子』堅白論篇に「石物」という用例がある。河上公『老子章句』が「法物、好物也。」とするのは、後の時代の解釋である。

「章」は、『郭店楚簡』の言うように「彰」の省字あるいは假借字。

この兩句の引用は、古來少なくなく、例えば、『淮南子』道應篇に、

故老子曰、法令滋彰、盜賊多有。

『史記』酷吏列傳に、

老氏稱、……是以法令滋章、盜賊多有。

『文子』微明篇に、

老子曰、……法令滋章、盜賊多有。

『後漢書』東夷列傳論に、

老子曰、法令滋章、盜賊多有。

とある。

兩句の趣旨は、今本『老子』（王弼本）第三章に、

不貴難得之貨、使民不爲盜。

第十九章に、

絶巧棄利、盜賊無有。

第五十三章に、

朝甚除、田甚蕪、倉甚虛、服文綵、帶利劍、厭飲食、財貨有餘、是謂盜夸。非道也哉。

とあるのと密接に關聯する（本書甲本第十九章注（４）を參照）。

「法勿慈章、䛚恳多又。」は、各種今本は「法令滋彰、盜賊多有。」に作るが、「令」は想爾本系統・河上公本系統が「物」に作り、「彰」は道藏傅奕本・范應元本が「章」に作り、「彰」の下に范應元本だけは「而」がある。馬王堆『老子』甲本は「[法

物茲〔滋〕章、而〕盜賊〔多有〕。」に作り、乙本は「〔法〕物茲章、而盜賊〔多有〕。」に作る。

(12) 是以聖人之言曰―「是以聖人之言曰」は、今本『老子』(王弼本)中の類似表現としては、第七十八章に「是以聖人云、……。」とある。

「是以聖人之言曰」は、各種今本はいずれも「故聖人云」に作るが、「聖人」の下に嚴遵指歸本は「之言」がある。馬王堆『老子』甲本はすべて缺字、乙本は「是以〔聖〕人之言曰」に作る。

(13) 我無事…民自福―「無事」は、上文の「以亡事取天下」の「亡事」に同じ。

「福」は、「福」の異體字であり、また『郭店楚簡』の言うように「富」の假借字でもある。今本『老子』(王弼本)第三十三章に「知足者富、強行者有志。」とある。

「我無事、天民自福。」以下の三文は、本書、郭店『老子』と各種今本と馬王堆『老子』甲本・乙本との間で順序が異なる。郭店『老子』の第一文・第二文・第三文の順が、馬王堆『老子』甲本・乙本では第三文・第一文・第二文の順、今本では第二文・第三文・第一文の順(嚴遵本系統・指歸本系統は第二文・第一文・第三文の順)、のように變化している。ただし、これらの變化にはさほど大きな意味はないようである。『郭店楚簡』【注釋】〔六八〕を參照。

この前後の文は、『莊子』天地篇に、

故曰、古之畜天下者、无欲而天下足、无爲而萬物化、淵靜而百姓定。

同じく在宥篇に、

汝徒處无爲、而物自化。

同じく秋水篇に、

何爲乎、何不爲乎。夫固將自化。

『史記』老子列傳に、

李耳無爲、淸靜自正。

『文子』道原篇に、

故曰、我無爲而民自化、我無事而民自富、我好靜而民自正、我無欲而民自樸。

同じく微明篇に、

故曰、上無事而民自富、上無爲而民自化。

『鹽鐵論』周秦篇に、

老子曰、上無欲而民樸、上無事而民自富。

のように見えている。いずれもみな、「聖人が無爲の態度を取るならば、人民は自《みずか》ら進んでさまざまのよいことを行う。」という、いわゆる「無爲自然」の思想を表したものである。ただし、この思想には一種の立體的な構造が具わっているので、この點には十分注意をはらわなければならない。すなわち、主體である「聖人」が「亡（無）爲」であることを原因として、客體である「民」の「自然」（自律性）が結果として出てくる、という構造である。――これを一般化すれば、主體「聖人」の「无爲」→客體「萬物」の「自然」という、「原因：無爲→結果：自然」の因果關係ということになる。類似する思想の表現は、今本『老子』（王弼本）第三十七章に、

道常無爲而無不爲。侯王若能守之、萬物將自化。

とあるが、その「自然」の思想については、本書甲本第三十七章注（3）を參照。

「我無事、天民自福。」は、各種今本は「我無事、而民自富。」に作るが、「無」は「无」に作るテキストが若干あり、想爾本系統は「而」がなく、「民」は敦煌李榮本・次解本・龍興觀碑が「人」に作る。馬王堆『老子』甲本は「我无事、民〔自富〕。」に作り、乙本は「我无事、民自富。」に作る。

第三十二號簡

本文

我亡（無）爲、天〈而〉民自𧇾（爲）(14)。我好靑（靜）、天〈而〉民自正(15)。我谷（欲）不谷（欲）、天〈而〉民自樸(16)。

訓　讀

我《わ》れ爲すこと亡《な》（無）ければ、天《すなわ》〈而〉ち民は自《みずか》ら蠶《な》（爲）す。我れ靑《しず》（靜）かなるを好めば、天《すなわ》〈而〉ち民は自《みずか》ら正しくす。我れ不谷《ふよく》（欲）を谷《ほっ》（欲）すれば、天《すなわ》〈而〉ち民は自《みずか》ら樸《ぼく》なり。」と乚。

口語譯

わたしが人爲を捨てるならば、人民は自《みずか》ら行動を起こすようになる。わたしが清靜を好むならば、人民は自ら正しくなり、わたしが無欲に徹するならば、人民は自ら素樸になるのだ。」乚。

注

（14）我亡爲…民自蠶——「蠶」は、『郭店楚簡』は「化」の假借字とする。しかし、「爲」の異體字あるいは假借字と考えるべきである。なぜなら、「聖人」の政治支配を人民に對する「敎化」と把えるのは、道家としてはやや後代（前漢）になって登場する考えだからである。「化」の假借字であるとすれば、今本『老子』（王弼本）第三十七章に、

　道常無爲而無不爲。侯王若能守之、萬物將自化。

『莊子』在宥篇に、

　汝徒處无爲、而物自化。

同じく秋水篇に、

　何爲乎、何不爲乎。夫固將自化。

とある。これらの內、『莊子』秋水篇の「化」は、「物」の變化を廣く一般的に言う言葉であり、必ずしも政治的な「敎化」だけを意味するものではない。

なお、本章中に多出する「自福（富）」「自蠶（爲）」「自正」「自樸」などの「自○」は、いずれもみな「自然」の思想の具體的な現れである。その意味は、「おのずから○する」ではなく「みずから○する」こと。今本『老子』（王弼本）では、他に第

三十二章に「萬物將自賓」「民……而自均」、第三十七章に「萬物將自化」「天地將自定」、第七十三章に「不召而自來」、などとある（本書甲本第三十二章注（5）、同甲本第三十七章注（3）（8）を參照）。

「我亡爲、天民自蠶。」は、各種今本はいずれも「我無爲、而民自化。」に作るが、「無」は「无」に作るテキストが若干あり、「而」は想爾本系統にはなく、「民」は敦煌李榮本・次解本・龍興觀碑が「人」に作る。馬王堆『老子』甲本は「我无爲也、而民自化。」に作り、乙本は「我无爲、而民自化。」に作る。

（15）我好青…民自正―「青」は、『郭店楚簡』の言うように「靜」の省字あるいは假借字。類似する思想の表現としては、今本『老子』（王弼本）第三十七章に、

不欲以靜、天下將自定。

第四十五章に、

清靜、爲天下正。

とある（本書甲本第三十七章注（7）（8）、同乙本第四十五章注（7）を參照）。

「我好靑、天民自正。」は、各種今本は「我好靜、而民自正。」に作るが、「靜」は道藏傅奕本が「靖」に作り、「而」は想爾本系統は大體のところなく、「民」は敦煌李榮本・次解本・龍興觀碑が「人」に作り、「正」は天寶神沙本・次解本が「政」に作る。馬王堆『老子』甲本・乙本はともに「我好靜、而民自正。」に作る。

（16）我谷不…自樸―「谷不谷」は、本書甲本第六十四章下段（その注（9）を參照）、同丙本第六十四章下段にも「欲不欲」として出る（その注（7）を參照）。今本の「無欲」であれば、今本『老子』（王弼本）第三章に、

是以聖人之治、……常使民無知無欲。

とある。

「我谷不谷」は、「我無欲」と言うのにほぼ等しい。このことは本章を引用した『文子』道原篇が、

故曰、我無爲而民自化、我無事而民自富、我好靜而民自正、我無欲而民自樸。

に作っていることからも明らかである。

「樸」は、今本『老子』（王弼本）第十九章に、

　見素抱樸、少私寡欲。

第二十八章に、

　知其榮、守其辱、爲天下谷。爲天下谷、常德乃足、復歸於樸。

第三十七章に、

　無名之樸、夫亦將無欲。

とあるが、これらの內、第十九章と第三十七章では「樸」は「无欲」と直接關係づけられている（本書甲本第十九章注（10）（11）、同甲本第三十七章注（5）（6）を參照）。

文章末の符號「乚」は、本書甲本第九章にも見える。アメリカ、アリゾナ大學のドナルド・ハーパー助教授（當時。現シカゴ大學敎授）の示敎によれば、『史記』滑稽列傳の東方朔傳に、

　人主從上方讀之、止輒乙其處、讀之二月乃盡。

とある、「乙」に同じ。

「我谷不谷、天民自樸。」は、各種今本はいずれも「我無欲、而民自樸。」に作るが、「而」は想爾本系統にないテキストが多く、「民」は敦煌李榮本・次解本・龍興觀碑は「人」に作り、「樸」は「朴」に作るテキストが若干ある。馬王堆『老子』甲本はすべて缺字、乙本は「我欲不欲、而民自樸。」に作る。

第五十五章上段・中段・下段

本文

第三十三號簡

酓（含）悳（德）之厚者、比於赤子。(1) 蟲（螝）蠆蟲它（蛇）弗蠚（蠚）(2)、攫鳥猷（猛）獸弗扣(3)（搏）、骨溺（弱）菫（筋）禄（柔）天〈而〉捉(4)

訓　讀

悳《とく》（德）を酓《ふく》（含）むことの厚き者は、赤子《あかご》に比《なぞら》う。蟲《き》（螝）蠆蟲它《たいちゅうだ》（蛇）も蠚《さ》（蠚）さず、攫鳥猷《きょくちょうもう》（猛）獸も扣《とら》（搏）えず、骨溺《よわ》（弱）く菫《きん》（筋）禄《やわ》（柔）らかくして捉《とら》うること

口語譯

內奥に德（道の働き）を豊かに藏している人は、赤ん坊にも譬えられる。まむし・さそり、毒蟲・蛇も嚙みつかず、爪を立てた鳥や、たけしい猛獸も襲いかからない。骨格は弱く筋肉はしなやかでも拳《こぶし》の握りが固く、

注

(1) 酓悳之…於赤子——「酓」は、『說文解字』に「酓、酒味苦也。从酉、今聲。」とあるが、その意味ではなく、『郭店楚簡』の言うように「含」の異體字あるいは假借字。

「含悳」は、『莊子』胠篋篇に、

擢亂六律、鑠絕竽瑟、塞瞽曠之耳、而天下始人含其聰矣。滅文章、散五采、膠離朱之目、而天下始人含其明矣。毀絕鉤繩、而棄規矩、攦工倕之指、而天下始人有其巧矣。故曰、大巧若拙。削曾史之行、鉗楊墨之口、攘棄仁義、而天下之德始玄同矣。彼人含其明、則天下不鑠矣。人含其聰、則天下不累矣。人含其知、則天下不惑矣。人含其德、則天下不僻矣。

とあるのによって、その意味が明らかになる。すなわち、人間がその諸能力を內部に培って外部に出さないこと。こういった特殊な術語が一致する點から判斷するならば、本書、郭店『老子』と『莊子』胠篋篇の兩者はほぼ同じ時代の作品であろうと考えられる。

「厚」は、『莊子』人閒世篇に、

　且德厚信矼、未達人氣。

同じく外物篇に、

　夫流遁之志、決絕之行、噫、其非至知厚德之任與。

とあるが、これら兩者は必ずしも道家的な思想ではない。

「悳」は、『郭店楚簡』の言うように「德」と同じ字。以下にも多く現れるが、煩雜を避けるために一々注を附けない。「德」は、倫理・モラルという意味ではなく、世界の窮極的根源者たる「道」の働きという意味。本章では、以下、「赤子」の比喩を伴って養生說が詳しく論じられるが、養生を可能にする根底に厚く「悳（德）を畣（含）む」ことが置かれている點は注目に値いする。

「赤子」は、「道」や「德」を把えた者の持つ旺盛な生命力を比喩する。『莊子』山木篇に、

　子獨不聞假人之亡與。林回棄千金之璧、負赤子而趨。或曰、爲其布與、赤子之布寡矣。爲其累與、赤子之累多矣。棄千金之璧、負赤子而趨、何也。

とあるが、それよりも『莊子』庚桑楚篇に、

　老子曰、衞生之經、……能翛然乎、能侗然乎、能兒子乎。兒子終日嗥而嗌不嗄、和之至也。終日握而手不掜、共其德也。終日視而目不瞚、偏不在外也。……是衞生之經已。

とあるのが參照される。また、今本『老子』（王弼本）には、第十章に、

　專氣致柔、能嬰兒乎。

第二十章に、

　我獨泊兮其未兆、如嬰兒之未孩。

第二十八章に、

　爲天下谿、常德不離、復歸於嬰兒。

とある。

「酓悳之厚者、比於赤子。」は、各種今本はいずれも「含德之厚、比於赤子。」に作るが、「厚」の下に道藏傅奕本・范應元本は「者」があり、「比」の下に道藏傅奕本は「之」があり、「赤子」の下に道藏傅奕本・范應元本は「也」がある。馬王堆『老子』甲本は「〔含德〕之厚〔者〕、比於赤子。」に作り、乙本は「含德之厚者、比於赤子。」に作る。

（2）蟲𧓍蟲它弗蠚──「蟲」は、『郭店楚簡』の言うように「螝」の異體字であろうか。『説文解字』には、

螝、蛹也。从虫、鬼聲。讀若潰。

とあるが、しかし「虺《まむし》」の異體字ではなかろうか。『郭店楚簡』【注釋】〔六九〕の引く裘錫圭は「蜎」の字と見るが、その可能性もあるかもしれない。

「𧓍」は、『郭店楚簡』は「蠆」と判讀している。さそりの意。『説文解字』に、

蠆、毒蟲也。象形。𧓍、蠆或从蚰。

とある。

「𧓍」の下の重文符號は、「蚰」の字あるいは「蟲」の字であろう。『郭店楚簡』によって「蟲」としておく。有足の蟲の總稱（『説文解字』による）。『郭店楚簡』【注釋】〔六九〕の引く裘錫圭は「虫」の字と見て、「虺」と讀爲する。

「它」は、『郭店楚簡』の言うように「蛇」の省字あるいは假借字。「蠚」は、上「若」、下「虫」の字。その「若」は張守中『包山楚簡文字編』の六二ページにある「包二・一五五」に似ている。『郭店楚簡』【注釋】〔六九〕はこの字を「蠚」の異體字とし、『説文解字』の、

蠚、螫也。从虫、若省聲。

を引用する。暫くこの説によっておく。蟲がさすこと。

ちなみに、この一句と類似する思想の表現は、今本『老子』（王弼本）第五十章に、

蓋聞、善攝生者、陸行不遇兕虎、入軍不被甲兵。兕無所投其角、虎無所措其爪、兵無所容其刃。夫何故、以其無死地。

『鹽鐵論』世務篇に、

　老子曰、兕無所用其角、螫蟲無所輸其毒。

『說苑』修文篇に、

　天地陰陽盛長之時、猛獸不攫、鷙鳥不搏、鳥獸蟲蛇且知應天、而況人乎哉。

とある。

「蟲蠆蟲它弗螫」は、各種今本は「蜂蠆虺蛇不螫」に作るが、「蜂蠆」は指歸本・想爾本系統・范應元本・河上公本系統・玄宗本系統が「毒蟲」や「毒虫」に作り、「虺蛇」は指歸本・想爾本系統・道藏傅奕本・河上公本系統・玄宗本系統にない。馬王堆『老子』甲本は「逢（蜂）蝲（蠆）螝（虺）地（蛇）弗螫」に作り、乙本は「螽（蜂）癘（蠆）虫（蟲）蛇弗赫（螫）」に作る。

（3）攫鳥猷獸弗扣—「攫」は、『說文解字』に「攫、扟也。从手、矍聲。」とあって、つかむの意。また、『說文解字』には「擢、爪持也。从手、瞿聲。」ともあるが、その異體字と見るべきかもしれない。その場合は、爪を立てて持つの意。

「猷」は、『郭店楚簡』によって「猛」の異體字としておく。

「扣」は、文字の判讀は『郭店楚簡』によっておく。『郭店楚簡』【注釋】〔七〇〕は「敂」と讀爲して『說文解字』の、

　敂、擊也。从攴、句聲。讀若扣。

の意とする。しかし、「螫」や「固」と韻が合わなければならず、この說は適當ではなかろう。ここでは、『說文解字』の「搏、索持也。」の異體字としておく。

「攫鳥猷獸弗扣」は、各種今本は「猛獸不據、攫鳥不搏。」に作るが、指歸本は「攫鳥不搏、猛獸不據。」のように順序を逆にし、天寶神沙本は「鸜鳥猛狩不搏」、次解本は「攫鳥猛獸不搏」、范應元本は「猛獸攫鳥不搏」、河上公敦煌本は「猛狩不據、攫鳥不搏。」に作る。馬王堆『老子』甲本は「擢鳥猛獸弗搏」に作り、乙本は「據（擢）鳥孟（猛）獸弗捕（搏）」に作る。

（4）骨溺菫秣天〈而〉捉固—「溺」は、楚系文字の實際は上「弱」、下「水」の字。『郭店楚簡』の言うように「弱」の異體字あるいは假借字。「菫」は、『郭店楚簡』の言うように「筋」の假借字。「秣」は、「柔」の異體字あるいは假借字。

「柔弱」については、今本『老子』（王弼本）第三十六章に、

將欲弱之、必固強之。……柔弱勝剛強。

第四十三章に、

天下之至柔、馳騁天下之至堅、無有入無閒。

第七十六章に、

人之生也柔弱、其死也堅強。萬物草木之生也柔脆、其死也枯槁。故堅強者死之徒、柔弱者生之徒。是以兵強則不勝、木強則共。強大處下、柔弱處上。

第七十八章に、

天下莫柔弱於水、而功堅強者、莫之能勝、其無以易之。弱之勝強、柔之勝剛、天下莫不知、莫能行。

とある。また、第四十章には、

弱者、道之用。

ともある。このような「弱」にプラスの價値を見出す思想の表現、言い換えれば「弱」「柔弱」という性質が「強」「堅強」という性質よりも本當は「上」であり「勝」であるとする逆説については、本書甲本第四十章注（２）を參照。

「骨溺菫秣天〈而〉捉固」は、各種今本はいずれも「骨弱筋柔而握固」に作るが、「筋」は想爾本系統・景福碑が「莇」に作り、河上公本系統・玄宗本系統が「筯」に作る。馬王堆『老子』甲本は「骨弱筋柔而握固」に作り、乙本は「骨筋弱柔而握固」に作る。

第三十四號簡

本文

固。未智（知）牝戉（牡）之合芴（朘）菍（怒）(5)、精之至也(6)。終日虐（號）天〈而〉不𢡺（嚘）(7)、和之至也(8)。和曰𥁑（常）(9)、智（知）和曰明(10)、

訓　讀

固し。未《いま》だ牝《ひん》戊《ぼ》（牡）の合《ごう》を智《し》（知）らずして旁《さい》（朘）の惹《ど》（怒）するは、精《せい》の至りなり。終日唐《さけ》（號）んで惪《むせ》（嚘）ばざるは、和の至りなり。和するを昗《つね》（常）と曰《い》い、和を智《し》（知）るを明《めい》と曰い、

口語譯

拳《こぶし》の握りが固く、まだ男女の交合を知らないのに性器が勃起するのは、身體の氣の精妙さの極みである。一日中、泣き叫んでいるのに喉がむせばないのは、身體の氣の調和の極みである。

このように、身體の氣が調和することを恆常不變の道と言い、氣の調和について心得ることを明知と言う。

注

（5）未智牝…合旁惹──「戊」は、『郭店楚簡』の言うように「牡」の假借字。

「旁」は、『郭店楚簡』【注釋】〔七一〕は「然」の字と判讀し、【注釋】〔七一〕所引の裘錫圭は「朘」の字に相當すると言う。裘錫圭の說が正しいと思うが、正確には未詳。「朘」であるとすれば、『玉篇』に、

朘、赤子陰也。亦作峻、聲類又作㱇。

とある。幼兒の性器。

「惹」は、『郭店楚簡』の言うように「怒」の異體字。

「未智牝戊之合旁惹」は、各種今本は「未知牝牡之合而全作」に作るが、「牝牡」は敦煌李榮本が「牝牝」に作り、次解本が「玄牝」に作り、「全」は王弼本系統だけにあって、指歸本・次解本・河上公本系統・玄宗本系統が「峻」に作り、敦煌李榮本・天寶神沙本が「酸」に作り、古本系統が「朘」に作る。馬王堆『老子』甲本は「未知牝牡〔之會〕而朘〔怒〕」に作り、乙本は「未知牝牡之會而朘怒」に作る。

（6）　精之至也―「精」は、楚系文字の實際は上「青」、下「米」の字。その意味は、體内の「氣」が極めて精妙であること。關聯する表現が、『莊子』在宥篇に、

　敢問、治身奈何而可以長久。……至道之精、窈窈冥冥。至道之極、昏昏默默。无視无聽、抱神以靜、形將自正。必靜必清、无勞女形、无搖女精、乃可以長生。

同じく刻意篇に、

　故曰、形勞而不休則弊、精用而不已則勞。勞則竭。

とある。

「精之至也」は、各種今本はいずれも「精之至也」に作るが、「也」は指歸本・想爾本系統・河上公敦煌本・玄宗本系統にない。馬王堆『老子』甲本は「精〔之〕至也」に作り、乙本は「精之至也」に作る。

（7）　終日虐天〈而〉不㥑―「虐」は、上文にしばしば「乎」の意で出現していたが、ここでは「號」の假借字。『說文解字』に「號、嘑也。从號、从虎。」とある。「呼」または「評」の假借字であるとする說もあるが、『說文解字』に「呼、外息也。从口、乎聲。」、また「評、召也。从言、乎聲。謼、評也。从言、虖聲。」とあるので、やはり「號」と讀爲するのに及ばない。

「㥑」は、『郭店楚簡』は「憂」の省字あるいは異體字とするが、「嚘」の異體字ではなかろうか。その意味は、『玉篇』の「嚘、氣逆也。」で、むせぶこと。あるいは「嗄」の異體字であるかもしれない。その場合は、『玉篇』の「嗄、聲破也。」で、聲がしわがれるの意。

「終日虐天不㥑」は、各種今本は「終日號而不嗄」に作るが、「號」は指歸本が「嘷」に作り、「而」の下は指歸本・古本系統・河上公道藏本に「嗌」があり、「嗄」は道藏傅奕本が「歔」に作り、奈良本が「啞」に作る。馬王堆『老子』甲本は「終日號而不发（嚘）」に作り、乙本は「終日號而不嚘」に作る。

　この句を引用した文章としては、揚雄『太玄經』夷に、

　　次三、柔嬰兒于號、三日不嗄。測曰、嬰兒于號、中心和也。

とある。

（8）和之至也―この「和」は、養生說上の「和」であり、體內の「氣」の調和を言う。養生說の「和」を形而上學的な基礎の上に位置づけている文章としては、今本『老子』（王弼本）第四十二章に、

道生一、一生二、二生三、三生萬物。萬物負陰而抱陽、沖氣以爲和。

『莊子』在宥篇に、

我守其一、以處其和。故我脩身千二百歲矣、吾形未嘗衰。

同じく山木篇に、

若夫乘道德而浮遊、則不然。……一上一下、以和爲量、浮遊乎萬物之祖、物物而不物於物。則胡可得而累邪。

同じく田子方篇に、

至陰肅肅、至陽赫赫。肅肅出乎天、赫赫發乎地。兩者交通成和、而物生焉。

とある。

「和之至也」は、各種今本はいずれも「和之至也」に作るが、「也」は指歸本・想爾本系統・河上公敦煌本・玄宗本系統にない。馬王堆『老子』甲本は「和之至也」に作り、乙本は「和☐」に作る。

（9）和曰⿱同示―「⿱同示」は、上「同」、下「示」の字のようである。『郭店楚簡』は「祟」の錯字とするが、直接そのまま「常」の異體字と見なすことができるのではなかろうか。「祟」の字は、張守中『包山楚簡文字編』の三ページに出る。

「常」は、常に變わらないこと、特に「道」の恆常不變性、引いては「道」を把えた者の恆常不變性、さらに不老長生を言う。「常」の字を用いて養生說を說く文章としては、今本『老子』（王弼本）第十六章に、

致虛極、守靜篤、萬物竝作、吾以觀復。夫物芸芸、各復歸其根。歸根曰靜、是謂復命。復命曰常、知常曰明。不知常、妄作凶。知常容、容乃公、公乃王、王乃天、天乃道。道乃久、沒身不殆。

第五十二章に、

見小曰明、守柔曰強。用其光、復歸其明、無遺身殃、是爲習常。

とある。

以下の文章は、『淮南子』道應篇に、

故老子曰、知和曰常、知常曰明、益生曰祥、心使氣曰強。是故用其光、復歸其明也。

『文子』下德篇に、

故曰、知和曰常、知常曰明、益生曰祥、心使氣曰強。是謂玄同。用其光、復歸其明。

のように引用されている。

（10）「和曰県」は、各種今本はいずれも「知和曰常」に作り、馬王堆『老子』甲本は「和曰常」に作り、乙本は「☐常」に作る。

智和曰明—聖人などの道家の理想的な人物が「和」を把えることについては、『莊子』天地篇に、

視乎冥冥、聽乎无聲。冥冥之中、獨見曉焉、无聲之中、獨聞和焉。故深之又深、而能物焉、神之又神、而能精焉。故其與萬物接也、至无而供其求、時騁而要其宿。大小・長短・脩遠。

同じく徐无鬼篇に、

故無所甚親、無所甚疏。抱德煬和、以順天下。此謂眞人。

同じく盜跖篇に、

無足問於知和。

とある。

「明」は、ここでは、眞實の明知という意味。今本『老子』（王弼本）における同様の「明」の思想は、第十六章に、

復命曰常、知常曰明。

第二十七章に、

是以聖人常善求人、故無棄人。常善救物、故無棄物。是謂襲明。

第三十六章に、

將欲歙之、必固張之。將欲弱之、必固強之。將欲廢之、必固興之。將欲奪之、必固與之。是謂微明。

第五十二章に、

見小曰明、守柔曰強。用其光、復歸其明、無遺身殃、是爲習常。

とある。

「習和曰明」は、各種今本はいずれも「知常曰明」に作り、馬王堆『老子』甲本は「知和曰明」に作り、乙本は「知常曰明」に作る。高明『帛書老子校注』は馬王堆甲本の「和」を「常」の錯字とするが、そうでないことは本書、郭店『老子』に「習（知）和曰明」とあることによって明らかである。馬王堆甲本は、郭店『老子』とともに本來の古い『老子』を遺していたのである。

第三十五號簡

本　文

賹（益）生曰羕（妖）(11)、心事（使）槩（氣）曰猲（強）(12)。勿（物）⿱戕土（壯）則老(13)、是胃（謂）不道■(14)。

訓　讀

生を賹《ま》（益）すを羕《よう》（妖）と曰《い》い、心《こころ》槩《き》（氣）を事《つか》（使）うを猲《きょう》（強）と曰う。勿《もの》（物）は⿱戕土《さか》（壯）んなれば則ち老《お》ゆ、是《こ》れを不道《ふどう》と胃《い》（謂）う■。

口語譯

反對に、無理に壽命を伸ばそうとするのを災いと言い、心が身體の氣を制御するのを強制と言う。その結果、物はすべて強壯になるとやがて老衰に轉ずるが、これを道に對する違反と言う■。

注

（11）賹生曰羕――「賹」は、楚系文字の實際は上「益」、下「貝」の字。『郭店楚簡』の言うように「益」の異體字あるいは假借字。

「益生」は、『莊子』德充符篇に、

　常因自然、而不益生也。

とあって、人爲的な手段で生命を維持することがよくないとされている。

「羕」は、「羕」あるいは「恙」と判讀される。『郭店楚簡』の言うように「祥」の異體字であるかもしれないが、「夭」あるいは「妖」の異體字ではなかろうか。朱謙之『老子校釋』は、『玉篇』の「祥、妖怪也。」や、『道德經取善集』所引孫登説の「生生之厚、動之妖祥。」などを引く。また、福永光司『老子』下もこの方向で、『尙書』序の傳や『春秋左氏傳』僖公十六年およびその注を引く。しかし、易順鼎『讀老札記』が『尙書』序および本章の王弼注を引いて「祥」を「夭」「妖」と解釋している方が優れるし、本書、郭店『老子』の「羕」とも一致しやすい。朱駿聲『說文通訓定聲』は「祥」を「殃」の假借字としている。ちなみに、「不祥」は、今本『老子』（王弼本）では第三十一章に、

　夫佳兵者、不祥之器。……兵者、不祥之器、非君子之器。

第七十八章に、

　是以聖人云、受國之垢、是謂社稷主。受國不祥、是謂天下王。正言若反。

とある。

「賹生曰羕」は、各種今本はいずれも「益生曰祥」に作るが、「祥」は想爾本系統が「詳」に作る。馬王堆『老子』甲本は「益生曰祥（妖）」に作り、乙本は「益生（曰）祥」に作る。

（12）心事㷵曰㢜―「事」は、本書甲本第十九章に「叓」の字として既出（その注（8）を參照）。ここでは「使」の異體字。「㷵」は、『郭店楚簡』の言うように「氣」の假借字。「心事㷵」は、『史記』律書に、

　故曰、神使氣、氣就形。

とある。

『老子』には、本書本章と同じように「強」への否定的な評價が少なくない。例えば、今本『老子』（王弼本）第三十六章に、

　柔弱勝剛強。

第四十二章に、

　強梁者、不得其死。

第七十六章に、

　人之生也柔弱、其死也堅強。萬物草木之生也柔脆、其死也枯槁。故堅強者死之徒、柔弱者生之徒。是以兵強則不勝、木強則共。強大處下、柔弱處上。

第七十八章に、

　天下莫柔弱於水、而功堅強者、莫之能勝、以其無以易之。弱之勝強、柔之勝剛、天下莫不知、莫能行。

とある。

「賹生曰羕、心事⿱既火曰⿲弓昜弓。」は、上文の「和」や「和を智（知）る」とは正反對の養生の求め方である。

「心事⿱既火曰⿲弓昜弓」は、各種今本はいずれも「心使氣曰強」に作るが、「曰」は道藏傅奕本が「則」に作り、「強」は天寶神沙本・道藏傅奕本・河上公敦煌本が「彊」に作る。馬王堆『老子』甲本・乙本はともに「心使氣曰強」に作る。

（13）勿⿱臧土則老―「⿱臧土」は、『郭店楚簡』の言うように「壯」の異體字。強くて壯んであること。今本『老子』（王弼本）では、他に第三十章に、

　果而勿強。物壯則老、是謂不道。不道早已。

とある（馬王堆『老子』甲本・乙本もほぼ同じ）が、「勿⿱臧土則老」以下は本書甲本第三十章上段・中段には存在しない（『郭店楚簡』【注釋】〔七二〕、本書甲本第三十章上段・中段注（1）（9）を參照）。ちなみに、『牟子理惑論』には、

　老子云、物壯則老、謂之不道、早已。

とある。「老」は、老衰すること。

「勿⿱臧土則老」は、各種今本はいずれも「物壯則老」に作り、馬王堆『老子』甲本は「〔物壯〕卽老」に作り、乙本は「物〔壯〕則老」に作る。

（14）是胃不道■―「不道」は、上文の「悳（德）を酓（含）むことの厚き者」のちょうど反對の意味。すなわち、養生を失敗さ

せる根底的なものは、「生を賹（益）し」「𤍠（氣）を事（使）う」ことによって、人爲的作爲的に「壓（壯）」を作り出すことに他ならない。筆者は、後者を「不道」と呼んだのであるが、これは章頭の「酓（含）悳（德）之厚者」とぴたりと呼應している。

「■」以下は、約二字の空格がある。

「是胃不道」は、各種今本はいずれも「謂之不道、不道早已。」に作るが、「謂」の上に范應元本・河上公本系統は「是」があり、「之」は范應元本・河上公本系統になく、「不」は嚴遵本・想爾本系統は「非」に作る。馬王堆『老子』甲本は「胃（謂）之不道。不〔道〕蚤（早）〔已〕。」に作り、乙本は「胃之不道、不道蚤已。」に作る。なお、本書本章は最下段を缺く章である。

第四十四章

第三十五號簡

本文

名與身管（孰）新（親）(1)、身與貨

訓讀

名と身と管《いず》（孰）れか新《した》（親）しき、身と貨《たから》と

口語譯

名聲と身體とは、どちらが自分にとって切實なものであろうか。身體と財貨とは、

注

（1）　名與身管新――「管」は、本書甲本第十六章上段に「篤」の古字として既出（その注（2）を參照）。この場合は、『郭店楚簡』の言うように「孰」の假借字であろう（『古文四聲韻』巻五を參照）。「孰」は、選擇的な疑問を表す副詞。どちらがの意。

『老子』を始めとする道家には人間の肉體的生命「身」を重視する思想の表現が、かなり多く現れるが、中でも今本『老子』（王弼本）第七章に、

　天長地久。天地所以能長且久者、以其不自生、故能長生。是以聖人……外其身而身存。

第十三章に、

　故貴以（爲）身爲天下、若可寄天下。愛以（爲）身爲天下、若可託天下。

とあるのが重要である（本書乙本第十三章注（9）を參照）。

當時最も「名」を重んじたのが儒家であったことは、『論語』里仁篇に、

　君子去仁、惡乎成名。

同じく衞靈公篇に、

　君子疾沒世、而名不稱焉。

『孝經』に、

　立身行道、揚名於後世、以顯父母、孝之終也。……是以行成於内、而名立於後世矣。……士有爭友、則身不離於令名。

とある。本章の主張は、このような思想現象に対する批判と考えるべきであろう。

「名與身管新」は、各種今本はいずれも「名與身孰親」に作るが、「孰」は天寶神沙本が「孰」の下に「火」を附け、龍興観碑が「熟」に作る。馬王堆『老子』甲本は「名與身孰親」に作り、乙本は「名與□」に作る。

第三十六號簡

本文

䈞（孰）多、(2)貣（得）與貢（亡）䈞（孰）疠（病）(3)。甚㤅（愛）必大𧶠（費）(4)、𠩺（厚）贓（藏）必多貢（亡）(5)。古（故）智（知）足不辱(6)、智（知）止不怠（殆）(7)、可

訓　讀

䈞《いず》（孰）れか多《まさ》れる、貣《う》（得）ると貢《うしな》（亡）うと䈞（孰）れか疠《へい》（病）なる。甚《はなは》だ㤅《おし》（愛）めば必ず大いに𧶠《つい》（費）やし、𠩺《あつ》（厚）く贓《ぞう》（藏）すれば必ず多く貢《うしな》（亡）う。古《ゆえ》（故）に足《た》るを智《し》（知）れば辱《はずかし》められず、止《とど》まるを智（知）れば怠《あや》（殆）うからず、以て長舊《ちょうきゅう》（久）なる可《べ》し。

口語譯

どちらが自分にとって大切であろうか。財貨を獲得するのと喪失するのとは、どちらが自分にとって苦痛であろうか。ひどくものに執着すれば必ず大きく消耗することになり、たくさんものを蓄えれば必ずごっそり失うことになる。だから、滿足することを知る者は、辱めを受けることがなく、停止することを知る者は、危險な目に會うことがなく、いつまでも安全でいられるのだ。

注

（2）　身與貨䈞多——「多」は、奚侗『老子集解』が『說文解字』の「多、䜇也。」を引いて、かさなる・かさねるの意とするが、それよりも『正字通』の「多、勝也。」の方がよいと思う。まさる・すぐれるの意。

『老子』において「貨」を集めることを否定する思想の表現は、今本『老子』（王弼本）では、第三章に、

不貴難得之貨、使民不爲盜。

第九章に、

金玉滿堂、莫之能守。

第十二章に、

　難得之貨令人行妨。

第五十三章に、

　朝甚除、田甚蕪、倉甚虚、服文綵、帶利劍、厭飲食、財貨有餘、是謂盜夸。

第六十四章に、

　是以聖人欲不欲、不貴難得之貨。

とある（本書甲本第九章注（4）、同甲本第六十四章下段注（10）、同丙本第六十四章下段注（7）を參照）。

「身與貨管多」は、各種今本はいずれも「身與貨孰多」に作るが、「孰」は天寶神沙本が「孰」の下に「火」を付け、龍興觀碑が「熟」に作る。馬王堆『老子』甲本は「身與貨孰多」に作り、乙本はすべて缺字。

（3）貣與貢管疠―「貣」は、『郭店楚簡』【注釋】〔七三〕によって「得」の假借字とする。「貢」は、『郭店楚簡』【注釋】〔七三〕によって「亡」の異體字とする。

「疠」は、『郭店楚簡』【注釋】〔七三〕は「病」の異體字。「病」は、『說文解字』の「病、疾加也。」の意である（『郭店楚簡』【注釋】〔七四〕）か、または『廣雅』釋詁四の「病、苦也。」の意。「貣與貢」は、主に「貨」を「得」ることと「亡」うことを言うのであろう。

三句は、「名と身」→「身と貨」→「貨の得と亡」のように尻取り形式に竝べられているが、意味の上では「身」が最も大切であることを説くものである。

「貣與貢管疠」は、各種今本はいずれも「得與亡孰病」に作るが、「孰」は天寶神沙本が「孰」の下に「火」を付け、龍興觀碑が「熟」に作る。馬王堆『老子』甲本は「得與亡孰病」に作り、乙本はすべて缺字。

（4）甚㤅必大賷―「㤅」は、『郭店楚簡』の言うように今日の「愛」の字。『說文解字』にある正字である。馬王堆『五行』には「㤅」が「愛」の字として出現している。何を「愛」するのかと言えば、その對象は、上文に出ている「名」「身」「貨」を指すはずであるが、恐らく三者すべてを指すのではなかろうか。「賷」は、『郭店楚簡』の言うように「費」の異體字。

「甚㤅必大贇」は、各種今本はいずれも「是故甚愛必大費」に作るが、「是故」は河上公本系統にはない。馬王堆『老子』甲本は「甚〔愛必大費〕」に作り、乙本はすべて缺字。

（5）㡿贓必多貟──「㡿」は、『郭店楚簡』【注釋】〔七四〕の言うように「厚」の異體字。「贓」は、楚系文字の實際は上「臧」、下「貝」の字。意味は、『玉篇』に「贓、藏也。」とある意味か、あるいは『廣韻』に「納賄曰贓」とある意味かのどちらかであろう。

「㡿贓必多貟」は、各種今本はいずれも「多藏必厚亡」に作る。馬王堆『老子』甲本は「〔多藏必厚〕亡」に作り、乙本はすべて缺字。

一文の大意は、今本『老子』（王弼本）第九章の、

持而盈之、不如其已。揣而鋭之、不可長保。金玉滿堂、莫之能守。富貴而驕、自遺其咎。功遂身退、天之道。

に類似する（本書甲本第九章注（4）（5）を參照）。

（6）古智足不辱──「古（故）」の字は、今本（王弼本）にはないが、馬王堆『老子』甲本、本書、郭店『老子』甲本ともにあるので、「古（故）」があるのが古い『老子』の本來の姿であったことが分かる。

「智（知）足」は、廣義の欲望追求の行動において、一定の範圍内で滿足することを言う、道家の常套句。下文の「智（知）止」ともほぼ同意である。今本『老子』（王弼本）第三十三章に、

知足者富、強行者有志。

第四十六章に、

禍莫大於不知足、咎莫大於欲得。故知足之足、常足矣。

とある（本書甲本第四十六章中段・下段注（4）（5）を參照）。

「辱」は、社會的地位の低さ（降格・左遷・失職などの困窮）に伴う恥辱。もっぱら心理面のみについて言う日本語の「はじ」「はずかしい」とはやや異なる。本書、郭店『老子』中の「辱」の思想は、戰國末期の儒家の作、『荀子』に含まれている榮辱論の「辱」と、それへの評價は正反對ではあるものの、その中身は重なりあう。

今本『老子』（王弼本）第十三章に、

寵辱若驚、貴大患若身。何謂寵辱若驚。寵爲下、得之若驚、失之若驚、是謂寵辱若驚。

第二十八章に、

知其榮、守其辱、爲天下谷。爲天下谷、常德乃足、復歸於樸。

第四十一章に、

上德若谷、大白若辱、廣德若不足。

とある（本書乙本第四十一章注（7）を參照）。また、馬王堆甲本第三十七章には、

道恆无名。侯王若〔能〕守之、萬物將自𢡺（爲）。𢡺而欲〔作、吾將闐（鎭）之以〕无名之楃（樸）。〔闐之以〕无名之楃、夫將不辱。不辱以情（靜）、天地將自正。

とあり、同じく乙本には、

道恆无名。侯王若能守之、萬物將自化。化而欲作、吾將闐之以无名之樸。闐之以无名之樸、夫將不辱。不辱以靜、天地將自正。

とある。しかし、今本（王弼本）第三十七章では、「不辱」が「無欲」「不欲」に改められている。

一句の趣旨は、欲望の追求を一定の範圍內に收めて滿足することをわきまえるならば、社會的地位の困窮などによる失意を經驗しなくてもすむ、ということ。

なお、『老子』第四十四章のこの部分を引用している文獻としては、『韓非子』六反篇に、

老聃有言曰、知足不辱、知止不殆。

『韓詩外傳』卷九に、

老子曰、名與身孰親、身與貨孰多、得與亡孰病。是故甚愛必大費、多藏必厚亡。知足不辱、知止不殆、可以長久。大成若缺、其用不敝。大盈若沖、其用不窮。大直若詘、大辯若訥、大巧若拙、其用不屈。罪莫大於多欲、禍莫大於不知足。故知足之足常足矣。

『淮南子』道應篇に、

故老子曰、後其身而身先、外其身而身存。非以其無私邪、故能成其私。一曰、知足不辱。

同じく人閒篇に、

老子曰、知足不辱、知止不殆、可以修久。

『漢書』疏廣傳に、

吾聞知足不辱、知止不殆。功遂身退、天之道也。

『後漢書』張霸列傳に、

老氏言曰、知足不辱。

『後漢書』方術列傳廖扶傳に、

老子有言、名與身孰親。吾豈爲名乎。遂絕志世外、專精經典。

『牟子理惑論』に、

老子曰、名與身孰親、身與貨孰多。

とある。

「古智足不辱」は、各種今本はいずれも「知足不辱」に作るが、指歸本・想爾本系統は句頭に「故」がある。馬王堆『老子』甲本は「故知足不辱」に作り、乙本はすべて缺字。

（7）　智止不怠─「智（知）止」は、上文の「智（知）足」とほぼ同意である。

「怠」は、『郭店楚簡』の言うように「殆」の假借字。「不怠（殆）」は、危險な目に會わない、ということ。今本『老子』（王弼本）第十六章に、

知常容、容乃公、公乃王、王乃天、天乃道。道乃久、沒身不殆。

とあり、第五十二章に、

天下有始、以爲天下母。既得其母、以知其子、既知其子、復守其母、沒身不殆。

とある。作者は、一定の範圍内に收めない人間の無制限の欲望追求こそが、彼の生命を危險に陷れることをも含めた諸惡の根源の一つと見るので、危險な目に會わないために「止まるを知れ」と提唱するのである。

この一句は、今本『老子』（王弼本）第三十二章に、

始制有名。名亦既有、夫亦將知止。知止可以不殆。

とある（本書甲本第三十二章注（12）（13）を參照）が、その「知止」も廣義の欲望追求を一定の範圍内に收めることを言う。

「智止不怠」は、各種今本はいずれも「知止不殆」に作り、馬王堆『老子』甲本は「知止不殆」に作り、乙本はすべて缺字。

第三十七號簡

本　文

以長舊（久）[8]■。

訓　讀

以て長舊《ちょうきゅう》（久）なる可し■。

口語譯

いつまでも安全でいられるのだ■。

注

（8）可以長舊■──「舊」は、『郭店楚簡』の言うように「久」の假借字。

「長久」は、「道」の永遠不滅性を根底にすえながら、主に養生説において身體的生命が長く持續すること、すなわち人間が病氣にかかったり不慮の事故にあって横死したりせず、「天」から與えられた生命を本來のままに生きつくすことを意味する。

しかし『老子』では、以上の本來の養生說上の意味に加えて、政治思想上の意味をも含む場合があり、例えば、君主の地位が長く安泰であること、あるいは國家が長く存續すること、などの意味になる場合もある。今本『老子』（王弼本）では第七章に、

天長地久。天地所以能長且久者、以其不自生、故能長生。

第九章に、

揣而銳之、不可長保。

第三十三章に、

不失其所者久、死而不亡者壽。

第五十九章に、

有國之母、可以長久。是謂深根固柢、長生久視之道。

とある（本書甲本第九章注（3）、同甲本第五十九章注（7）を參照）。また、馬王堆帛書『經法』四度篇にも、

名功相抱、是故長久。名功不相抱、名進實退、是胃（謂）失道、亓（其）卒必〔遺〕身咎。

とある。これらの表現には、養生說と政治論との重複した意味がこめられているようである。
「可以長舊」は、各種今本はいずれも「可以長久」に作り、馬王堆『老子』甲本は「可以長久」に作り、乙本はすべて缺字。

第四十章

第三十七號簡

本文

返（反）也者、道〔之〕僮（動）也。(1) 溺（弱）也者、道之甬（用）也。(2) 天下之勿（物）、生於又（有）、〔又（有）〕生於亡（無）■。(3)

訓　讀

返《はん》（反）なる者は、道〔の〕僮《どう》（動）なり。溺《じやく》（弱）なる者は、道の甬《よう》（用）なり。天下の勿《もの》（物）は、又《ゆう》（有）より生じ、又（有）は亡《む》（無）より生ず■。

口語譯

世間の反對をいくのが、道〔の〕運動であり、柔弱な態度を取るのが、道の作用である。天下におけるすべての物は有から生まれるが、その有は無としての道から生まれる■。

注

（1）返也者…〔之〕僮也—「返」は、『說文解字』に、

返、還也。从辵反。反亦聲。商書曰、祖伊返。彶、春秋傳、返从彳。

とあるが、各種今本のように「反」の字であるとすれば、『說文解字』に「反、覆也。从又厂。」とある。本章の場合は「反」の假借字と解すべきであろう。今本『老子』（王弼本）における「反」の字は、他に第二十五章に、

吾不知其名、字之曰道、強爲之名曰大。大曰逝、逝曰遠、遠曰反。

第六十五章に、

玄德深矣遠矣、與物反矣。然後乃至大順。

第七十八章に、

正言若反。

とある（本書甲本第二十五章注（11）を參照）が、これらの內、第六十五章・第七十八章の兩者の「反」は「正」に對する語である。本章の「反」は、第二十五章の「復歸」の意ではなく、第六十五章・第七十八章の世間的な價値評價とは反對の意。王弼注の、

高以下爲基、貴以賤爲本、有以無爲用、此其反也。

という解釋がこの文脈に最もふさわしい。すなわち、本章は、「道」が世間的なマイナス價値の「反」「弱」の性質を持つからこそ、かえって「天下之物」を生み出す根源たりうることを主張するもの、ということになる。

本章の「返」がもし「復歸」の意であるとすれば、今本『老子』（王弼本）における「復歸」の思想は、第二十五章を除いて、第十四章に、

繩繩不可名、復歸於無物。

第十六章に、

萬物竝作、吾以觀復。夫物芸芸、各復歸其根。歸根曰靜、是謂復命。復命曰常、知常曰明。

第二十八章に、

爲天下谿、常德不離、復歸於嬰兒。……爲天下式、常德不忒、復歸於無極。……爲天下谷、常德乃足、復歸於樸。

第五十二章に、

用其光、復歸其明、無遺身殃、是爲習常。

とある（本書甲本第十六章上段注（４）を參照）。また、『莊子』知北遊篇に、

淵淵乎其若海、魏魏乎、其終則復始也。

とあり、『淮南子』精神篇に、

終則反本未生之時、而與化爲一體。死之與生、一體也。

とあるのは、むしろ『周易』的な「反復」である。なお、朱謙之『老子校釋』は本章において、『周易』の「反復」の思想との關わりを指摘している。

「僮」は、『郭店楚簡』の言うように「動」の異體字あるいは假借字。「僮」の上に「之」の字が奪していると思われる。

關聯する類似の表現としては、『淮南子』原道篇に、

出生入死、自無蹠有、自有蹠無、而以衰賤矣。是故淸靜者、德之至也。而柔弱者、道之要也。虛而恬愉者、萬物之用也。

肅然應感、殷然反本、則淪於無形矣。所謂無形者、一之謂也。

『文子』道原篇に、

柔弱者、道之用也。反者、道之常也。柔者、道之剛也。弱者、道之強也。

とある。

「返也者、道〔之〕僮也。」は、各種今本はいずれも「反者、道之動。」に作り、馬王堆『老子』甲本は「〔反也者〕、道之動也。」に作り、乙本は「反也者、道之動也。」に作る。

（2）溺也者、道之甬也――「溺」の字は、本書甲本第十五章上段・中段（その注（3）を參照）、同甲本第五十五章上段・中段・下段に既出（その注（4）を參照）。ここでは『郭店楚簡』の言うように「弱」の假借字。今本『老子』（王弼本）では「柔弱」と表現することが多い。このような「弱」「柔弱」を提唱する思想、すなわち「弱」「柔弱」というマイナス價値が、かえって「強」「堅強」というプラス價値よりも「上」であり「勝ち」になりうるとする逆説が、今本『老子』に少なくないことについては、本書甲本第五十五章上段・中段・下段注（4）を參照。

「甬」は、本書甲本第五十七章に既出（その注（2）を參照）。「用」の異體字である。「道」の「用」は、「道」の作用・働きの意。

「溺也者、道之甬也。」は、各種今本はいずれも「弱者、道之用。」に作り、馬王堆『老子』甲本は「弱也者、道之用也。」に作り、乙本は「〔弱也〕者、道之用也。」に作る。

（3）天下之…於亡■――一文の趣旨は、「又（有）」と「亡（無）」の關係は世間的な常識では「又（有）」が上・プラス價値、「亡（無）」が下・マイナス價値であるが、そうであるからこそかえって「亡（無）」から「又（有）」が生まれるのだ、という逆説あるいは價値轉換を下敷きにして、存在論もしくは宇宙生成論を述べることである。關聯する思想の表現としては、今本『老子』（王弼本）第十一章に、

三十輻共一轂、當其無、有車之用。埏埴以爲器、當其無、有器之用。鑿戶牖以爲室、當其無、有室之用。故有之以爲利、無之以爲用。

とあり、第四十二章に、

道生一、一生二、二生三、三生萬物。

とあるのを參照。

この「又（有）―亡（無）」は、上文に引用した二項對立の「正―反」「強―弱」と大體のところ同じであるが、「反」「弱」が「道」の作用レベルを言うのに對して、「亡（無）」は「道」の存在レベルを言う點でやや異なる。

「又」の下は、『郭店楚簡』【注釋】〔七五〕の言うように、「又」の字すなわち重文符號が奪している。

本章の趣旨と關聯する思想の表現としては、『莊子』齊物論篇に、

故自無適有、以至於三。

同じく天地篇に、

泰初有无、无有无名、一之所起。有一而未形、物得以生、謂之德。未形者有分、且然无閒、謂之命。留動而生物、物成生理、謂之形。形體保神、各有儀則、謂之性。

同じく知北遊篇に、

夫昭昭生於冥冥、有倫生於无形。精神生於道、形本生於精。而萬物以形相生。

同じく庚桑楚篇に、

有乎生有乎死、有乎出有乎入。入出而无見其形、是謂天門。天門者、无有也。萬物出乎无有、有不能以有爲有、必出乎无有。而无有一无有、聖人藏乎是。

『淮南子』俶眞篇に、

無形而有形生焉、無聲而五音鳴焉、無味而五味形焉、無色而五色成焉。是故有生於無、實出於虛。

同じく說山篇に、

寒不能生寒、熱不能生熱、不寒不熱能生寒熱。故有形出於無形、未有天地能生天地者也、至深微廣大矣。

『文子』道原篇に、

無形而有形生焉、無聲而五音鳴焉、無味而五味形焉、無色而五色成焉。故有生於無、實生於虛。

とある。

「天下之勿、生於又、〔又〕生於亡。」は、各種今本は「天下萬物生於有、有生於無。」に作るが、「天」は次解本になく、「天下」は指歸本・天寶神沙本が「天地」に作り、「萬」は嚴遵本系統・想爾本系統・古本系統・玄宗本系統が「之」に作り、河上公本に「万」に作るテキストがある。また、「生於有」は河上公道藏本は「生之於有」に作り、「無」は「无」に作るテキストが若干ある。馬王堆『老子』甲本は「天〔下之物生於有、有生於无〕。」に作り、乙本は「天下之物、生於有、有〔生〕於无。」に作る。

第九章

第三十七號簡

本文

朱〔持〕天〈而〉浧〔盈〕(1)

訓讀

朱《じ》〔持〕して之《こ》れを浧《み》〔盈〕たすは、

口語譯

器を支えながら水を一杯に満たし續けようとするのは、

注

（1）朱天〈而〉浧―「朱」は、「持」の意として本書甲本第六十四章上段に既出（その注（1）を參照）。『郭店楚簡』【注釋】〔七六〕はこれを「殖」の字であって「積」の意とするが、この說は早く朱謙之『老子校釋』が批判していた。やはり「持」の假借字で、支持する・支えるの意とすべきである。馬王堆『老子』甲本・乙本は「揗」に作るが、これも『集韻』に「揗、持也。」とある意味である。抽象化して引伸すれば、『國語』越語下の「有持盈」の韋昭注が言うように、「持、守也。」の意となる。

そのような意味の「持」は、今本『老子』（王弼本）では第六十七章に、

我有三寶、持而保之。一曰慈、二曰儉、三曰不敢爲天下先。

のように使用されている。他の古典文獻では、『國語』吳語に、

用能援持盈以沒。

『史記』樂書に、

滿而不損則溢、盈而不持則傾。

『荀子』宥坐篇に、

孔子觀於魯桓公之廟、有欹器焉。……孔子曰、吾聞宥坐之器者、虛則欹、中則正、滿則覆。孔子顧謂弟子曰、注水焉。弟子挹水而注之。中而正、滿而覆、虛而欹。孔子喟然而歎曰、吁。惡有滿而不覆者哉。子路曰、敢問持滿有道乎。孔子曰、聰明聖知、守之以愚。功被天下、守之以讓。勇力撫世、守之以怯。富有四海、守之以謙。此所謂挹而損之之道也。

『淮南子』原道篇に、

是故得道者、窮而不懾、達而不榮、處高而不機、持盈而不傾、新而不朗、久而不渝、入火不焦、入水不濡。

同じく道應篇に、

孔子觀桓公之廟、有器焉、謂之宥卮。孔子曰、善哉乎。得見此器。顧曰、弟子取水。水至、灌之、其中則正、其盈則覆。孔子造然革容曰、善哉、持盈者乎。子貢在側曰、請問持盈。曰、揖而損之。曰、何謂揖而損之。曰、夫物盛而衰、樂極則悲、日中而移、月盈而虧。是故聰明叡知、守之以愚。多聞博辯、守之以儉。武力毅勇、守之以畏。富貴廣大、守之以陋。

德施天下、守之以讓。此五者、先王所以守天下而弗失也。反此五者、未嘗不危也。故老子曰、服此道者不欲盈。夫唯不盈、是以能弊而不新成。

とある。

『老子』のこの文を引用したものには、『管子』白心篇に、

持而滿之、乃其殆也。名滿於天下、不若其已也。名進而身退、天之道也。滿盛之國、不可以仕任。滿盛之家、不可以嫁子。驕倨傲暴之人、不可與交。

『淮南子』道應篇に、

故老子曰、持而盈之、不如其已。揣而銳之、不可長保也。

『文子』微明篇に、

故持而盈之、不如其已。揣而銳之、不可長保。

とある。

「浧」は、本書甲本第二章に既出（その注（8）を參照）。「盈」の假借字であって、「滿」と同意。「持而盈之」は、上引の多くの文章に見えていたように「持而滿之」とも書くが、後者の「滿」の字は、前漢、惠帝の諱「盈」を避けて「滿」に代えるようになったらしい。したがって、「盈」に作るのが古い『老子』の本來の文字遣いである。

「朱天浧之」は、各種今本は「持而盈之」に作るが、「持」は嚴遵本が「殖」に作るようである。「盈」は想爾本系統に「滿」に作るテキストがいくつかある。馬王堆『老子』甲本・乙本はともに「植（持）而盈之」に作る。

第三十八號簡

本文

之、不不若已。(2) 湍（揣）天〈而〉羣（君）之、不可長保也。(3) 金玉浧（盈）室、莫能獸（守）也。(4) 貴福（富）〔而〕喬（驕）、

自遺咎（5）

訓讀

之《こ》れを涅《み》（盈）たすは、〔亓（其）の〕已《や》むに若《し》かず。湍《おさ》（揣）めて之れに羣《きみ》（君）たるは、長く保つ可からざるなり。
金玉《きんぎょく》室に涅（盈）つれば、能《よ》く獸《まも》（守）るもの莫《な》きなり。貴福《きふ》（富）にして喬《おご》（驕）れば、自《みずか》ら咎《とが》を遺《のこ》す

口語譯

水を一杯に滿たし續けようとするのは、やめた方がよい。人々を統治してその上に君臨しようとするならば、その地位を長く保持することはできない。
同様に、金玉財寶が家中に滿ちあふれるならば、到底これを守りとおすことはできない。地位と財産を手に入れて驕慢《きょうまん》に過ぎるならば、自ら禍《わざわ》いを招くことになる。

注

（2）之、不不若已――「不不若已」は、『郭店楚簡』【注釋】〔七七〕は「不若其已」に作るべきだとする。正しいと思う。「不若其已」であるとすれば、類似の表現が『莊子』天下篇に、

以爲无益於天下者、明之不如已也。

とある。

「朱（持）天〈而〉涅（盈）之」の句は、下文の「湍（揣）天〈而〉羣（君）之」「金玉涅（盈）室」「貴福（富）〈而〉喬（驕）」の三句と竝んで、世間的な意味におけるプラス價値の諸事象であるが、作者はそこに身を置いてはならないと說く。「朱（持）天〈而〉涅（盈）之、不不若已。」の一文は、「持盈」「持滿」に關說した數ある文章の中で、上引の『荀子』宥坐篇や『淮南子』道應篇などとは異なって、「盈を持する」「滿を持する」ことを明確に否定する『老子』本來の思想を表現している。

「不不若已」は、各種今本はいずれも「不如其已」に作るが、「如」は想爾本系統が「若」に作り、「已」は龍興觀碑が「以」に作る。馬王堆『老子』甲本は「不〔若其已〕」に作り、乙本は「不若亓（其）已」に作る。

（3）湍天〈而〉…長保也―「湍」は、「揣」の假借字で、『漢書』賈誼傳孟康注の「揣、持也。」の意であるかもしれない。しかし、『經典釋文』は「揣」を掲出して「初委反、丁果反、志瑞反。顧云、治也。簡文、章棵反。」と言う。『韻會』の「揣、治擊也。」の意ではなかろうか。

「羣」は、文字は『郭店楚簡』【注釋】〔七八〕の言うとおり「羣」である。その意味は、『荀子』王制篇に、

力不若牛、走不若馬、而牛馬爲用、何也。曰、人能羣、彼不能羣也。……君者、善羣也。羣道當、則萬物皆得其宜、六畜皆得其長、羣生皆得其命。

同じく君道篇に、

道者、何也。曰、君之所道也。君者、何也。曰、能羣也。能羣也者、何也。曰、善生養人者也、善班治人者也、善顯設人者也、善藩飾人者也。

とあるように、社會を形成して統治者となりその上に君臨する、ということ。下文の「攻（功）逑（遂）身退」が政治的な意味のはずであるから、上文のこの箇所もそうでなければならない。

「湍天羣之、不可長保也。」は、各種今本は「揣而鋭之、不可長保。」に作るが、「揣」は范應元本が「𢾊」に作り、「鋭」は想爾注本が「悅」に作り、索洞玄書・『經典釋文』王弼本・武英殿王弼本・浙江局王弼本・道藏傅奕本・河上公敦煌本が「梲」に作り、「保」は想爾本系統が「寶」に作る。馬王堆『老子』甲本は「〔揯（揣）而〕兌（鋭）之□之、不可長葆（保）之。」に作り、乙本は「揯而允（鋭）之、不可長葆也。」に作る。

（4）金玉涅…能獸也―「室」は、各種今本（王弼本など）は「堂」に作るが、文字遣いとして「室」の方が「堂」よりも優れていることについては、朱謙之『老子校釋』に說がある。

「金玉涅室、莫能獸也。」は、各種今本はいずれも「金玉滿堂、莫之能守。」に作るが、嚴遵本・想爾本系統・古本系統が「室」に作る。馬王堆『老子』甲本は「金玉盈室、莫之守也。」に作り、乙本は「金玉盈室、莫之能守也。」に作る。

（5）貴福〔而〕喬、自遺咎也――「福」は、『郭店楚簡』の言うように「富」の假借字。「福」の下は、『郭店楚簡』【注釋】〔七九〕の言うように「而」が奪している。

「喬」は、『郭店楚簡』の言うように「驕」の省字あるいは假借字。

「咎」は、『郭店楚簡』【注釋】〔八〇〕の言うとおり「刃」に从う字。「咎」という言葉は、『周易』に頻出する占斷の辭であるが、本書、郭店『老子』の「咎」は、その影響を受けて書かれたのではあるまい。

「貴福〔而〕喬、自遺咎也。」は、各種今本はいずれも「富貴而驕、自遺其咎。」に作るが、「驕」は開元廿六碑・開元廿七碑が「憍」に作り、「自」の上に治要本は「還」があり、「其」は想爾注本にない。馬王堆『老子』甲本は「貴富而驕（驕）、自遺咎也。」に作り、乙本は「貴富而驕、自遺咎也。」に作る。

第三十九號簡

本文

也。攻（功）述（遂）身退、天之道也(6)乚。

訓讀

なり。攻《こう》（功）述《と》（遂）げ身退くは、天の道なればなり乚。

口語譯

自ら禍《わざわ》いを招くことになる。働きの結果、功業が成って頂點を極めた後は、そこから轉じて下降していくのが、天の道だからである乚。

注

（6）　攻述身…道也――「攻」は、『郭店楚簡』の言うように「功」の假借字。「功」は、「天之道」が「萬物」に對して行うさまざまの働き（例えば、存在させるとか、變化させるとか）の成果を言う。このテーゼ「功遂げ身退くは、天の道なり。」を哲學的根據として、上文の「持して之れを盈たす」「揣めて之れに君たり」「金玉 室に盈つ」「貴富にして驕る」を批判しよう、というのが作者の思想である。そこには、統治者の人民に對する政治支配はこうした「天の道」に倣うべきだとする唱道も含まれている、と考えなければならない。その「天の道」の趣旨は、「攻（功）述（遂）↓身退」の轉化すなわち「プラス價値↓マイナス價値」の轉化が、世界のあらゆる存在者に例外なく貫徹するルールである、ということ。

ちなみに、この部分を、諸橋轍次『掌中　老子の講義』は、

功名を成し遂げ得た場合に、我が身がその功名の地位から退くことが、天道に合した人間の道である。

と解釋しているが、これは、この部分のテーマを「天の道」ではなく「人の道」としてしまう誤解である。木村英一・野村茂夫『老子』、福永光司『老子』上、金谷治『老子　無知無欲のすすめ』、楠山春樹『老子の人と思想』、楠山春樹『老子入門』、小川環樹『老子』、蜂屋邦夫『老子』もみな同様であって、これは『老子』の「天の道」を正しく理解していないところから來ている。

「述」は、『郭店楚簡』の言うように「遂」の異體字あるいは假借字。この通假は馬王堆『周易』に頻繁に登場する。「功遂」は、今本『老子』（王弼本）では第二章に、

功成而弗居。

第十七章に、

功成事遂。

第三十四章に、

功成不名有。

第七十七章に、

功成而不處。

とある（本書甲本第二章注（15）、同丙本第十七章注（8）を參照）。

「天之道」あるいは「天道」の今本『老子』（王弼本）に現れる例としては、第四十七章に、

不出戶、知天下、不闚牖、見天道。

第七十三章に、

天之道、不爭而善勝、不言而善應、不召而自來、繟然而善謀。

第七十七章に、

天之道、其猶張弓與。……天之道、損有餘而補不足。人之道則不然、損不足以奉有餘。

第七十九章に、

天道無親、常與善人。

第八十一章に、

天之道、利而不害。聖人之道、爲而不爭。

とある。

この部分は、『淮南子』道應篇に、

故老子曰、功成名遂身退、天之道也。

賈誼『新書』道術篇に、

功遂自却、謂之退。

『文子』道德篇に、

故曰、功遂身退、天之道也。

同じく上德篇に、

功成名遂身退、天道然也。

『漢書』疏廣傳に、

功遂身退、天之道也。

『牟子理惑論』に、

老子不云乎、功遂身退、天之道也。……又曰、功成名遂身退、天之道也。

などとあるように、古典文獻にしばしば引用されている。

「攻逑身退、天之道也。」は、各種今本は「功成名遂身退、天之道。」に作るが、最初の四字は想爾注本・索洞玄書・天寶玉關本・次解本が「名成功遂」に作り、王弼本系統が「功遂」に作り、道藏傅奕本が「成名功遂」に作り、「道」の下に景福碑は「也」がある。馬王堆『老子』甲本は「功逑（遂）身芮（退）、天〔之道也〕。」に作り、乙本は「功遂身退、天之道也。」に作る。

第三編　郭店楚墓竹簡『老子』乙本譯注

第五十九章

第一號簡

本　文

給（治）人事天、莫若嗇。[1]夫隹（唯）嗇、是以杲（早）〔備（葡）〕。[2]是以杲（早）備（葡）、是胃（謂）〔重積德。[3]重積德、則亡[4]（無）〕

訓　讀

人を給《おさ》（治）め天に事《つか》うるには、嗇《しょく》に若《し》くは莫《な》し。夫《そ》れ隹《た》（唯）だ嗇なり、是《こ》こを以て杲《はや》（早）く〔備《そな》（葡）う〕。杲（早）く備（葡）うる、是れを〔重ねて德を積む〕と胃《い》（謂）う。〔重ねて德を積めば、則《すなわ》ち〕克《か》たざる〔亡《な》（無）し〕。

口語譯

人々を統治し、上帝を祭祀するには、むだを省くことが最も大切である。むだを省きさえすれば、速やかに〔道を身に具えることができる〕。速やかに道を身に具えることを、〔幾重《いくえ》にも德を蓄積すること〕と呼ぶ。〔幾重にも德を蓄積するならば、どんなものにも〕打ち勝つことができる。

注

（1）給人事天、莫若嗇――「給」は、『郭店楚簡』の言うように「治」の假借字。「治人」は、『孟子』滕文公上篇に、

故曰、或勞心、或勞力。勞心者治人、勞力者治於人。治於人者食人、治人者食於人、天下之通義也。

同じく離婁上篇に、

　孟子曰、愛人不親反其仁、治人不治反其智、禮人不答反其敬。

とある。また、「事天」は、『孟子』盡心上篇に、

　孟子曰、盡其心者、知其性也。知其性、則知天矣。存其心、養其性、所以事天也。

とある。

しかし、「天に事うる」ことに基づいて「人を治むる」必要があることを主張したのは、『墨子』である。その尙賢中篇に、

　此言三聖人者、謹其言、愼其行、精其思慮、索天下之隱事遺利。以上事天、則天鄕其德、下施之萬民、萬民被其利、終身無已。

同じく非命下篇に、

　若以爲政乎天下、上以事天鬼、天鬼不使。下以持養百姓、百姓不利、必離散、不可得用也。

とある。本書、郭店『老子』本章の「天に事うる」は、ほとんど實際上の意味はなく多分に理念的な建前であって、「人を治むる」が「天に事うる」に則って行われなければならない、というアイデアリズムを表明したにすぎないのではなかろうか。

「嗇」は、上「來」の上半部、下「田」の字。『郭店楚簡』の言うように「嗇」の字と判讀する。「嗇」は、『說文解字』に、

　嗇、愛濇也。从來亩。來者亩而臧之。故田夫謂之嗇夫。一曰、棘省聲。

とある。ここでは、經費を節約すること、むだを省くこと。

この前後の文章は、『韓非子』解老篇に、

　……故曰、治人事天、莫若嗇。……故曰、夫謂嗇、是以蚤服。……故曰、重積德。……故曰、蚤服、是謂重積德。……故曰、無不克。……故曰、重積德、則無不克。……故曰、無不克、則莫知其極。……故曰、莫知其極。莫知其極、則可以有國。……故曰、有國之母、可以長久。……故曰、深其根。……故曰、固其柢。……故曰、深其根、固其柢、長生久視之道也。

のように、一々經文を引いて解釋されている。また、『呂氏春秋』情欲篇に、

古人得道者、生以壽長、聲色滋味、能久樂之、奚故。論早定也。論早定則知早嗇、知早嗇則精不竭。……故古之治身與天下者、必法天地也。

『晏子春秋』內篇問下に、

晏子對曰、嗇者、君子之道。吝愛者、小人之行也。……稱財多寡而節用之、富無金藏、貧不假貸、謂之嗇。積多不能分人、而厚自養、謂之吝。不能分人、又不能自養、謂之愛。

とある。

「給人事天、莫若嗇。」は、各種今本は「治人事天、莫若嗇。」に作るが、「人」は開元廿七碑が「民」に作り、「事」は敦煌李榮本・景龍寫本が「及」に作り、「若」は指歸本・『經典釋文』王弼本が「如」に作り、「嗇」は想爾本系統が「式」に作る。馬王堆『老子』甲本はすべて殘缺、乙本は「治人事天、莫若嗇。」に作る。

（2）夫售嗇、是以彔〈備〉――「彔」は、『郭店楚簡』【注釋】〔二〕の言うように「彔」の異體字であろう。そして「早」の假借字。

「是以彔」は、『郭店楚簡』【注釋】〔二〕の言うようにその下に「備」が奪したと考える。

「夫唯……、是以……。」のように呼應する語法は、今本『老子』（王弼本）では第二章・第七十章・第七十一章・第七十二章に出、また「夫唯……、故……。」の呼應は、第八章・第十五章（二例）・第二十二章・第六十七章に出る。これらは『老子』に多く現れる特徴的な語法と言えよう。本書甲本第二章注（16）、同乙本第四十一章注（11）を參照。

「備」は、『郭店楚簡』【注釋】〔二〕は「服」の異體字とするが、『說文解字』に「服、用也。」とあるので、この場合その意味に取ることはできず、適當ではない。また『說文解字』に「備、愼也。」とあるのも、文意に合わない。『說文解字』の「葡、具也。」の意であろう。ここでは「道」を身に具えること。

「夫售嗇、是以彔〈備〉。」は、各種今本は「夫唯嗇、是以早服。」に作るが、「唯」は古本系統が「惟」に作り、「嗇」は想爾本系統が「式」に作り、「以」は王弼本系統・河上公本系統・玄宗本系統が「謂」に作り、「服」は想爾本系統が「伏」に作り、『經典釋文』王弼本が「復」に作る。馬王堆『老子』甲本はすべて殘缺、乙本は「夫唯嗇、是以蚤服。」に作る。

（3）是以彔…〔重積德〕――「是以彔備」は、『郭店楚簡』【注釋】〔二〕の言うように「是以」が誤って重複している。

「〔重積德。重積德、則亡〕」は、本書本章では五字乃至六字分の殘缺がある。『郭店楚簡』【注釋】〔一二〕を參照して八字を補った。重文符號を除けば五字の補足である。

「積德」は、『尙書』盤庚上篇に、

丕乃敢大言、汝有積德。

『荀子』勸學篇に、

積土成山、風雨興焉。積水成淵、蛟龍生焉。積善成德、而神明自得、聖心備焉。

同じく儒效篇に、

故君子務脩其內而讓之於外、務積德於身而處之以遵道。……涂（途）之人百姓、積善而全盡謂之聖人。

同じく王制篇に

雖庶人之子孫也、積文學、正身行、能屬於禮義、則歸之卿相士大夫。……君子者、禮義之始也。爲之、貫之、積重之、致好之者、君子之始也。

同じく王霸篇に、

國者、天下之利用也、人主者、天下之利勢也。得道以持之、則大安也、大榮也、積美之源也。……故與積禮義之君子爲之則王、與端誠信全之士爲之則霸、與權謀傾覆之人爲之則亡。

同じく議兵篇に、

於是有能化善脩身正行積禮義尊道德、百姓莫不貴敬、莫不親譽、然後賞於是起矣。

同じく正論篇に、

天下無君、諸侯有能德明威積、海內之民莫不願得以爲君師。

同じく禮論篇に、

故厚者、禮之積也。大者、禮之廣也。

同じく性惡篇に、

今之人、化師法、積文學、道禮義者爲君子。……聖人積思慮、習僞故、以生禮義而起法度。……今使涂（途）之人伏術爲學、專心一志、思索孰察、加日縣久、積善而不息、則通於神明、參於天地矣。故聖人者、人之所積而致也。

同じく宥坐篇に、

今夫子累徳積義懷美、行之日久矣。

などとある。以上に引用した諸資料に基づくならば、本書本章の「積徳」は、この思想と表現をオリジナルかつ多量に使用した『荀子』から來たものと考えるべきである。その上、『老子』においては、「徳」はいわゆる道徳・倫理の意ではなく、窮極的根源的な實在としての「道」の働き・作用の意であるから、それを客語としつつ「重積」という動詞を用いるのはあまり『老子』にふさわしくない。それゆえ、『老子』にとって「重積徳」という思想は外來の思想であろうということにも注意をはらう必要がある。

さらに、『呂氏春秋』愼人篇に、

湯武修身、積善爲義、以憂苦於民、人也。

同じく愼大篇に、

今趙氏之徳行無所於積、一朝而兩城下、亡其及我乎。

同じく開春篇に、

王者厚其徳、積衆善、而鳳皇聖人皆來至矣。

『淮南子』墬形篇に、

山爲積徳、川爲積刑。高者爲生、下者爲死。

同じく兵略篇に、

故良將之用兵也、常以積徳擊積怨、以積愛擊積憎、何故而不勝。

『周易』坤卦の文言傳に、

積善之家、必有餘慶。積不善之家、必有餘殃。

同じく小畜卦上九の象傳に、

既雨既處、德積載也。

同じく繫辭下傳に、

善不積、不足以成名。惡不積、不足以滅身。

馬王堆『十六經』雌雄節篇に、

夫雄節而數得、是胃（謂）積英（殃）。凶憂重至、幾於死亡。雌節而數亡、是胃（謂）積德。愼戒毋法、大祿將極。……故德積者昌、〔英（殃）〕積者亡。觀其所積、乃知〔禍福〕之鄉（向）。

とある。これらはいずれも『荀子』の後に出て、『荀子』の影響下に書かれた文章であろうが、必ずしも『老子』思想の影響を蒙っているわけではない。

「㬪備、是胃〔重積德〕。」は、各種今本は「早服、謂之重積德。」に作るが、「服」は想爾本系統が「伏」に作り、『經典釋文』王弼本が「復」に作る（上述に同じ）。馬王堆『老子』甲本はすべて殘缺、乙本は「蚤（早）服、是胃重積〔德〕。」に作る。

（4）　重積德、則亡〕不克—「〔亡〕不克」は、どんな相手にも克つことができるの意。今本『老子』（王弼本）の第三章に、

爲無爲、則無不治。

第三十七章に、

道常無爲而無不爲。

第四十八章に、

無爲而無不爲。

とあるのに近い意味である（本書乙本第四十八章上段注（3）を參照）。

「〔重積德、則亡〕不克。」は、各種今本は「重積德、則無不克。」に作るが、「無」は「无」に作るテキストが若干あり、「克」は指歸本・景龍寫本・龍興觀碑・景福碑・河上公奈良本・道藏河上公本が「剋」に作る。馬王堆『老子』甲本はすべて殘缺、乙本は「重□」に作る。

第二號簡

本文

不克■。〔亡（無）〕不〔克〕、則莫智（知）丌（其）亙〈亟（極）〉（5）。莫智（知）丌（其）亙〈亟（極）〉、可以又（有）𨻶（國）（6）。又（有）𨻶（國）之母、可以長〔售（久）（7）。長售（久）、是胃（謂）深根固氐〕（8）。

訓讀

克《か》たざる〔亡《な》（無）し〕■。〔克た〕ざる〔亡（無）〕ければ、則《すなわ》ち丌《そ》（其）の亙《きょく》〈亟（極）〉を智《し》（知）るもの莫《な》し。丌（其）の亙〈亟（極）〉を智（知）るもの莫ければ、以て𨻶《くに》（國）を又《たも》（有）つ可《べ》し。𨻶（國）の母を又（有）てば、以て長《ちょう》〔售《きゅう》（久）なる〕可し。〔長售（久）なる、是《こ》れを根を深くし氐《もと》を固くすと胃《い》（謂）う〕。

口語譯

〔どんなものにも〕打ち勝つことができる■。〔どんなものにも打ち勝つ〕ならば、その働きは限りなく廣がっていく。働きが限りなく廣がるならば、國家を所有することもできる。

國家の母たる道を所有するならば、國家を永〔續させることも〕不可能ではない。〔國家を永續させることを、深くしっかと大地に根を張ることと呼ぶが〕、

注

（5）　不克■…智丌亙―「〔克〕」（下）は、『郭店楚簡』は重文符號があると判讀するが、「圖版」には實際は「■」しか見えない。なお、この「■」の符號は、郭店『老子』では一般に各章の末尾に現れるものである。乙本第五十九章のこの箇所では、文章

が明らかに區切れない途中に「■」がつけられており、誤抄ではないかと疑われる（甲本第十五章上段・中段の注（15）を參照）。

「亙」は、「亟」の錯字。その「亟」は、『郭店楚簡』【注釋】〔三〕の言うように「極」の省字あるいは假借字。

「莫智丌亙」は、今本『老子』（王弼本）の第五十八章に、

禍兮福之所倚、福兮禍之所伏。孰知其極、其無正。

とあるのと形式上は同じ意味であって、終わりがないこと、限界・制限がないこと。朱謙之『老子校釋』が色々と考證を行って「此莫知其極、卽莫知其所窮盡之義。」と解釋したのが正しい。しかし、內容上は「人を治め天に事うる」人の活動の範圍が無限に廣がっていくことを言う。『莊子』大宗師篇に、

凄然似秋、煖然似春。喜怒通四時、與物有宜、而莫知其極。

とあるのにやや近いが、今本『老子』（王弼本）の第二十八章に、

知其白、守其黑、爲天下式。爲天下式、常德不忒、復歸於無極。

とあるのとは異なる。

「〔亡〕不〔克〕、則莫智丌亙。」は、各種今本はいずれも「無不克、則莫知其極。」に作るが、「無」は「无」に作るテキストが若干あり、「克」は景龍寫本・龍興觀碑・景福碑・河上公奈良本・道藏河上公本が「剋」に作る。馬王堆『老子』甲本はすべて殘缺、乙本は「☐莫知亓（其）〔極〕」に作る。

（6）莫智丌…以又⿰阝或―「⿰阝或」は、『郭店楚簡』の言うように「國」の異體字。

「又⿰阝或」は、言葉としては『論語』季氏篇に、

丘也、聞有國有家者、不患寡而患不均、不患貧而患不安。

『孟子』梁惠王下篇に、

以大事小者、樂天者也。以小事大者、畏天者也。樂天者保天下、畏天者保其國。

とある。しかし、この「有國」は、高亨『老子正詁』も主張するように、前後の文脈から判斷して正確には「有國之母」の意

であり、修辭を調えるために簡略な表現を採用したのであろう。

「莫智丌亙、可以又䧢。」は、各種今本はいずれも「莫知其極、可以有國。」に作るが、中間に范應元本は「則」があり、「有」は指歸本が「爲」に作る。馬王堆『老子』甲本は「〔莫知亓（其）極〕、可以有國。」に作り、乙本は「莫知亓〔極、可以〕有國。」に作る。

（7）又䧢之…以長〔售—缺字は、約九字。ここに「〔售。長售、是胃深根固氐〕。」を補った。重文符號を除いて六字、重文符號を入れて九字の補足である。『郭店楚簡』【注釋】〔四〕のように「〔久是謂深根固柢〕」の七字を補うのでは、補う字數が少し不足である。

「又（有）䧢（國）之母」は、小川環樹『老子』、蜂屋邦夫『老子』のように、「䧢（國）の母を又（有）てば」と訓むべきである。諸橋轍次『掌中　老子の講義』、木村英一・野村茂夫『老子』、福永光司『老子』下、金谷治『老子　無知無欲のすすめ』などは、いずれも「國を有つの母は」と訓むが、それでは意味が通じない。

「母」という言葉は、今本『老子』（王弼本）では第一章に、

　無名、天地之始。有名、萬物之母。

第二十五章に、

　有物混成、先天地生。……可以爲天下母。

第五十二章に、

　天下有始、以爲天下母。既得其母、以知其子、既知其子、復守其母、沒身不殆。

とある（本書甲本第二十五章注（4）を參照）。最後の第五十二章の例が最も有益である。

「可以長〔售〕」は、本書甲本第四十四章に既出（その注（8）を參照）。ここでは、「母」である「道」「德」を「又（有）」つことを通じて、個人の身體が長生きできるとする養生説を基礎にしながらも、一轉して政治思想上の命題を主とするように變わっている。すなわち、「䧢（國）之母」である「道」「德」を「又（有）」つことを通じて、爲政者が國家の權力を長く保持できる、もしくは國家それ自體が長く存續できる、という意味になっている。なお、ここに「〔售〕」字を補ったことについて

第三號簡

は、本章下文の注（9）を參照。

「又陟之母、可以長〔舊〕。」は、各種今本はいずれも「有國之母、可以長久。」に作るが、「有國」は景龍寫本になく、「長久」は次解本が「久長」に作る。馬王堆『老子』甲本は「有國之母、可以長久。」に作り、乙本は「有國之母、可〔以長〕久。」に作る。

（8）長舊、是…根固氐〕―「氐」（馬王堆『老子』甲本・乙本の文字）は、『說文解字』の、

　氐、本也。从氏、下箸一。一、地也。

によるのが最も素直な解釋である。『古文四聲韻』卷四に「古老子」として「蔕」の字が出ているので、あるいは本書、郭店『老子』も「蔕」に作るべきかもしれない。『說文解字』に「蔕、瓜當也。从艸、帶聲。」とあるのは、意味が少しずれる。

「深根固氐」は、『莊子』繕性篇に、

　不當時命而大窮乎天下、則深根寧極而待。此存身之道也。

同じく天下篇に、

　以深爲根、以約爲紀。

とある。また、今本『老子』（王弼本）第五十四章の、

　善建者不拔、善抱者不脫。

も同じ思想であり、同じイメージである（本書乙本第五十四章注（1）を參照）。

「〔長舊、是胃深根固氐〕。」は、各種今本は「是謂深根固柢」に作るが、「是謂」は指歸本・次解本になく、敦煌李榮本・景龍寫本・天寶神沙本が「是以」に作り、「固」は開元廿六碑が「故」に作り、「柢」は指歸本・想爾本系統・河上公本系統・玄宗本系統が「蔕」に作る。馬王堆『老子』甲本は「是胃（謂）深槿（根）固氐（柢）」に作り、乙本は「是胃〔深〕根固氐」に作る。

本文

長生售（久）視之道也(9)■。

訓読

長生售《ちょうせいきゅう》（久）視《し》の道なり■。

口語訳

これこそ永遠に生きながらえる道に他ならない■。

注

（9）長生售…道也■――「售」は、『郭店楚簡』の言うように「舊」の省字あるいは異體字で、「久」の假借字。上文の二つの缺字の「〔售〕」の補足は、これによったものである。「視」は、『郭店楚簡』によって「視」の字と判讀としておく。

「長生久視」という言葉は、『荀子』榮辱篇に、

　孝悌原愨、軥錄疾力、以敦比其事業、以不敢怠傲、是庶人之所以取煖衣飽食、長生久視、以免於刑戮也。

『呂氏春秋』重己篇に、

　世之人主貴人、無賢不肖、莫不欲長生久視、而日逆其生、欲之何益。

とある。後者の高誘注は「視、活也。」と解説している。「視」は、みるの意ではなく、いきるの意。このように、「長生久視」は、本來、養生說上のテクニカル・タームであったのであるが、本書、郭店『老子』はそれを基礎にしながらも、爲政者が國家の權力を長く保持する、もしくは國家それ自體が長く存續する、という意味に變えている。

「長生售視之道也」は、各種今本はいずれも「長生久視之道」に作るが、「之道」は指歸本にない。馬王堆『老子』甲本は「長〔生久視之〕道也」に作り、乙本は「長生久視之道也」に作る。

第四十八章上段

第三號簡

本文

學者日益、爲道者日損。(1) 損之或損、以至亡（無）爲(2)

訓讀

學ぶ者は日に益し、道を爲《おさ》むる者は日に損《そん》す。之《こ》れを損し或《ま》た損して、以て爲《な》す亡《な》（無）きに至る

口語譯

學問を修める者は日に日に倫理や知識などを自己の外部から益していくが、道を聞く者は日に日にそれらの夾雜物を自己の内面から減らしていく。減らした上にもさらに減らしていくと、ついに一切の人爲のない無爲の境地に達する。

注

（1）學者日…者日損――「學」は、『郭店楚簡』の言うように「學」の字と判讀する。

「學者日益」、すなわち日々、倫理や知識などを外から攝取して自己を豊かにしていくという學問觀は、當時の儒家の思想家の中でも、特に性惡說の立場に立った荀子學派の學問觀である。したがって、「爲道者日損」はそれに反對する思想と見なすことができる。なお、以下に擧げる日本の諸入門書は、いずれも「學者日益」の句に、郭店『老子』の「學」への批判を感取

していないが、この種の解釋は適當とは思われない。——諸橋轍次『掌中　老子の講義』、福永光司『老子』下、楠山春樹『老子の人と思想』、小川環樹『老子』、蜂屋邦夫『老子』。

また、この部分を引用した文章としては、『莊子』知北遊篇に、

故曰、爲道者日損。損之又損之、以至於无爲。无爲而无不爲也。

とあり、『後漢書』范升列傳に、

老子曰、學道日損。損猶約也。

とある。

「爲」は、『郭店楚簡』の言うように「爲」の字と判讀する。「爲道者」は、『莊子』田子方篇に、

且萬化而未始有極也。夫孰足以患心已。爲道者解乎此。

とある。

「損」は、『郭店楚簡』は「員」の字と判讀するが、「員」の下に「大」のある字であり、したがって「損」の字と判讀すべきではなかろうか。

本書本章は、上段だけが存在していて下段は存在していない。形成途上にある古い『老子』の第四十八章は、このように上段だけの存在するテキストであったにちがいない。上段の「亡爲」と同じ內容のものを、馬王堆『老子』甲本・乙本、各種今本の下段は異なった言葉を用いて「无事」と表現していることも、本章の上段と下段がもともと由來を異にする二つの文章であったことを示唆している。したがって、本章の下段、すなわち馬王堆『老子』甲本の「〔將欲〕取天下也、恆〔无事。及亓（其）有事也、不足以取天下〕。」の部分は、郭店『老子』以後になって附加されたものであろうと推測される。

「學者日益、爲道者日損。」は、各種今本はいずれも「爲學日益、爲道日損。」に作るが、「學」は古本系統が「學者」に作り、「道」は古本系統が「道者」に作る。馬王堆『老子』甲本は「爲〔學者日益、聞道者日云（損）〕。」に作り、乙本は「爲學者日益、聞道者日云。」に作る。馬王堆乙本の「聞」の字は、本書、郭店『老子』本章の「爲」が「耳」に近い字形であることを誤って繼承したのではなかろうか。

（2）損之或…亡爲也―「或」は、王引之『經傳釋詞』弟三に「或猶又也」とある。さらにまた、の意。
「損之或損」は、「學」の内容である倫理・知識などを繰り返し徹底的に否定・排除していくこと。同じ語法が今本『老子』（王弼本）第一章に、

玄之又玄、衆妙之門。

『莊子』天地篇に、

深之又深、而能物焉、神之又神、而能精焉。

同じく達生篇に、

精而又精、反以相天。

『管子』心術下篇に、

故曰、思之、思之、思之不得、鬼神敎之。非鬼神之力也、其精氣之極也。

同じく内業篇に、

思之思之、又重思之。思之而不通、鬼神將通之。非鬼神之力也、精氣之極也。

などとある。これらはみな同じ語法であるので、例えば、『老子』第一章は「之れを玄《げん》にし又《ま》た玄にす」、『莊子』天地篇は「之れを深くし又た深くす」「之れを神《しん》にし又た神にす」のように訓むことができる。ところが、『老子』第一章について述べれば、以下の諸入門書はいずれも誤讀して「玄《げん》の又《ま》た玄」と訓んでいる。諸橋轍次『掌中　老子の講義』、木村英一・野村茂夫『老子』、福永光司『老子』上、金谷治『老子　無知無欲のすすめ』、楠山春樹『老子入門』、小川環樹『老子』、蜂屋邦夫『老子』、神塚淑子『『老子』――〈道〉への回歸』（「書物誕生――あたらしい古典入門」、岩波書店、二〇〇九年）がそれであるが、その結果、これらは『老子』第一章の思想についても誤解するに至っている。
「亡爲」は、一切の人爲・作爲のないこと。本章では、これが求める「道」に他ならない。
ちなみに、『牟子理惑論』は、この一文を引用して、

老子曰、損之又損、以至於無爲。

と言う。

「損之或損、以至亡爲也。」は、各種今本は「損之又損、以至於無爲。」に作るが、下の「損」は指歸本・想爾本系統・古本系統・河上公本の一部分・玄宗本系統が「損之」に作り、「以」は指歸本になく、「於」は意林本が「于」に作り、「無」は「无」に作るテキストが若干ある。馬王堆『老子』甲本はすべて殘缺、乙本は「云（損）之有（又）云、以至於无〔爲〕。」に作る。

第四號簡

本　文

也。亡（無）爲而亡（無）不爲。[3]

訓　讀

なり。爲《な》す亡《な》（無）くして爲さざる亡（無）し。

口語譯

無爲の境地に達すればいかなることも爲し遂げることができる。

注

（3）　亡爲而亡不爲―「亡爲而亡不爲」は、いかなることをも爲しうるオールマイティ性を言う。上文で求めてきた「道」の内容であるとともに、その「道」を體得して自己のものとした聖人の能力でもある。
本章の趣旨は、「學」の内容を撥無していく否定超出の結果、ついに「道」を把えることに成功して、「爲さざる亡（無）し」（いかなることをも爲しうる）のオールマイティな存在となるという、一種の主體性論の倫理思想を述べることにある。

同じ思想の表現は、今本『老子』（王弼本）では第三十七章に、道常無爲而無不爲。

第三十八章に、

上德無爲而無以爲、下德爲之而有以爲。

とあり、他の古典文獻では、『莊子』至樂篇に、

天无爲、以之淸、地无爲、以之寧。故兩无爲相合、萬物皆化。芒乎芴乎、而无從出乎。芴乎芒乎、而无有象乎。萬物職職、皆從无爲殖。故曰、天地无爲也、而无不爲也。人也孰能得无爲哉。

同じく庚桑楚篇に、

此四六者、不盪胷中則正、正則靜、靜則明、明則虛、虛則无爲而无不爲也。

同じく則陽篇に、

四時殊氣、天不賜、故歲成。五官殊職、君不私、故國治。文武、大人不賜、故德備。萬物殊理、道不私、故无名。无名、故无爲。无爲而无不爲。

『淮南子』原道篇に、

是故聖人內修其本、而不外飾其末、保其精神、偃其智故、漠然無爲而無不爲也、澹然無治也而無不治也。所謂無爲者、不先物爲也。所謂無不爲者、因物之所爲也。所謂無治者、不易自然也。所謂無不治者、因物之相然也。

『文子』道原篇に、

是故聖人內修其本、而不外飾其末、厲其精神、偃其知故、漠然無爲而無不爲、無治而無不治也。所謂無爲者、不先物爲也。無治者、不易自然也。無不治者、因物之相然也。

とある。當時、道家の思想家たちが頻繁に口にする常套句であった。

「亡爲而亡不爲」は、各種今本は「無爲而無不爲」に作るが、「無爲」は指歸本になく、「無」は「无」に作るテキストがいくつかあり、「而」は想爾本系統になく、古本系統は「則」に作り、「不」は指歸本が「以」に作り、次解本が「所不」に作る。馬王堆『老子』甲本・乙本はともに全缺。

第二十章上段

第四號簡

本文

𢇍（絶）學亡（無）㥑（憂）[1]。售（唯）與可（訶）、相去幾可（何）[2]。𡵂（美）與亞（惡）、相去可（何）若[3]。

訓讀

學を𢇍《た》（絶）てば㥑《うれ》（憂）い亡《な》（無）し。售《い》（唯）と可《か》（訶）と、相《あ》い去ること幾可《いくばく》（何）ぞ。𡵂《び》（美）と亞《あく》（惡）と、相い去ること可《い》（何《か》）若《ん》。

口語譯

學問を捨て去れば、惱みはなくなる。學問によって教えられる、ハイという答えとコラという怒鳴《どな》り聲と、そもそもどれほどのちがいがあろうか。美しいものと醜いものと、一體どれほどの隔《へだ》たりがあろうか。

注

（1）𢇍學亡㥑──「𢇍」は、『郭店楚簡』の言うように「絶」の異體字あるいは假借字。「𢇍學」は、今本『老子』（王弼本）第六十四章に、

是以聖人欲不欲、不貴難得之貨。學不學、復衆人之所過。以輔萬物之自然、而不敢爲。

とある（本書甲本第六十四章下段注（11）、同丙本第六十四章下段注（8）を參照）。道家にとっての「學」とは、本章のすぐ

下文にあるように、人々に「隹（唯）與可（訶）」「𡙁（美）與亞（惡）」の相異を教えるものである。また、關聯する思想の表現が、『莊子』山木篇に、

孔子曰、敬聞命矣。徐行、翔佯而歸。絶學捐書。弟子無相於前、其愛益加進。

『文子』道原篇に、

多言數窮、不如守中。絶學無憂、絶聖棄智、民利百倍。

『後漢書』范升列傳に、

老子又曰、絶學無憂、絶末學也。

とある。

「㥑」は、本書甲本第五十五章上段・中段・下段に「嚘」あるいは「嗄」の異體字として既出（その注（7）を參照）。ここでは、『郭店楚簡』の言うように「憂」の省字あるいは異體字。

「𢇍學亡㥑」の四字は、表面的には今本『老子』（王弼本）第十九章の、

絶聖棄智、民利百倍。絶仁棄義、民復孝慈。絶巧棄利、盜賊無有。

に類似する。そのために、かつて易順鼎・馬敍倫・蔣錫昌・李大防などが、第二十章の章頭に來るのではなく、第十九章の末尾に置くべきことを主張していたが、以上の諸説は本章の思想内容を理解しないものである。この四字を第二十章上段の冒頭に置く本書、郭店『老子』が出土したことによって、これらの諸説の誤りが確實となり、懸案のこの問題に決着がついた。四字は、やはりもともと第二十章に屬していたのであって、表面上は第十九章の「絶聖棄智」などと類似するにもかかわらず、内容上は第十九章とは無關係なのである。ただし、本書、郭店『老子』第二十章は、上段だけが存在していて、下段は存在していない。形成途上にある古い『老子』の第二十章は、このように上段だけの存在するテキストであったわけである。そして、下段の部分は郭店『老子』以後、馬王堆『老子』の形成過程において附加されたのではなかろうか。

「𢇍學亡㥑」は、各種今本はいずれも「絶學無憂」に作るが、「無」は「无」に作るテキストが若干ある。馬王堆『老子』甲本は全缺、乙本は「絶學无憂」に作る。

（2）　售與可…去幾可――「售（唯）」は、目上の者に對する禮儀正しい返事。上の「可」は、「訶」の省字あるいは假借字。各種今本の「阿」は、劉師培『老子斠補』が「訶」に作るべきで、『説文解字』の「訶、大言而怒也。」の意としたのがよい。大聲で怒ること。ただし、文字は改めるに及ばない。下の「可」は、「何」の省字あるいは假借字。

「售與可」は、これと完全に同じではないけれども、「唯」と「諾」の相異が當時やかましく論じられていたことが、郭店楚簡『五行』および馬王堆『五行』の第二十二章の經・説、『禮記』曲禮上篇から窺うことができる。

「相去幾可」は、『莊子』知北遊篇に、

自本觀之、生者暗醷物也。雖有壽夭、相去幾何。須臾之説也。奚足以爲堯桀之是非。

とあり、本書本章と同じ思想である。

「售與可、相去幾可。」は、各種今本はいずれも「唯之與阿、相去幾何。」に作るが、すべてのテキストに「唯」の下に「之」があり、「阿」は想爾注本・天寶玉關本が「何」に作る。馬王堆『老子』甲本は「唯與訶、其相去幾何。」に作り、乙本は「唯與呵（訶）、亓（其）相去幾何。」に作る。

（3）　𡵂與亞、相去可若――「𡵂」は、『郭店楚簡』の言うように、「微」の一部分の字であって、「美」の異體字あるいは假借字であろう。「亞」は、本書甲本第二章に既出（その注（2）を參照）。

このように「美」と「惡」を區別しようというのは、當時の荀子を始めとする儒家の「正名」の思想である。『老子』を始めとする當時の道家は、「美惡」の相異などを超えたところに窮極的根源者「道」を求めようとして、これに反對する態度を取った。すなわち、「萬物」の中にあると人々が認めている價値・事實・存在の區別は、人間の虛妄の觀念の所産であるにすぎず、それら一切の價値・事實・存在の區別を取り拂った、脱構築された全一的な「玄同」こそが眞實の世界である、と唱えたのである。

關聯する文章としては、今本『老子』（王弼本）第二章に、

天下皆知美之爲美、斯惡已。皆知善之爲善、斯不善已。故有無相生、難易相成、長短相較、高下相傾、音聲相和、前後相隨。

とあり（本書甲本第二章注（1）（2）を參照）、『莊子』大宗師篇に、

與其譽堯而非桀也、不如兩忘而化其道。

同じく胠篋篇に、

故天下……皆知非其所不善、而莫知非其所已善者。是以大亂。

同じく至樂篇に、

列士爲天下見善矣、未足以活身。吾未知善之誠善邪、誠不善邪。

同じく外物篇に、

與其譽堯而非桀、不如兩忘而閉其所譽。

とある。

「岂與亞、相去可若。」は、各種今本は「善之與惡、相去若何。」に作るが、「善」は想爾本系統・道藏傅奕本が「美」に作り、「可若」は王弼本が「若何」に作る。馬王堆『老子』甲本は「美與惡、其相去何若。」に作り、乙本は「美與亞（惡）、亓（其）相去何若。」に作る。

第五號簡

本文

人之所𥜿（畏）、亦不可以不𥜿（畏）(4)。

訓讀

人の𥜿《おそ》（畏）るる所は、亦《ま》た以て𥜿（畏）れざる可《べ》からず。

口語譯

ただ、人々の畏《おそ》れるものは、畏れないわけにはいかない。

注

（4）人之所…以不畏――「所」は、その下に重文符號が附いている。上文にも同じような例があり、何か意味があるようである。「之所」は、合文である。「畏」は、『郭店楚簡』の言うように「畏」の異體字。

馬王堆『老子』乙本の文末には「人」の字があるが、これは、馬王堆乙本が本書、郭店『老子』本章の下文（第十三章冒頭）の「人」の字を、誤って繼承したために生じた衍字ではなかろうか。本書本章はこの下に「〓」の符號があり、テキストの形式から言っても「人」の字に聯續しないことは明らかである。また、内容から言っても以上の文章（第二十章）は、下文の「人寵辱若纓」以下の文章（第十三章）と聯續しない。こうした點から推測するならば、馬王堆乙本（甲本は殘缺がはなはだしいので斷定はできないが、恐らく同じ。）は、本書、郭店『老子』乙本を直接目睹していたのではないかと疑われる。

一文は、「學」を否定した作者が、それに代わる肯定的なものとして、世間の人々の判斷に從うことを提案するという趣旨。今本『老子』（王弼本）第四十二章に、

人之所敎、我亦敎之。

とあり、『荀子』不苟篇に、

人之所惡者、吾亦惡之。

とある。ただし、今本『老子』（王弼本）第二十章を無理に上段と下段とから成る一つの章と見なそうとしても、以上の趣旨は、下段に表されている作者の「衆人」「俗人」の中で感じている疎外感や、彼らの單純で俗っぽいあり方に對する皮肉、とは明らかに一致しない。したがって、本章の上段と下段とは、古くから緊密に結び合って構成された一つの章を成す二つの部分、ではなかったのである。

他の古典文獻でこの一文を引用している文章としては、『淮南子』道應篇に、

故老子曰、人之所畏、不可不畏也。

とあり、『文子』上仁篇に、

故曰、人之所畏、不可不畏也。

とある。

「人之所⿱日示、亦不可以不⿱日示。」は、各種今本はいずれも「人之所畏、不可不畏。」に作り、馬王堆『老子』甲本は「人之所〔畏〕、亦不〔可以不畏人〕。」、乙本は「人之所畏、亦不可以不畏人。」に作る。

第十三章

第五號簡

本文

人態（寵）辱若纓（攖）、貴大患若身。(1) 可（何）胃（謂）態（寵）(2)

訓讀

人態《ちょう》（寵）辱《じょく》に纓《みだ》（攖）るるが若《ごと》くし、大患《たいかん》を貴《たっと》ぶこと身の若くす。可《なに》（何）をか態《ちょう》（寵）辱《じょく》と胃《い》（謂）う。

口語譯

人々は、寵愛を受けて立身出世したり、また恥辱を受けて没落したりするたびごとに、どぎまぎと一喜一憂し、地位や財産の獲得などという大きな患《わずら》いを自分の身體のように大事にしている。

寵愛を受けたり恥辱を受けたりするたびごとに一喜一憂するとは、どういうことか。

注

（1）人寵辱…患若身――「人」は、世間の人。『老子』にしばしば出る「衆人」の意。したがって、以下の敍述は作者から見て否定的な現象である。

「寵」は、『郭店楚簡』の言うように「寵」の異體字。以下の「寵」もすべて同じ。「寵辱」は、主に臣下が君主から寵愛を受けたり、あるいは恥辱を受けたりすること。『荀子』に言う「榮辱」の意であって、特に政治的地位の浮き沈みに伴う世間的評價のことであろう。

なお、『莊子』逍遙遊篇が、

而宋榮子猶然笑之。且擧世而譽之、而不加勸。擧世而非之、而不加沮。定乎内外之分、辯乎榮辱之竟（境）斯已矣。彼其於世、未數數然也。雖然、猶有未樹也。

と紹介する宋榮子の榮辱論は、郭店『老子』本章の思想にかなり近い。

「纓」は、『郭店楚簡』【注釋】〔五〕は「驚」の假借字とするが、この說は無理である。「攖」の假借字で、『廣雅』釋詁三に「攖、亂也。」とある意ではなかろうか。「若纓（攖）」は、「寵（寵）辱」を受けて平靜でいられない樣子を批判的に描寫したもの。もし「若驚」の意であるとするならば、『國語』楚語下に、

夫闔廬……聞一善若驚、得一士若賞。

とあるが、しかし『老子』本章とは關係があるまい。

「大患」は、地位や財產の獲得などといった外在的な價値を廣く指す。『莊子』讓王篇に、

越人三世弑其君。王子搜患之、逃乎丹穴。……越人薰之以艾、乘以王輿。王子搜援綏登車、仰天而呼曰、君乎、君乎。獨不可以舍我乎。王子搜非惡爲君也、惡爲君之患也。若王子搜者、可謂不以國傷生矣。此固越人之所欲得爲君也。

とあるのを參照。

本章のテーマは、今本『老子』（王弼本）第四十四章に、

名與身孰親、身與貨孰多、得與亡孰病。是故甚愛必大費、多藏必厚亡。知足不辱、知止不殆、可以長久。

とある身體・生命の重視と類似する（本書甲本第四十四章注（1）を參照）。一種の養生說であるが、しかし、ここには從來の

道家の養生説にはなかった新しい主張が盛りこまれている（後述）。

「人㦝辱若纓、貴大患若身。」は、各種今本はいずれも「寵辱若驚、貴大患若身。」に作り、馬王堆『老子』甲本は「龍（寵）辱若驚、貴大梡（患）若身。」、乙本は「弄（寵）辱若驚、貴大患若身。」に作る。

（2）可胃㦝辱――「可」は、『郭店楚簡』の言うように「何」の省字あるいは假借字。本書甲本第五十七章に既出（その注（5）を參照）。

「可胃㦝辱。㦝爲下也、」は、各種今本は「何謂寵辱若驚。寵爲下、」に作るが、「若驚」は想爾本系統・范應元本・河上公本系統・玄宗本系統になく、「寵爲下」は想爾注本が「爲下」に作り、龍興觀碑・河上公敦煌本・河上公道藏本が「辱爲下」に作り、景福碑が「寵爲上、辱爲下。」に作る。馬王堆『老子』甲本は「苛（何）胃（謂）龍（寵）辱若驚。龍之爲下、」に作り、乙本は「何胃弄（寵）辱若驚。弄之爲下也、」に作る。『郭店楚簡』【注釋】〔六〕を參照。

第六號簡

本文

辱。㦝（寵）爲下也(3)、㝵（得）之若纓（攖）、遊（失）之若纓（攖）(4)、是胃（謂）㦝（寵）辱〔若〕纓（攖）(5)。〔可（何）胃（謂）貴大患(6)〕

訓讀

辱《じょく》と胃《い》（謂）う。㦝《ちょう》（寵）は下《げ》爲《た》るも、之れを㝵《う》（得）れば纓《みだ》（攖）るるが若《ごと》くし、之れを遊《うしな》（失）えば纓（攖）るるが若《ごと》くする、是《こ》れを㦝《ちょう》（寵）辱《じょく》に纓（攖）るるが〔若くす〕と胃（謂）う。〔可《なに》（何）をか大患《たいかん》を貴《たつと》ぶこと〕身《み》の若くすと〔胃（謂）う〕。

口語譯

どういうことか。寵愛を受けて立身出世するなどは、つまらぬことなのに、うまくいけばいったでどぎまぎし、だめになればなったでどぎまぎする。これが、寵愛を受けたり恥辱を受けたりするたびごとに一喜一憂する、ということなのだ。

〔地位・財産という大きな患《わずら》いを〕身體のように〔大事にするとは、どういうことか〕。

注

（3）　龍爲下也――「龍爲下也」は、馬王堆『老子』甲本・乙本を參照するならば、文氣はここで終結せず、下文に繫がっていく。寵などは下のものなのに、という意味。

（4）　㝵之若…之若纓――「㝵之若纓、遊之若纓。」は、前後の文章の趣旨は、地位や財産などといった外在的な價値の獲得に一喜一憂するよりも、それらの根底にある我が身體・生命を重視しなければならない、ということ。ここには、君主から受ける「寵辱」といった世間的な評價に惑わされず、その外に超然と構えているべきだとする主體性論の倫理思想が、顔をのぞかせている。そして、この主體性論は、道家の「萬物齊同」の哲學から來るものである。

各種今本はいずれも「得之若驚、失之若驚。」に作り、馬王堆『老子』甲本は「得之若驚、失〔之〕若驚。」、乙本は「得之若驚、失之若驚。」に作る。

（5）　是胃龍辱〔若〕纓――「是胃龍辱〔若〕纓」は、『郭店楚簡』【注釋】〔七〕の言うように「若」の字が奪している。各種今本はいずれも「是謂寵辱若驚」に作り、馬王堆『老子』甲本は「是胃（謂）龍（寵）辱若驚」、乙本は「是胃弄（寵）辱若驚」に作る。

（6）　〔可胃貴大患〕若身――「〔可胃貴大患〕若身」は、約五字の缺字に『郭店楚簡』【注釋】〔九〕を參照して「〔可胃貴大患〕」を補った。

「〔可胃貴大患〕若身」は、各種今本はいずれも「何謂貴大患若身」に作り、馬王堆『老子』甲本は「何胃（謂）貴大梡（患）

若身」、乙本は「何胃貴大患若身」に作る。

第七號簡

本　文

若身。虛（吾）所以又（有）大患者、爲虛（吾）又（有）身。(7) 汲（及）虛（吾）亡（無）身、或可（何）〔患。(8) 故貴爲身於〕

訓　讀

身の若《ごと》くすと〔胃《い》（謂）う〕。虛《わ》（吾）れに大患又《あ》（有）る所以《ゆえん》の者は、虛（吾）れに身又（有）るが爲《た》めなり。虛（吾）れに身亡《な》（無）きに汲《およ》（及）んでは、或《ま》た可《なに》（何）をか〔患《うれ》えん。故に身を爲《おさ》むるを〕天下を爲《おさ》むる〔よりも貴《たっと》べば〕、

口語譯

〔どういうことか〕。一體、わたしに大きな患《うれ》いがあるのは、わたしに身體があればこそである。もしもわたしに身體がなければ、何の〔患い〕もありえない。

〔だから〕、天下の統治よりも〔自分の身體を貴ぶ者であって〕、

注

（7）　虛所以…虛又身――『牟子理惑論』がこれを引用して、

老子曰、吾所以有大患、以吾有身也。若吾無身、吾有何患。

と言うのを參照。

「虛所以又大患者、爲虛又身。」は、各種今本はいずれも「吾所以有大患者、爲吾有身。」に作るが、「者」は想爾本系統・范應元本になく、「吾」は想爾注本・次解本が「我」に作る。馬王堆『老子』甲本は「吾所以有大梡（患）者、爲吾有身也。」に作り、乙本は「吾所以有大患者、爲吾有身也。」に作る。

（8）　汲虛亡身、或可（患）——「汲」は、『郭店楚簡』の言うように「及」の異體字。『經傳釋詞』弟五の王念孫の說によれば、「及、猶若也。」である。

「或」は、反語を強調する副詞。「可」の字は、『郭店楚簡』は缺字とするが、ここでは見えているものと判斷する。

以上の兩文は、以下の結論（個人の身體・生命を重視する政治の提唱）を導き出すための、修辭的な前置きの文章である。その趣旨は、以下のとおり。——もしわたしという人間に身體・生命がないならば、何の患いも生ずることはないが、しかし實際は身體・生命があるのだから、色々な患いがあるのは當然である。であればこそ、人々の身體・生命を大切にする政治の實現が期待されるのだ、ということ。

「汲虛亡身、或可（患）。」は、各種今本は大體は「及吾無身、吾有何患。」に作るが、「及」は古本系統が「苟」に作り、「無」は「无」に作るテキストが若干あり、「患」は道藏傅奕本・敦煌河上公本・景福碑が「患乎」に作る。馬王堆『老子』甲本は「及吾无身、有（又）何梡（患）。」に作り、乙本は「及吾無身、有何患。」に作る。

第八號簡

本文

爲天下、若可以厇（託）天下矣。(9)　忎（愛）以（爲）身爲天下、若可以迲（寄）天下矣(10)■。

訓讀

天下を爲《おさ》むる〔よりも貴《たっと》べば〕、若《すなわ》ち以て天下を厇《たく》（託）す可《べ》し。身を以《おさ》（爲）むるを天下を爲むるよりも忎《あい》（愛）

すれば、若《すなわ》ち以て天下を法《よ》（寄）す可し■。

口語譯

〔だから〕、天下の統治よりも〔自分の身體を貴ぶ者であって〕、始めて天下を任《まか》せることができる。天下の統治よりも自分の身體を愛する者であって、始めて天下をあずけることができるのだ■。

注

（9）故貴爲…天下矣—「〔患。故貴爲身於〕」は、五字乃至六字の缺字。馬王堆『老子』甲本・乙本、各種今本を參照して補った。上の「爲身」の「爲」は、おさめるの意で、下文の「以身」の「以」も同じ。「於」は、比較を表す助詞。「於、猶爲也。」とした王念孫・王引之『經傳釋詞』弟一・朱謙之『老子校釋』の説は、「於」字と「爲」字の重複する馬王堆『老子』甲本・乙本の出現によって、誤りであることが決定的となった。

「若」は、王引之『經傳釋詞』弟七によって「若、猶則也。」の意。すなわち、と訓む。「厇」は、『郭店楚簡』の言うように「託」の異體字。

他の古典文獻に見える類似の表現としては、『莊子』在宥篇に、

故君子不得已而臨莅天下、莫若无爲。无爲也而後安其性命之情。故貴以身於爲天下、則可以託天下。愛以身於爲天下、則可以寄天下。

同じく讓王篇に、

夫天下、至重也。而不以害其生、又況他物乎。唯无以天下爲者、可以託天下也。

『呂氏春秋』貴生篇に、

天下、重物也、而不以害其生、又況於它物乎。惟不以天下害其生者也、可以託天下。

『淮南子』道應篇に、

大王亶父可謂能保生矣。雖富貴、不以養傷身。雖貧賤、不以利累形。今受其先人之爵祿、則必重失之。生之所自來者久矣、而輕失之、豈不惑哉。故老子曰、貴以身爲天下、焉可以託天下。愛以身爲天下、焉可以寄天下矣。

同じく詮言篇に、

故國以全爲常、霸王其寄也。身以生爲常、富貴其寄也。能不以天下傷其國、而不以國害其身者、焉可以託天下也。

『文子』上仁篇に、

老子曰、能尊生者、雖富貴不以養傷身、雖貧賤不以利累形。今受先祖之遺爵、必重失之、生之所由來久矣、而輕失之、豈不惑哉。故貴以身治天下、則可以寄天下。愛以身爲天下、乃可以託天下。

とある。

本章の養生説は、大雜把に把えるならば、以上の諸文獻と表現も思想もほぼ同じである。これらの養生説の思想的特徴は、第一に、古い道家の養生説に倣って、個人の身體・生命の重視を地位や財産の獲得、特に「天下」の統治權の獲得と鋭く對立するものとして描きながらも、第二に、それを踏まえた上で、そのように個人の養生を重視する人物こそかえって天下の政治を行うにふさわしいと、逆説的な主張を展開している。これによれば、「天下」や「國」を統治する政治の課題は萬民の身體・生命の重視に他ならず、それを行うのに最もふさわしい統治者は自ら養生している者である、ということになる。これは、一方で、戰國末期以後、『老子』を始めとする道家の中に誕生した新しいタイプの養生説であるが、同時に他方で、その養生説が新たに切り開いたデモクラティックな政治思想と評價することができるのではなかろうか（拙著『道家思想の新研究――『莊子』を中心として』、第10章「「養生」の説と「遊」の思想」を參照）。

「〔故貴爲身於〕爲天下、若可以厇天下矣。」は、各種今本は「故貴以身爲天下、若可寄天下。」に作るが、上の「以」は龍興觀碑になく、「爲」は想爾本系統が「於」に作り、上の「天下」は次解本・古本系統・河上公本系統が「天下者」に作り、「若」は次解本になく、古本系統・河上公本系統が「則」に作り、「可」は古本系統・河上公本系統が「可以」に作り、「寄」は想爾本系統・古本系統が「託」に作り、河上公本系統が「寄於」に作り、下の「天下」は古本系統・廣明碑が「天下矣」に作る。馬王堆『老子』甲本は「故貴爲身於爲天下、若可以𨑳（託）天下矣。」に作り、乙本は「故貴爲身於爲天下、若可橐（託）天下

〔矣〕。」に作る。

（10）㤅以身…下矣■――「㤅」は、『郭店楚簡』の言うように今日の「愛」の字。本書甲本第四十四章に既出（その注（4）を參照）。「以」（上）は、「爲」の假借字で、おさめるの意。

「身」の下には、「於」が奪したと考えれば前後の意味は通じやすい。ただし、「於」のない場合でも比較の文として十分に解釋することができる。

「可」は、『郭店楚簡』は「何」の假借字とするが、不適當。上文と同じように如字に解釋すべきである。「迲」は、「寄」の假借字であろう。

「㤅以身爲天下、若可以迲天下矣。」は、各種今本は「愛以身爲天下、若可託天下。」に作るが、「以」は河上公本系統になく、「身」は河上公本系統が「身以」に作り、上の「天下」は次解本・龍興觀碑・道藏李榮本・古本系統・河上公本系統が「天下者」に作り、「若」は次解本になく、古本系統が「則」に作り、河上公本系統が「乃」に作り、「可」は古本系統・河上公本系統が「可以」に作り、「託」は想爾本系統・古本系統が「寄」に作り、河上公本系統が「託於」に作り、下の「天下」は古本系統が「天下矣」に作る。馬王堆『老子』甲本は「愛以身爲天下、女（如）何（可）以寄天下矣。」に作り、乙本は「愛以身爲天下、女可以寄天下矣。」に作る。馬王堆『老子』甲本・乙本の「女」は「如」「若」の假借字で、「則」の意である。

なお、文章末の「■」は、『郭店楚簡』は存在を無視している。

第四十一章

第九號簡

本文

上士昏（聞）道、董（勤）能行於丌（其）中(1)。中士昏（聞）道、若昏（聞）若亡（無）(2)。下士昏（聞）道、大芖（笑）

之[3]。弗大

訓　読

上士《じょうし》は道を昏《き》（聞）けば、堇《つと》（勤）めて能《よ》く丌《そ》（其）の中《ちゅう》を行う。中士《ちゅうし》は道を昏《き》（聞）けば、昏（聞）くが若《ごと》く亡《な》（無）きが若し。下士《げし》は道を昏（聞）けば、大いに之れを芺《わら》（笑）う。大いに芺（笑）わざれば、

口語訳

上等の人物が道のことを聞いた場合、努力すればその心髄を行うことができる。中等の人物が道のことを聞いた場合、ぼんやりとして何のことか分からない。下等の人物が道のことを聞いた場合、あざけって大笑いする。彼らに大笑いされるようでなければ、

注

（1）　上士昏…於丌中――「上士」は、今本『老子』（王弼本）第十五章に、

古之善爲士者。

第六十八章に、

善爲士者不武。

とある（本書甲本第十五章上段・中段注（2）を參照）のとほぼ同じ。「上士・中士・下士」のように人間や事物を「上・中・下」に分けて説明する例としては、『莊子』盜跖篇に、

孔子曰、丘聞之、凡天下有三德。生而長大、美好無雙、少長貴賤見而皆悅之、此上德也。知維天地、能辯諸物、此中德也。勇悍果敢、聚衆率兵、此下德也。

同じく徐无鬼篇に、

嘗語君吾相狗也。下之質、執飽而止。是狸德也。中之質、若視日。上之質、若亡其一。

とある。

「昏」は、『郭店楚簡』の言うように上「氏」、下「日」の字。滕壬生『楚系簡帛文字編』の八四九〜八五〇ページによれば、「聞」の字は左「昏」、右「耳」と書くことが多いようであり、その異體字あるいは省字。

「昏（聞）道」は、『論語』里仁篇に、

子曰、朝聞道、夕死可矣。

『莊子』大宗師篇に、

子之年長矣。而色若孺子、何也。曰、吾聞道矣。

同じく天運篇に、

孔子行年五十有一、而不聞道。

同じく秋水篇に、

野語有之、曰、聞道百、以爲莫己若者、我之謂也。

同じく知北遊篇に、

有問道而應之者、不知道也。雖問道者、亦未聞道。

同じく庚桑楚篇に、

全汝形、抱汝生、勿使汝思慮營營。勉聞道達耳矣。

とあるのを參照。その他、『孟子』滕文公上篇等々、古典文獻の至るところに見える表現である。

「堇」は、『郭店楚簡』【注釋】〔一〇〕所引の裘錫圭が劉殿爵の說を引いて、「僅」の意として讀むべきだとする。しかし、本章のテーマは、「道」が世間的な價値評價と異なる、あるいは正反對の性質を持つことを述べることだから、「上士」すら「勤め」て始めて「行う」ことができるものという趣旨で、「堇」を各種今本のように「勤」の假借字あるいは省字とし、「能」を如字に取るのがよいと思う。「堇能行」は、今本『老子』（王弼本）第三十三章に、知足者、富。強行者、有志。

とあるのを參照。

「行於丌中」の「丌（其）中」は、今本『老子』（王弼本）第二十一章に、

道之爲物、惟恍惟惚。惚兮恍兮、其中有象。恍兮惚兮、其中有物。窈兮冥兮、其中有精。其精甚眞、其中有信。

とある、それらの「其中」と關係があると考えられる。「道」の中心あるいは根底あるいは奥底の部分。その場合は「堇能」の意味は「勤而」の方が適當かもしれない。

「上士昏（聞）道、……不足以爲道矣。」の上段の趣旨は、主に「道」が世間からマイナスの價値評價を受けることを強調する點にあるらしい。なお、この前後の文章は、『牟子理惑論』に、

上士聞道、勤而行之。中士聞道、若存若亡。下士聞道、大而笑之。

とある。

「上士昏道、堇能行於丌中。」は、各種今本はいずれも「上士聞道、勤而行之。」に作るが、「勤」は天寶神沙本・范應元本が「懃」に作り、「而」は敦煌李榮本・天寶神沙本・次解本が「能」に作り、「勤而」の二字は道藏傅奕本が「而勤」に作り、「之」は敦煌李榮本・天寶神沙本・開元廿六碑にない。馬王堆『老子』甲本は全缺、乙本は「上〔士聞〕道、堇（勤）能行之。」に作る。

（2）中士昏…昏若亡―「亡」は、高亨『老子正詁』は「忘」の意とするが、そうではなく、「無い」の意。

「若昏若亡」は、『莊子』則陽篇に、

知遊心於無窮、而反在通達之國、若存若亡乎。

『管子』心術下篇に、

聖人之道、若存若亡。援而用之、歿世不亡。與時變而不化、應物而不移、日用之而不化。

とあり、不確かで、あるともないとも分からないこと。

「中士昏道、若昏若亡。」は、各種今本はいずれも「中士聞道、若存若亡。」に作り、馬王堆『老子』甲本は全缺、乙本は「中

士聞道、若存若亡。」に作る。

（3）下士昏…大芺之―「大」は、兪樾『諸子平議』が王念孫『讀書雜志』の說を引いて「大而笑之、猶言迂而笑之也。」とするが、果たしてどうであろうか。單純に「大いに」と解するのでよかろう。「芺」は、『郭店楚簡』の言うように「笑」の異體字。

なお、この箇所は、『史記』酷吏列傳に、

下士聞道、大笑之、非虛言也。

とあるのを參照。

「下士昏道、大芺之。」は、各種今本はいずれも「下士聞道、大笑。」に作るが、「道」の下は古本系統に「而」があり、「笑」は敦煌李榮本・開元廿六碑が「咲」に作り、天寶神沙本・龍興觀碑・敦煌河上公本が「咲」に作る。馬王堆『老子』甲本は全缺、乙本は「下士聞道、大笑之。」に作る。

第十號簡

本文

芺（笑）、不足以爲道矣。[4] 是以建言又（有）之、[5] 明道女（如）孛（費）、遲（夷）〔道女（如）類（纇）、進[6]〕

訓讀

芺（笑）わざれば、以て道と爲《な》すに足らず。是《こ》こを以て建言《けんげん》に之《こ》れ又《あ》（有）り、「明道《めいどう》は孛《くら》（費）きが女《ごと》（如）く、遲《い》（夷）〔道は類《るい》（纇）なるが女（如）く、進〕

口語譯

彼らに大笑いされるようでなければ、道とするだけの値打ちがないのだ。

そこで次のような格言がある。「眞に明るい道はかえって暗いように見え、平らな〔道はかえってでこぼこに見え、前に進む」道はかえって後ろに退くように見える。

注

（4）弗大芺…爲道矣―「弗」は、馬王堆『老子』乙本と本書、郭店『老子』だけが「弗」に作るが、この方が「不」に作るよりも古代漢語の語法に合致している。「弗大芺、不足以爲道矣。」は、各種今本はいずれも「不笑、不足以爲道。」に作るが、「笑」は敦煌李榮本が「咲」に作り、天寶神沙本・龍興觀碑・敦煌河上公本が「咲」に作り、「不笑」の下に嚴遵本老子義には「之」がある。馬王堆『老子』甲本は全缺、乙本は「弗笑、〔不足〕以爲道。」に作る。

（5）是以建言又之―「建」は、河上公注は「建、設也。」とし、王弼注は「建猶立也」とする。今本『老子』（王弼本）第四十一章（本章）の下文に、

建德若偸。

第五十四章に、

善建者不拔、善抱者不脱。

とある「建」に同じ（本書乙本第四十一章（本章）注（8）、同乙本第五十四章注（1）を參照）。「建言」は、打ち建てられた言葉、格言の意であるが、實際には書名であろう。『莊子』人閒世篇に、

故法言曰、傳其常情、無傳其德言、則幾乎全。……故法言曰、無遷令、無勸成。過度益也。遷令勸成殆事。美成在久、惡成不及改。可不愼與。

とある「法言」などの類。奚侗『老子集解』は、他に『鶡冠子』天權篇の「逸言」、『鬼谷子』謀篇の「陰言」、『漢書』藝文志の「言闕言」を引いて、「建言、當是古載籍名。」としている。

「是以建言又之」は、各種今本はいずれも「故建言有之」に作るが、「故」は次解本・河上公敦煌本・景福碑・玄宗本系統になく、嚴遵本老子義・敦煌李榮本・天寶神沙本が「是以」に作り、「之」の下に嚴遵本老子義・古本系統には「曰」がある。馬

王堆『老子』甲本は全缺、乙本は「是以建言有之曰」に作る。

(6)　明道女…道若退――「孛」は、『郭店楚簡』【注釋】〔一一〕は『古文四聲韻』巻四あるいは巻五を引いて「悖」と同形と言うが、「明」の反對の「暗」の意でなければならない。したがって、馬王堆『老子』乙本註釋〔七〕の言うように「費」の假借字。『説文解字』に「費、目不明也。从目、弗聲。」とある。目がよく見えないこと、暗いこと。

「是以建言又（有）之、……天象亡（無）坓（形）。」の中段の趣旨は、本當はプラス價値であるはずの「道」がかえってマイナス價値のように見えることを詳述する點にある。

「遲」は、『郭店楚簡』【注釋】〔一二〕の言うように「遲」の字。ただし、【注釋】〔一二〕は『説文解字』の「遲」字の「古文」とするけれども、『説文解字』には「遲」字の「古文」に關する言及はないようである。恐らく「夷」の假借字。平らかの意。

「〔類〕」は、『廣雅』釋言に「類、節也。」とあるように、節くれだっていること。『説文解字』の「類、絲節也。从糸、頪聲。」の假借字。あるいは朱謙之『老子校釋』によって「不平之義」、凹凸があること。

第十號簡の以下の缺字は、約三字である。ここでは各種今本および馬王堆『老子』甲本・乙本を參照して、「〔道女類、進〕」の四字を補ってみた（『郭店楚簡』【注釋】〔一二〕を參照）。

以下の文章の構成は、

明道女孛、遲〔道女類、進〕道若退。上悳女浴、大白女辱、㞷悳女不足。建悳女〔偸、質〕貞女愈、大方亡禺。大器曼成、

大音祗聖、天象亡坓。

のように、それぞれ三句が韻を踏んでいて、それらが一グループをなしている。それゆえ、木村英一・野村茂夫『老子』、福永光司『老子』下、金谷治『老子　無知無欲のすすめ』のように、すべて三句を一まとまりとして句讀すべきである。それに反して、諸橋轍次『掌中　老子の講義』、楠山春樹『老子の人と思想』、楠山春樹『老子入門』、小川環樹『老子』、蜂屋邦夫『老子』は、句讀を誤っている。

「〔進〕道若退」は、『後漢書』張平列傳に、

雖老氏曲全、進道若退、然行亦以需。

その注に、

老子曰、……。又曰、夷道若類、進道若退。

とある。これは郭店『老子』と同じ古い句順を遺したものである。

「明道女孛、遲〔道女類、進〕道若退。」は、各種今本は大體「明道若昧、進道若退、夷道若類。」に作るが、「進道若退」は敦煌李榮本になく、「類」は指歸本・王弼本系統・范應元本・玄宗本系統が「纇」に作り、道藏傅奕本は「進道若退」と「夷道若類」とが逆になっている。言い換えれば、道藏傅奕本は古い句順を遺している。馬王堆『老子』甲本は全缺、乙本は「明道若費（曹）、進道如退、夷道如類。」に作る。

第十一號簡

本　文

道若退。(6) 上悳（德）女（如）浴（谷）、大白女（如）辱、㞷（廣）悳（德）女（如）不足。(7) 建悳（德）女（如）〔偷、質〕貞女（如）愈(8)（渝）、

訓　讀

道は退くが若《ごと》し。上悳《じょうとく》（德）は浴《たに》（谷）の女《ごと》（如）く、大白《だいはく》は辱《はじ》の女（如）く、㞷《こう》（廣）悳《とく》（德）は足らざるが女（如）し。建悳《けんとく》（德）は〔偷《とう》なるが〕女（如）く、〔質《しつ》〕貞《てい》（定）は愈《か》（渝）わるが女（如）く、

口語譯

〔前に進む〕道はかえって後ろに退くように見える。最上の德は一見、低い谷のようであり、眞の名譽は一見、恥辱のようであり、廣大な德は一見、足りないところがあるかのようである。確乎不拔の德は、〔いい加減の〕ように見え、

〔生地のままの〕安定は、變質しやすいように見え、

注

（7）上悳女…女不足―「上悳（德）」は、今本『老子』（王弼本）第三十八章に、

上德不德、是以有德。下德不失德、是以無德。上德無爲而無以爲、下德爲之而有以爲。

とある。

「女（如）浴（谷）」は、今本『老子』（王弼本）第十五章に、

古之善爲士者、……曠兮其若谷。

とある。

「大白女辱」の「白」は、社會的地位の高さに伴う榮譽の輝かしさを指す。一句は、『莊子』寓言篇に、

老子曰、而睢睢盱盱。而誰與居。大白若辱、盛德若不足。

同じく天下篇に、

老聃曰、知其雄、守其雌、爲天下谿。知其白、守其辱、爲天下谷。

とあるのを參照。

「辱」の原義は、『說文解字』の「黷、握持垢也。从黑、賣聲。易曰、再三黷。」、『玉篇』の「黷、垢黑也。」（范應元・朱謙之『老子校釋』を參照）、『儀禮』士昏禮篇鄭玄注の「以白造緇曰辱也」などである。實際の內容は、今本『老子』（王弼本）第二十八章に、

知其白、守其黑、爲天下式。爲天下式、常德不忒、復歸於無極。知其榮、守其辱、爲天下谷。爲天下谷、常德乃足、復歸於樸。

とあるように、社會的地位の低さに伴う恥辱を言う。『老子』の「白辱」は、評價が正負まったく相反するとはいえ、『荀子』の榮辱論とほぼ同時代の「榮辱」と考えて差し支えない。

「㞷」は、『郭店楚簡』の言うように「廣」の異體字。「廣德」は、「大德」「盛德」と言うのとほぼ同じ。

「不足」は、今本『老子』（王弼本）第二十八章に、

知其榮、守其辱、爲天下谷。爲天下谷、常德乃足、復歸於樸。

とあるところから、「德」が「不足」の意。

ちなみに、『淮南子』說林篇に、

故大白如辱、大德如不足。

『文子』上德篇に、

故大白如辱、廣德如不足。

『史記』老子列傳に、

良賈深藏若虛、君子盛德容貌若愚。

『列子』黃帝篇に、

老子曰、而睢睢、而盱盱。而誰與居。大白若辱、盛德若不足。

とある。

「上悳女浴、大白女辱、㞷悳女不足。」は、各種今本は「上德若谷、大白若辱、廣德若不足。」に作るが、「谷」は天寶神沙本・次解本が「俗」に作り、「辱」は古本系統が「黣」に作り、「廣」は指歸本が「盛」に作り、「不足」は嚴遵本老子義が「濡」に作る。なお、嚴遵本老子義は「上德若谷」と「大白若辱」とを逆にしている。馬王堆『老子』甲本は全缺、乙本は「上德如浴（谷）、大白如辱、廣德如不足。」に作る。

（8）　建悳女…貞女愈—「建」は、兪樾『諸子平議』は「健」の假借字とし、「建德者偸、言剛健之德。」と解釋するが、儒家的に解釋しすぎており、採ることはできない。上文の「建言」の「建」と同意であろう。打ち建てる、確立するの意。

「建德」は、『莊子』山木篇に、

南越有邑焉、名爲建德之國。其民愚而朴、少私而寡欲、知作而不知藏、與而不求其報。不知義之所適、不知禮之所將、猖

　　狂妄行、而蹈乎大方。其生可樂、其死可葬。

とあるのを參照。

二字の缺字には、各種今本を參照して「〔偸、質〕」を補った。『郭店楚簡』【注釋】〔一三〕の補足も同じ結論である。

「〔偸〕」は、朱駿聲『說文通訓定聲』・朱謙之『老子校釋』によって「偸・媮・揄・輸」は古くは通用することができたとする。いい加減・かりそめの意。『爾雅』釋言に「佻、偸也。」とあり、その郭璞注は「謂苟且」としている。

「〔質〕」は、「素樸」などに近い意味。『呂氏春秋』知度篇に、

　　至治之世、其民不好空言虛辭、不好淫學流說、賢不肖各反其質。行其情不雕其素、蒙厚純樸、以事其上。

とある。

「貞」は、朱謙之『老子校釋』や劉師培『老子斠補』などが「德」の錯字としていた文字であるが、本書、郭店『老子』の出現により彼らの說が正しくないことが確定した。『郭店楚簡』は「眞」の假借字とするが、これも疑問である。「定」の意ではなかろうか。

「愈」は、「愉」の字ではなく、上「兪」、下「心」の字。「渝」の假借字であって、『說文解字』の、

　　渝、變汚也。从水、兪聲。一曰、渝水在遼西臨渝、東出塞。

の意。「貞」の反義語のはずである。『莊子』天運篇に「道不渝」とある。

「建悳女〔偸、質〕貞女愈、」は、各種今本は大體「建德若偸、質眞若渝、」に作るが、「偸」は道藏傅奕本が「媮」に作り、范應元本が「輸」に作り、河上公本系統が「揄」に作り、嚴遵本老子義には「建德若偸」の一句がなく、「眞」は河上公本系統が「直」に作り、「渝」は敦煌李榮本が「偸」に作り、道藏傅奕本が「輸」に作る。馬王堆『老子』甲本は全缺、乙本は「建德如□、質〔眞如渝〕。」に作る。

第十二號簡

本文

大方亡（無）禺（隅）(9)。大器曼（晩）成、大音祇（希）聖（聲）、天象亡（無）坓（形）(10)。道〔褒亡（無）名。夫唯道、善始且善成〕(11)。

訓　讀

大方《たいほう》は禺《かど》（隅）亡《な》（無）し。大器は曼《おそ》（晩）く成り、大音《たいおん》は聖《こえ》（聲）祇《かそけ》（希）く、天象《てんしょう》は坓《かたち》（形）亡（無）し。」と。道は〔褒《おお》きくして名亡（無）し。夫《そ》れ唯《た》だ道のみは、善く始めて且《か》つ善く成す〕。

口語譯

本當の方形は、とがった角がない。絶大の器物はなかなか完成せず、絶大の音聲は耳に聞き取れず、天の形象は姿を持たない。」と。

このように、道は〔あまりに巨大であるゆえに名づけようがない。ほかでもないこの道こそが、立派に事物を開始させ、また立派に事物を完成させるのだ〕。

注

（9）大方亡禺――「方」は、四角の意。「大方」は、「道」の比喩、もしくは「道」の一つの性質であるが、主に「地道」を指す。

『莊子』秋水篇に、

吾非至於子之門則殆矣。吾長見笑於大方之家。

同じく山木篇に、

南越有邑焉、名爲建德之國。……猖狂妄行、而蹈乎大方。

同じく徐无鬼篇に、

……知大方、知大信、知大定、至矣。……大方體之、大信稽之、大定持之。

同じく則陽篇に、

或使莫爲、在物一曲。夫胡爲於大方。

『管子』心術下篇に、

聖人之道、若存若亡。援而用之、歿世不亡。與時變而不化、應物而不移、日用之而不化。人能正靜者、筋肕而骨強。能戴大圓者體乎大方。鏡大清者視乎大明。

同じく内業篇に、

人能正靜、皮膚裕寬、耳目聰明、筋信而骨強、乃能戴大圜、而履大方。鑒於大淸、視於大明。

とあるのを參照。

「禺」は、『郭店楚簡』の言うように「隅」の省字あるいは假借字で、角・隅の意。「方」の縁語であろう。

「大方亡禺」は、文章の續きはここで切れる。押韻から考えてすべて三句を一まとまりと把えるべきだからである。

ちなみに、「大〇無〇」といった表現は、今本『老子』（王弼本）第四十五章に、

大成若缺、其用不弊。大盈若沖、其用不窮。大直若屈、大巧若拙、大辯若訥。

『莊子』齊物論篇に、

夫大道不稱、大辯不言、大仁不仁、大廉不嗛、大勇不忮。道昭而不道、言辯而不及、仁常而不成、廉淸而不信、勇忮而不成。五者园而幾向方矣。

『淮南子』詮言篇に、

大道無形、大仁無親、大辯無聲、大廉不嗛、大勇不矜。五者無棄、而幾鄉方矣。

とある（本書乙本第四十五章注（1）を參照）。

各種今本はいずれも「大方無隅」に作るが、「無」は「无」に作るテキストが若干ある。馬王堆『老子』甲本は全缺、乙本は「大方无禺（隅）」に作る。

（10）大器曼…象亡茔――「大器」は、「道」の比喩、もしくは「道」によって作られる大きな器物（例えば「天下」など）の意。今

本『老子』（王弼本）第二十八章の、

樸散則爲器、聖人用之、則爲官長。

第二十九章の、

天下神器、不可爲也。

第六十七章の、

不敢爲天下先、故能爲成器長。

馬王堆『老子』甲本第五十一章の、

●道生之、而德畜之、物刑（形）之、而器成之。

『莊子』讓王篇の、

天下大器也。

などを參照。

「曼」は、『郭店楚簡』【注釋】〔一四〕は「晚」の假借字とするが、それでよいと思う。【注釋】〔一四〕所引の裘錫圭は「慢」の省字あるいは假借字とする。その場合は『說文解字』に、

慢、惰也。从心、曼聲。一曰、慢、不畏也。怠、慢也。从心、台聲。

とあるのが參照される。

「大音」は、「道」の比喩。「祇」は、未詳。「𢁉」の字のようである。『郭店楚簡』【注釋】〔一五〕は「祇」の字とし、「希」の意とするが、あまり說得力がない。今はやむをえずこれによっておく。「希聲」は、音が小さいこと。今本『老子』（王弼本）第十四章に、

聽之不聞、名曰希。

第二十三章に、

希言、自然。

第四十三章に、

不言之教、無爲之益、天下希及之。

第七十章に、

知我者希、則我者貴。

第七十四章に、

夫代大匠斲者、希有不傷其手矣。

とある。これらの中で本章と意味が共通するものは、第十四章と第二十三章である。

「象」は、「形」「狀」とほぼ同じ意味。「天象」は、天の形の意であり、結局は「道」を指す。「坓」は、『郭店楚簡』の言うように「形」の異體字。

「天象亡坓」は、今本『老子』（王弼本）第十四章に、

是謂無狀之狀、無物之狀、是謂惚恍。

第三十五章に、

執大象、天下往。往而不害、安・平・太。

『莊子』齊物論篇に、

若有眞宰、而特不得其眹。可行已信、而不見其形。有情而無形。

同じく大宗師篇に、

夫道、有情有信、无爲无形。可傳而不可受、可得而不可見。自本自根、未有天地、自古以固存。神鬼神帝、生天生地。

同じく刻意篇に、

精神四達竝流、无所不極。上際於天、下蟠於地、化育萬物、不可爲象。

同じく至樂篇に、

天无爲、以之淸、地无爲、以之寧。故兩无爲相合、萬物皆化。芒乎芴乎、而无從出乎。芴乎芒乎、而无有象乎。萬物職職、

皆從无爲殖。

同じく知北遊篇に、

夫道窅然難言哉。……夫昭昭生於冥冥、有倫生於无形。精神生於道、形本生於精。而萬物以形相生。

同じく知北遊篇に、

又況夫體道者乎。視之无形、聽之无聲、於人之論者、謂之冥。冥所以論道、而非道也。

同じく天下篇に、

寂漠无形、變化无常。死與生與、天地竝與、神明往與。芒乎何之、忽乎何適。萬物畢羅、莫足以歸。古之道術、有在於是者。

とある（本書丙本第三十五章注（1）を參照）。

以上の三句は、『呂氏春秋』樂成篇に、

大智不形、大器晩成、大音希聲。

『韓非子』喩老篇に、

莊王不爲小善、故有大名。不蚤見示、故有大功。故曰、大器晩成、大音希聲。

『後漢書』郎顗列傳に、

老子曰、大音希聲、大器晩成。

『魏志』崔琰傳に、

此所謂大器晩成者也。

などと引用されている。

「大器曼成、大音祗聖、天象亡茔。」は、各種今本はいずれも「大器晩成、大音希聲、大象無形。」に作るが、「希」は道藏傅奕本が「稀」に作り、「無」は「无」に作るテキストが若干ある。馬王堆『老子』甲本は全缺、乙本は「大器免（晩）成、大音希聲、天象无刑（形）。」に作る。馬王堆『老子』乙本の「天象」は、誤りでないことが、本書、郭店『老子』によって確認された。

（11）　道〔褒亡…且善成〕――「道」は、上半部が見える。その下は、六字乃至七字の缺字。第十二號簡に收まらないけれども、馬王堆『老子』甲本・乙本の文字を一應ここに入れておく。

「褒」は、「褒」の異體字で、大きい・盛んの意。「褒」ではなく各種今本の「隱」の字であるとすれば、『莊子』繕性篇に、

道無以興乎世、世無以興乎道。雖聖人不在山林之中、其德隱矣。隱故不自隱。

とあるが、しかし兩者の意味の相異は大きい。

「亡（無）名」は、今本『老子』（王弼本）第一章に、

無名、天地之始。有名、萬物之母。

第三十二章に、

道常無名。

第三十七章に、

化而欲作、吾將鎭之以無名之樸。無名之樸、夫亦將無欲。

とある（本書甲本第三十二章注（1）、同甲本第三十七章注（5）を參照）。また、『史記』老子列傳の、

老子脩道德、其學以自隱無名爲務。

をも參照。

「夫唯」は、今本『老子』（王弼本）第二章に、

夫唯弗居、是以不去。

第八章に、

夫唯不爭、故無尤。

第十五章に、

夫唯不可識、故強爲之容。……夫唯不盈、故能蔽不新成。

第二十二章に、

夫唯不爭、故天下莫能與之爭。

第五十九章に、

夫唯嗇、是以早服。

第六十七章に、

夫唯大、故似不肖。

第七十章に、

夫唯無知、是以不我知。

第七十一章に、

夫唯病病、是以不病。

第七十二章に、

夫唯不厭（猒）、是以不厭（猒）。

第七十五章に、

夫唯無以生爲者、是賢於貴生。

とある（本書甲本第二章注（16）、同乙本第五十九章注（2）を參照）。『老子』に頻繁に現れる特徴的な語法であり、その下に「是以」または「故」を伴う場合が多い。

「始」は、今本『老子』（王弼本）第一章の、

無名、萬物之始。

第五十二章の、

天下有始、以爲天下母。

を參照。「始」ではなく各種今本の「貸」の字であるとすれば、『莊子』應帝王篇に、

明王之治、功蓋天下而似不自己、化貸萬物而民不恃。有莫擧名、使物自喜、立乎不測、而遊於無有者也。

とある。

「成」は、今本『老子』（王弼本）第二章に、

萬物作焉而不辭、生而不有、爲而不恃、功成而弗居。

第七章に、

是以聖人……非以其無私邪、故能成其私。

第十七章に、

悠兮其貴言、功成事遂、百姓皆謂我自然。

第三十四章に、

萬物恃之而生而不辭、功成不名有、衣養萬物而不爲主。……以其終不自爲大、故能成其大。

第四十五章に、

大成若缺、其用不弊。

第四十七章に、

是以聖人不行而知、不見而名、不爲而成。

第五十一章に、

道生之、德畜之、物形之、勢成之。

第六十三章に、

是以聖人終不爲大、故能成其大。

第六十七章に、

不敢爲天下先、故能成器長。

第七十七章に、

是以聖人爲而不恃、功成而不處、其不欲見賢。

とある（本書甲本第二章注（15）、同丙本第十七章注（8）、同乙本第四十五章注（1）を參照）。

「〔夫唯道、善始且善成〕。」は、その内容を詳しく述べるならば、今本『老子』（王弼本）第五十一章の、

道生之、德畜之、物形之、勢成之。……故道生之德畜之、長之育之、亭之毒之、養之覆之。

の文章となる。

「道〔褒亡（無）名。夫唯道、善始且善成〕。」の下段の趣旨は、「萬物」を開始させ、また完成させる「道」の、主宰者的な能力を確認する點に置かれているらしい。

「道〔褒亡名。夫唯道、善始且善成〕。」は、各種今本は「道隱無名。夫唯道、善貸且成。」に作るが、「無」は「无」に作るテキストが若干あり、「唯」は古本系統が「惟」に作り、「貸」は嚴遵本老子義が「始」に作り、「且」は敦煌李榮本が「生」に作り、「且」の下は龍興觀碑・范應元本に「善」があり、「成」は煌李榮本・龍興觀碑にない。馬王堆『老子』甲本は「〔道褒（褒）无名。夫唯〕道、善〔始且善成〕。」に作り、乙本は「道褒无名。夫唯道、善始且善成。」に作る。

第五十二章中段

第十三號簡

本文

閟亓（其）門、賽（塞）亓（其）⿺辶兌（穴）、終身不⿱不山（敄）(1)。啓亓（其）⿺辶兌（穴）、賽（濟）亓（其）事、終身不來■(2)。

訓讀

亓《そ》（其）の門を閟《と》ざし、亓（其）の⿺辶兌《あな》（穴）を賽《ふさ》（塞）げば、終身⿱不山《つと》（敄）めず。亓（其）の⿺辶兌（穴）を啓《ひら》き、亓（其）

の事を賽《な》（濟）せば、終身來《かえ》らず■。

口語譯

耳目鼻口の穴を閉ざし、知覺の門を塞ぐならば、一生の間、無理に務めなくてもすむけれども、耳目鼻口の穴を開き、作爲を行って仕事を進めるならば、一生の間、本來の自分に立ち返ることがない■。

注

（1）閟亓門…身不⿱不山——「閟」は、『郭店楚簡』は「閉」の假借字とするが、如字に讀むのがよい。『說文解字』に「閟、閉門也。从門、必聲。」とある。

「門」は、次の「⿺辶兌（穴）」とともに人間の感覺器官の比喩。兩者の閒に特に區別は設けられていないらしい。本章が論じているのは欲望の問題ではなく、認識・感覺の問題である。そのことは、重複する句のある本書甲本第五十六章（下引）の冒頭に、「智（知）之者弗言、言之者弗智（知）。」とあって（その注（1）を參照）、「智（知）」「言」の問題が論じられていることからも明らかである。ここに、無欲あるいは寡欲の思想に基づく養生說が含まれているか否かは、不明。

「賽」は、上「門」、中「土」、下「貝」の字。『郭店楚簡』の言うように「賽」と判讀し「塞」の假借字とする。

「⿺辶兌」は、馬王堆『老子』乙本が「⿰土兌」に作り、その註釋〔一四〕が『說文解字』段玉裁注を引いて「穴」の假借字とするのがよいと思う。兪樾『諸子平議』・朱謙之『老子校釋』の說も、根據はそれぞれ異なるが結論は同じ。奚侗『老子集解』は、『周易』說卦傳の「兌爲口」、および『淮南子』道應篇の、

　王若欲久持之、則塞民於兌。

とその許愼注の、

　兌、耳目鼻口也。老子曰、塞其兌也。

を引用している。『莊子』應帝王篇に、

人皆有七竅、以視聽食息、此獨无有。嘗試鑿之。

とある「竅」と類似する。

また、「閟亓門、賽亓⿺辶兑。」は、本書甲本第五十六章にも「閔（閟）亓（其）⿺辶兑（穴）、賽（塞）亓（其）門。」として重出する（その注（2）を參照）。

「⿱矛山」は、各種今本が「勤」に作っているところから考えれば、「敄」の假借字ではなかろうか。『說文解字』に「敄、彊也。从攴、矛聲。」とあり、無理に務めるの意。「秏」「耄」の假借字である可能性もある。

類似句あるいは引用句としては、今本『老子』（王弼本）第五十六章に、

塞其兌、閉其門。

とあり、『莊子』在宥篇に、

廣成子……曰、善哉、問乎。來、吾語女至道。……无視无聽、抱神以靜、形將自正。必靜必淸、无勞女形、无搖女精、乃可以長生。目无所見、耳无所聞、心无所知、女神將守形、形乃長生。愼女內、閉女外、多知爲敗。

とあり、『淮南子』詮言篇に、

故廣成子曰、愼守而內、周閉而外、多知爲敗。毋視毋聽、抱神以靜、形將自正。不得之己、而能知彼著、未之有也。故易曰、括囊、无咎无譽。

同じく道應篇に、

故老子曰、塞其兌、閉其門、終身不勤。

とある（本書甲本第五十六章注（2）を參照）。

「閟亓門、賽亓⿺辶兑、終身不⿱矛山。」は、各種今本はいずれも「塞其兌、閉其門、終身不勤。」に作るが、「兌」は景福碑が「銳」に作り、「勤」は天寶神沙本が「懃」に作る。馬王堆『老子』甲本は「●塞亓（其）悶（穴）、閉亓門、終身不堇（勤）。」に作り、乙本は「塞亓垸（穴）、閉亓門、夂（終）身不堇。」に作る。『郭店楚簡』【注釋】〔一七〕を參照。

（2）啓亓⿺辶兑…不來■―「啓」は、馬王堆『老子』乙本・王弼本は「開」に作るが、これらは前漢の景帝の諱「啓」を避けた處置

が後代にまで遺ったもので、「啓」が本來の文字遣いである。ひらくの意。

「賽」は、『郭店楚簡』【注釋】〔一九〕は、『說文解字』の「寋、實也。」あるいは『廣雅』釋詁一「寋、安也。」の假借字とする。しかし、『爾雅』釋言の「濟、成也。」つまり各種今本の「濟」の假借字ではなかろうか。『禮記』樂記篇に、

分夾而進、事早濟也、久立於綴、以待諸侯之至也。

のように、「事」と「濟」との結合の例がある。「賽亓（其）事」は、事をなして人爲・作爲を行うことを言う。

「朿」は、『郭店楚簡』は「逨」の字と判讀するが、「朿」と判讀して構わない（滕壬生『楚系簡帛文字編』の四一三ページを參照）。朱駿聲『說文通訓定聲』は「來」について、

易咸、憧憧往來。虞注、之內爲來。雜卦傳、萃聚而升不來也。注、還也。詩采薇、我行不來。傳、至也。箋、猶反也。左文七傳、其誰來之。注、猶歸也。莊廿七傳、凡諸侯之女歸寧曰來。隱元年注、來者、自外之文。

などの例を擧げている。『莊子』逍遙遊篇の、

大而無當、往而不反。

同じく徐无鬼篇の、

馳其形性、潛之萬物、終身不反。

同じく外物篇の、

夫流遁之志、決絕之行、噫、其非至知厚德之任與。覆墜而不反、火馳而不顧。

同じく天下篇の、

悲夫、百家往而不反、必不合矣。

同じく天下篇の、

惠施之才、駘蕩而不得、逐萬物而不反。是窮響以聲、形與影競走也。

などの意味ではなかろうか。

これを引用した文章としては、『文子』上禮篇に、

故曰、開其兌、濟其事、終身不救。

とある。

本章中段全體の趣旨は、人閒が知を抑えて生きていくならば、一生苦勞をしなくてすむけれども、知を驅使して作爲を行うならば、一生根本に立ち返ることができない、ということ。本來は、政治思想を述べた文章でも、また養生說を說いた文章でもなく、以上のような反人閒疎外論とも呼ぶべき倫理思想を記した文章であったと思われる。

本章の構成について述べる。馬王堆『老子』甲本は、本章上段が「●天下有始、以爲天下母。」で始まり、中段が「●塞亓悶、閉亓門、終身不堇。」で始まり、下段が「〔●見〕小曰〔明〕、守柔曰強。」で始まり、それぞれの冒頭に「●」が附いている（下段は缺字）。この符號は、これより以下、章あるいは段落が變わることを示しており、その點で重要な意味があるものである。一方、現存する最古の寫本である本書、郭店『老子』乙本には、以上の上段と以下の下段が存在せず、ただ中段だけが「閟亓門、賽亓𨓏、終身不盃。啓亓𨓏、賽亓事、終身不來■。」のように記されている。それゆえ、本來のテキストの姿を示す最古の郭店『老子』においては、上段・中段・下段から成る第五十二章を一つの章にまとめる處置がまだ行われていなかったことは言うまでもない。それだけでなく、上段と下段がすでに書かれていたか否かも不明なのである。それが戰國末期～前漢初期の馬王堆『老子』甲本に至って、上段・中段・下段が確かに今本（王弼本）のように竝べて置かれたのではあるが、しかし前後三つの文章は相い聯續せず、異なった部分に分かれると見なされており、三つの部分が一つの章にまとめられるとは、考えられていなかった。

「啓亓𨓏、賽亓事、終身不來。」は、各種今本はいずれも「開其兌、濟其事、終身不救。」に作るが、「兌」は次解本が「門」に作り、景福碑が「銳」に作る。馬王堆『老子』甲本は「啓亓（其）悶（穴）、濟亓（其）事、終身〔不來〕。」に作り、乙本は「啓亓垸（穴）、齊亓〔事、冬（終）身〕不棘（來）。」に作る。馬王堆『老子』乙本の「棘」は、『說文解字』に「來、……一麥二縫、象其芒束之形。」と言い、段玉裁注によれば「夆、束也。」であるから、「棘」の字ではなく「來」の字と判讀すべきであろう。ちなみに、『毛詩』小雅、出車篇では「牧・來・載・棘」が叶韻である（朱駿聲『說文通訓定聲』）。

第四十五章

第十三號簡

本　文

大成若（1）

訓　讀

大成《たいせい》は夬《か》（缺）けたるが若《ごと》く、

口語譯

眞に完成しているものは、どこか缺けたところがあるかのように見えるが、

注

（1）大成若――「大」は、「上」や「至」という言葉と同じで、最高のランクを示す形容詞。「大〇」という表現は、今本『老子』（王弼本）第四十一章に、

上徳若谷、大白若辱、廣徳若不足。建徳若偸、質眞若渝、大方無隅。大器晩成、大音希聲、大象無形。

『莊子』齊物論篇に、

夫大道不稱、大辯不言、大仁不仁、大廉不嗛、大勇不忮。道昭而不道、言辯而不及、仁常而不成、廉淸而不信、勇忮而不成。五者园而幾向方矣。

『淮南子』詮言篇に、

大道無形、大仁無親、大辯無聲、大廉不嗛、大勇不矜。五者無棄、而幾鄉方矣。

とある（本書乙本第四十一章注（9）を參照）。

「大成」は、『莊子』山木篇に、

昔吾聞之大成之人曰、自伐者无功、功成者墮、名成者虧。孰能去功與名、而還與衆人。

とあるが、朱謙之『老子校釋』は下文の「大盈」と對比させて「大盛」の意に取る。下文にも「大成」が重出しており、それとは異なる意味と考えるならば「大盛」の意がよいかもしれない。

「若夬」の「夬」は、『莊子』齊物論篇に、

其分也成也、其成也毀也。

とある「毀」にほぼ同じ（福永光司『老子』下を參照）で、「成」の反對概念であろうか。しかし「缺除」の意味でもよく通ずる（本章注（2）に後述）。

これらを引用した文章としては、『韓詩外傳』卷九に、

老子曰、……大成若缺、其用不敝。大盈若沖、其用不窮。大直若詘、大辯若訥、大巧若拙、其用不屈。……

とある。

「大成若夬、亓甬不幣。……大植若屈■。」の趣旨は、眞に偉大なプラス價値のものが、まったく逆に卑小のマイナス價値に見える場合が「萬物」の常態であることを指摘して、マイナス價値に見えるものがかえって眞のプラス價値を有することを、逆說的に主張することであろう。推測するに、下文にある爲政者の「淸淸」という卑小なマイナス價値に見えるものが、「爲天下定」という眞に偉大なプラス價値であることを、逆說的に主張するための伏線ではなかろうか。

「大成若夬」は、各種今本はいずれも「大成若缺」に作るが、「缺」は意林本だけが「鈌」に作る。馬王堆『老子』甲本は「大成若缺」に作り、乙本は全缺。

第十四號簡

本　文

夬（缺）、亓（其）甬（用）不幣（敝）(2)。大浧（盈）若中（盅）、亓（其）甬（用）不𥨊（窘）(3)。大攷（巧）若㑁（拙）、大成若詘、大植（直）(4)。

訓　讀

夬《か》（缺）けたるが若《ごと》く、亓《そ》（其）の甬《よう》（用）は幣《やぶ》（敝）れず。大浧《たいえい》（盈）は中《ちゅう》（盅）の若く、亓（其）の甬（用）は𥨊《きわ》（窘）まらず。大攷《たいこう》（巧）は㑁《つたな》（拙）きが若く、大成は詘《ちゅつ》なるが若く、大植《たいちょく》（直）は屈《まが》れるが若し。

口語譯

どこか缺けたところがあるかのように見えるが、その働きはいつまでも衰えない。眞に充實しているものは、空っぽであるかのように見えるが、その働きはいつまでも盡きない。

本當に巧みなものは下手くそであるかのように見え、本當に羽振りのよいものは尻ごみしているかのように見え、本當にまっ直ぐなものは曲がっているかのように見える。

注

（2）夬、亓甬不幣――「夬」は、『郭店楚簡』の言うように「缺」の省字あるいは假借字。「幣」は、『郭店楚簡』【注釋】〔二〇〕の言うように「敝」の異體字あるいは假借字。その意味は、やぶれる・つきること。『淮南子』原道篇の高誘注は「敝、盡也。」とする。今本『老子』（王弼本）第十五章に、

夫唯不盈、故能蔽不新成。

第二十二章に、

　蔽則新。

とある。

「丌甬不幣」は、表現も意味も下文の「丌甬不⿱宀身」とほぼ同じ。今本『老子』（王弼本）第六章の「用之不勤」、第三十五章の「用之不足既」に類似する（本書丙本第三十五章注（7）を參照）。

「丌甬不幣」は、各種今本はいずれも「其用不弊」に作る。馬王堆『老子』甲本は「亓用不幣（敝）」に作り、乙本は全缺。

（3）大浧若…甬不⿱宀身―「浧」は、本書甲本第二章に既出（その注（8）を參照）。「盈」の假借字で、みちる・みたすの意。

「中」は、郭店『老子』の本書甲本第十六章上段に既出（その注（2）を參照）。「盅」の省字あるいは假借字。『說文解字』に、

　盅、器虛也。从皿、中聲。老子曰、道盅而用之。

とある。器が空であること、または空の器を言う。

「⿱宀身」は、『郭店楚簡』【注釋】〔一一〕の言うように、『說文解字』「窘、迫也。从穴、君聲。」の異體字（許抗生『帛書老子注譯與研究』（增訂本）、浙江人民出版社、一九八五年、を參照）。

「大浧若中、丌甬不⿱宀身。」は、今本『老子』（王弼本）第四章に、

　道、沖而用之、或不盈。

第十五章に、

　保此道者、不欲盈。

とあるのとほぼ同意（本書甲本第十五章上段・中段注（18）を參照）。また、「丌甬不⿱宀身」は、今本『老子』（王弼本）第三十五章に、

　道之出口、……用之不可既。

とある（本書丙本第三十五章注（7）を參照）。

「大浧若中、丌甬不穿。」は、各種今本は「大盈若沖、其用不窮。」に作るが、「盈」は想爾本系統・古本系統・河上公敦煌本が「滿」に作り（前漢、惠帝の諱「盈」を避けたままにしておいたのである。）、「沖」は嚴遵本・敦煌李榮本・龍興觀碑・景福碑・河上公奈良本・開元廿七碑が「冲」に作り、古本系統が「盅」に作る。馬王堆『老子』甲本は「大盈若浊（盅）、亓（其）用不䆩（窘）。」に作り、乙本は「〔大〕盈如沖（盅）、亓□。」に作る。

（4）大攷若…詘、大植―「攷」は、『郭店楚簡』の言うように「巧」の假借字。たくみであること。「㑀」は、『郭店楚簡』の言うように「拙」の異體字あるいは假借字。つたないこと。「大攷若㑀」は、『莊子』胠篋篇に、

故曰、大巧若拙。

『淮南子』道應篇に、

故老子曰、大直若屈、大巧若拙。

『牟子理惑論』に、

老子……又曰、大辯若訥、大巧若拙。

とある。

「詘」は、『說文解字』の「詘、詰詘也。一曰屈襞。从言、出聲。」、『爾雅』釋詁の「詘、屈也。詘、折也。」の意で、引伸して失敗の意であろうか。

「大成若詘」は、各種今本や馬王堆『老子』甲本・乙本に同じ句が見えない。馬王堆『老子』甲本の「大贏如炳」が、これに相當するのではなかろうか。この推測に基づくならば、馬王堆本の「贏」は、『說文解字』に「贏、賈有餘利也。从貝、羸聲。」とある意味で、もうけ・餘りの意。馬王堆本の「炳」は、「黜」の假借字で、おとす・へらすの意であろうか。

「大植若屈」は、今本『老子』（王弼本）第二十二章に「枉則直」とある。「植」は、『郭店楚簡』の言うように「直」の異體字あるいは假借字。「屈」は、朱駿聲『說文通訓定聲』に「屈、叚借爲詘、實爲曲。」とあり、まがるの意。一句は、『史記』劉敬叔孫通列傳贊に、

大直若詘、道固委蛇、蓋謂是乎。

『後漢書』荀爽列傳論に、

　所謂大直若屈、道固逶迤也。

とある。また、『荀子』天論篇が老子を論評して、

　老子有見於詘（屈）、無見於信（伸）。……有詘而無信、則貴賤不分。

と言うのをも參照。

ちなみに、この前後の文章について、馬王堆『老子』甲本の註釋〔一一〕は四字四句であるはずと見て、「大辯如訥」の一句が奪したのではないかと疑うが、恐らくそうではない。「大辯如訥」は、本書、郭店『老子』乙本や馬王堆『老子』甲本にもないので、古い『老子』には含まれていなかったのが、後代になって附加されたのであろう。

「大攷若倔、大成若詘、大植若屈。」は、各種今本はいずれも「大直若屈、大巧若拙、大辯若訥。」に作るが、「屈」は古本系統が「詘」に作る。馬王堆『老子』甲本は「大直如詘（屈）、大巧如拙、大贏如炳（黜）。」、乙本は「☐巧若拙、〔大贏如〕絀（黜）。」に作る。各種今本と本書、郭店『老子』とで三句の順序が異なることは、『郭店楚簡』の言うとおりである。

第十五號簡

本文

若屈■。喿（燥）勳（勝）蒼（滄）(5)、青（靜）勳（勝）然（熱）(6)。淸淸（靜）、爲天下定（正）(7)。

訓讀

屈《まが》れるが若《ごと》し■。喿《あつ》（燥）きは蒼《つめ》（滄）たきに勳《か》（勝）ち、青《しず》（靜）かなるは然《あつ》（熱）きに勳（勝）つ。淸淸《せいせい》（靜）たれば、天下の定《せい》（正）と爲《な》らん。

口語譯

本當にまっ直ぐなものは曲がっているかのように見える■。
熱さは冷たさに打ち勝つけれども、靜かにしていればその熱さにも打ち勝つ。清らかで靜かなものこそが天下の主《あるじ》となるのだ。

注

（5）若屈■…喿𠡦蒼――「■」は、これ以前と以後とで文章が切れることを示す符號である。したがって、本書、郭店『老子』乙本は、以下の文章を以上の文章と同一のまとまりの章（第四十五章）と把えていないかもしれない。

「喿」は、『郭店楚簡』の言うように「燥」の省字あるいは假借字。『說文解字』に「燥、乾也。从火、喿聲。」とあるが、『毛詩』周南、汝墳篇の『經典釋文』に「楚人名火曰燥」とあり、「火」の意であって下文の「然」と類似する。すなわち、作者は「蒼∧喿＝然∧青」という優劣の圖式を構想しているのではなかろうか（朱謙之『老子校釋』を參照）。今本『老子』（王弼本）第二十六章の「重爲輕根、靜爲躁君。」とは、內容上無關係のようである。

「𠡦」は、『郭店楚簡』によって「勝」の假借字とする。「蒼」は、『郭店楚簡』【注釋】〔一二〕の言うように「滄」の假借字。『說文解字』に「滄、寒也。从冫、倉聲。」とある。また『荀子』正名篇に、

　疾養滄熱。

という用例がある。

これ以下の文章は、爲政者が「清く清（靜）かな」政治を行うべきことを主張した政治思想の表現である。すなわち、「喿《あつ》（燥）い」政治は「蒼《つめ》（滄）たい」政治よりも優れており、「青《しず》（靜）かな」政治はその「喿《あつ》（燥）い」政治よりも優れている。よって「清く清（靜）かな」政治を行うならば、天下の正長となることができる、と言うのである。

「喿𠡦蒼」は、各種今本はいずれも「躁勝寒」に作るが、「躁」は天寶神沙本・龍興觀碑・景福碑が「趮」の字に作る。「燥」の異體字であろう。馬王堆『老子』甲本は「趮（燥）勝寒」に作り、乙本は「趮朕（勝）寒」に作る。

（6）青勦然―「青」は、『郭店楚簡』は「淸」の假借字とするが、道家の古典文獻には「靜」の方が多く現れるので、「靜」の假借字とする。「然」は、『說文解字』の「然、燒也。」の意とするのが穩當ではあろうが、『郭店楚簡』の言うように「熱」の假借字とする。

一句は、『呂氏春秋』功名篇に、

大熱在上、民淸是走。

とあるのを參照。

また、本章下段と類似する趣旨の文章としては、『呂氏春秋』君守篇に、

天之大靜、既靜而又寧、可以爲天下正。

とあるのを參照。

「青勦然」は、各種今本はいずれも「靜勝熱」に作るが、「靜」は道藏傅奕本が「靖」に作り、「熱」は河上公奈良本が「爇」の字に作る。馬王堆『老子』甲本は「靚（靜）勝炅（熱）」に作り、乙本は缺字。

（7）淸淸、爲天下定―「淸淸」は、實際には「淸〻」に作っている。そこで、『郭店楚簡』【注釋】〔二四〕の引用する裘錫圭は、「淸靑」あるいは「靑淸」と判讀すべきかもしれないと主張する。ここでは『郭店楚簡』の言うように「淸淸」に作り、上の「淸」は如字、下の「淸」は「靜」の假借字としておく。

「淸靜」という言葉は、『莊子』在宥篇に、

必靜必淸、无勞女形、无搖女精、乃可以長生。

『史記』曹相國世家に、

蓋公爲言治道貴淸靜而民自定、推此類具言之。

同じく老子列傳に、

李耳無爲自化、淸靜自正。

同じく汲黯列傳に、

　　黜學黃老之言、治官理民好清靜、擇丞史而任之。

『漢書』曹參傳に、

　　蓋公爲言治道貴清靜而民自定、推此類具言之。

『文子』道德篇に、

　　無爲者、守靜也。守靜故能爲天下正。

とある。

「定」は、『郭店楚簡』【注釋】〔一四〕所引の裘錫圭の言うように「正」の假借字であろう。

「天下正」は、「天下長」に同じ。天下の正長・主長、すなわち天子の意であって、王念孫『讀書雜志』に優れた考證がある。

他の用例としては、今本『老子』（王弼本）第三十九章に、

　　侯王得一、以爲天下貞（正）。

とあり（馬王堆『老子』甲本・乙本は「天下正」に作る）、『淮南子』說山篇に、

　　侯王寶之、爲天下正。

とある。今本『老子』（王弼本）中の類似する言葉としては、第二十二章に「天下牧」、第五十六章・第六十二章に「天下貴」、第七十八章に「天下之王」がある（本書甲本第五十六章注（9）を參照）。

「清清、爲天下定。」は、各種今本は「清靜、爲天下正。」に作るが、「清靜」は嚴遵本が「能靜能清」に作り、道藏傅奕本が「清靖」に作る。「爲」は次解本が「能爲」に作り、龍興觀碑・古本系統・景福碑・河上公道藏本・開元廿七碑が「以爲」に作る。馬王堆『老子』甲本は「請（清）靚（靜）、可以爲天下正。」に作り、乙本は全缺。

第五十四章

第十五號簡

本文

善建者不拔（1）、善休（保）者（2）

訓読

善く建《た》つる者は抜けず、善く休《たも》（保）つ者は

口語譯

しっかと打ち建てられた道は引き抜かれることがなく、しっかと抱えこまれた道は

注

（1）善建者不拔―「善」は、上手に・立派に、という意味の副詞。今本『老子』（王弼本）第十五章に、

古之善爲士者、微妙玄通、深不可識。

第二十七章に、

善行無轍迹、善言無瑕讁、善數不用籌策、善閉無關鍵而不可開、善結無繩約而不可解。是以聖人常善求人、故無棄人。常善救物、故無棄物。

第六十八章に、

善爲士者不武、善戰者不怒、善勝敵者不與、善用人者爲之下。是謂不爭之德。

とある（本書甲本第十五章上段・中段注（2）を參照）。

「建」は、今本『老子』（王弼本）第四十一章に、

故建言有之、……建德若偸。

とある（本書乙本第四十一章注（5）を參照）。動詞「建」と「休（保）」の目的語は、「道」であろう。下文に「悳（德）」が多く登場するのは、そのためである。この部分を引用して『淮南子』主術篇が、

是皆以利見制於人也。故善建者不拔、言建之无形也。

と、また『文子』上仁篇が、

夫以建而制於人者、不能治國。故善建者不拔、言建之無形也。

と解說しているのを參照。これらの「无形」は、勿論「道」を指している。

「拔」は、『郭店楚簡』【注釋】〔二五〕の言うように、『古文四聲韻』卷五の「古老子」の字形である。「不拔」は、『周易』乾卦の文言傳に、

確乎其不可拔、潛龍也。

とある。「善建者不拔」は、今本『老子』（王弼本）第五十九章の「是謂深根固柢」と同じ思想、同じイメージである（本書乙本第五十九章注（8）を參照）。

これらを引用した文章としては、『韓非子』解老篇に、

而今也玩好變之、外物引之、引之而往。故曰、拔。至聖人不然。一建其趨舍、雖見所好之物不能引。不能引之謂不拔。一於其情、雖有可欲之類、神不爲動。神不爲動之謂不脫。爲人子孫者、體此道、以守宗廟、宗廟不滅、之謂祭祀不絕。身以積精爲德、家以資財爲德、鄉國天下、皆以民爲德。今治身、而外物不能亂其精神。故曰、脩之身、其德乃眞。眞者、悳之固也。治家、無用之物不能動其計、則資有餘。故曰、脩之家、其德有餘。治鄉者行此節、則家之有餘者益衆。故曰、脩之鄉、其德乃長。治邦者行此節、則鄉之有德者益衆。故曰、脩之邦、其德乃豐。莅天下者行此節、則民之生莫不受其澤。故曰、脩之天下、其德乃普。脩身者以此別君子小人、治鄉治邦莅天下者、各以此科適觀息耗、則萬不失一。故曰、以身觀身、以家觀家、以鄉觀鄉、以邦觀邦、以天下觀天下。吾奚以知天下之然也、以此。

同じく喩老篇に、

故曰、善建不拔、善抱不脫、子孫以其祭祀世世不輟。

とある。

「善建者不拔」は、各種今本はいずれも「善建者不拔」に作るが、「者」は想爾本系統・道藏王弼本にない。馬王堆『老子』甲本は「善建〔者不〕拔」に作り、乙本は「善建者〔不拔〕」に作る。

（2）善休者不兌―「休」は、『郭店楚簡』【注釋】〔二六〕の言うように「保」の省字。ここでは、「道」を保持するの意。「兌」は、「脫」の省字あるいは假借字。ぬけるの意。

「善休者不兌」は、各種今本はいずれも「善抱者不脫」に作るが、「抱」は道藏傅奕本が「褒」の字に作り、「者」は想爾本系統になく、「脫」は范應元本が「挩」に作る。馬王堆『老子』甲本・乙本は全缺。

第十六號簡

本文

不兌（脫）(2)、子孫以丌（其）祭祀不屯（頓）(3)。攸（修）之身、丌（其）悳（德）乃貞(4)。攸（修）之豪（家）、丌（其）悳（德）又（有）舍（餘）(5)。攸（修）

訓讀

兌《ぬ》（脫）けず、子孫は以て丌《そ》（其）れ祭祀《さいし》して屯《や》（頓）まず。之《こ》れを身に攸《おさ》（修）むれば、丌（其）の悳《とく》（德）は乃《すなわ》ち貞《ただ》し。之れを豪《いえ》（家）に攸（修）むれば、丌（其）の悳（德）は舍《あま》（餘）り又《あ》（有）り。之れを向《きょう》（鄉）に攸（修）むれば、

口語譯

抜け落ちることがないが、このようにして創業した祖先を子孫は代々祭り續けて、その祭祀はいつまでも絶えることがないであろう。

この道を、我が身に修めるならば、その結果、我が身は安固になり、我が家に修めるならば、その結果、我が家は金持ちとなり、郷里に修めるならば、

注

（3）子孫以…祀不屯―「子孫」の字は、實際には合文である。

「以丌」は、「丌（其）れを以て」と讀むことができるかもしれない。以上の三句は同じ型の對句ではないと考えられるから。あるいは「丌」は衍文であろうか。ただし、『韓非子』喩老篇には「其」がある（上引）。

「屯」は、楚系文字の實際は『郭店楚簡』【注釋】〔一七〕の言うように「屯」の省字。『郭店楚簡』【注釋】〔一七〕は『說文解字』の「屯、難也。」の意とするが、この場合の意味にうまく合わない。【注釋】〔一七〕所引の裘錫圭は「乇」の字形であるとする。「乇」の字であるならば、『戰國策』秦策の注の「頓、罷也。」、あるいは『文選』注の「頓、猶舍也。」、あるいは張翰雜詩注の「頓、猶止也。」などの意であろう。

「子孫以丌祭祀不屯」は、章末に「虚（吾）可（何）以智（知）天〔下之肰（然）哉、以此〕。」とあって、「天下」のことだけが強調されているところから判斷して、「豪（家）」や「邦」のレベルで宗廟の祭祀がいつまでも絶えないという意味も含まれるかもしれないが、むしろ「天下」のレベルで創業の祖先の祭祀が永續するという意味に重點がある、と考えられる。『春秋左氏傳』定公四年に、

滅宗廢祀、非孝也。

『孟子』離婁上篇に、

卿大夫不仁、不保宗廟。

とあるが、儒家の「孝」「仁」の倫理を除けば、類似する點のある思想と表現である。

「子孫以丌祭祀不屯」は、各種今本は大體「子孫以祭祀不輟」に作るが、「以」は嚴遵本・想爾本系統・古本系統・道藏河上

公本・玄宗本系統になく、「輟」は天寶神沙本が「醊」に作る。馬王堆『老子』甲本は「子孫以祭祀〔不絕〕」に作り、乙本は「子孫以祭祀不絕」に作る。

（4）攸之身…悳乃貞―「攸」は、『郭店楚簡』の言うように「修」の省字あるいは假借字。

「之」は、上文の內容全體を漠然と指すが、端的に言えば「道」である。「亓（其）悳（德）」は、そのような「道」の働き・機能・作用を言う。倫理・モラルの意ではないことに注意。

「貞」は、『郭店楚簡』は「眞」の假借字とするが、「定」あるいは「正」の意ではなかろうか。身體の安定を言うのであろう。『莊子』駢拇篇に、

多方乎仁義而用之者、列於五臧哉、而非道德之正也。

同じく刻意篇に、

夫恬惔寂漠、虛無無爲、此天地之平、而道德之質也。

とある。もし「眞」の假借字であるとすれば、『莊子』應帝王篇に、

其知情信、其德甚眞。

同じく漁父篇に、

孔子愀然曰、請問何謂眞。客曰、眞者、精誠之至也。不精不誠、不能動人。故強哭者、雖悲不哀。強怒者、雖嚴不威。強親者、雖笑不和。眞悲无聲而哀、眞怒未發而威、眞親未笑而和。眞在內者、神動於外。是所以貴眞也。

とあり、特に『莊子』漁父篇の「眞」の思想と近いことになるが、それでは本書、郭店『老子』の成書年代を、漁父篇の成書年代にまで下げすぎる嫌いがある。『莊子』讓王篇に、

故曰、道之眞以治身、其緖餘以爲國家。其土苴以治天下。

とあるのは、同じ思想を養生說の方向へと傾けた文章である。

「攸之身、亓悳乃貞。」以下に現れている、道家の「道」が多くの段階、多くの場面において有效であり、その意味では普遍的一般的な原理であるとする議論は、他の文獻では『莊子』天道篇に、

夫虚靜恬淡、寂漠无爲者、萬物之本也。明此以南鄉、堯之爲君也。明此以北面、舜之爲臣也。以此處上、帝王天子之德也。以此處下、玄聖素王之道也。以此退居而閒游、江海山林之士服。以此進爲而撫世、則功大明顯而天下一也。

とある。本書本章の前半部分はこれとほぼ同時代の作品であろうと推測することができる。

ところで、『禮記』大學篇には、周知のとおり、

古之欲明明德於天下者、先治其國。欲治其國者、先齊其家。欲齊其家者、先脩其身。欲脩其身者、先正其心。欲正其心者、先誠其意。欲誠其意者、先致其知、致知在格物。物格而后知至、知至而后意誠、意誠而后心正、心正而后身脩、身脩而后家齊、家齊而后國治、國治而后天下平。自天子以至於庶人、壹是皆以脩身爲本。其本亂而末治者否矣、其所厚者薄、而其所薄者厚、未之有也。此謂知本、此謂知之至也。

のように、「脩身→齊家→治國→平天下」という倫理・政治の圖式があるが、これは四つの段階が「脩身」から出發して有機的に結びつく發展を構想したものである。一方、『禮記』大學篇と類似の圖式を批判した思想の表現としては、『管子』牧民篇に、

以家爲鄉、鄉不可爲也。以鄉爲國、國不可爲也。以國爲天下、天下不可爲也。以家爲家、以鄉爲鄉、以國爲國、以天下爲天下。毋曰不同生、遠者不聽。毋曰不同鄉、遠者不行。毋曰不同國、遠者不從。如地如天、何私何親。如月如日、唯君之節。

とあるが、本章の後半部分は『管子』牧民篇の思想を踏まえつつ、明確に『禮記』大學篇と類似の思想に反對したものである。

これを引用した文章としては、『淮南子』道應篇に、

故老子曰、修之身、其德乃眞也。

『文子』微明篇に、

修之身、然後可以治民。居家理、然後可移于官長。故曰、修之身、其德乃眞。修之家、其德乃餘。修之國、其德乃豐。

とある。

「攸之身、丌悳乃貞。」は、各種今本は「修之於身、其德乃眞。」に作るが、「修」はいくつかのテキストが「脩」に作り、「之」は景福碑になく、「於」は想爾本系統・古本系統・玄宗本系統になく、「其德乃眞」は指歸本になく、その「乃」は想爾本系統

が「能」に作る。馬王堆『老子』甲本は全缺、乙本は「脩之身、亓（其）德乃眞。」に作る。

（5）攸之豪、亓悳又舍——「豪」は、『郭店楚簡』の言うように「家」の異體字。「舍」は、楚系文字の實際は上「余」、下「口」の字。「餘」の異體字。

「攸之豪、亓悳又舍。」の大意は、「道」を家のレベルで修めるならば、「道」の作用によって家の財富は餘りある狀態にまでなる、ということ。このように、財富について「餘り」を言う關聯表現としては、今本『老子』（王弼本）第二十章に、

衆人皆有餘。

第二十四章に、

其在道也、曰餘食贅行。

第五十三章に、

財貨有餘。

第七十七章に、

天之道、其猶張弓與。高者抑之、下者擧之。有餘者損之、不足者補之。天之道、損有餘而補不足。人之道則不然、損不足以奉有餘。孰能有餘以奉天下、唯有道者。

『莊子』天道篇に、

夫帝王之德、……無爲也、則用天下而有餘。

同じく庚桑楚篇に、

今吾日計之而不足、歲計之而有餘。

同じく盜跖篇に、

平爲福。有餘爲害者、物莫不然、而財其甚者也。

同じく天下篇に、

人皆取實、己獨取虛。无藏也、故有餘。巋然而有餘。

とある。

「攸之豙、丌悳又舍。」は、各種今本は「修之於家、其德乃餘。」に作るが、「修」は「脩」に作るテキストがいくつかあり、「之」は景福碑になく、「於」は想爾本系統・古本系統・玄宗本系統になく、「乃」は指歸本・敦煌李榮本・次解本・龍興觀碑・河上公敦煌本・景福碑・河上公奈良本になく、天寶神沙本・開元廿六碑が「能」に作り、「餘」の上に嚴遵本・想爾本系統・河上公本系統・開元廿六碑は「有」がある。馬王堆『老子』甲本は「〔脩之家、亓（其）德有〕餘。」に作り、乙本は「脩之家、亓德有餘。」に作る。

第十七號簡

本　文

之向（鄉）、丌（其）悳（德）乃長。[6] 攸（修）之邦、丌（其）悳（德）乃奉（豐）[7]。攸（修）之天下、〔丌（其）悳（德）乃博（溥）[8]。以豙（家）觀〕

訓　讀

之《こ》れを向《きょう》（鄉）に攸《おさ》（修）むれば、丌《そ》（其）の悳《とく》（德）は乃《すなわ》ち長し。之れを邦《くに》に攸（修）むれば、丌（其）の悳（德）は乃ち奉《ゆた》（豐）かなり。之れを天下に攸（修）むれば、〔丌（其）の悳（德）は乃ち博《あまね》（溥）し。豙《いえ》（家）を以て〕豙（家）を〔觀《み》〕、

口語譯

鄉里に修めるならば、鄉里は長く保持され、國家に修めるならば、國家は殷富となり、天下に修めるならば、〔天下は普《あまね》く統治される。

そして、家という基準で〕家のあり方を〔觀〕、

注

（6）攸之向、丌悳乃長――「向」は、『郭店楚簡』【注釋】〔一八〕の引く裘錫圭が詳細に述べているように、「向」の字であり「鄉」の意である。

「長」は、「鄉」を統治することのできる期間が長いことを言う。あるいは「長たり」と訓じて、鄉長となれるの意かもしれない。「長」の字は、今本『老子』（王弼本）第九章に、

揣而鋭之、不可長保。

第二十二章に、

不自矜故長。

第二十四章に、

自矜者不長。

第四十四章に、

知足不辱、知止不殆、可以長久。

第五十九章に、

有國之母、可以長久。是謂深根固柢。長生久視之道。

とある（本書甲本第九章注（3）、同甲本第四十四章注（8）、同乙本第五十九章注（7）を參照）。

「攸之向、丌悳乃長。」は、各種今本は「修之於鄉、其德乃長。」に作るが、「修」は「脩」に作るテキストがいくつかあり、「之」は景福碑になく、「於」は想爾本系統・古本系統・玄宗本系統になく、「乃」は敦煌李榮本・天寶神沙本・次解本が「能」に作る。馬王堆『老子』甲本は「脩之〔鄉、亓（其）德乃長〕。」に作り、乙本は「脩之鄉、亓德乃長。」に作る。

（7）攸之邦、丌悳乃奉――「奉」は、『郭店楚簡』の言うように「豐」の假借字。國家の富、特に五穀の稔りが豊かであることを言う。『管子』霸言篇に、

夫豐國之謂霸、兼正之國之謂王。

同じく君臣上篇に、

民足於產、則國家豐矣。

同じく君臣下篇に、

順大臣以功、順中民以行、順小民以務、則國豐矣。

『淮南子』齊俗篇に、

夫民有餘卽讓、不足則爭。讓則禮義生、爭則暴亂起。扣門求水火、莫弗與者、所饒足也。林中不賣薪、湖上不鬻魚、所有餘也。故物豐則欲省、求贍則爭止。

などとある。

「攸之邦、丌悳乃奉。」は、各種今本は「修之於國、其德乃豐。」に作るが、「修」は「脩」に作るテキストがいくつかあり、「之」は景福碑になく、「於」は想爾本系統・古本系統・玄宗本系統になく、「國」は古本系統が「邦」に作り、「乃」は想爾本系統が「能」に作る。馬王堆『老子』甲本は全缺、乙本は「脩之國、亓（其）德乃夆（豐）。」に作る。

（8）攸之天…悳乃愽―「天下」の下の缺字は、約七字。各種今本、馬王堆『老子』甲本・乙本を參照して「〔丌悳乃愽。以彖觀〕」の七字を補った。『郭店楚簡』【注釋】〔二九〕の補足も同じ。「愽」は、「博」の異體字。ひろい・あまねしの意。

理想的な「天下」の爲政者の統治の及ぶ範圍は、どこまでも普遍に廣がっていくとする思想の表現としては、『莊子』天道篇に、

夫帝王之德、以天地爲宗、以道德爲主、以無爲爲常。無爲也、則用天下而有餘。……故曰、帝王之德、配天地。此乘天地、馳萬物、而用人羣之道也。

とある。

以上の趣旨は、道家の同じ一つの「道」が多くの段階、多くの場面において有効な、一般的普遍的な原理であることを主張したもの。以下は、その反對に一つの段階、一つの場面には相互に轉用できない「道」があり、それゆえ「道」が個別的具體

的な原理でもあることを主張する。道家の思想史の發展の上から言えば、前者は舊來の傳統的な思想であり、それよりもむしろ後者に新しさがある。

「攸之天下、〔亓悳乃愽〕。」は、各種今本は「修之於天下、其德乃普。」に作るが、「修」は「脩」に作るテキストがいくつかあり、「之」は景福碑になく、「於」は想爾本系統・古本系統・玄宗本系統になく、「乃」は想爾本系統（敦煌李榮本・天寶神沙本・次解本）が「能」に作り、「普」は道藏傅奕本が「溥」に作る。馬王堆『老子』甲本は全缺、乙本は「脩之天下、亓（其）德乃愽（博）。」に作る。

第十八號簡

本文

豙（家）、以向（鄉）觀向（鄉）(9)、以邦觀邦、以天下觀天下。(10)虐（吾）可（何）以智（知）天〔下之肰（然）〕哉、以此(11)。

訓讀

豙《いえ》（家）を〔觀《み》〕、向《きょう》（鄉）を以て向（鄉）を觀、邦《くに》を以て邦を觀、天下を以て天下を觀る。虐《わ》（吾）れ可《なに》（何）を以て天〔下の肰《しか》（然）るを〕智《し》（知）る〔や、此《こ》れを以てなり〕。

口語譯

〔家という基準で〕家のあり方〔を觀〕、鄉里という基準で鄉里のあり方を觀、國家という基準で國家のあり方を觀、天下という基準で天下のあり方を觀るのでなければならない。わたしがどのようにして天〔下の正しい觀方を〕知る〔のかと言えば、以上の方法によってである〕。

注

（9）〔以豢觀〕…向觀向――「〔以豢觀〕豢、以向觀向。」以下は、「身」「家」「鄕」「邦」「天下」にそれぞれ異なった性質（つまり「道」）があり、それゆえ異なった對處のしかたがあることを言う。したがって、本章の前半部分とは趣旨の上で嚴密には矛盾する文章であるが、作者としては『管子』牧民篇の側にシフトしつつ、兩者を兩立させた上で統一したいのであろう。また、「身」「家」「鄕」「邦」「天下」の諸基準（つまり諸「道」）の中で、「天下」を治めるには「天下」の基準（つまり「道」）によるべきことを訴えるのに重點があることについては、本章注（3）を參照。

「〔以豢觀〕豢、以向觀向。」は、各種今本はいずれも「故以身觀身、以家觀家、以鄕觀鄕。」に作るが、敦煌李榮本は「鄕」についての句がない。馬王堆『老子』甲本は「以身〔觀〕身、以家觀家、以鄕觀鄕。」に作り、乙本は「以身觀身、以家觀〔家〕。」に作る。こういうわけで、本書、郭店『老子』乙本には「身」についての句がなく、馬王堆『老子』乙本には「鄕」についての句がない、という狀況になっている。これらは、本來あるべき句がそれぞれ誤奪したのであろう。

（10）以邦觀…觀天下――「以邦觀邦、以天下觀天下。」は、各種今本はいずれも「以國觀國、以天下觀天下。」に作るが、「國」は古本系統が「邦」に作る。馬王堆『老子』甲本は「以邦觀邦、以天〔下〕觀〔天下〕。」に作り、乙本は「〔以國觀〕國、以天下觀天下。」に作る。

（11）虗可以…哉、以此〕――「天」の下の缺字は、約五字。各種今本と馬王堆『老子』乙本を參照して「〔下之肰哉、以此〕。」の六字を補ってみた（『郭店楚簡』【注釋】〔三〇〕を參照）。あるいは「〔下肰哉、以此〕。」の五字を補うべきかもしれない。

「虗可以智天〔下之肰哉、以此〕。」は、同類の言い回しが今本『老子』（王弼本）第二十一章に、

自古及今、其名不去、以閱衆甫。吾何以知衆甫之狀哉、以此。

第五十七章に、

以正治國、以奇用兵、以無事取天下。吾何以知其然哉、以此。

とある（本書甲本第五十七章注（5）を參照）。

「〔以此〕」は、上文に書いてあること、すなわち「天下を以て天下を觀る」という方法を指す。

「虗可以智天〔下之肰哉、以此〕。」は、各種今本は「吾何以知天下之然哉、以此。」に作るが、「天下」は指歸本が「其」に作り、「之」は指歸本・王弼本系統になく、「哉」は想爾本系統・開元廿六碑にない。馬王堆『老子』甲本は全缺、乙本は「吾何〔以〕知天下之然茲（哉）、以〔此〕。」に作る。

第四編　郭店楚墓竹簡『老子』丙本譯注

第十七章

第一號簡

本文

大上下智（知）又（有）之、(1) 丌（其）卽（次）新（親）譽之、(2) 丌（其）既〈卽（次）〉愄（畏）之、(3) 丌（其）卽（次）柔（侮）之。(4) 信不足、安（焉）(5)

訓讀

大上《たいじょう》は下《した》之《こ》れ又《あ》（有）るを智《し》（知）り、丌《そ》（其）の卽《つぎ》（次）は新《した》（親）しんで之れを譽《ほ》め、丌（其）の既《つぎ》〈卽（次）〉は之れを愄《おそ》（畏）れ、丌（其）の卽（次）は之れを柔《あなど》（侮）る。信《しん》足らざれば、安《すなわ》（焉）ち

口語譯

最善の統治者とは、人民にただその存在が知られているだけの君主、次善の統治者は、人民から親しまれ譽められる君主、その次の統治者は、人民から畏れられる君主、最惡の統治者は、人民から侮《あなど》られる君主である。統治者に十分な信實がなければ、人民の不信を買うことになる。

注

（1）大上下智又之―「大上」は、最上・最善の意。『禮記』曲禮上篇に、

太上貴德、其次務施報。

『春秋左氏傳』僖公二十四年に、

臣聞之、大上以德撫民、其次親親、以相及也。……大上有立德、其次有立功、其次有立言。

『呂氏春秋』論人篇に、

太上反諸己、其次求諸人。

同じく禁塞篇に、

凡救守者、太上以說、其次以兵。

同じく謹聽篇に、

太上知之、其次知其不知。

同じく遇合篇に、

凡擧人之本、太上以志、其次以事、其次以功。

同じく察微篇に、

凡持國、太上知始、其次知終、其次知中。

同じく用民篇に、

凡用民、太上以義、其次以賞罰。

同じく似順篇に、

人主、太上喜怒必循理、其次不循理、必數更、雖未至大賢、猶足以蓋濁世矣。

『韓非子』說疑篇に、

是故禁姦之法、太上禁其心、其次禁其言、其次禁其事。

同じく忠孝篇に、

天下太上之士、不可以賞勸也、天下太下之士、不可以刑禁也。

『淮南子』主術篇に、

故太上神化、其次使不得爲非、其次賞賢而罰暴。

同じく繆稱篇に、

聖人在上、化育如神。太上曰、我其性與。其次曰、微彼、其如此乎。

同じく泰族篇に、

治身、太上養神、其次養形。治國、太上養化、其次正法。

などと用いられている。朱謙之『老子校釋』はこれらを歴史論を述べた文章と把えているが、そうではない。歴史的な時間とは全然無關係に優劣を論ずる、一種の構造論である。

「大上下智又之」は、最上の理想的な統治者とは、人民から譽められることも畏れられることも、さらには侮られることもなく、ただ存在することだけが知られる君主である、ということ。これは、いわゆる「君臨すれども統治せず」というタイプの君主であり、本書本章は、『老子』を始めとする道家の掲げる「無爲」の政治を行う君主、これこそが最上の理想的な統治者だ、と主張しているわけである。

これを引用した文としては、『韓非子』難三篇に、

太上下智有之。此言太上之下民無說也、安取懷惠之民。

『淮南子』主術篇に、

是故朝廷蕪而無迹、田野辟而無草。故太上下知有之。

『文子』自然篇に、

是故朝廷蕪而無迹、田埜辟而無穢。故太上下知有之。

とある。

「大上下智又之」は、各種今本はいずれも「太上下知有之」に作り、馬王堆『老子』甲本は「大上下知有之」、乙本は「大上下知又〔之〕」に作る。

（2）亓卽新譽之―「卽」は、『郭店楚簡』の言うように「次」の假借字。郭店『五行』では、第十七章經の「秓（稽）」、第十八章

經の「歩〈寺〉」が「次」の意で用いられている。「新」は、「親」の假借字として本書甲本第五十六章に既出（その注（6）を參照）。

「丌卽新譽之」は、次善の統治者は、人民から親しまれ譽められる君主である、ということ。これは、恐らく儒家の理想とする君主像であろう。

關聯する思想の表現としては、『莊子』天運篇に、

至仁無親。

同じく庚桑楚篇に、

故曰、至禮有不人、至樂不物、至知不謀、至仁無親、至信辟金。

同じく至樂篇に、

故曰、至樂无樂、至譽无譽。

とある。

「丌卽新譽之」は、各種今本は「其次親而譽之」に作るが、「而」は想爾本系統・范應元本・河上公治要本・河上公敦煌本・景福碑・玄宗本系統が「之」に作り、一句は道藏傅奕本が「其次親之、其次譽之。」に作り、「譽」は龍興觀碑が「豫」に作る。馬王堆『老子』甲本は「其次親譽之」に作り、乙本は「亓（其）〈次〉親譽之」に作る。

（3）丌既〈卽〉悬之—「既」は、『郭店楚簡』の言うように「卽」の錯字で、その「卽」は「次」の假借字。「悬」は、「畏」の異體字。

「丌既悬之」は、その次のランクの統治者は、人民から畏れられる君主である、ということ。これは、恐らく法家の理想とする君主像であろう。

この句の趣旨は、『論語』爲政篇に、

子曰、道之以政、齊之以刑、民免而無恥。道之以德、齊之以禮、有恥且格。

とあり、『莊子』天道篇に、

三軍五兵之運、徳之末也。賞罰利害、五刑之辟、教之末也。禮法度數、刑名比詳、治之末也。

とあるのが參照される。

「丌既畏之」は、各種今本はいずれも「其次畏之」に作り、馬王堆『老子』甲本は「亓（其）次畏之」、乙本は「亓（其）次畏之」に作る。

（4）丌卽柔之―「柔」は、『郭店楚簡』【注釋】〔一〕の言うように、『古文四聲韻』巻三の「古老子」の「侮」の字形である。

「丌卽柔之」は、最低のランクの統治者は、人民から馬鹿にされる君主である、ということ。これは、當時最もありふれた凡庸な君主の實際の姿であろう。

「丌卽柔之」は、各種今本は「其次侮之」に作るが、想爾本系統・范應元本・玄宗本系統は「其次」がない。馬王堆『老子』甲本は「其下母（侮）之」に作り、乙本は「亓（其）下母之」に作る。

（5）信不足、安―「信」は、楚系文字の實際は左「言」、右「人」の字。「安」は、接續詞「焉」の假借字。句の冒頭に置いて「於是」の意となり、すなわち・ここに、と訓讀する。各種今本の「焉」の字については、王念孫『讀書雜志』餘編に優れた論考があり、馬王堆『老子』甲本・乙本や郭店『老子』が出土して彼の正しさが再び證明された。

「信不足」は、すぐ上の最低のランクの統治者について、信實が十分にないことを言う。最上の道家的君主、次善の儒家的君主、その次の法家的君主については、作者は、信實があると認めているようである。

ちなみに、この文は、今本『老子』（王弼本）では第二十三章に、

信不足、焉有不信焉。

のように重複して出現しているが、馬王堆『老子』甲本・乙本の第二十三章にはこの文が含まれておらず、また本書、郭店『老子』にはそもそも第二十三章がないので、したがって、古い『老子』に本來重複はなかったことが明らかとなった。

「信不足、安」は、各種今本は「信不足、焉」に作るが、「信」は道藏河上公本が「有」に誤り、「焉」は想爾本系統・玄宗本にない。馬王堆『老子』甲本は「信不足、案（焉）」に作り、乙本は「信不足、安（焉）」に作る。

第二號簡

本　文

又（有）不信。(6) 猷（猶）虐（乎）丌（其）貴（遺）言也、(7) 成事述（遂）紅（功）、(8) 而百省（姓）曰我自肰（然）也。(9)

訓　讀

信ぜられざる又《あ》（有）り。猷《ゆう》（猶）虐《こ》（乎）として丌《そ》（其）れ言を貴《わす》（遺）るれば、事を成し紅《こう》（功）を述《と》（遂）げて、百省《ひゃくせい》（姓）は我《わ》れ自肰《しぜん》（然）なりと曰《い》う。

口語譯

人民の不信を買うことになる。

（最善の統治者のように）ぼんやりと言葉を捨てさるならば、事業を成し遂げ功績を擧げることができるが、これを人民は、自分たちが自力で成し遂げたものだと考える。

注

（6）又不信―「又不信」の趣旨は、『莊子』盗跖篇の、

盡不爲行。无行則不信、不信則不任、不任則不利。

とほぼ同じ。統治者に信實さが不足していると、人民から信用されなくなる、という意味である。今本『老子』（王弼本）第八十一章に「信言不美、美言不信。」とあるのを參照。

「又不信」は、各種今本は「有不信焉」に作るが、「焉」は想爾本系統・道藏傅奕本・河上公敦煌本・景福碑・玄宗本系統にない。馬王堆『老子』甲本・乙本はともに「有不信」に作る。

（7）猷虐丌貴言也―以下の三句一文は、「大上」の理想的な統治者像を描いたものである。

「猷唐亓」は、本書甲本第十五章上段・中段に既出（その注（7）を參照）。「猷」は、もともと「猶」と同じ字。「猷（猶）唐（乎）」は、ここでは、ゆったりとしたさま。

「貴」は、木村英一・野村茂夫『老子』、福永光司『老子』上の言うとおり「遺」の省字あるいは假借字。忘れる・捨てるの意。「貴言」は、「不言」「無言」にほぼ等しく、「無爲」の下に包攝される概念である。そして、すぐ下文の「自肰（然）」という言葉は、これに呼應して登場したものである（拙著『道家思想の新研究――『莊子』を中心として』、第12章「聖人の「無爲」と萬物の「自然」」（前掲）を參照）。したがって、『郭店楚簡』がここに句點「。」を打つのは誤りである。同じように誤って「悠として其れ言を貴《たつと》ぶ。」などと絶句するのは、諸橋轍次『掌中　老子の講義』、福永光司『老子』上、蜂屋邦夫『老子』であり、また「悠として其れ言を貴《おも》くすれば、」などと訓讀するのは、金谷治『老子　無知無欲のすすめ』、楠山春樹『老子の人と思想』、楠山春樹『老子入門』、小川環樹『老子』、神塚淑子『『老子』――〈道〉への回歸』である。これらの誤りは、いずれも『老子』の「自然」思想に對する無理解から來ている。

今本『老子』（王弼本）中の「不言」などの他の例は、第二章に、

　是以聖人處無爲之事、行不言之敎。萬物作焉而不辭、生而不有、爲而不恃、功成而弗居。

第二十三章に、

　希言、自然。

第四十三章に、

　不言之敎、無爲之益、天下希及之。

第五十六章に、

　知者不言、言者不知。

第七十三章に、

　天之道、……不言而善應。

とある（本書甲本第二章注（12）、同甲本第五十六章注（1）を參照）。これらの「不言」の例の內、本書本章と同じように「聖

人の無爲→萬物の自然」の因果關係を唱っているのは、第二章と第二十三章である。
「猷虐亓貴言也」は、各種今本（主に王弼本系統）は「悠兮其貴言」に作るが、「悠」は想爾本系統・古本系統・河上公本系統・玄宗本系統が「猶」に作り、道藏李榮本が「由」に作り、「兮」は想爾本系統・玄宗本系統になく、「言」の下に古本系統は「哉」がある。馬王堆『老子』甲本は「〔猷（猶）呵（乎）〕其貴（遺）言也」に作り、乙本は「猷呵亓（其）貴言也」に作る。

（8）成事述社―「社」は、『郭店楚簡』の言うように「功」の異體字。
「成事述社」の主語は、本章の政治思想によれば「百省（姓）」である。關聯する思想の表現が、今本『老子』（王弼本）第二章に、

　功成而弗居。

第九章に、

　功遂身退、天之道。

第三十四章に、

　功成不名有。

第七十七章に、

　功成而不處。

とある（本書甲本第二章注（15）、同甲本第九章注（6）を參照）。また、『鶡冠子』夜行篇に、

　成功遂事、莫知其狀。

同じく泰錄篇に、

　象說名物、成功遂事、隱彰不相離、神聖之敎也。

とあるのも參照される。
「成事述社」は、各種今本（王弼本系統・古本系統・玄宗本系統）は「功成事遂」に作るが、「功成」は想爾本系統・河上公

本系統が「成功」に作り、「事遂」は索洞玄書・天寶玉關本・次解本・河上公治要本・河上公敦煌本が「遂事」に作る。馬王堆『老子』甲本・乙本はともに「成功遂事」に作る（『郭店楚簡』【注釋】〔二〕を參照）。

（9）而百省…自肰也――「省」は、『郭店楚簡』は「眚」の字と判讀するが、「省」の字である。『郭店楚簡』の言うように「姓」の假借字。

「百省」は、今本『老子』（王弼本）第五章に、

聖人不仁、以百姓爲芻狗。

第四十九章に、

聖人無常心、以百姓心爲心。

のように現れる。

「我」は、福永光司『老子』上は「この文の作者（老子もしくは老子的な無爲の聖人）をさす」と解釋し、木村英一・野村茂夫『老子』も同じであるが、金谷治『老子　無知無欲のすすめ』が批判するように、この說は正しくない。本書本章に即して言えば、「大上」の理想的な統治者を指すのではなく、「百省（姓）」を指している。この部分を解釋して、許抗生『帛書老子注譯與硏究』（增訂本）（前掲）は、

功成了、事就了、而老百姓却說是他們自己成就的（與君主沒有關係）。

と現代語譯するが、これが最も正確である。拙著『道家思想の新硏究――『莊子』を中心として』、第12章「聖人の「無爲」と萬物の「自然」」（前掲）を參照。

「自肰（然）」は、我々が自力で行ったのであって、統治者のお蔭などとは無關係だ、という意味。この言葉は、今本『老子』第二十三章・第二十五章・第五十一章・第六十四章にも現れる（本書甲本第二十五章注（15）、同甲本第六十四章下段注（13）、同丙本第六十四章下段注（10）を參照）。

「而百省曰我自肰也」は、各種今本は「百姓皆謂我自然」に作るが、「皆」は想爾本系統・玄宗本系統になく、「謂」は古本系統は「曰」に作る。馬王堆『老子』甲本は「而百省（姓）胃（謂）我自然」に作り、乙本は「而百姓胃我自然」に作る。

第十八章

第二號簡

本文

古（故）大（1）

訓讀

古《ゆえ》（故）に大

口語譯

こういうわけで、絶對的な道が失われたために、

注

（1）古大―「古（故）大」以下は、『郭店楚簡』の【說明】が言うように各種今本『老子』第十八章に相當する。しかし、「古（故）」の字の存在から考えるならば、本章は本來、前の第十七章と別々の章ではなく、一つに繫がっている同じ章であったはずである。冒頭に「故」の字があるのは、馬王堆『老子』甲本・乙本も同じであり、これが古い『老子』の本來の面目であったのである。

「大道」は、絶對的な道の意。今本『老子』（王弼本）第三十四章・第五十三章にも見える。

第三號簡

本文

道發（廢）、安（焉）又（有）悬（仁）義。(2) 六新（親）不和、安（焉）又（有）孝斈（慈）。(3) 邦豪（家）緍（昏）〔亂〕、安（焉）又（有）正臣■(4)。

訓讀

道發《すた》（廢）れて、安《すなわ》（焉）ち悬《じん》（仁）義又《あ》（有）り。六新《りくしん》（親）和せずして、安《すなわ》（焉）ち孝斈《こうじ》（慈）又（有）り。邦《ほう》豪《か》（家）緍《こん》（昏）〔亂《らん》して〕、安《すなわ》（焉）ち正臣又（有）り■。

口語譯

絶對的な道が失われたために、仁義などという高潔な倫理がもてはやされるようになった。家族の間にあった和が消えたために、孝行や慈愛などという義務が要求されるようになった。國家の秩序が〔亂れた〕ために、正義の臣下などという立派な人物が尊重されるようになったのだ■。

注

（2）安又悬義―「安」は、接續詞「焉」の假借字。「焉」と通假する「安」の字は、本書甲本第三十二章（その注（9）を參照）、同甲本第二十五章（その注（13）を參照）、同丙本第十七章に既出（その注（5）を參照）。ところが、最近になって、

丁原植『郭店竹簡老子釋析與研究』（前掲）

谷中信一「郭店楚簡『老子』及び「太一生水」から見た今本『老子』の成立」（前掲）

などのように、この「安」を反語の疑問詞として「いずくんぞ」と訓む新説が現れた。谷中信一は、この部分を、

故に大道廢《すた》るれば、安《いず》くんぞ仁義有らんや。六親和せざれば、安《いず》くんぞ孝慈有らんや。邦家昏□すれば、安《いず》くんぞ正臣有らんや。

と訓んだ上で、

今本のように「大道」を高く位置づけることによって、その對極に「仁義」を置いて、これを貶めようとはしておらず、あくまでも「仁義」が存在する根據として「大道」を立てているように見える。その意味で、丙本は決して「仁義」を貶めてはいない。……それゆえ今本『老子』の「聖」「知」「仁」「義」に對する否定的な態度は、郭店『老子』にはまだ無く、それ以後の思想界の儒道の對立という現實が生み出した『老子』の變容ということなのである。

と解說する。語法の方面から言えば、本書、郭店『老子』に「安」字のこのような反語の疑問詞としての用例は存在しない。また思想の方面から言えば、本來の『老子』の思想は儒敎の「聖」「知」「仁」「義」などと矛盾・對立しないと見なすのも、ことがらの表面しか見ようとしない誤解である。

「法」は、『郭店楚簡』の言うように「廢」の省字あるいは假借字。「又」は、『郭店楚簡』は「有」の字と判讀するが、適當でない。「又」の字であって「有」の省字あるいは假借字。『郭店楚簡』には以下にも同じ誤りがあるが、一々指摘しない。「悳」は、『郭店楚簡』【注釋】〔三〕および【注釋】〔三〕所引の裘錫圭に說があり、それらによって「仁」の古文とする。郭店『五行』に頻出する字である。

「古大道發、安又悳義。」の趣旨は、本來の絕對的な「大道」がスポイルされてしまったために、「悳（仁）義」などといったもっともな倫理がもてはやされるようになった、ということ。今本『老子』（王弼本）第三十八章の、

故失道而後德、失德而後仁、失仁而後義、失義而後禮。

に近いが、表現のより類似した文章としては、『莊子』馬蹄篇に、

道德不廢、安取仁義。性情不離、安用禮樂。五色不亂、孰爲文采。五聲不亂、孰應六律。夫殘樸以爲器、工匠之罪也。毀道德以爲仁義、聖人之過也。

『淮南子』俶眞篇に、

是故道散而爲德、德溢而爲仁義、仁義立而道德廢矣。

同じく齊俗篇に、

率性而行謂之道、得其天性謂之德。性失然後貴仁、道失然後貴義。是故仁義立而道德遷矣、禮樂飾則純樸散矣。

などとある。

「古大道發、安又悳義。」は、各種今本はいずれも「大道廢、有仁義。」に作るが、「廢」の下に道藏傅奕本・廣明碑は「焉」があり、「仁」は龍興觀碑が「人」に作り、「義」の下に范應元本は「焉」がある。馬王堆『老子』甲本は「故大道廢、案（焉）有仁義。」に作り、乙本は「故大道廢、安（焉）有仁義。」に作る。

（3）六新不…又孝孶——「六新不和、安又孝孶。」の上に、各種今本は「智慧出、有大僞。」、馬王堆『老子』甲本は「知（智）快（慧）出、案（焉）有大僞（爲）。」、乙本は「知慧出、安有〔大僞〕。」の一文がある（『郭店楚簡』【注釋】〔四〕を參照）。この文が本書、郭店『老子』丙本に含まれていないことに基づいて推測すれば、これは本來の古い『老子』にはなかった文であり、馬王堆『老子』甲本・乙本の形成過程で附加されたものであろう。

馬王堆『老子』では、「知（智）快（慧）出、案（焉）有大僞（爲）。」（甲本）の一文はすでに第十八章中の不可缺の要素となっているから、上下の三文と十分整合するように解釋する必要がある。すなわち、「知（智）快（慧）出」は、「大道廢」「六親不和」「邦家悶（昏）亂」と同樣に、マイナス價値の意味でなければならず、「有大僞（爲）」は、「有仁義」「有畜（孝）茲（慈）」「有貞臣」と同樣に、常識的にプラス價値の內容を有し、なおかつそれへの批判と皮肉がこめられているはずである。だとすれば、前者は、道家の「知」に對する低い評價、すなわちその「無知」の提唱が、世間に浸透してそれが常識化していった後の產物であろう。また後者については、その「僞」という言葉を「いつわり」というマイナス價値の內容で解釋することは不可能で、『荀子』の唱えた「僞」つまり性惡を矯正する人爲・作爲と解釋するのが適當である（木村英一・野村茂夫『老子』を參照）。「僞」を「いつわり」と解釋するのは、諸橋轍次『掌中　老子の講義』、福永光司『老子』上、金谷治『老子　無知無欲のすすめ』、楠山春樹『老子入門』、小川環樹『老子』、蜂屋邦夫『老子』、神塚淑子『『老子』——〈道〉への回歸』である。しかし、「僞」は、文字としては「爲」の假借字であり、「有大僞（爲）」は、『荀子』の「爲」の思想を批判し皮肉った句なのである。

以上の點から振り返って考えてみると、この一文の含まれない本書本章の成書は、『荀子』の思想がぼつぼつ世の中に知られ、かつ注目されるようになってはいるものの、まだ『老子』などの諸子がその強烈な影響を受けるに至る以前の時代にあるのではなかろうか。ちなみに、馬王堆本・今本『老子』（王弼本）の「慧智出、有大僞。」の大意は、本來の無知・素樸のよさが忘れられて「慧智」などといった小賢しいものが登場したために、偉大なる人爲（人閒の努力）などといった立派な倫理がもてはやされるようになった、ということ。

「六新」は、『呂氏春秋』論人篇に、

何謂六戚。父母・兄弟・妻子。

とある（朱謙之『老子校釋』）。

「孥」は、『郭店楚簡』【注釋】〔五〕の言うように「慈」の異體字。今本『老子』（王弼本）の「孝慈」という言葉は、本書甲本第十九章にも現れる（その注（6）を參照）。

「孝」や「孥（慈）」に對する同樣の皮肉な見方は、『莊子』天地篇に、

天下均治而有虞氏治之邪、其亂而後治之與。……孝子操藥以脩慈父、其色燋然、聖人羞之。至德之世、不尙賢、不使能。上如標枝、民如野鹿。端正而不知以爲義。相愛而不知以爲仁、實而不知以爲忠、當而不知以爲信、蠢動而相使、不以爲賜。

同じく天運篇に、

故曰、以敬孝易、以愛孝難。以愛孝易、而忘親難。忘親易、使親忘我難。使親忘我易、兼忘天下難。兼忘天下易、使天下兼忘我難。夫德、遺堯舜而不爲也。利澤施於萬世、天下莫知也。豈直太息而言仁孝乎哉。夫孝悌仁義、忠信貞廉、此皆自勉以役其德者也。不足多也。

同じく盜跖篇に、

堯不慈、舜不孝。

とある。

一文の趣旨は、家族に本來具わっていたむつまじい愛情が消えてしまったために、「孝孥（慈）」などといった大層な倫理がもてはやされるようになった、ということ。

「六新不和、安又孝孳。」は、各種今本はいずれも「六親不和、有孝慈。」に作るが、「和」の下に廣明碑は「焉」があり、「慈」の下に范應元本は「焉」がある。馬王堆『老子』甲本は「六親不和、案（焉）〔有〕畜（孝）茲（慈）。」に作り、乙本は「六親不和、安（焉）又（有）孝茲。」に作る。

（4）邦豕緡…正臣■──「緡」は、『郭店楚簡』の言うように「昏」の假借字。『說文解字』に、

昏、日冥也。从日、氏省。氏者、下也。一曰、民聲。

とある。暗いの意。

「〔亂〕」は、各種今本・馬王堆『老子』甲本・乙本によって補った（『郭店楚簡』【注釋】〔六〕を參照）。「安」の字は、その下半分が見えている。

「正臣」は、文字どおり、正しい臣下と解しておく。

「邦豕緡〔亂〕、安又正臣。」は、『莊子』漁父篇に、

廷無忠臣、國家昏亂。

とあるが、そこには『老子』本章に具わっていた批判・皮肉の風味が消えている。また、『淮南子』道應篇はこれを引用して、

故老子曰、國家昏亂、有忠臣。

と言う。

一文の趣旨は、國家が本來の秩序を失って「緡（昏）〔亂〕」するようになったために、正義の臣下などといった模範的な人物がもてはやされるようになった、ということ。

「邦豕緡〔亂〕、安又正臣。」は、各種今本は「國家昏亂、有忠臣。」に作るが、「昏」は想爾注本・索洞玄書・道藏李榮本・道藏王弼本・浙江書局本・廣明碑・河上公敦煌本が「昬」に作り、「忠」は嚴遵本・古本系統が「貞」に作り、「臣」の下に范應元本は「焉」がある。馬王堆『老子』甲本は「邦家闅（昏）亂、案（焉）有貞臣。」に作り、乙本は「國家闅亂、安（焉）有貞臣。」に作る。

「■」は、『郭店楚簡』はその存在を無視している。

第三十五章

第四號簡

本文

埶〈執〉大象、天下往(1)。往而不害、安・坪（平）・大(2)（泰）。樂與餌、𢘓（過）客止(3)。古（故）道〔之出言〕(4)、

訓讀

大象《たいしょう》を埶《と》〈執〉れば、天下往く。往きて害あらず、安・坪《へい》（平）・大《たい》（泰）なり。樂《がく》と餌《じ》とには、𢘓《か》（過）客《きゃく》も止《とど》まる。古《ゆえ》（故）に道〔の言を出《い》だすや〕、

口語譯

聖人が偉大な象《かたち》、すなわち道をしっかと握って離さなければ、天下のあらゆる事物はそれぞれ自《みずか》ら動き始める。あらゆる事物が自《みずか》ら動き始めて、何の障害も一切發生せず、天下はこの上なく安靜・平和・泰寧《たいねい》となる。音樂と食物は、旅人も喜んで足を止めるものだ。ところで、道〔から出てくる言葉は〕、

注

（1）埶〈執〉大象、天下往――「埶」は、『郭店楚簡』【注釋】〔七〕所引の裘錫圭が言うように、「埶」の字であって「執」の字ではないようである。「執」の錯字ではなかろうか。「執」の字であるとすれば、今本『老子』（王弼本）第十四章に、

執古之道、以御今之有、能知古始、是謂道紀。

とあるように、「道」を手に取る意味に用いる場合がある。「執〈執〉」の主語は、聖人あるいは統治者。「大象」は、大きな「形」、すなわち「道」を指す。今本『老子』（王弼本）第十四章に、

是謂無狀之狀、無物之象、是謂恍惚。

とあり、第四十一章に、

大象無形。

とある（本書乙本第四十一章注（10）を參照）。ただし、その「道」は、下文に「古（故）道〔之出言〕、淡可（乎）丌（其）無味也。視之不足見、聖（聽）之不足䎽（聞）、而不可既也■。」のように、人間の感覺では把えられず、またその働きは無盡藏である、とされている。

「天下」は、「天下」の「萬物」あるいは「百姓」。「天下往」は、聖人が「道」をしっかと握って離さなければ、「天下」のあらゆる事物が自力で動き始める、ということ。『莊子』天地篇に、

君子明於此十者、則韜乎其事心之大也、沛乎其爲萬物逝也。

とあり、「道」を把握した「君子」の下で「萬物」が各方向に運動・展開することが描かれている。また、今本『老子』（王弼本）第二十五章に、

有物混成、先天地生。……周行而不殆、可以爲天下母。……大曰逝、逝曰遠、遠曰反。

とある（本書甲本第二十五章注（9）を參照）。

「執大象、天下往。」は、各種今本はいずれも「執大象、天下往。」に作るが、「象」の下に古本系統は「者」がある。馬王堆『老子』甲本は「執大象、〔天下〕往。」に作り、乙本は「執大象、天下往。」に作る。

（2）往而不害、安・坪・大——「往而不害」は、「天下」の「萬物」が自ら動き始めるが、何の障害も一切發生しない、ということ。この「安」は、王引之『經傳釋詞』弟二は接續詞に讀もうとするが、馬王堆『老子』甲本・乙本も「案」ではなく「安」に作っているので、王引之説は不適當。舊説のとおり安靜の意でよい。「坪」は、『郭店楚簡』の言うように「平」の假借字。平和・平治の意。「大」は、「泰」の假借字で、安泰の意。

「安・坪・大」のような形容詞の三聯用については、『周易』坤卦六二の爻辭に「直・方・大。不習、无不利。」とあるのを參照。

「往而不害、安・坪・大。」は、各種今本は「往而不害、安・平・太。」に作るが、「而」は索洞玄書になく、「太」は想爾注本・道藏王弼本が「大」に作り、次解本・道藏李榮本・古本系統・河上公道藏本・玄宗本系統が「泰」に作る。馬王堆『老子』甲本・乙本はともに「往而不害、安・平・大（泰）。」に作る。

（3）樂與餌、{{化/心}}客止―「樂與餌」は、音樂と食物。人間が外界の事物を把える分かりやすい例を、聽覺と味覺の面から擧げたもの。今本『老子』（王弼本）第二十章に、

衆人熙熙、如享太牢、如春登臺。

とあるのが、類似のイメージである。

「{{化/心}}」は、『郭店楚簡』の言うように「過」の異體字。「{{化/心}}客止」は、「道」ならぬ音樂と食物には大衆が喜んで足を止める、ということ。今本『老子』（王弼本）第六十四章に、

是以聖人欲不欲、不貴難得之貨。學不學、復衆人之所過。

とあって（本書甲本第六十四章下段注（12）、同丙本第六十四章下段注（8）を參照）、大衆が「道」を通り過ぎてしまうことが描かれている。

「樂與餌、{{化/心}}客止。」は、各種今本はいずれも「樂與餌、過客止。」に作るが、「餌」は想爾注本・天寶玉關本が「珥」に作る。馬王堆『老子』甲本は「樂與餌、過格（客）止。」に作り、乙本は「樂與〔餌〕、過客止。」に作る。

（4）古道〔之出言〕―「道」の下の缺字は、約三字。馬王堆『老子』甲本・乙本を參照して「〔之出言〕」を補ってみた。『郭店楚簡』【注釋】〔八〕を參照。

「古（故）道〔之出言〕、淡可（呵）丌（其）無味也。」は、上文の「樂與餌」（特に「餌」）を受けて、「道」を食物に見立てて作者の思想を表現したもの。同時にまた、「道」は感覺によっては把えられないとする下文を導き出す。

「古道〔之出言〕」は、「道」から出てくる言葉は、すなわち、言葉となって表された「道」は、の意。

「古道〔之出言〕」は、各種今本は「道之出口」に作るが、「之」は想爾本系統になく、「口」は想爾本系統・古本系統が「言」に作る。馬王堆『老子』甲本・乙本はともに「故道之出言也、曰」に作る。「言」の字については、かつて東條一堂『老子王注標識』・陶鴻慶『讀老子札記』などが「口」の字の誤りであると論じていたが、馬王堆『老子』甲本・乙本の出土によってむしろ彼らの主張の誤りが明らかになった。

第五號簡

本文

淡可（乎）丌（其）無味也。[5]視之不足見、聖（聽）之不足䎽（聞）[6]、而不可既也■。[7]

訓讀

淡可《たんこ》（乎）として丌《そ》（其）れ味無きなり。之《こ》れを視れども見るに足らず、之れを聖《き》（聽）けども䎽《き》（聞）くに足らず、而《しか》れども既《つ》くす可《べ》からざるなり■。

口語譯

さっぱりとして何の味もしない。道は、目をこらして視ようとしても見ることができず、耳をすまして聽こうとしても聞くことができないが、しかしそれを用いればその働きはいつまでも盡きることがないのだ■。

注

（5）淡可丌無味也―「可」は、副詞化する接尾語の一つ。『郭店楚簡』の言うように「呵」の省字あるいは假借字で、かつ「乎」の假借字。「淡可（乎）」は、味がないこと、すなわち感覺では把えられないことの形容。今本『老子』（王弼本）第三十一章に、

不得已而用之、恬淡爲上、勝而不美。

『莊子』應帝王篇に、

汝遊心於淡。

同じく天道篇に、

夫虛靜恬淡、寂漠无爲者、天地之平、而道德之至。……夫虛靜恬淡、寂漠无爲者、萬物之本也。

同じく刻意篇に、

平易則恬淡矣。平易恬淡、則憂患不能久、邪氣不能襲。……不與物交、淡之至也。……曰、純粹而不雜、靜一而不變、淡而无爲、動而以天行。此養神之道也。

同じく山木篇に、

且君子之交淡若水、小人之交甘若醴。君子淡以親、小人甘以絕。

などとある（本書丙本第三十一章中段・下段注（4）を參照）。

「無味」は、今本『老子』（王弼本）第六十三章に、

爲無爲、事無事、味無味。

『文子』道德篇に、

老子曰、若江海即是也。淡兮無味、用之不既、先小而後大。

とある（本書甲本第六十三章上段・下段注（1）を參照）。今本『老子』（王弼本）第十二章の、

五味令人口爽。

の反義語である。

「淡可丌無味也」は、各種今本は「淡乎其無味」に作るが、「乎」は想爾本系統になく、古本系統・景福碑は「兮」に作り、「其」は想爾本系統になく、「無」は「无」に作るテキストがいくつかある。馬王堆『老子』甲本は「談（淡）呵（乎）其无味也」に作り、乙本は「淡呵亓（其）无味也」に作る。

（6）視之不…不足䎽―「聖」は、『郭店楚簡』の言うように「聽」の假借字。「䎽」は、『郭店楚簡』の言うように「聞」の異體字。

本書乙本第四十一章に「昏」を「聞」と讀爲する例がある（その注（1）を參照）。

「視之不足見、聖（聽）之不足䎽（聞）。」は、「道」は人間の感覺を通じては把握することができない、ということ。これに類似する文章が、今本『老子』（王弼本）第十四章に、

視之不見、名曰夷。聽之不聞、名曰希。搏之不得、名曰微。

『呂氏春秋』大樂篇に、

道也者、視之不見、聽之不聞、不可爲狀。

『莊子』天運篇に、

曰、聽之不聞其聲、視之不見其形、充滿天地、苞裹六極。

『淮南子』原道篇に、

是故視之不見其形、聽之不聞其聲、循之不得其身。

同じく俶眞篇に、

有无者、視之不見其形、聽之不聞其聲、捫之不可得也、望之不可極也。

同じく道應篇に、

視之不見其形、聽之不聞其聲、搏之不可得、望之不可極也。

『文子』道原篇に、

一者、……。布德不溉、用之不勤、視之不見、聽之不聞。

などとある。

「視之不足見、聖之不足䎽。」は、各種今本はいずれも「視之不足見、聽之不足聞。」に作るが、上下二つの「之」は想爾本系統にない。馬王堆『老子』甲本は「〔視之〕不足見也、聽之不足聞也。」に作り、乙本は「視之不足見也、聽之不足聞也。」に作る。

（7）而不可既也■—「而不可既也」は、各種今本や馬王堆『老子』甲本・乙本の如く、句首に「用之」の二字がある方が自然で讀みやすい。誤奪と見なして、補うのがよいかもしれない（『郭店楚簡』【注釋】〔九〕を參照）。

「旣」は、朱謙之『老子校釋』は『說文解字』や『玉篇』を引いて「小食」の意とするが、『廣雅』釋詁一に「旣、盡也。」とある意味である。つくす・つきること。「而不可旣也」は、「道」の働きが無盡藏であるの意。關聯する思想の表現が、今本『老子』（王弼本）第四章に、

道、沖而用之、或不盈。

第六章に、

綿綿若存、用之不勤。

第四十五章に、

大成若缺、其用不弊。大盈若沖、其用不窮。

とあり、『莊子』天道篇に、

無爲也、則用天下而有餘。

とある（本書乙本第四十五章注（3）を參照）。

「而不可旣也」は、各種今本は「用之不可旣」に作るが、「之」は想爾本系統になく、「可」は王弼本系統が「足」に作り、「旣」は開元廿六碑にない。馬王堆『老子』甲本・乙本はともに「用之不可旣也」に作る。

「■」は、『郭店楚簡』はその存在を無視している。

第三十一章中段・下段

第六號簡

本文

君子居則貴左、甬（用）兵則貴右。(1)古（故）曰、兵者、〔非君子之器也。(2)不〕

訓　讀

君子は居《お》れば則ち左を貴《たっと》び、兵を甬《もち》（用）うれば則ち右を貴ぶ。古《ゆえ》（故）に曰わく、「兵なる者は、〔君子の器《うつわ》に非《あら》ざるなり〕。」と。已《や》むを导《え》（得）〔ず〕

口語譯

道を把えた君子は、普段の生活では左を貴ぶが、軍隊を動かす場合には右を貴ぶ。そこで、「軍隊というものは、〔君子の使用する道具ではない〕。」と言うのだ。やむをえ〔ず〕使用する場合には、

注

（1）君子居…則貴右—この一文の上に、今本『老子』（王弼本）には、

夫佳兵者、不祥之器。物或惡之、故有道者不處。

という文章があり、馬王堆『老子』甲本には、

夫兵者、不祥之器〔也〕。物或惡之、故有欲者弗居。

乙本には、

夫兵者、不祥之器也。物或亞（惡）〔之、故有欲者弗居〕。

という文章がある。この文章は、その第一文が下文と重複し、第二文が今本『老子』（王弼本）・馬王堆『老子』の第二十四章と重複している。以上の事實に加えて、本書、郭店『老子』丙本にもこれが具わっていないのであるから、この文章は、古い『老子』には本來含まれていなかったものであり、郭店『老子』以後、馬王堆『老子』の成書に至る間、恐らく戰國末期乃至前漢初期に附加されたものと考えられる。

「君子」は、各種今本『老子』では本章だけに見える言葉（馬王堆『老子』甲本・乙本には第二十六章にも見える）。ここではやはり「道」の體得者ではあるが、「聖人」より格下の得道者を指す。その意味としても『老子』にあまりふさわしくない表

現であり、恐らく新たに儒家などから借用した外來語であろう。
「居」は、日常生活を營むの意で、「甬（用）兵」の反義語。
「君子居則貴左」は、『老子』の抄寫された楚地方の風俗は、中原諸國の風俗とは異なって「左を貴ん」でいたのであろうか。『春秋左氏傳』桓公八年に「楚人尙左」とあるのを參照。
「甬（用）兵則貴右」は、下文によれば、戰爭における布陣や戰爭の勝利を祝う儀禮は「喪事」「喪豊（禮）」と見なされている。
「君子居則貴左、甬兵則貴右。」は、各種今本はいずれも「君子居則貴左、用兵則貴右。」に作る。馬王堆『老子』甲本は「君子居則貴左、用兵則貴右。」に作り、乙本は「〔君〕子居則貴左、用兵則貴右。」に作る。

（2）古曰、兵…之器也─缺字は、約六字。『郭店楚簡』【注釋】〔一〇〕は「不」を除いて、「非君子之器也」が入るか、それとも「不祥之器也」が入るかは決定できないと言う。上文に「君子」が現れており、それを踏まえていると考えて、「〔非君子之器也〕」を補った。
「器」は、今本『老子』（王弼本）には、本章を除いて第十一章に、

埏埴以爲器、當其無、有器之用。

第二十八章に、

樸散則爲器、聖人用之、則爲官長。

第二十九章に、

天下神器、不可爲也。

第三十六章に、

魚不可脫於淵、國之利器不可以示人。

第四十一章に、

故建言有之、……大器晩成、大音希聲、大象無形。

第五十七章に、

民多利器、國家滋昏。

第六十七章に、

不敢爲天下先、故能成器長。

第八十章に、

小國寡民、使有什佰之器而不用、使民重死而不遠徙。

とある（本書乙本第四十一章注（10）、同甲本第五十七章注（8）を參照）。本章と最も密接に關係するのは、第二十八章・第六十七章である。

一文の趣旨は、武器・戰爭は『老子』的な「道」の體得者が使用する道具としてはふさわしくない、ということ。以下の文章は、『老子』中の代表的な戰爭反對論の一つである（他に本書甲本第三十章上段・中段をも參照）。類似する表現としては、

『呂氏春秋』論威篇に、

凡兵、天下之凶器也。勇、天下之凶德也。擧凶器、行凶德、猶不得已也。

『淮南子』道應篇に、

怒者、逆德也。兵者、凶器也。爭者、人之所去也。

『漢書』嚴助傳に、

此老子所謂師之所處、荊棘生之者也。兵者凶事、一方有急、四面皆從。

『鹽鐵論』論菑篇に、

文學曰、兵者、凶器也。甲堅兵利、爲天下殃。

『新序』雜事篇に、

兵者、國之凶器也。

『文子』微明篇に、

師旅之後、必有凶年。故兵者、不祥之器也、非君子之寶也。

同じく上仁篇に、

故曰、兵者、不祥之器。不得已而用之、殺傷人、勝而勿美。故曰、死地荊棘生焉。以哀悲泣之、以喪禮居之。是以君子務于道德、不重用兵也。

とある。

「古曰、兵者、〔非君子之器也〕。」は、各種今本はいずれも「兵者、不祥之器、非君子之器。」に作るが、上の「之」は想爾注本・天寶玉關本にない。馬王堆『老子』甲本は「故兵者、非君子之器也。〔兵者〕、不祥之器也。」に作り、乙本は「故兵者、非君子之器。兵者、不祥〔之〕器也。」に作る。

第七號簡

本　文

导（得）已而甬（用）之(3)、銛（恬）縪（慴）爲上、弗敚（美）也(4)。敨〈敚（美）〉之、是樂殺人(5)。夫樂〔殺人、不〕(6)

訓　讀

已《や》むを导《え》（得）〔ず〕して之《こ》れを甬《もち》（用）うれば、銛《てん》（恬）縪《しゅう》（慴）なるを上《じょう》と爲し、敚《び》（美）とせざれ。之れを敨《び》〈敚（美）〉とするは、是《こ》れ人を殺すを樂しむなり。夫《そ》れ〔人を殺すを〕樂しめば、以《もっ》て志《こころざし》を天下に导《え》（得）〔ず〕。

口語譯

やむをえ〔ず〕使用する場合には、靜かに落ち着いて懼《おそ》れを抱きながら使用するのが最上で、これを美化してはならない。もしも美化するならば、それは人殺しを樂しむことに他ならない。一體、〔人殺しを〕樂しむようでは、己《おの》れの大志を天下に實現することなどとても〔おぼつかない〕。

注

（3）〔不〕㝵已而甬之―「〔不〕㝵已而甬之」は、武器・戰爭という手段はやむをえない状況に迫られて使用するものである、という意味。

「〔不〕㝵已」は、今本『老子』（王弼本）第三十章に、

善有果而已、不敢以取強。果而勿矜、果而勿伐、果而勿驕、果而不得已、果而勿強。

『莊子』人閒世篇に、

无門无毒、一宅而寓於不得已、則幾矣。

同じく人閒世篇に、

爲人臣子者、固有所不得已。……且夫乘物以遊心、託不得已以養中、至矣。

同じく大宗師篇に、

崔乎其不得已乎。……以知爲時者、不得已於事也。

同じく在宥篇に、

故君子不得已而臨莅天下、莫若无爲。

同じく刻意篇に、

不爲福先、不爲禍始。感而後應、迫而後動、不得已而後起。去知與故、循天之理。

同じく庚桑楚篇に、

動以不得已、之謂德。

同じく庚桑楚篇に、

有爲也欲當、則緣於不得已。不得已之類、聖人之道。

同じく天下篇に、

是故愼到棄知去己、而緣不得已、泠汰於物、以爲道理。

などとある。

「〔不〕㝵已而甬之」は、各種今本はいずれも「不得已而用之」に作り、馬王堆『老子』甲本・乙本はともに「不得已而用之」に作る。

（4）銛纏爲上、弗㪇也―「銛」は、暫く『郭店楚簡』【注釋】〔一一〕によってこの字に判讀し、「恬」の意としておく。ただし、【注釋】〔一一〕所引の裘錫圭の言うとおり、正確に「銛」の字であるか否か未詳。

「纏」は、未詳であるが、各種今本を參照して「淡」の意とすることができるかもしれない。しかし、【注釋】〔一一〕所引の裘錫圭は「淡」の假借字とするのは不可能だとする。ここでは、「纏」は『說文解字』の「讋、失氣言。」の假借字、もしくは『說文解字』の「慴、懼也。」の假借字としておく。「銛（恬）纏（慴）爲上」は、靜かに落ち着いて懼れを抱きながら戰爭を行うのが最上である、という意味になろうか。

「㪇」は、『郭店楚簡』は「媺」の字に作るが、楚系文字の實際は左「𡵂」、右「女」の字である。本書甲本第二章に既出（その注（1）を參照）。『郭店楚簡』【注釋】〔一二〕の言うとおり、『說文解字』に「媄、色好也。从女、美聲。」とあり、段玉裁注は「媺」に作る字の例を擧げている。「弗㪇（美）也」は、戰爭を美化するなかれ、ということ。

「銛纏爲上、弗㪇也。」は、各種今本は「恬淡爲上、勝而不美。」に作るが、「淡」は想爾注本・索洞玄書・天寶玉關本・龍興觀碑・河上公治要本・道藏河上公本が「惔」に作り、『經典釋文』王弼本・道藏王弼本・道藏傅奕本が「澹」に作り、「上」の下に想爾本系統・古本系統は「故」の字があり、「勝而」の二字は想爾本系統・古本系統になく、「美」の下に古本系統は「也」がある。馬王堆『老子』甲本は「銛（恬）襲（慴）爲上、勿美也。」に作り、乙本は「銛憹（慴）爲上、勿美也。」に作る。

（5）㪇〈㪇〉之、是樂殺人―「㪇」は、『郭店楚簡』【注釋】〔一二〕によって「㪇」の訛體字とする。「殺」は、『郭店楚簡』【注釋】〔一三〕は、『說文解字』の「殺」の古文の形に近いと言うが、それほど近いようには見えない。滕壬生『楚系簡帛文字編』の二五八～二六〇ページにさらに字形の近い例が出ている。

「㪇之、是樂殺人。」は、各種今本は「而美之者、是樂殺人。」に作るが、「而」は想爾系統・古本系統が「若」に作り、「之」

は想爾注本・索洞玄書・天寶玉關本・次解本・道藏傅奕本になく、「者」は想爾注本・索洞玄書・天寶玉關本・次解本・古本系統にない。また、「而美之者」の下に想爾注本・索洞玄書・天寶玉關本・次解本は「必樂之」があり、古本系統は「必樂之、樂之者。」がある。さらに「樂」は想爾注本になく、「殺」は「煞」に作るテキストがいくつかある。馬王堆『老子』甲本・乙本はともに「若美之、是樂殺人也。」に作る。

（6）　夫樂〔殺人―前後の缺字は、約三字である。各種今本、馬王堆『老子』甲本・乙本を參照して「〔殺人、不〕」を補ってみた。『郭店楚簡』【注釋】〔一四〕の言うように、「〔殺人、不可〕」の四字を補うべきかもしれない。

「夫樂〔殺人〕」は、各種今本は「夫樂殺人者」に作るが、「樂」は道藏傅奕本が「樂人」に作り、「殺」は「煞」に作るテキストがいくつかあり、「人」は想爾本系統にない。馬王堆『老子』甲本・乙本はともに「夫樂殺人」に作る。

第八號簡

本文

以㝵（得）志於天下。(7) 古（故）吉事上左、喪事上右。(8) 是以卞（偏）牆（將）(9)軍

訓讀

以《もっ》て志《こころざし》を天下に㝵《え》（得）〔ず〕。古《ゆえ》（故）に吉事《きちじ》には左を上《たっと》び、喪事《そうじ》には右を上ぶ。是《こ》こを以て卞《へん》（偏）牆《しょう》（將）軍

口語譯

己《おの》れの大志を天下に實現することなどとても〔おぼつかない〕。

それゆえ、縁起《えんぎ》のよい冠婚《かんこん》では左を貴ぶが、縁起の悪い喪禮では右を貴ぶ。こういうわけで、戰場では副將軍は左に布陣し、

注

（7）〔不〕以㝵志於天下—「㝵志」は、自分の大志を天下において實現すること。『老子』の場合は、體得した「道」を天下に實現する帝王となることである。「㝵志」という言葉は、『孟子』滕文公下篇に、

居天下之廣居、立天下之正位、行天下之大道。得志與民由之、不得志獨行其道。

同じく離婁下篇に、

地之相去也、千有餘里、世之相後也、千有餘歳。得志行乎中國、若合符節。

同じく盡心上篇に、

古之人、得志澤加於民、不得志修身見於世。

同じく盡心下篇に、

堂高數仞、榱題數尺、我得志、弗爲也。食前方丈、侍妾數百人、我得志、弗爲也。般樂飲酒、驅騁田獵、後車千乘、我得志、弗爲也。

『莊子』繕性篇に、

樂全、之謂得志。古之所謂得志者、非軒冕之謂也。謂其无以益其樂而已矣。今之所謂得志者、軒冕之謂也。

などとある。

「〔不〕以㝵志於天下」は、各種今本は「則不可以得志於天下矣」に作るが、「則」は想爾本系統・古本系統・玄宗本系統になく、「以」は想爾本系統・玄宗本系統になく、「志」は想爾本系統が「意」に作り、「矣」は想爾本系統・玄宗本系統にない。馬王堆『老子』甲本・乙本はともに「不可以得志於天下矣」に作る。

（8）古吉事…事上右—「吉事」は、『禮記』に頻出する言葉。「喪事」も『禮記』に多く見える。兩者が一緒に現れる文章としては、曲禮上篇に、

喪事先遠日、吉事先近日。

檀弓上篇に、

　喪事、欲其縱縱爾。吉事、欲其折折爾。故喪事雖遽、不陵節。吉事雖止、不怠。

とある。また、賈誼『新書』容經篇にも、

　拜以磬折之容、吉事上左、凶事上右。

とある。

「上左」「上右」は、上位者が左側に竝ぶことと、右側に竝ぶこと。上文の「貴左」「貴右」とほぼ同意。「喪」は、『郭店楚簡』【注釋】〔一五〕の言うように、上「哭」、中「㗊」、下「死」の字。下文にも出てくる。

「古吉事上左、喪事上右。」は、各種今本は「吉事尙左、凶事尙右。」に作るが、文頭に想爾本系統・古本系統・道藏河上公本には「故」があり、二つの「尙」は治要河上公本・景福碑は「上」に作り、「凶」は想爾本系統が「喪」に作る。馬王堆『老子』甲本は「是以吉事上左、喪事上右。」に作り、乙本は「是以吉事〔上左、喪事上右〕。」に作る。

（9）是以卞𤖅軍居左—「卞」は、『郭店楚簡』の言うように「偏」の假借字。「𤖅」は、本書甲本第十五章上段・中段に既出（その注（15）を參照）。「卞（偏）𤖅（將）軍」は、全軍の將ではなく、一軍の將を言うのであろう。『史記』燕世家に、

　自將偏軍隨之。

とある。また、『墨子』尙同中篇に、

　左右將軍大夫。

同じく非攻中篇に、

　昔者晉有六將軍、而智伯莫爲強焉。

とあるのを參照。

「是以卞𤖅軍居左」は、各種今本は「偏將軍居左」に作るが、文頭に想爾本系統・王弼本系統は「是以」があり、「居」は古本系統・河上公本系統・玄宗本系統は「處」に作る。馬王堆『老子』甲本は「是以便（偏）將軍居左」に作り、乙本は「是以偏將軍居左」に作る。

第九號簡

本文

軍居左、上𨟻（將）軍居右、(10) 言以喪豊（禮）居之也。(11) 古（故）殺〔人衆〕、(12)

訓讀

軍　左に居《お》り、上𨟻《じょうしょう》（將）軍《ぐん》　右に居るは、喪豊《そうれい》（禮）を以て之《こ》れに居るを言うなり。古《ゆえ》（故）に〔人を〕殺すこと〔衆ければ〕、

口語譯

戰場では副將軍は左に布陣し、上將軍は右に布陣するが、喪《も》に服する禮式に從って配置につくという意味である。それゆえ、〔戰爭で大勢の人間を〕殺した場合は、

注

(10) 上𨟻軍居右―「上將軍」は、最も地位の高い將軍の意。
「上𨟻軍居右」は、各種今本はいずれも「上將軍居右」に作るが、「居」は古本系統・河上公本系統・玄宗本系統は「處」に作る。馬王堆『老子』甲本は「上將軍居右」に作り、乙本は「而上將軍居右」に作る。

(11) 言以喪豊居之也―「豊」は、『郭店楚簡』の言うように「禮」の省字あるいは假借字。この通假は、郭店『五行』に頻出する。
「言以喪豊（禮）居之也」は、喪禮のやり方で位置につくことを言う、ということ。實際に戰場において戰爭を行う場合の、將軍たちの配列について述べているのである。

「言以喪豊居之也」は、各種今本は「言以喪禮處之」に作るが、「言」は想爾注本・龍興觀碑・道藏李榮本になく、「言」の下に古本系統は「居上勢則」の句があり、「以喪禮處之」は想爾注本・龍興觀碑・道藏李榮本にない。馬王堆『老子』甲本・乙本

はともに「言以喪禮居之也」に作る。

（12）古殺〔人衆〕—「古殺」の下は、約二字の缺字。『郭店楚簡』【注釋】〔一六〕の言うように「〔人衆〕」を補うことができる。

「古殺〔人衆〕」は、各種今本は「殺人衆多」に作るが、「殺」は「煞」に作るテキストがいくつかあり、「人」の下に王弼本系統・景福碑は「之」があり、「多」は王弼本系統にない。馬王堆『老子』甲本は「殺人衆」に作り、乙本は「殺〔人衆〕」に作る。

第十號簡

本文

則以忞（哀）悲位（莅）之(13)、戰勑（勝）、則以喪豊（禮）居之■(14)。

訓讀

則《すなわ》ち忞《あい》（哀）悲を以て之《こ》れに位《のぞ》（莅）み、戰って勑《か》（勝）てば、則ち喪豊《そうれい》（禮）を以て之れに居《お》り■。

口語譯

悲しみの心をこめて戰後の處理に臨み、勝利を得た場合でも、喪《も》に服する禮式に從って對處するのだ■。

注

（13）則以忞悲位之—「忞」は、『郭店楚簡』【注釋】〔一七〕によって「哀」の異體字。「位」は、『郭店楚簡』の言うように「莅」の省字あるいは假借字。その場にのぞむこと。

「則以忞悲位之」は、各種今本は「以哀悲泣之」に作るが、句頭に古本系統は「則」があり、「哀悲」は想爾本系統・道藏王弼本・古本系統・河上公本系統・玄宗本系統が「悲哀」に作る。馬王堆『老子』甲本は「以悲依（哀）立（莅）之」に作り、乙本は「〔以悲依〕立〔之〕」に作る。

（14）戰勅、則…居之■―「勅」は、本書乙本第四十五章に既出（その注（5）を參照）。「勝」の假借字。

「則以喪豐（禮）居之」は、上文の「言以喪豐（禮）居之也」を踏まえるが、若干異なった意味であって、喪禮でもって對處すること。戰爭に勝利した後に擧行される、祝賀の儀禮について言うのではなかろうか。

「戰勅（勝）、則以喪豐（禮）居之。」は、各種今本は「戰勝、以喪禮處之。」に作るが、「勝」の下に古本系統は「者則」があり、河上公本系統・道藏玄宗本は「者」があり、「喪」は龍興觀碑が「哀」に誤る。馬王堆『老子』甲本は「戰勝、以喪禮處之。」に作り、乙本は「〔戰〕朕（勝）、而以喪禮處之。」に作る。

「■」は、『郭店楚簡』はその存在を無視している。

第六十四章下段

第十一號簡

本文

爲之者敗之、執之者遊（失）之。[1] 聖人無爲、古（故）無敗也。[2] 無執、古（故）〔無遊（失）也〕。[3]

訓讀

之《こ》れを爲《な》す者は之れを敗《やぶ》り、之れを執《と》る者は之れを遊《うしな》（失）う。聖人《せいじん》は爲す無し、古《ゆえ》（故）に敗る無きなり。執る無し、古（故）に〔遊（失）う無きなり〕。

口語譯

ものごとを人爲的に爲そうとする者はそれをぶち壞《こわ》し、捕《つか》まえようとする者はそれを取り逃がす。それゆえ、聖人は人爲を行わないので、ぶち壞すこともないし、捕まえようとしないので、〔取り逃がすこともない〕。

注

（1）爲之者…者遊之―以下の文章は、『郭店楚簡』【注釋】〔一八〕の言うように、本書甲本第六十四章下段に重出する。ただし、兩者の經文は若干異なっている。甲本第六十四章下段は、以下のとおり。

爲之者敗之、執之者遠〈遊（失）〉之。是以聖人亡（無）爲、古（故）亡（無）敗。亡（無）執、古（故）亡（無）遊（失）。臨事之紀、新（愼）冬（終）女（如）忌（始）、此亡（無）敗事矣。聖人谷（欲）不谷（欲）、不貴難导（得）之貨。斈（學）不斈（學）、復（復）衆之所作（過）。是古（故）聖人能專（輔）萬勿（物）之自肰（然）、而弗能爲。

これらによって判斷するならば、郭店『老子』の段階では、『老子』という書物はまだ形成途上にあったことが分かるのである（その注（1）（5）を參照）。

「爲之者敗之、執之者遊之。」は、本書甲本第六十四章下段は「爲之者敗之、執之者遠〈遊（失）〉之。」に作る（その注（2）を參照）。

（2）聖人無…無敗也―「聖人無爲、古（故）無敗也。」は、本書甲本第六十四章下段は「是以聖人亡（無）爲、古（故）亡（無）敗。」に作っていた（その注（3）を參照）。意味に全然ちがいはないけれども、經文がまだ安定していないことが分かる。

（3）無執、古〔無遊也〕―「古」の下に約三字の缺字があるが、『郭店楚簡』【注釋】〔一九〕によって補った。「無執、古（故）〔無遊（失）也〕。」は、本書甲本第六十四章下段は「亡（無）執、古（故）亡（無）遊（失）。」に作る（その注（4）を參照）。

第十二號簡

本文

新（愼）終若詞（始）、則無敗事喜（矣）(4)。人之敗也、亙（恆）於丌（其）䖒（且）成也敗之。(5) 是以〔聖〕(6)

訓　讀

終わりを新《つつし》（愼）むこと詞《はじ》（始）めの若《ごと》くすれば、則ち敗事《はいじ》無からん。人の敗《やぶ》るや、亙《つね》（恆）に丌《そ》（其）の䖒《まさ》（且）に成らんとするに於《お》いて之れを敗る。是《こ》こを以て〔聖〕

口語譯

だから、最終の段階を最初の段階と同じように愼重に取り扱うならば、仕事をぶち壞すこともあるまい。世の人々が仕事を行う場合、いつでも完成しようという寸前の段階になってそれをぶち壞す。こういうわけで、〔聖〕人は

注

（4）新終若…敗事喜――「新終若詞」の上は、『郭店楚簡』【注釋】〔一〇〕の言うように、本書甲本第六十四章下段は「臨事之紀」の四字がある。

「新」は、『郭店楚簡』によって「愼」の假借字。直接的には「誓」の字であろうか。「喜」は、『郭店楚簡』【注釋】〔一一〕の言うように「喜」の字であるが、「矣」の異體字あるいは假借字。

前後の趣旨については、本書甲本第六十四章下段は、

一體、仕事を行う場合の原則は、最終の段階を最初の段階と同じように愼重に取り扱うことであるが、こうすれば、仕事をぶち壞すこともあるまい。

という肯定的な評價であった。それに對して、ここの丙本第六十四章下段は、

だから、最終の段階を最初の段階と同じように愼重に取り扱うならば、仕事をぶち壞すこともあるまい。世の人々が仕事

を行う場合、いつでも完成しようという寸前の段階になってそれをぶち壞す。という否定的な評價になっている。兩者は正反對の方向を向いているのである。そして、丙本第六十四章下段は、趣旨が馬王堆甲本・乙本と各種今本に近いので、第六十四章の經文としては、甲本第六十四章下段よりやや後に成書されたものと推測することができる。

「新終若詞、則無敗事喜。」は、本書甲本第六十四章下段は「臨事之紀、新（愼）冬（終）女（如）忌（始）、此亡（無）敗事矣。」に作る（その注（5）（6）（7）を參照）。

（5）人之敗…也敗之——「虘」は、『郭店楚簡』の言うように「且」の假借字。一文の趣旨は、世の人々は常に事がほぼ完成しようという最終段階に至って失敗する、ということ。

「人之敗也、亙於丌虘成也敗之。」は、本書甲本第六十四章下段には含まれていない文。そこにはただ「臨事之紀」の句があるだけである。ところが、馬王堆『老子』甲本・乙本にはこの一文がある。この箇所の諸テキスト間の比較は、本書甲本第六十四章下段注（5）に既述（『郭店楚簡』【注釋】〔一二二〕〔一二三〕を參照）。

（6）是以〔聖〕——「是以」の下は、一字あるいは二字の缺字。『郭店楚簡』【注釋】〔一二四〕に從い、各種今本・馬王堆『老子』甲本・本書甲本第六十四章下段を參照して「〔聖〕」を補った。

「是以」は、本書甲本第六十四章下段にはない（その注（8）を參照）が、馬王堆『老子』甲本にはある（乙本は殘缺）。

第十三號簡

本文

人欲不欲、不貴戁（難）㝵（得）之貨。[7] 學不學、返（復）衆之所𨕖（過）。[8] 是以能楠（輔）墓（萬）勿（物）[9]

訓讀

人は不欲《ふよく》を欲して、㝵《え》（得）戁《がた》（難）きの貨《たから》を貴《たっと》ばず。不學《ふがく》を學《まな》んで、衆《しゅう》の𨕖《す》（過）ぐる所に返《かえ》（復）る。是《こ》こを

以て能《よ》く墓《ばん》（萬）勿《ぶつ》（物）の自肰《しぜん》（然）を補《たす》（輔）けて、

口語譯

〔聖〕人は欲望のなさを自己の欲望として、珍しい財貨などを珍重せず、學問のなさを自己の學問として、大衆の通り過ぎてしまう原點に立ち返る。その結果、萬物の自力で行う自律性を助けることはできるけれども、

注

（7）人欲不…㝵之貨―「是以〔聖〕人欲不欲、不貴戁㝵之貨。」は、本書甲本第六十四章下段は「聖人谷（欲）不谷（欲）、不貴難㝵（得）之貨。」に作る（その注（8）（9）（10）を參照）。

（8）學不學…之所𨑨―「學」は、『郭店楚簡』【注釋】〔二五〕の言うように「學」の字であって、本書甲本第六十四章下段が「𡥈（教）」に作るのとは異なる（その注（11）を參照）。この點からの推測によっても、各種今本に近い本書、郭店『老子』丙本の方が、郭店『老子』甲本よりも新しく成ったテキストと考えられる。

「之所」は、合文である。「𨑨」は、『郭店楚簡』の言うように「過」の假借字。

「學不學、復衆之所𨑨。」は、本書甲本第六十四章下段は「𡥈不𡥈、復衆之所华。」に作る（その注（11）（12）を參照）。

（9）是以能補墓勿―「補」は、『郭店楚簡』の言うように「輔」の假借字あるいは異體字。たすけるの意。郭店『大一生水』に頻出する字である。「墓」は、『郭店楚簡』の言うように「萬」の異體字。

「是以能補墓勿之自肰」は、本書甲本第六十四章下段は「是古（故）聖人能専（輔）萬勿（物）之自肰（然）」に作る（その注（13）を參照）。兩者の比較を通じて、「以」は文法的には名詞であって、「故」の意であることが分かる。また、本書甲本第六十四章下段には「聖人」があるが、本書丙本にはない。ない方が修辭としてはくどくなく、丙本はテキストとして整えられている。

第十四號簡

本　文

之自肰（然）、而弗敢爲[10]■。

訓　讀

の自肰《しぜん》（然）を補《たす》（輔）けて、敢《あ》えて爲《な》さず■。

口語譯

萬物の自力で行う自律性を助けることはできるけれども、しかし敢えて萬物を取りしきろうとはしないのだ■。

注

（10）之自肰…敢爲■――「而弗敢爲」は、本書甲本第六十四章下段は「而弗能爲」に作る（その注（14）を參照）。「敢」字のある本書丙本第六十四章下段は、馬王堆『老子』甲本・乙本および各種今本とも共通であって、本書甲本第六十四章下段よりも新しい成書と考えられる。

「■」は、『郭店楚簡』はその存在を無視している。

第五編　郭店楚墓竹簡『老子』の主要思想

一　始めに

郭店楚簡『老子』甲本・乙本・丙本、合計三十一章（王弼本は八十一章）、總字數は第六十四章下段の重複を含めて二〇四六字（王弼本は約五〇〇〇字）は、一體いかなる思想を表しているのであろうか。

本編では、郭店『老子』三本に含まれる枝葉の諸思想は割愛し、その根幹の思想を「主要思想」と稱して略述する。その主要思想は、以下の四點である。

第一に、「聖人」「侯王」などの爲政者が「天下を取っ」て「天下の貴」つまり天子となることを目指し、さらには「邦」「天下」を善く統治することを目指すためには、いかなる態度・方策を取らなければならないかについて述べる政治思想。

第二に、一般の人や爲政者が「下・後」「爲す亡（無）し」のマイナス價値に身を置くことを通じて、かえって「上・前」「爲さざる亡（無）し」のプラス價値に轉じていくことを中心に、いかにこの現實社會に生きていくべきかを追求する倫理思想。

第三に、以上の第一・第二の中でも、特に生きることの基礎である人間の身體的生命「身」を重視して、窮極的根源的な實在「道」とその働き「德」を把握しつつ、與えられた生命を本來のままに生きつくすべきことを訴える養生思想。

第四に、以上の第一・第二・第三の根底をなすものとして設定した、この世界に存在する「萬物」の一般的普遍的なあり方や、その「萬物」を主宰している「道」と「德」のあり方についての、存在論的な思索をめぐらした哲學思想。

これら四つの思想の內容を、郭店『老子』三本を資料として使用しながら、以下、順次解明していく。その際、郭店『老子』に缺けている文章を、馬王堆『老子』や各種今本などによって補うことは、一切行わない方針である。あくまでも、郭店『老子』三本だけを經文として、これら四思想を解明したいと思う。

ただし、筆者は、四思想の具體的な內容を、馬王堆『老子』甲本・乙本や各種今本『老子』には現れず、郭店『老子』三本だけに現れる特徵的なものである、と主張しているわけではない。郭店三本の四思想の具體的な內容は、馬王堆兩本や各種今本の內容と共通・一致する部分もあれば、共通・一致しない部分もある。兩者の閒でどの內容が共通・一致しどの內容が共通・一致しないかを知りたければ、本書、第二編・第三編・第四編のそれぞれの箇所を參照されたい。

本編の目的は、現存する最古の『老子』、郭店本に含まれている主要思想を、原本『老子』に最も近いところで營まれた思想として確認することにあるのである。

二　郭店楚墓竹簡『老子』の政治思想

郭店『老子』に含まれる政治思想は、主に「聖人」「侯王」などの爲政者が「天下を取っ」て「天下の貴」つまり天子となることを目指そうと言うものが非常に多い(1)。しかし、中には「邦」「天下」を善く統治することを目指そうとするものもある。以下、四項に分けて考察する。

1. 「無知」「無爲」によって「天下を取る」

郭店『老子』の中には、「聖人」などの爲政者が、自ら「亡（無）智（知）」「亡（無）言」「亡（無）事」「淸淸（靜）」などの、世間的にはマイナス價値の立場に身を置くことを通じて、かえってプラス價値の「天下の貴と爲り」「天下の定（正）と爲っ」て、「天下を取る」者に轉ずることができる、と唱える逆說的辨證法的な政治思想が目立って多い。

例えば、甲本第六十六章に、

江海（海）所以爲百浴（谷）王、以亓（其）能爲百浴（谷）下、是以能爲百浴（谷）王。聖人之才（在）民前也、以身後之。亓（其）才（在）民上也、以言下之。亓（其）才（在）民上也、民弗厚也。亓（其）才（在）民前也、民弗害（害）也。天下樂進（推）而弗詁（猒）、以丌（其）不靜（爭）也、古（故）天下莫能與之靜（爭）。

とあり、乙本第四十五章に、

大成若夬（缺）、丌（其）甬（用）不幣（敝）。大涅（盈）若中（盅）、丌（其）甬（用）不寡（窘）。大攷（巧）若㑁（拙）、大成若詘、大植（直）若屈■。喿（燥）勑（勝）蒼（滄）、靑（靜）勑（勝）然（熱）。淸淸（靜）、爲天下定（正）。

とあり、甲本第五十六章に、

智（知）之者弗言、言之者弗智（知）。閔（閟）亓（其）𨓜（穴）、賽（塞）亓（其）門、和亓（其）光、迵（通）亓（其）新（塵）、劊（剉）亓（其）頟（銳）、解亓（其）紛。是胃（謂）玄同。古（故）不可导（得）天〈而〉新（親）、亦不可导（得）天〈而〉疋（疏）。不可导（得）天〈而〉利、亦不可导（得）天〈而〉害。不可导（得）

天〈而〉貴、亦可不可㝵（得）天〈而〉戔（賤）。古（故）爲天下貴■。

とあり、丙本第三十五章に、

埶〈執〉大象、天下往。往而不害、安・坪（平）・大（泰）。樂與餌、𢘍（過）客止。古（故）道〔之出言〕、淡可（乎）丌（其）無味也。視之不足見、聖（聽）之不足䎽（聞）、而不可旣也■。

とあり、甲本第五十七章に、

以正之（治）邦、以攲（奇）甬（用）兵、以亡（無）事取天下。虐（吾）可（何）以智（知）亓（其）肰（然）也。夫天多期（忌）韋（諱）、天〈而〉民爾（彌）畔（貧）。民多利器、天〈而〉邦慈（滋）昏。人多智（智）、天〈而〉攲（奇）勿（物）慈（滋）记（起）。法勿（物）慈（滋）章（彰）、眺（盜）恳（賊）多又（有）。是以聖人之言曰、我無事、天〈而〉民自福（富）。我亡（無）爲、天〈而〉民自𢡺（爲）。我好青（靜）、天〈而〉民自正。我谷（欲）不谷（欲）、天〈而〉民自樸乚。

(2)とあるのなどが、それである。

これらの文章において、爲政者が自ら身を置くマイナス價値の立場は、甲本第六十六章では「身を以て之れに後《おく》る」「言を以て之れに下る」であり、甲本第五十六章では「言わず」「智（知）らず」「亓《そ》（其）の逸《あな》（穴）を閔《と》（閟）ざし、亓（其）の門を賽《ふさ》（塞）ぎ、亓（其）の光を和《やわ》らげ、亓（其）の新《ちり》（塵）に迵《つう》（通）じ、亓（其）の頷《するど》（銳）きを副《くじ》（剉）き、亓（其）の紛《みだ》れに解《かい》す。」であり、甲本第五十七章では「事とすること亡《な》（無）し」「爲すこと亡《な》（無）し」「青《しず》（靜）かなるを好む」「不谷《ふよく》（欲）を谷《ほっ》（欲）す」であり、乙本第四十五章では、「清清《せいせい》（靜）たり」であり、丙本第三十五章では「淡可《たんこ》（乎）として丌《そ》（其）れ味無きなり。之《こ》れを視れども見るに足らず、之れを聖《き》（聽）けども䎽《き》（聞）くに足らず、而《しか》れども旣《つ》くす可《べ》からざるなり。」という「大象《たいしょう》」すなわち「道」を「埶《と》〈執〉

る」ことである。このように、マイナス價値の立場を表す表現はまちまちであるが、それらを總括して抽象的な言葉一言で言うならば「亡（無）爲」ということになる。

それではどうして、爲政者が「亡（無）爲」などのマイナス價値の立場に身を置くと、かえってプラス價値の「天下を取る」者に轉ずることができるのであろうか。その根底に置かれているメカニズムは、以下の三つのタイプのいずれかによって說明されている。Aは、この世界に存在する「萬物」の一般的普遍的なあり方によって說明するもの。Bは、「萬物」を主宰する「道」「德」を爲政者が把握すると言って說明するもの。Cは、「聖人の無爲」が原因となって「萬物の自然」が結果するとして說明するもの、である。[3]

まず、Aの說明によれば、「萬物」がマイナス價値の立場に立てばプラス價値の立場に轉ずるのがその一般的普遍的なあり方であるから、「萬物」の一つである爲政者もその例外ではありえない、ということになる。このような意味において、一「始めに」に示したように、『老子』では「萬物」の一般的普遍的なあり方に關する存在論的哲學が重要な役割を演じているのである。

例えば、甲本第六十六章に、

江海《こうかい》（海）の百浴《ひゃっこく》（谷）の王と爲《な》る所以《ゆえん》は、亓《そ》（其）の能く百浴（谷）の下《した》と爲るを以てなり、是《こ》こを以て能く百浴（谷）の王と爲る。

とあるのが、Aタイプの說明である。しかし、本章の後半部分で、「身を以て之れに後るれば、民の前に才（在）る」ことができ、「言を以て之れに下れば、民の上に才（在）る」ことができるという趣旨を說くのは、以上に基づくAタイプの說明であるよりも、むしろ世閒的な經驗法則であるかもしれない。また、乙本第四十五章に、

大成《たいせい》は夬《か》（缺）けたるが若《ごと》く、丌《そ》（其）の甬《よう》（用）は幣《やぶ》（敝）れず。大浧《たいえい》（盈）は中《ちゅう》（盅）の若く、丌（其）の

甬（用）は穿《きわ》（窘）まらず。大攷《たいこう》（巧）は㑁《つたな》（拙）きが若く、大成は詘《ちゅっ》なるが若く、大植《たいちょく》（直）は屈《まが》れるが若し。

とあるのは、「夬《か》（缺）けたるが若《ごと》し」「中《ちゅう》（盅）の若し」「㑁《つたな》（拙）きが若し」「詘《ちゅっ》なるが若し」「屈《まが》れるが若し」といった、「萬物」の卑小なマイナス價値に見えるものを列擧しながら、それらがかえって眞の偉大なプラス價値を有すること、すなわち「世界における「萬物」の否定超出」（後述）を逆說的に主張する文章である。それゆえ、本章の後半部分では、爲政者の「清清（靜）」というマイナス價値に見えるものが、「天下の定（正）と爲る」という眞のプラス價値に轉ずることを、やはり逆說的に主張するのである。

次に、Bの說明によれば、爲政者が「亡（無）爲」のマイナス價値に身を置くことにより、「道」「德」を把握しその主宰者性を己れのものにすることを通じて、かえって「萬物」に君臨するプラス價値に轉ずることができる、ということになる。このような意味においても、一「始めに」に示したように、『老子』では「萬物」を主宰する「道」「德」についての存在論的哲學が重要な意味を持っている。

例えば、甲本第五十六章に、

之《こ》れを智《し》（知）る者は言わず、之れを言う者は智（知）らず。亓《そ》（其）の迖《あな》（穴）を閔《と》（閟）ざし、亓（其）の門を賽《ふさ》（塞）ぎ、亓（其）の光を和《やわ》らげ、亓（其）の訢《ちり》（塵）に迵《つう》（通）じ、亓（其）の頴《するど》（銳）きを副《くじ》（剉）き、亓（其）の紛《みだ》れに解《かい》す。是《こ》れを玄同《げんどう》と胃《い》（謂）う。

とあるのは、人間が自己の「智（知）」「言」を撥無し、「迖《あな》（穴）」「門」の感覺器官を閔ざし塞ぐこと（「亡（無）智（知）」「亡（無）言」のマイナス價値）によって、出現した脫構築の全一的な混沌「玄同」の世界に、自らも融卽するという mysticism（神祕主義）の哲學・倫理思想を述べた文章であるが、この「玄同」の世界への融卽は、明言されてはいないが「道」と言い換えても差し支えない。であればこそ、本章の末尾は「古《ゆえ》（故）に天下の貴《き》と爲《な》る」（「天下を取っ」たプラス價値）で結ばれるのである。また、丙本第三十五章に、

古《ゆえ》（故）に道〔の言を出《い》だすや〕、淡可《たんこ》（乎）として丌《そ》（其）れ味無きなり。之《こ》れを視れども見るに足らず、之れを聖《き》（聽）けども䎽《き》（聞）くに足らず、而《しか》れども既《つ》くす可《べ》からざるなり。

とあるのは、まさしく「道」について、人間の感覺では把えられないことを述べた文章である。ところで、本章の上文の「大象」は、この「道」を指している。したがって、その「大象《たいしょう》を埶《と》〈執〉れば、天下往く。往きて害あらず、安・坪《へい》（平）・大《たい》（泰）なり。」は、大略、

聖人が偉大な象《かたち》、すなわち道をしっかと握って離さなければ、天下のあらゆる事物はそれぞれ自《みずか》ら動き始める。あらゆる事物が自《みずか》ら動き始めて、何の障害も一切發生せず、天下はこの上なく安静・平和・泰寧《たいねい》となる。

といった意味である。「亡（無）爲」という方法（マイナス價値）(4)で「道を執っ」た聖人の統治の下、「天下」のすべての事物・民衆が生き生きと活動し始めると言うのは、「天下を取る」ことに成功した（プラス價値）ために他なるまい。(5)

最後に、Cの説明によれば、爲政者が「亡（無）爲」のマイナス價値に身を置くことで「道」「德」を把握するならば、そのことによって「萬物」「民」は自《みずか》ら進んでさまざまのプラス價値を實現するに至る、ということになる。このタイプは、Bの説明のヴァリアントの一種と見なすことができるが、郭店『老子』の中には相當多く出現するので、本編では、以下に特に、２「「聖人の亡（無）爲」により「萬物の自然」を通じて「天下を取る」」を設けて、詳細に檢討する。上引の甲本第五十七章を調べてみると、前半部分に、「事とすること亡《な》（無）きを以て天下を取る」とあるので、これはBタイプのように見える。しかし、そのメカニズムを詳論した後半部分は、

是《こ》こを以て聖人《せいじん》の言《げん》に曰《い》わく、「我れ事とすること無ければ、天《すなわ》〈而〉ち民は自《みずか》ら禧《と》（富）む。我《わ》れ爲すこと亡《な》

（無）ければ、天《すなわ》〈而〉ち民は自《みずか》ら蠶《な》（爲）す。我れ靑《しず》（靜）かなるを好めば、天《すなわ》〈而〉ち民は自《みずか》ら正しくす。我れ不谷《ふよく》（欲）を谷《ほっ》（欲）すれば、天《すなわ》〈而〉ち民は自《みずか》ら樸《ぼく》なり。」と。

とあるように、一〇〇パーセント「聖人の無爲→民の自然」の思想で説明している。

2.「聖人の無爲」により「萬物の自然」を通じて「天下を取る」

爲政者が「亡（無）爲」のマイナス價値に身を置くことで「道」「德」を把握するならば、そのことによって「萬物」「民」は自《みずか》ら進んでさまざまのプラス價値を實現するに至る、という「無爲→自然」の政治思想は、郭店『老子』中に相當多く登場する、はなはだ顯著な思想である。そして、これは、「道の無爲→萬物の自然」という存在論的哲學や、「聖人の無爲→萬民の自然」という倫理思想、を根底にすえて唱えられている。すでに検討した甲本第五十七章を除いて、いくつかの例を擧げてみよう。

例えば、甲本第六十四章下段に、

爲之者敗之、執之者遠〈遊（失）〉之。是以聖人亡（無）爲、古（故）亡（無）敗。亡（無）執、古（故）亡（無）遊（失）。臨事之紀、訢（愼）冬（終）女（如）忌（始）、此亡（無）敗事矣。聖人谷（欲）不谷（欲）、不貴難导（得）之貨。斈（學）不斈（學）、復（復）衆之所化（過）。是古（故）聖人能専（輔）萬勿（物）之自肰（然）、而弗能爲。

とあり、丙本第六十四章下段にも、

爲之者敗之、執之者遊（失）之。聖人無爲、古（故）無敗也。無執、古（故）〔無遊（失）也〕。訢（愼）終若詞

（始）、則無敗事喜（矣）。人之敗也、亙（恆）於丌（其）戲（且）成也敗之。是以〔聖〕人欲不欲、不貴戁（難）㝵（得）之貨。學不學、復（復）衆之所化（過）。是以能補（輔）萬（萬）勿（物）之自肰（然）、而弗敢爲■。

とある。これは、「聖人」が「不谷《ふよく》（欲）を谷《ほつ》（欲）す」「不斈《ふがく》（學）を斈《まな》（學）ぶ」という「亡（無）爲」「亡（無）執」の立場に身を置くならば、そのことに輔助されて「萬勿《ばんぶつ》（物）の自肰《しぜん》（然）」がもたらされる、と唱える文章である。ここに含まれている論理は、形式上は、主體である「聖人」が「亡（無）爲」という原因を作り出すことができるならば、その結果、客體である「萬勿（物）」の「自肰（然）」がもたらされる、というもの。すなわち、主體「聖人」の「亡（無）爲」→客體「萬勿（物）」の「自肰（然）」という、主宰→被宰の關係である。

また、甲本第三十七章に、

術（道）亙（恆）亡（無）爲也。侯王能守之、而萬勿（物）牆（將）自𢡺（爲）。𢡺（爲）而雒（欲）复（作）、牆（將）貞（定）之以亡（無）名之菐（樸）、夫亦牆（將）智（知）足。智（知）〔足〕以朿（靜）、萬勿（物）牆（將）自定■。

とある。これもまた同様に、「侯王の無爲→萬物の自然」という思想を表している。すなわち、「侯王《こうおう》」が「亙《つね》（恆）に爲すこと亡（無）し」「〔足る〕を智《し》（知）りて以て朿《しず》（靜）かなり」という内容の「術《みち》（道）」を「守る」ことができるならば、それを原因として「萬勿（物）」の「自ら𢡺《な》（爲）す」「自ら定まる」の結果がもたらされる、と言うのだ。「萬勿（物）」の「自𢡺（爲）」「自定」とは、その自發性自律性の意味であるが、こうした「萬物」の「みずから」性の具體的な多様な現れを、總括して抽象化した言葉が「自然」に他ならない(6)。また、甲本第三十二章に、

道亙（恆）亡（無）名。僕（樸）唯（雖）妻（細）、天陛（地）弗敢臣。侯王女（如）能獸（守）之、萬勿（物）牆（將）自宾（賓）■。天陛（地）相會也、以逾（輸）甘零（露）。民莫之命（令）、天〈而〉自均安（焉）。詞（始）

折（制）又（有）名。名亦既又（有）、夫亦牆（將）智（知）步（止）。智（知）步（止）所以不詞（殆）。卑（譬）道之才（在）天下也、猷（猶）少（小）浴（谷）之與江海（海）■。

とある。これもまったく同様に、「侯王の無爲→萬物の自然」の思想を表している。すなわち、「侯王」が「亙《つね》（恆）に名亡《な》（無）し」という內容の「道」を守ることができれば、それを原因として「民」の「自《みずか》ら宾《ひん》（賓）す」「自ら均《ひと》しくす」の結果がもたらされ、彼の「天下を取る」が實現するに至る、と言うのである。さらに、丙本第十七章・第十八章[7]に、

大上下智（知）又（有）之、亓（其）卽（次）新（親）譽之、亓（其）既〈卽（次）〉愄（畏）之、亓（其）卽（次）柔（侮）之。信不足、安（焉）又（有）不信。猷（猶）虐（乎）亓（其）貴（遺）言也、成事述（遂）祇（功）、而百省（姓）曰我自肰（然）也。古（故）大道登（廢）、安（焉）又（有）㤅（仁）義。六新（親）不和、安（焉）又（有）孝孥（慈）。邦豪（家）緍（昏）〔亂〕、安（焉）又（有）正臣■。

とある。これもまったく同様に、「大上の無爲→百姓の自然」の思想である。すなわち、「大上《だいじょう》」の爲政者が「猷《ゆう》（猶）虐《こ》（乎）として亓（其）れ言を貴《わす》（遺）る」という內容の「無爲」の政治を行うことができれば、それが原因となって「百省《ひやくせい》（姓）」の「自肰《しぜん》（然）」により、「事を成し祇《こう》（功）を述《と》（遂）げる」という結果がもたらされる、のである。

ところで、今本（王弼本）『老子』の中に、「自然」という言葉が登場するのは、第十七章・第二十三章・第二十五章・第五十一章・第六十四章の合計五箇所である。郭店『老子』では、この內、第十七章・第二十五章・第六十四章の三箇所が出土している。丙本第十七章・第十八章と甲本・丙本第六十四章下段は、すでに檢討ずみであるから、殘る甲本第二十五章にも、觸れておく。その文章は、

又（有）𤖯（狀）蟲（蚰）成、先天陛（地）生。敓（寂）繆（穆）蜀（獨）立不亥（改）、可以爲天下母。未智（知）亓（其）名、孳（字）之曰道。虗（吾）弜（強）爲之名曰大。大曰潛、潛曰遠、遠曰反。天大、陛（地）大、道大、王亦大。國中又（有）四大安（焉）、王凥（處）一安（焉）。人法陛（地）、陛（地）法天、天法道、道法自肰（然）■。

である。本章における「自肰《しぜん》（然）」という言葉の意味、およびこれを用いた思想は、今まで検討してきたものと比べてかなり異なっている。「自肰（然）」という言葉が「萬物」（本章では「天下」）の「自然」であることに變わりはないものの、その意味は「萬物」の「みずから」性だけでなくその「おのずから」性をも表している。そして、ここにも、從來の「聖人の無爲→萬物の自然」に類似した因果關係は描かれている。「人」の代表者たる「王」が「天・陛（地）」を媒介にしながら、「道」の「自肰《しぜん》（然）」の立場に身を置くという原因を持つならば、その結果、「王」は「國中《こくちゅう》に四大《しだい》又《あ》（有）って、王は一に凥《お》（處）り。」という、偉大な役割をも演ずることができる、と描かれているのである。ではあるけれども、「自然」の意味が「みずから」から「おのずから」に轉じつつあり、また「王の無爲」と「萬物の自然」が混淆している本章は、郭店『老子』の中でも最も新しい時代の成立ではなかろうか。(8)

さらに、考察を加えたい資料がある。甲本第二章に、

天下皆智（知）𢼸（美）之爲𢼸（美）也、亞（惡）巳。皆智（知）善、此亓（其）不善巳。又（有）亡（無）之相生也、戁（難）惖（易）之相成也、長耑（短）之相型（形）也、高下之相涅（盈）也、音聖（聲）之相和也、先後之相墮（隨）也。是以聖人居亡（無）爲之事、行不言之孝（教）。萬勿（物）复（作）而弗忌（治）也、爲而弗志（恃）也、成而弗居。天〈夫〉售（唯）弗居也、是以弗去也■。

とあり、甲本第十六章上段に、

至虛亙〈亟（極）〉也、獸（守）中（盅）管（篤）也、萬勿（物）方（旁）复（作）、居以須遉（復）也。天道員（貟）員（貟）、各遉（復）亓（其）堇（根）■。

とあるのが、それである。

甲本第二章の後半部分では、「聖人」が「亡（無）爲・不言」の立場に身を置くならば、それが原因となって「萬勿《ばんぶつ》（物）」は「复《おこ》（作）り」「爲り」「成っ」ていくが、それぞれの段階で「聖人」は「忌《おさ》（治）めず」「志《たの》（恃）まず」「居らず」という「亡（無）爲・不言」の立場を守り續けるので、ついに彼は爲政者の地位から「去る」ことがない、という望ましい結果を得るに至る。また、甲本第十六章上段では、主人公が「虛《きよ》を至《いた》（致）し」「中《ちゅう》（盅）を獸《まも》（守）る」ことに徹するならば、それを原因として「萬勿《ばんぶつ》（物）」が「方《あまね》（旁）く复《お》（作）こる」という良好な結果を得る、と述べている。以上の兩章には、「萬物の自然」や「百姓の自然」という表現が一切登場しないけれども、これらには今まで檢討してきたものと同じタイプの、哲學を根底にすえた「「聖人の亡（無）爲」により「萬物の自然」を通じて「天下を取る」」政治思想が含まれていることは、自ずから明らかであろう(9)。

3.「道」「德」によって「國」「天下」を治める

郭店『老子』の政治思想には、數量的に多いわけではないけれども、爲政者が必ずしも「天下を取っ」て天子となることを目指そうとは明言せず、單に「邦」や「天下」を善く統治することを目指そうと言うものもある。

例えば、甲本第十九章に、

𢇍（絕）智（智）弃攴（辯）、民利百伓（倍）。𢇍（絕）攷（巧）弃利、覜（盜）恳（賊）亡（無）又（有）。𢇍（絕）

> 𢘓（爲）弃慮、民复（復）季〈孝〉子（慈）。三言以爲叓（事）不足、或命（令）之或（有）虐（乎）豆（續）。
> 視（示）索（素）保菐（樸）、少厶（私）須〈寡〉欲。

とある。「民」が利益を享受しておらず貧困であること、世に盜賊がはびこっていて治安が悪いこと、「民」に孝慈の家族倫理がなくなってしまったこと、本章は以上の三點を現代社會の重要問題と見なし、その原因を爲政者の「𣉻（智）叏（辯）」「攷（巧）利」「𢘓（爲）慮」重視にあると考えて、この社會問題を解決するための方策として爲政者が自ら諸原因を根絶すること、すなわち「𣉻《ち》（智）を㡭《た》（絶）ち叏《べん》（辯）を弃《す》つ」「攷《こう》（巧）を㡭（絶）ち利を弃つ」「𢘓《い》（爲）を㡭（絶）ち慮《りょ》を弃つ」を提案する。本章の末尾で行われている補足的な提案も、同じ社會問題を解決するための方策であって、爲政者が自ら「索《そ》（素）を視《しめ》（示）し菐《ぼく》（樸）を保ち、厶《わたくし》（私）を少なくし欲を須《すく》〈寡〉なくす。」の態度を取るべきだ、と說いている。本章にも、『老子』に特徵的な考え方がはっきりと現れている。——三點の社會問題の諸原因を、いずれも世間的にはプラス價値の「𣉻（智）叏（辯）」「攷（巧）利」「𢘓（爲）慮」に見出して、それらを根絶するマイナス價値の方策を取ることで社會問題を解決しようとする、逆說的辨證法的な考え方である。思うに、そのマイナス價値の方策の「𣉻《ち》（智）を㡭《た》（絶）ち叏《べん》（辯）を弃《す》つ」「攷《こう》（巧）を㡭（絶）ち利を弃つ」「𢘓《い》（爲）を㡭（絶）ち慮《りょ》を弃つ」、そして補足案の「索《そ》（素）を視《しめ》（示）し菐《ぼく》（樸）を保ち、厶《わたくし》（私）を少なくし欲を須《すく》〈寡〉なくす。」は、しかし恐らく窮極的根源的な「道」とその働き「德」を把える方向に向かっているのではなかろうか。ただし、ここでは、爲政者がこれらのマイナス價値の立場に身を置くことが、それを通じてプラス價値の「天下の貴《き》と爲《な》っ」て「天下を取る」者に轉ずることを可能にする、とまでは主張されていない。それにまた、ここには、爲政者がマイナス價値の立場に立つことで、それが原因となって「民」の自發性自律性が掘り起こされる結果となるとする、「聖人の無爲→民の自然」の思想も含まれていないようである。

また、乙本第五十九章に、

紿（治）人事天、莫若嗇。夫售（唯）嗇、是以梟（早）〔備（葡）〕。梟（早）備（葡）、是胃（謂）〔重積德。重積德、則亡（無）〕不克■。〔亡（無）〕不〔克〕、則莫智（知）亓（其）亙〈亟（極）〉。莫智（知）亓（其）亙〈亟（極）〉、可以又（有）陖（國）。又（有）陖（國）之母、可以長〔售（久）〕。長售（久）、是胃（謂）深根固氐〕。長生售（久）視之道也■。

とある。本章の目的は、章頭に「人を紿《おさ》（治）め天に事《つか》う」ることと明言されているとおり、國家を統治することである。この目的を達成するために、本章は爲政者に向かって、「嗇」（經費の節約）によって「道」を「梟《はや》（早）く備《そな》（葡）え」「〔重ねて德を積む〕」ことを提案する。もしこれを實踐することができるならば、それは「陖《くに》（國）の母を又《たも》（有）つ」ことに他ならないので、彼の國家に對する統治、または國家それ自體の存續も「以て長《ちょう》〔售《きゅう》（久）なる〕可し」となる、と言う。以上を單純化して要約すれば、「道」「德」に基づく爲政者の國家統治の長久化、または國家存續の長久化、が本章のテーマであるが、ここには顯著な特徵が認められる。それは、個人の身體的生命を長生きさせようとする養生說を下敷きに踏まえた上で、このような國家統治の長久化、國家存續の長久化という政治思想上の命題を唱えていることである。そして、養生說と政治思想の兩者の根底に横たわるものは、改めて述べるまでもなく、「道」「德」の哲學であった。

さらに、乙本第五十四章に、

善建者不拔、善休（保）者不兌（脫）、子孫以亓（其）祭祀不屯（頓）。攸（修）之身、亓（其）悳（德）乃貞。攸（修）之豙（家）、亓（其）悳（德）又（有）舍（餘）。攸（修）之向（鄉）、亓（其）悳（德）乃長。攸（修）之邦、亓（其）悳（德）乃奉（豐）。攸（修）之天下、〔亓（其）悳（德）乃博（溥）。以豙（家）觀〕豙（家）、以向（鄉）觀向（鄉）、以邦觀邦、以天下觀天下。虗（吾）可（何）以智（知）天〔下之肰（然）哉、以此〕。

とある。本章の主なテーマも、また「道」を把えることを通じて特に「天下」を統治することである。章頭に「善く建《た》つる者は拔けず、善く休《たも》（保）つ者は兑《ぬ》（脫）けず、」とあるのは、「道」を「建つる者」、「道」を「休《たも》（保）つ者」のことを言う。これを受けて本章の前半部分に「悳《とく》（德）」が多く登場するのも、このことを證している。なぜなら、『老子』や道家文獻における「德」とは、倫理・モラルの意ではなく「道」の作用・働きの意だからである。

さて、前半部分は、「善く建《た》て」「善く休《たも》（保）っ」た「道」を、「身」「豙（家）」「向（鄉）」「邦」「天下」の諸段階に適用すれば、それぞれの段階で有益な働き「德」が得られることを述べる。それゆえ、この「道」は諸段階に共通して適用することのできる一般的普遍的な原理ということになる。それに對して、後半部分は、諸段階には相互に轉用することのできないそれぞれの「道」があることを訴える。したがって、それぞれの「道」は一つの段階にのみ適用できる個別的具體的な原理であるということになる。前半の「道」の一般性普遍性と後半の「道」の個別性具體性の兩者は、一見すると正反對であり、『老子』の眞意がどこにあるのか把えがたい。しかしながら、兩者を統一することは不可能ではなく、現に少し後の時代（前漢時代初期）になると、道家は「道一理殊」説を創って兩者の統一を圖っている。[10] 本章の段階ではまだ兩者を統一するロジックは開示されていないけれども。そして、道家の思想史發展の上から言えば、前半は初期道家以來の傳統的な思想であり、それよりもむしろ後半に新しさがある。

以上を總合して考えるならば、本章の主張の重點は、前半と後半の統一を圖りながらも、後半の中でも、

天下を以て天下を觀る。虗《わ》（吾）れ可《なに》（何）を以て天〔下の肰《しか》（然）るを〕智《し》（知）る〔や、此《こ》れを以てなり〕。

を強調する點にある。すなわち、「天下」を統治するには「天下」の「道」によるべきことを訴える點にあると考えられよう。章頭の「子孫は以て丌《そ》（其）れ祭祀《さいし》して屯《や》（頓）まず」という句は、「豙（家）」「邦」のレベルで宗廟の祭祀

がいつまでも絶えないという意味であるよりも、むしろ「天下」のレベルで創業の祖先の祭祀が永續するという意味なのではなかろうか。

4. 戰争や戰争政策に對する批判

郭店『老子』の中には、當代社會において實際に遂行されている戰争や、戰争を行う者の思想に對する批判が含まれている。これも政治思想の一つと見なすことができるが、『老子』の戰争批判の特徴の一つは、批判の根據が「道」の思想に置かれていることである。

例えば、甲本第三十章上段・中段に、

以術（道）差（佐）人宔（主）者、不谷（欲）以兵侸（強）於天下。善者果而已、不以取侸（強）。果而弗癹（伐）、果而弗喬（驕）、果而弗矝（矜）。是胃（謂）果而不侸（強）。亓（其）事好。

とある。本章上段・中段を讀み始めて、まず奇妙に感ずることがある。「術《みち》（道）を以て人宔《じんしゅ》（主）を差《たす》（佐）くる者」、すなわち「道」を體得した上で臣下となって祿仕し、「人宔《じんしゅ》（主）」の統治を補佐する者の存在である。なぜ奇妙に感ずるかと言えば、『老子』を始めとする道家にとって、そもそも「道」という窮極的根源者は、世界全體の「萬物」をカヴァーする實在である。それゆえ、「道」は「聖人」や天子などの最高の爲政者にこそふさわしいが、それを補佐する臣下にはあまりふさわしくないからである。『老子』がここに臣下を登場させた理由は、實際の戰國時代末期の國家・社會の中に、道家の「道」を學習した後、臣下となって「人宔《じんしゅ》（主）」の統治を補佐する者が發生しているという現實があったためかもしれない。しかし、それよりもむしろ、主に本章上段・中段のテーマが戰争批判であることと關係があるのではなかろうか。『老子』が戰爭という人爲・作爲の最たるものを批判しようとする時、やはり「道」の立場に依據して批判を展開しなければなるまい。しかし、その場に「聖人」を登場させて彼の得道者としてのあり方をモデルにすべきだと唱えるのは、「聖人」にとってテーマが役不足の感がするのを否めないのである。(11)

本章上段・中段は、臣下という、そのような格下の「道」の體得者の「兵」（軍事）に對する態度を描寫して、「兵を以て天下に侄《つよ》（強）からんと谷《ほっ》（欲）せず」と述べる。自分の仕える「人宔《じんしゅ》（主）」が「天下」の各國に對して軍事力に訴えて「侄《つよ》（強）い」姿勢を取らないようにさせる、という内容の戰爭批判論である。ただし、この戰爭批判論も、反戰平和の思想であるとは認めることができない。と言うのは、下文に「善《よ》くする者は果《か》なるのみ、以て侄（強）きを取らず。果にして癹《ほこ》（伐）らず、果にして喬《おご》（驕）らず、果にして矝《たかぶ》（矜）らず。」とあるように、本章上段・中段は「癹《ほこ》（伐）らず」「喬《おご》（驕）らず」「矝《たかぶ》（矜）らず」と戒めながらも、結局のところ、戰爭という「亓《そ》（其）の事」を果敢・果斷に遂行して、きちんと勝利の結果を殘すことを求めているからである。

郭店『老子』の政治思想が、上述のように、「聖人」「侯王」などの爲政者が「天下を取っ」て天子となることを目指そうとするものである以上、反戰平和を完全に支持するわけにはいかなかったのであろう。爲政者の軍事力を背景にした「天下」的規模での強權政治には反對し、また戰爭遂行者の「癹《ほこ》（伐）る」「喬《おご》（驕）る」「矝《たかぶ》（矜）る」という心理には警戒したけれども。

また、丙本第三十一章中段・下段に、

君子居則貴左、甬（用）兵則貴右。古（故）曰、兵者、〔非君子之器也。不〕㝵（得）已而甬（用）之、銛（恬）纕（慴）爲上、弗敚（美）也。敚〈敚（美）〉之、是樂殺人。夫樂〔殺人、不〕以㝵（得）志於天下。古（故）吉事上左、喪事上右。是以卞（偏）𤖼（將）軍居左、上𤖼（將）軍居右、言以喪豊（禮）居之也。古（故）殺〔人衆〕、則以悫（哀）悲位（莅）之、戰勅（勝）、則以喪豊（禮）居之■。

とある。本章中段・下段は、上に檢討した甲本第三十章上段・中段とは異なって、相當明確な戰爭反對論を述べている。ただし、その主人公は甲本第三十章上段・中段と同樣に、「聖人」ではない。「君子」である。この言葉に含まれる趣旨は、甲本第三十章上段・中段の「人宔《じんしゅ》（主）を差《たす》（佐）くる者」に類似して、格下の「道」の體得者ということではなかろうか。

ここでは、まず、「兵なる者は、〔君子の器《うつわ》に非《あら》ざるなり〕。」と宣言して、「兵」（軍事・戰爭）というものが『老子』的な得道者「君子」の使用する道具としてはふさわしくないことを明確にする。それは、本章中段・下段によれば、せいぜい「已《や》むを㝵《え》（得）〔ず〕して之《こ》れを甬《もち》（用）う」るものでしかない。その理由は、「之れを敓《び》〈敚（美）〉とするは、是《こ》れ人を殺すを樂しむなり。」とする作者のヒューマニズムにあるが、さらにその根本には、「夫《そ》れ〔人を殺すを〕樂しめば、以《もっ》て志《こころざし》を天下に㝵《え》（得）〔ず〕。」と認めるリアリズムがあった。すなわち、「以《もっ》て志《こころざし》を天下に㝵《え》（得）」よう（天子となって自分の「志」を「天下」に實現しよう）と願う者は、そのために「兵」を使用して、それに伴う「之れを敓《び》〈敚（美）〉とするは、是《こ》れ人を殺すを樂しむなり。」を極力避けなければならない、のであった。これらの思想を含む本章中段・下段は、『老子』中の代表的な戰爭反對論の一つである、と認めることができよう。

注

（1）この點から考えるならば、郭店『老子』の政治思想に反映している社會狀況は、秦漢帝國の成立直前のそれとするのが、最も適當ではなかろうか。「中には「邦」「天下」を善く統治することを目指そうとするものもある」が、この事實も以上の推測と矛盾する性質のものではないと思う。

（2）甲本第五十七章の後半部分に見える、「我無事→自福（富）」「我亡（無）爲→民自𧊒（爲）」「我好靑（靜）→民自正」「我谷（欲）不谷（欲）→民自樸」は、筆者の言う「聖人の無爲→萬物の自然」の思想である。この「無爲→自然」に依據する政治思想は、郭店『老子』の政治思想の具體論の一つであり、より廣い一般論である本項の「「無知」「無爲」によって「天下を取る」」政治思想に包含されるものである。その詳細は、二、2「「聖人の無爲」により「萬物の自然」を通じて「天下を取る」」で檢討する。『老子』『莊子』など道家の「自然」の思想については、拙著『道家思想の新研究――『莊子』を中心として』（前揭）、第12章「聖人の「無爲」と萬物の「自然」」を參照。

（3）本編、五「郭店楚墓竹簡『老子』の哲學思想」の「三つのタイプ」を參照。

（4）一般に道家思想では、「道」を把える方法は、把えないことを通じてかえって把える、とされる。すなわち、感覺・知覺による「知」を撥無することを通じて「道」を「知」るのである。いわゆる「無知の知」「不言の言」に他ならない。その「無知」「不言」などの具體的な表現が總括されて抽象的に「無爲」と呼ばれる場合があることについては、拙著『道家思想の新研究――『莊子』を中心として』（前揭）、第12章、「「無爲而無不爲」というテーゼ」を參照。

（5）なお、甲本第六十三章上段・下段に、

爲亡（無）爲、事亡（無）事、未（味）亡（無）未（味）。大少（小）之多惖（易）必多難（難）。是以聖人猷（猶）難（難）之、古（故）終亡（無）難（難）■。

とある。この文章の説明も丙本第三十五章に似たところがあり、Bタイプである。文中の「未《あじ》（味）亡（無）し」は、「道」が人間の感覺による把握を超えていることを言い、「未（味）亡（無）きを未（味）わう」は、そうした「道」を把えることのシンボルであり、「爲すこと亡（無）きを爲し、事とすること亡（無）きを事とす。」と竝んで「道」を把える廣義の行動の一つである。したがって、本章全體の趣旨は、「爲すこと亡（無）し」「事とすること亡（無）し」「未（味）亡（無）し」といった世間的にはマイナス價値のことがらに對して、むしろ逆に價値を與えてプラスに轉じさせるのが本來の「道」の姿であるが、これをことがらに立ち向かう「難（難）惖（易）」という人間の生き方の問題にも適用して、世間的なマイナス價値の「難（難）」に身を置くことを通じて、むしろ逆にプラス價値の「惖（易）」に轉じていこう、ということ。

（6）この問題については、拙著『道家思想の新研究――『莊子』を中心として』（前掲）、第12章、第4節、A「『老子』における主體の「無爲」と客體の「自然」」を參照。

（7）丙本第十七章と丙本第十八章は、本來、直接繋がる同一の章であった。この問題については、本書、第七編、四、1、（1）「郭店楚簡『老子』丙本第十七章と第十八章は一つの章である」を參照。

（8）ちなみに、本項において述べてきた、『老子』中の「道の無爲」と「萬物の自然」の思想は、それ自體が從來の道家の存在論哲學を大幅に變更する、その點では極めて新しい思想であった。このことについての詳細な分析は、拙著『道家思想の新研究――『莊子』を中心として』（前掲）、第12章、第4節、B「『老子』の存在論・政治思想のアンビヴァレンス」を參照。

（9）同樣に、「自然」や「自○」という言葉が使用されていない箇所にも、『老子』やそれ以外の道家系の文獻では、以上に述べてきたのと同じ「自然の思想」が存在している。この問題については、拙著『道家思想の新研究――『莊子』を中心として』（前掲）、第12章、第4節、A「『老子』における主體の「無爲」と客體の「自然」」を參照。

（10）この問題については、拙著『道家思想の新研究――『莊子』を中心として』（前掲）、第12章、第5節、B「「道」の形而下化に向かって」を參照。

（11）この點は、後述する丙本第三十一章中段・下段が、同樣のテーマで「君子」を引っぱり出しているのと、一脈通ずるところがある。

三　郭店楚墓竹簡『老子』の倫理思想

ここに「倫理思想」と言うのは、例えば、中國古代の儒家や墨家のように、「仁」や「義」などの德目を立てて人閒關係を規定する規範などを思索したものを、狹く指しているわけではない。人閒がこの世にある限り必要とされる、生き方についての原理的な思考を廣く指すことにしたい。郭店『老子』の實際に卽して檢討を進めると、その中に、政治思想や養生思想が入ってくる場合も十分にありうるが、以上の「二」と以下の「四」との重複を可能な限り避けることにする。

1.「無知」「無學」による否定超出

郭店『老子』の中には、主に「知」の領域において、人間の「亡（無）智（知）」「亡（無）學」「亡（無）言」であるべきことを主張する文章が少なくない。

例えば、甲本第五十六章は、すでに二、1「「無知」「無爲」によって「天下を取る」」で検討したとおりである。ただし、本章を注意深く讀んでみると、「聖人」は直ちに「天下の貴《き》と爲《な》っ」たわけではない。それ以前に、すなわち彼が自己の「智（知）」「言」を撥無し、感覺器官を閟ざし塞ぐことによって、出現した脱構築の全一的な「玄同」の世界に自らも融即したそれ以後に、「㝵《え》（得）て新《した》（親）しむ可《べ》からず、亦《ま》た㝵（得）て疋《うと》（疏）んず可からず。㝵（得）て利《り》す可からず、亦た㝵（得）て害す可からず。㝵《え》（得）て貴《たつと》ぶ可《べ》からず、亦《ま》た㝵（得）て戔《いや》（賤）しむ可からず。」という境地に達していた。他者から「新（親）疋（疏）」「利害」「貴戔（賤）」の働きかけを受けることのない、それらを超えた獨立・自由の存在になっていた、と描かれている。この境地を通過した後、彼はついに「天下の貴《き》と爲《な》る」ことに成功したのであった。このように、郭店『老子』においては、得道者の獨立・自由を求める倫理思想と「天下の貴《き》と爲《な》る」政治思想が、不可分に結びついている。

なお、乙本第五十二章中段は、

閟亓（其）門、賽（塞）亓（其）逸（穴）、終身不孞（敄）。啓亓（其）逸（穴）、賽（濟）亓（其）事、終身不來

■。

のように、甲本第五十六章と類似の文章を含んでいる。これもまた、自己の「門」「逸《あな》(穴)」の感覺器官を閟ざし塞いで「無知」「無言」に徹することによって、出現した脱構築の全一的な「玄同」の世界に自らも融即するというmysticism(神祕主義)の哲學を述べた文章である。しかし、ここには、その結果「天下の貴《き》と爲《な》る」とする政治思想はなく、「終身岙《つと》(敄)めず」などの反人間疎外論とも呼ぶべき倫理思想が見えているだけである。

また、乙本第四十八章上段に、

學者日益、爲道者日損。損之或損、以至亡(無)爲也。亡(無)爲而亡(無)不爲。

とある。本章上段は、まず、「學」を修めることが日々、外部から倫理や知識などを攝取していくことであるのに反して、「道を爲《おさ》むる」ことが日々、内面からそれらを夾雜物と見なして排除していくことである、と唱える。次に、倫理や知識などを繰り返し撥無していく「道を爲《おさ》むる」過程を、「之《こ》れを損し或《ま》た損して、以て爲《な》す亡《な》(無)きに至るなり。」と述べた後、終わりに、その結果を「爲《な》す亡《な》(無)くして爲さざる亡(無)し」と描く。これは修業の最後に、ついに「道」を把握することによって得られた結果である。このような聖人は、「道」に具わる「爲さざる亡(無)し」(いかなることをも爲しうる)のオールマイティ性を、自己のものとして具えるに至っている。これもまた、「學」の内容を撥無していく否定超出の結果、ついに「道」を把えることに成功するという、一種の主體性論の倫理思想である。ちなみに、『老子』を始めとする道家文獻に常見する「爲さざる亡(無)し」のオールマイティ性の中には、當然、「天下を取っ」て天子として君臨するという能力も含まれている。それゆえ、以上の倫理思想は、同時に政治思想でもあった。

「學」の否定と排除は、乙本第二十章上段でもまた主張されている。

> 𢇍（絕）學亡（無）𢝊（憂）。售（唯）與可（訶）、相去幾可（何）。完（美）與亞（惡）、相去可（何）若。人之所𤰈（畏）、亦不可以不𤰈（畏）。

郭店『老子』にとって、「學」とは、人々に「售《い》（唯）と可《か》（訶）との相い去ること」「完《び》（美）と亞《あく》（惡）との相い去ること」、敷衍して言えば、「萬物」の中にあると認めている價値・事實・存在の區別を教えるものである。これらを「𢇍（絕）てば𢝊（憂）い亡（無）し」と喝破する本章上段は、すでに検討した甲本第五十六章・乙本第五十二章中段と同様、最終的には、一切の價値・事實・存在の區別を認めない、脱構築された全一的な「玄同」の世界に到達することになる。したがって、ここにも、得道者の獨立・自由や反人閒疎外を求める倫理思想が含まれている、と考えて差し支えあるまい。

2.「美惡」「善不善」の區別を超えて

「智（知）」「學」「言」の否定・排除と「亡（無）智（知）」「亡（無）學」「亡（無）言」の提唱については、すでに三、1「「無知」「無爲」によって「天下を取る」」で検討した。ここでは、その實際の內容をなす、「敚（美）亞（惡）」「善不善」「又（有）亡（無）」などの、「萬物」中の價値・事實・存在の區別の一切を撥無する問題について検討する。實は、この問題についても、すでに「1」で觸れるところがあった。なるべく重複を省いて述べたい。

甲本第二章の、

> 天下皆智（知）敚（美）之爲敚（美）也、亞（惡）已。皆智（知）善、此丌（其）不善已。又（有）亡（無）之相生也、戁（難）惖（易）之相成也、長耑（短）之相型（形）也、高下之相浧（盈）也、音聖（聲）之相和也、

先後之相墮（隨）也。是以聖人居亡（無）爲之事、行不言之𢽳（教）。萬勿（物）復（作）而弗忌（治）也、爲而弗志（恃）也、成而弗居。天〈夫〉售（唯）弗居也、是以弗去也■。

は、前半部分には、「𢼸（美）亞（惡）」「善不善」「又（有）亡（無）」「戁（難）惖（易）」「長耑（短）」「高下」「音聖（聲）」「先後」など、「萬勿（物）」中の一切の價値・事實・存在の相異は、人間の作爲・言論の所產であって、「萬勿（物）」の卽自的な世界それ自體に本來存在しないものであることが、詳細に論じられている。そこで、「聖人」は、これらの價値・事實・存在の相異の一切を、その基礎をなす作爲・言論とともに、「是《こ》こを以て聖人《せいじん》は爲す亡《な》（無）きの事に居《お》り、言わざるの𢽳《おし》（教）えを行う。」のように撥無してしまう。その結果、一まず到達する境地は、二、1「「無知」「無學」による否定超出」で確認したとおり、脫構築された全一的な「玄同」の世界、言い換えれば「道」である。そして、これが後半部分の政治思想の前提となっている。

また、乙本第二十章上段に、

𢇍（絕）學亡（無）𢝊（憂）。售（唯）與可（訶）、相去幾可（何）。𢼸（美）與亞（惡）、相去可（何）若。人之所𥜿（畏）、亦不可以不𥜿（畏）。

とあったが、その「學を𢇍（絕）つ」の內容は、「售（唯）と可（訶）と」「𢼸（美）と亞（惡）と」などの一切の區別を撥無することである。そして、これらの區別をふみ越えて行き着くその先には、「玄同」の世界つまり「道」がある。これらの點については「1」に既述した。

また、乙本第十三章に、

人𢖻（寵）辱若纓（攖）、貴大患若身。可（何）胃（謂）𢖻（寵）辱。𢖻（寵）爲下也、导（得）之若纓（攖）、遊（失）之若纓（攖）、是胃（謂）𢖻（寵）辱〔若〕纓（攖）。〔可（何）胃（謂）貴大患〕若身。虛（吾）所以又

（有）大患者、爲虗（吾）又（有）身。汲（及）虗（吾）亡（無）身、或可（何）〔患。故貴爲身於〕爲天下、若可以厇（託）天下矣。炁（愛）以（爲）身爲天下、若可以迲（寄）天下矣■。

とある。本章全體のテーマは養生說であり、本章の重點は後半部分にある。その前半部分は、後半部分の身體的生命「身」の重視を導き出すために、その逆の、世間の人々が「⿱龍心（寵）辱に纓（攖）るるが若くし」（寵愛を受けて立身出世したり、また恥辱を受けて沒落したりするたびごとに、どぎまぎと一喜一憂し）ている沒主體性を、批判的に描いている。――「可《なに》（何）をか⿱龍心《ちょう》（寵）辱《じょく》と胃《い》（謂）う。⿱龍心《ちょう》（寵）は下為《げた》るも、之れを导《う》（得）れば纓《みだ》（攖）るるが若《ごと》くし、之れを遊《うしな》（失）えば纓（攖）るるが若くする、是《こ》れを⿱龍心（寵）辱に纓（攖）るるが〔若くす〕と胃（謂）う。」である。我々はここに、君主から受ける「⿱龍心（寵）」または「辱」といった、世間的な評價を棄て去ってその外に超然と構えているべきだとする、本章の主體性論の倫理思想を窺うことができよう。(1) そして、この主體性論も、明らかに「玄同」の世界つまり「道」を基礎に踏まえている。

3．欲望追求の否定

『老子』を始めとする道家が、欲望否定論を唱えたことは、古來、極めて有名である。郭店『老子』にもそれが含まれているが、ここでは、それを倫理思想の一種として考察する。

さて、甲本第十九章の、

㡭（絕）智（智）弃妄（辯）、民利百伓（倍）。㡭（絕）攷（巧）弃利、覜（盜）悬（賊）亡（無）又（有）。㡭（絕）⿱爲心（爲）弃慮、民复（復）季〈孝〉子（慈）。三言以爲叓（事）不足、或命（令）之或（有）虐（乎）豆（續）。

視（示）索（素）保苿（樸）、少ム（私）須〈寡〉欲。

は、二、3「「道」「德」によって「國」「天下」を治める」ですでに検討した。文章中、一方で「民の利は百伓《ひやくばい》（倍）す」のように「利」の追求を是認しながら、他方で「利を弃つ」のようにそれを否認している點は、一體どのように解釋すればよいのであろうか。筆者は、これは必ずしも矛盾ではないと考える。――『老子』は、爲政者サイドには「利」の追求を否認し、「民」サイドにはそれを是認している、と考えることができるからだ。章末の「ム《わたくし》（私）を少なくし欲を須《すく》〈寡〉なくす」という寡欲説の提唱も、爲政者サイドに向けて言ったものと把えれば、納得がいくのではなかろうか。

また、甲本第四十六章中段・下段に、

辠莫厚虐（乎）甚欲、咎莫僉（憯）虐（乎）谷（欲）㝵（得）、化（禍）莫大虐（乎）不智（知）足。智（知）足之爲足、此亙（恆）足矣。

とある。本章中段・下段における欲望追求批判は、第一文の「辠《つみ》（罪）は甚だ欲するより厚きは莫《な》し」が、人間の欲望追求の活動を、國家の法律に違反して犯罪を犯すことに繋がるという視角からの議論、第二文の「咎《とが》は㝵《え》（得）んと欲するより僉《いた》（憯）ましきは莫し」が、「天」「鬼神」の意思に背き宗教的なタブーを犯して「咎」（『周易』に頻出する言葉）を得ることになるという視角からの議論、第三文の「化《あやま》（禍）ちは足るを智《し》（知）らざるより大なるは莫し」が、家庭・鄉里における日常生活の中で誰もが願う幸福とは逆の禍い（「禍福」の「禍」）に歸結するという視角からの議論、というように、總合的體系的な議論となっている。それゆえ、本章中段・下段によれば、人間の欲望追求の活動こそが人間社會における諸惡の根源の一つであるが、この問題の解決は、「足るを智《し》（知）るの足る爲《た》るは、此れ亙《つね》（恆）に足る。」のように、「智（知）」の力による欲望のコントロールに委ねられている。

同じような状況は、甲本第三十七章にも、

衍（道）亙（恆）亡（無）爲也。侯王能守之、而萬勿（物）牆（將）自愚（爲）。愚（爲）而雒（欲）乍（作）、牆（將）貞（定）之以亡（無）名之蔞（樸）、夫亦牆（將）智（知）足。智（知）〔足〕以束（靜）、萬勿（物）牆（將）自定■。

のように出てくる。その「〔足る〕を智（知）りて以て束（靜）かなり」は、「侯王」の身を置くマイナス價値の立場であるが、彼の「萬勿（物）」（人民）に對する欲望追求に關して、「智（知）」の力によるコントロールを訴えた文らしい。

さらに、甲本第四十四章に、

名與身篙（孰）新（親）、身與貨篙（孰）多、貣（得）與貢（亡）篙（孰）疠（病）。甚㤅（愛）必大賁（費）、𠩺（厚）贓（藏）必多貢（亡）。古（故）智（知）足不辱、智（知）止不怠（殆）、可以長舊（久）■。

とある。これもまた、「智（知）」の力による欲望追求を否定した章である。始めに、「名と身と篙《いず》（孰）れか新《した》（親）しき、身と貨と篙（孰）れか多《まさ》れる、貣《う》（得）ると貢《うしな》（亡）うと篙（孰）れか疠《へい》（病）なる。」と述べて、名譽欲・財貨欲よりも身體の方が大切であり、また財貨の喪失よりも獲得の方が苦痛であることを示唆した上で、終わりに、「古《ゆえ》（故）に足るを智（知）れば辱《はずかし》められず、止《とど》まるを智（知）れば怠《あや》（殆）うからず、以て長舊《ちようきゆう》（久）なる可し。」のように、「智（知）」の力で欲望追求を一定の範圍內に收めて、滿足しなければならないことを訴える。最後の文「止まるを智（知）れば怠（殆）うからず、以て長舊（久）なる可し。」によれば、こうした欲望追求のコントロールは、さらに上位の目的があって、それは養生說であった。

4.「無爲」による人生の成功

「聖人」などが、「無爲」を始めとするマイナス價値に身を置くことを通じて、かえってプラス價値の「天下の貴と爲っ」て「天下を取る」者となる、とする政治思想については、すでに二、1「「無知」「無爲」によって「天下を取る」」、および2「「聖人の無爲」により「萬物の自然」を通じて「天下を取る」」で檢討した。しかし、郭店『老子』には、このような「天下を取る」という大それた課題ではなく、もっと身近な人生の諸課題で成功を勝ち取るために、「無爲」を始めとするマイナス價値に身を置くことを提唱する倫理思想も少なくない。

例えば、甲本第十五章上段・中段に、

長古之善爲士者、必非（微）溺（妙）玄造、深不可志（識）。是以爲之頌。夜（豫）虐（乎）奴（如）冬渉川、猷（猶）虐（乎）丌（其）奴（如）愄（畏）四哭（鄰）、敢（儼）虐（乎）丌（其）奴（如）客、𧷗（渙）虐（乎）丌（其）奴（如）懌（釋）、屯虐（乎）丌（其）奴（如）樸、坉虐（乎）亓（其）奴（如）濁。竺（孰）能濁以束（靜）者、牆（將）舍（徐）清■。竺（孰）能庀〈安〉以迬（逗）者、牆（將）舍（徐）生。保此衍（道）者、不谷（欲）竘（常）呈（盈）。

とある。本章上段・中段は、全體として「長古《ちようこ》の善く士爲《した》る者」、つまり上古の得道者の描寫に終始している。その描寫は、ほぼ一貫してマイナス價値を有するそれである。——前半部分では、「夜《よ》（豫）虐《こ》（乎）として冬川を渉るが奴《ごと》（如）く、猷《ゆう》（猶）虐《こ》（乎）として丌《そ》（其）れ四哭《しりん》（鄰）を愄《おそ》（畏）るるが奴（如）く、敢《げん》（儼）虐《こ》（乎）として丌（其）れ客の奴（如）く、𧷗《かん》（渙）虐《こ》（乎）として丌（其）れ懌《しやく》（釋）の奴（如）く、屯虐《とんこ》（乎）として丌（其）

れ樸《あらき》の奴（如）く、坉《ちゆん》虗《こ》（乎）として亓（其）れ濁れるが奴（如）し。」であり、後半部分では、「竺《た》（孰）れか能く濁って以て朿《しず》（靜）かなる者、牆《まさ》（將）に舍《おもむ》（徐）ろに清《す》ましめんとする。竺（孰）れか能く庀《やす》〈安〉らかにして以て迬《とど》（逗）まる者、牆（將）に舍（徐）ろに生ぜしめんとする。」である。

中でも後半は、「此の術《みち》（道）を保つ者」が、「濁って以て朿《しず》（靜）かなり」というマイナス價値を負荷されながら、かえって「清《す》ましむ」というプラス價値を生み出し、また「庀《やす》〈安〉らかにして以て迬《とど》（逗）まる」というマイナス價値を擔いながら、かえって萬物萬事を「生ぜしむ」というプラス價値に轉ずる、存在であることを、疑問文の形を取って述べている。『老子』特有の否定超出の倫理思想と評してよかろう。そして、最後の「此の術《みち》（道）を保つ者は、盬《つね》（常）に呈《み》（盈）つるを谷《ほっ》（欲）せず。」の一文は、この道を保持している者は、常に滿ち足りた充實を望むことはない、という意味であるが、その文氣は「盬（常）に呈（盈）つるを谷（欲）せざ」るマイナス價値のままで終結しておらず、だからこそ滿ち足りた充實を勝ち取ることができる、というプラス價値への轉換が言外に漂っている。

甲本第六十四章下段の、

爲之者敗之、執之者遠〈遊（失）〉之。是以聖人亡（無）爲、古（故）亡（無）敗。亡（無）執、古（故）亡（無）遊（失）。臨事之紀、新（愼）冬（終）女（如）忌（始）、此亡（無）敗事矣。聖人谷（欲）不谷（欲）、不貴難导（得）之貨。孝（學）不孝（學）、復（復）衆之所佌（過）。是古（故）聖人能尃（輔）萬勿（物）之自肰（然）、而弗能爲。

と、丙本第六十四章下段の、

爲之者敗之、執之者遊（失）之。聖人無爲、古（故）無敗也。無執、古（故）〔無遊（失）也〕。新（愼）終若詞（始）、則無敗事喜（矣）。人之敗也、亙（恆）於亓（其）叡（且）成也敗之。是以〔聖〕人欲不欲、不貴戁（難）

㝵（得）之貨。學不學、遉（復）衆之所逃（過）。是以能補（輔）墓（萬）勿（物）之自肰（然）、而弗敢爲■。

の後半部分については、二、2「「聖人の無爲」により「萬物の自然」を通じて「天下を取る」」に既述した。しかし、その前半部分は、「天下を取る」という大それた課題を論じてはおらず、より身近な人生の諸課題で成功を収めるために、「亡（無）爲」「亡（無）執」のマイナス價値に身を置くことを提唱している。そのことは、甲本の「事に臨むの紀《のり》は、冬《お》（終）わりを訢《つつし》（愼）むこと忌《はじ》（始）めの女《ごと》（如）くすれば、此《すなわ》ち事を敗ること亡（無）からん。」の內容、および丙本の「終わりを訢《つつし》（愼）むこと訂《はじめ》（始）めの若《ごと》くすれば、則ち敗事《はいじ》無からん。人の敗《やぶ》るや、亙《つね》（恆）に丌《そ》（其）の叡《まさ》（且）に成らんとするに於《お》いて之れを敗る。」の內容が、いずれも人生における諸事の成功を願う(2)ものであることによっても、明らかに知られる。後半は、前半の一般的な倫理思想の規模を擴大して、「天下を取る」政治思想にまで適用したのではなかろうか。

なお、甲本第六十四章上段に、

亓（其）安也、易朱（持）也。亓（其）未茈（兆）也、易悬（謀）也。亓（其）毳（脆）也、易畔（判）也。亓（其）幾也、易後（散）也。爲之於亓（其）亡（無）又（有）也、絧（治）之於亓（其）未亂。合〔抱之木、生於毫〕末、九成之臺、己（起）〔於羸（蔂）土、百仁（仞）之高、台（始）於〕足下■。

とある。これは、本來、上段とはまったく無關係の文章であったと考えられる。ものごとを「又《あ》（有）る亡（無）き」「未だ亂れざる」萌芽狀態にある內に「爲」し「絧《おさ》（治）」め、かつそのような微小な努力をこつこつと積み重ねつつ、最後に巨大な事業を爲し遂げるべきことを唱える。『老子』や道家に特有な「無爲」の思想ではなく、荀子學派からの影響を被った人爲・作爲の思想である。

さらに、甲本第六十三章上段・下段に、

爲亡（無）爲、事亡（無）事、未（味）亡（無）未（味）。大少（小）之多悬（易）必多難（難）。是以聖人猷（猶）
難（難）之、古（故）終亡（無）難（難）■。

とある。この文章については、二、注（5）ですでに觸れた。その「爲すこと亡（無）きを爲し、事とすること亡（無）きを事とし、未《あじ》（味）亡（無）きを未《あじ》（味）わう。」は、「道」を把える廣義の行動の一つである。ここでは、「爲すこと亡（無）し」「事とすること亡（無）し」「未（味）亡（無）し」といったマイナス價値に身を置くことが、かえってそれをプラス價値に轉じさせる「道」の働きを踏まえつつ、これをことがらに立ち向かう「難《なん》（難）悬《い》（易）」という倫理思想上の問題にも適用して、マイナス價値の「之れを難《かた》（難）しとす」に立脚することを通じて、逆にプラス價値の「終《つい》に難《かた》（難）きこと亡（無）し」に轉じていこう、と訴えている。

5．柔弱の提唱と堅強の否定

『老子』の中に、柔弱の提唱と堅強の否定が含まれていることは、古來、周知の事實である。郭店『老子』も、この點に變りはないが、しかしこの思想には二つの背景がある。これらの二つを一つに統合することは、郭店『老子』段階では、まだ十分に熟して行われていないようである。

その一は、甲本第五十五章上段・中段・下段に、

酓（含）悳（德）之厚者、比於赤子。蟲（螝）蠆蟲它（蛇）弗蠚（蠚）、攫鳥猷（猛）獸弗扣（搏）、骨溺（弱）
堇（筋）𥝩（柔）天〈而〉捉固。未智（知）牝戉（牡）之合旁（朘）𢚓（怒）、精之至也。終日虐（號）天〈而〉
不𢝊（嚘）、和之至也。和曰県（常）、智（知）和曰明、賹（益）生曰羕（妖）、心事（使）𤈦（氣）曰𢐗（強）。

勿（物）㯺（壯）則老、是胃（謂）不道■。

とあるものである。ここには、「骨溺《よわ》（弱）く堇《きん》（筋）秫《やわ》（柔）らかなり」という句があって、「赤子」の身體の「柔弱」が肯定的に描かれている。ただ身體の「柔弱」だけであるならば、これを「柔弱の提唱」と呼ぶのに躊躇する。しかし、これは「柔弱の提唱」と稱しても惡くはあるまい。なぜなら、章頭に「悳《とく》（德）を酓《ふく》（含）むことの厚き者は、赤子《あかご》に比《なぞら》う。」とあるように、「赤子」は「悳（德）」（つまり「道」の働き）を厚く把えた者の比喩であり、ここに描かれているのはただ身體の「柔弱」だけではないからである。

この句を含む本章上段・中段・下段は、全體が養生說を述べたものであり、本章上段・中段・下段における「柔弱」は、養生說という背景から提唱されている。これが本章上段・中段・下段における「柔弱の提唱」の重要な特徵であるが、さらにその根底には世界の窮極的根源者たる「道」の働き、「悳（德）」が置かれていた。

その二は、甲本第四十章に、

返（反）也者、道〔之〕僮（動）也。溺（弱）也者、道之甬（用）也。天下之勿（物）、生於又（有）、〔又（有）〕生於亡（無）■。

とあり、甲本第九章に、

朱（持）天〈而〉浧（盈）之、不若〔亓（其）〕已。湍（揣）天〈而〉羣（君）之、不可長保也。金玉浧（盈）室、莫能獸（守）也。貴福（富）〔而〕喬（驕）、自遺咎也。攻（功）述（遂）身退、天之道也乚。

とあるものである。

甲本第四十章の「溺（弱）」は、上文の「返（反）」と竝んで「道」の性質の一つであり、世間的な意味でのマイナス價値を負荷されている。しかしここには、そうであればこそ、かえって反對のプラス價値〔「正」や「強」〕に轉ずることができる、とする逆説的辨證法的な論理が前提されている。これが本章における「柔弱の提唱」の背景である。ところで、本章の後半部分では、「天下の勿《もの》（物）は、又《ゆう》（有）より生じ、又（有）は亡《む》（無）より生ず。」のように、「亡（無）」から「天下の勿（物）」が生まれてくる、とする存在論または宇宙生成論が述べられている。このような存在論または宇宙生成論の定立には、マイナス價値の「亡（無）」を「道」と同定した上で、それこそがかえってプラス價値の「又（有）」や「天下の勿（物）」を生み出す實在である、と認める逆説的辨證法的な思想が、深く關わっている。

甲本第九章には、「柔弱」という言葉も「堅強」という言葉も現れない。しかし、本章の「朱《じ》（持）して之《こ》れを浧《み》（盈）たす」「湍《おさ》（揣）めて之れに羣《きみ》（君）たり」「金玉《きんぎょく》室に浧（盈）つ」「貴福《きふ》（富）にして喬《おご》（驕）る」の諸事象を總括すれば、「堅強」あたりに落ち着くのではなかろうか。これらの諸事象を「〔亓（其）の〕已《や》むに若《し》かず」「長く保つ可からざるなり」「能《よ》く獸《まも》（守）るもの莫《な》きなり」「自《みずか》ら咎《とが》を遺《のこ》すなり」と言って否定する本章の思想は、まさに「堅強の否定」である。ここには、世間的な意味でのプラス價値はかえって逆にマイナス價値に轉ずるものだ、とする逆説的辨證法的な論理が横たわっている。これが本章における「堅強の否定」の背景である。この論理は、上文で確認した甲本第四十章のそれと、表現は裏腹であるものの、内容はまったく同じである。そして、章末の「攻《こう》（功）述《と》（遂）げ身退くは、天の道なればなり。」によれば、さらにその根底に、「攻（功）述（遂）→身退」の轉化すなわち「プラス價値→マイナス價値」の轉化が、世界のあらゆる存在者に例外なく貫徹するルール「天の道」である、とする思想が設けられていたのである。

注

（1）『莊子』逍遙遊篇に、

而宋榮子猶然笑之。且擧世而譽之、而不加勸。擧世而非之、而不加沮。定乎內外之分、辯乎榮辱之竟（境）斯已矣。彼其於世、未數數然也。雖然、猶有未樹也。

と紹介されている宋榮子の榮辱論は、郭店『老子』本章の思想にかなり近い。

（2）甲本・丙本第六十四章下段の「新（愼）冬（終）女（如）忌（始）、此亡（無）敗事矣。」は、中國古典にしばしば現れる文であるが、郭店『老子』兩本と最も近い表現が、『荀子』議兵篇の、

慮必先事而申之以敬、愼終如始、終始如一、夫是之謂大吉。凡百事之成也、必在敬之、其敗也、必在慢之。

であることを參照。

四　郭店楚墓竹簡『老子』の養生說

そもそも中國古代の養生說は、『老子』や道家が初めて開發した思想・技術ではない。しかし、この說は戰國後期以後、中國社會の中で次第に盛行するようになっていき、『老子』や道家もそれを取り入れるに至っている。郭店『老子』の中にも養生說は現れるが、それには明確な特徵がある。

1.「道」「德」に基づく養生

郭店『老子』に現れる養生說は、數量の點では必ずしも多いとは言えない。しかし、大體のところ、「道」や「德」

を把握することが、養生説の希求する「長生久視」に繫がると考えている。これが『老子』の養生説の明確な特徴の一つである。それに加えて、國家統治・國家存續の長久化という政治思想の基礎として、養生説を位置づけるものがある（乙本第五十九章）。これもまた、『老子』の養生説の特徵の一つと言ってよかろう。

例えば、甲本第五十五章上段・中段・下段に、

酓（含）悳（德）之厚者、比於赤子。蟲（螝）蠆蟲它（蛇）弗蠚（䖆）、攫鳥猷（猛）獸弗扣（搏）、骨溺（弱）堇（筋）秫（柔）天〈而〉捉固。未智（知）牝戊（牡）之合朘（朘）惹（怒）、精之至也。終日虐（號）天〈而〉不恳（嚘）、和之至也。和曰県（常）、智（知）和曰明、賹（益）生曰羕（妖）、心事（使）熈（氣）曰弜（強）。勿（物）壓（壯）則老、是胃（謂）不道■。

とある。本章上段・中段・下段については、すでに三、5「柔弱の提唱と堅強の否定」で検討した。上段・中段・下段の全體が養生説を述べた文章であるが、それによれば、養生を可能にする根底的なものは厚く「悳《とく》（德）を酓《ふく》（含）む」ことに他ならない。逆に、養生を失敗させる根底的なものは、「生を賹《ま》（益）すを羕《よう》（妖）と曰《い》い、心《こころ》熈《き》（氣）を事《つか》（使）うを弜《きょう》（強）と曰う。勿《もの》（物）は壓《さか》（壯）んなれば則ち老《お》ゆ、是《こ》れを不道《ふどう》と胃《い》（謂）う。」とあるように、「生を賹《ま》（益）し」「熈《き》（氣）を事《つか》（使）う」ことによって、人爲的作爲的に「壓（壯）」を作り出すことに他ならない。郭店『老子』は、後者を「不道」と呼んでいるが、これは章頭にある「悳（德）を酓（含）むことの厚き者」の反義語である。

また、甲本第四十四章に、

名與身管（孰）新（親）、身與貨管（孰）多、貢（得）與貢（亡）管（孰）疠（病）。甚忎（愛）必大寶（費）、局（厚）贓（藏）必多貢（亡）。古（故）智（知）足不辱、智（知）止不怠（殆）、可以長舊（久）■。

とある。本章についても、すでに三、3「欲望追求の否定」で検討した。後半部分の「足《た》るを智《し》（知）れば辱《はずかし》められず、止《とど》まるを智（知）れば怠《あや》（殆）うからず、以て長舊《ちょうきゅう》（久）なる可《べ》し。」は、前半部分の欲望追求の否定を前提にした養生説であろう。ただし、ここには「道」も「德」も言葉としては顔を出していない。

さらに、乙本第五十九章に、

紿（治）人事天、莫若嗇。夫售（唯）嗇、是以㬎（早）〔備（葡）〕。㬎（早）備（葡）、是胃（謂）〔重積德。重積德、則亡（無）〕不克■。〔亡（無）〕不〔克〕、則莫智（知）丌（其）亙〈亟（極）〉。莫智（知）丌（其）亙〈亟（極）〉、可以又（有）陜（國）。又（有）陜（國）之母、可以長〔售（久）。長售（久）、是胃（謂）深根固氐〕。長生售（久）視之道也■。

とある。本章についても、すでに二、3「「道」「德」によって「國」「天下」を治める」で検討した。ここには顕著な特徴がある。――個人の身體的生命を長生きさせようとする養生説を下敷きにした上で、こうした國家統治・國家存續の長久化という政治思想上の命題を唱えていることである。そして、養生説と政治思想の兩者の根底に横たわるものは、「道」「德」の哲學であった。

2. 新しいタイプの養生

郭店『老子』の中には、以上のような比較的單純なタイプの養生説とは異なる、新しいタイプの養生説が含まれている。これが『老子』が初めて唱え出したものであるか否かは、今のところ不明である。しかし、同様のタイプの養生説がいずれも戰國末期およびそれ以後に成っているから、郭店『老子』のこの新しいタイプも、やはり戰國末期以後に成った養生說と考えるべきであろう。

さて、乙本第十三章に、

人態（寵）辱若纓（攖）、貴大患若身。可（何）胃（謂）態（寵）辱。態（寵）爲下也、㝵（得）之若纓（攖）、遊（失）之若纓（攖）、是胃（謂）態（寵）辱〔若〕纓（攖）。〔可（何）胃（謂）貴大患〕若身。虗（吾）所以又（有）大患者、爲虗（吾）又（有）身。汲（及）虗（吾）亡（無）身、或可（何）〔患。故貴爲身於〕爲天下、若可以厇（託）天下矣。炁（愛）以（爲）身爲天下、若可以迲（寄）天下矣■。

とある。本章については、すでに三、2「「美惡」「善不善」の區別を超えて」で檢討した。本章全體のテーマは養生說であり、その重點は後半部分にある。ここには、從來の道家にはなかった新しいタイプの養生說が盛りこまれている。

後半部分は、まず、「虗《わ》（吾）れに大患又《あ》（有）る所以《ゆえん》の者は、虗（吾）れに身又（有）るが爲《た》めなり。虗（吾）れに身亡《な》（無）きに汲《およ》（及）んでは、或《ま》た可《なに》（何）をか〔患《うれ》えん〕。」と前置きする。これは、以下の新しい養生說を言い起こすための、修辭的な文章にすぎない。

もしもわたしという人間に「身」がないならば、何の患いも生ずることはないが、しかし實際は「身」があるのだから、色々な患いがあるのは當然だ。だからこそ、人々の「身」を大切にする政治の實現が期待されるのだ。

という趣旨である。次に、いよいよ本題の「〔身を爲《おさ》むるを〕天下を爲《おさ》むる〔よりも貴《たっと》べば〕、若《すなわ》ち以て天下を厇《たく》（託）す可《べ》し。身を以（爲）むるを天下を爲むるよりも炁《あい》（愛）すれば、若《すなわ》ち以て天下を迲《よ》（寄）す可し。」を唱える。

この養生說の特徵は、第一に、從來の道家の養生說に倣って、個人の身體・生命の重視を、地位や財產の獲得、中んづく「天下」の統治權の獲得と鋭く對立するものとして描きながらも、第二に、それを踏まえた上で、そのように個人の養生を重視する人物こそかえって天下の政治を行うにふさわしいと、逆説的な主張を展開している點である。これによれば、「天下」を統治する政治の課題は、萬民の身體・生命の重視に他ならず、それを行うのに最もふさわしい統治者は自ら養生を行っている者である、ということになる。これは、一方で、戰國末期以後、郭店『老子』を始めとする道家の中に誕生した新しいタイプの養生說であるが、同時に他方で、その養生說が新たに切り開いたデモクラティックな政治思想と評することができるのではなかろうか。

五　郭店楚墓竹簡『老子』の哲學思想

郭店『老子』中に含まれる哲學は、以上の政治思想・倫理思想・養生說をそれらの根底から支持するものである。その支持のし方には、大雜把に分けると以下の三つのタイプがある。(1)

Aタイプは、世界におけるあらゆる存在者「萬物」の一般的なあり方を敍述して、それを政治思想・倫理思想・養生說の根底にすえようとする哲學。Bタイプは、世界における「萬物」の窮極的根源に「道」や「德」を措定して、それを政治思想・倫理思想・養生說の根底にすえようとする哲學。Cタイプは、世界における「萬物の自然」を諸思想の根底にすえるが、それを原因である「道の無爲」の結果として說明しようとする哲學。これはBタイプの變種である。

郭店『老子』における實際の三者の現れ方は、三者をまったく區別せず同一の思想と見なしている場合、あるいは、三者に區別はあるが分かちがたく結びついている場合が少なくないが、ここでは、便宜上、以下のように分けて檢討する。

1．世界における「萬物」の否定超出

「聖人」などが、「無爲」を始めとするマイナス價値に身を置くことによって、かえってプラス價値の「天下の貴と爲る」とする政治思想や、そのような大それた課題ではなくより身近な人生の諸課題で、「無爲」を始めとするマイナス價値に身を置くことで成功を勝ち取ることができる、とする倫理思想が、郭店『老子』に少なからず見えることは、上文の「二」と「三」で既述した。これらの政治思想・倫理思想の根底に位置づけられている哲學は、多種多樣であって、ただ一種類というわけではない。

ここでは、世界の窮極的根源者「道」やその働き「德」を明言せず、「萬物」の一般的普遍的なあり方だけでそれらの根底を說明している、「世界における「萬物」の否定超出」の哲學を取り擧げて檢討する。

例えば、甲本第六十六章に、

江海（海）所以爲百浴（谷）王、以亓（其）能爲百浴（谷）下、是以能爲百浴（谷）王。聖人之才（在）民前也、以身後之。亓（其）才（在）民上也、以言下之。亓（其）才（在）民上也、民弗厚也。亓（其）才（在）民前也、民弗害（害）也。天下樂進（推）而弗詁（猒）、以亓（其）不靜（爭）也、古（故）天下莫能與之靜（爭）。

とある。本章については、すでに二、1「「無知」「無爲」によって「天下を取る」」で檢討した。章頭の「江海《こうかい》（海）の百浴《ひゃっこく》（谷）の王と爲《な》る所以《ゆえん》は、亓《そ》（其）の能く百浴（谷）の下《した》と爲るを以てなり、是《こ》こを以て能く百浴（谷）の王と爲る。」が、そうした「萬物」の一般的普遍的なあり方の一つであることについても、すでに分析した。

また、甲本第五十六章に、

智（知）之者弗言、言之者弗智（知）。閔（閟）亓（其）逸（穴）、賽（塞）亓（其）門、和亓（其）光、迵（通）亓（其）斱（塵）、副（剉）亓（其）韻（銳）、解亓（其）紛。是胃（謂）玄同。古（故）不可导（得）天〈而〉新（親）、亦不可导（得）天〈而〉疋（疏）。不可导（得）天〈而〉利、亦不可导（得）天〈而〉害。不可导（得）天〈而〉貴、亦可不可导（得）天〈而〉戔（賤）。古（故）爲天下貴■。

とある。本章についても、すでに二、1「「無知」「無爲」によって「天下を取る」」、および三、1「「無知」「無學」による否定超出」で檢討した。「知」「言」の撥無から出發して自ら脱構築的な「玄同」の世界に融卽し、最後は「天下の貴《き》と爲《な》る」ことで終わるとする政治思想・倫理思想も、その根底には「世界における「萬物」の否定超出」の論理が置かれている。(2)

さらに、乙本第四十五章に、

大成若夬（缺）、亓（其）甬（用）不幣（敝）。大涅（盈）若中（盅）、亓（其）甬（用）不穿（窘）。大攷（巧）若他（拙）、大成若詘、大植（直）若屈■。喿（燥）勳（勝）蒼（滄）、靑（靜）勳（勝）然（熱）。清清（靜）、爲天下定（正）。

とある。本章についても、すでに二、1「「無知」「無爲」によって「天下を取る」」で檢討した。その後半部分の「清《せい》清《せい》（靜）なれば、天下の定《せい》（正）と爲《な》らん。」という政治思想の、根底に置かれた存在論的哲學が前半部分の「大成《たいせい》は夬《か》（缺）けたるが若《ごと》く、亓《そ》（其）の甬《よう》（用）は幣《やぶ》（敝）れず。大涅《たいえい》（盈）は中《ちゅう》（盅）の若く、亓（其）の甬（用）は穿《きわ》（窘）まらず。大攷《たいこう》（巧）は他《つたな》（拙）きが若く、大成は詘《ちゅつ》なるが若く、大植《たいちょく》（直）は屈《まが》れるが若し。」なのであった。

2.「萬物」を主宰する「道」「德」

郭店『老子』の哲學思想の中には、世界の窮極的根源者「道」やその働き「德」が、そのオールマイティの能力を振るって「萬物」を主宰していると認めた上で、このような存在論的哲學を根底にすえて、上文の「二」「三」「四」で既述した政治思想・倫理思想・養生説を唱えるものも相當多い。もっとも、こうした「道→萬物」の主宰關係は、道家の哲學の中では從來型の古いものであるので、『老子』ではただ單に形式上これを唱える場合もある。『老子』中の新しい哲學は、內容上、「道→萬物」の主宰關係を棄てた「自然の思想」となるが、その「自然の思想」は、次の「3」で取り扱うことにして、ここではまず、「道」「德」が「萬物」を主宰すると見る哲學を檢討する。

例えば、甲本第十五章上段・中段に、

> 長古之善爲士者、必非（微）溺（妙）玄造、深不可志（識）。是以爲之頌。夜（豫）虗（乎）奴（如）冬涉川、猷（猶）虗（乎）丌（其）奴（如）愄（畏）四𠳵（鄰）、敢（儼）虗（乎）丌（其）奴（如）客、⿰𧾷虛（渙）虗（乎）丌（其）奴（如）懌（釋）、屯虗（乎）丌（其）奴（如）樸、坉虗（乎）亓（其）奴（如）濁。竺（孰）能濁以朿（靜）者、⿰爿酉（將）舍（徐）清■。竺（孰）能庀〈安〉以迬（逗）者、⿰爿酉（將）舍（徐）生。保此衍（道）者、不谷（欲）竘（常）呈（盈）。

とある。本章については、すでに三、4「「無爲」による人生の成功」で檢討した。この倫理思想の根底には、內容上は「自然の思想」があるように感じられるが、形式上は「此の衍《みち》（道）」がこの倫理思想を可能にしている。

また、甲本第十六章上段に、

至虛亙〈亟（極）〉也、獸（守）中（盅）篙（篤）也、萬勿（物）方（旁）复（作）、居以須復（復）也。天道員（䞫）員（䞫）、各復（復）亓（其）菫（根）■。

とある。本章についても、すでに二、2「「聖人の無爲」により「萬物の自然」を通じて「天下を取る」」で検討した。ここにも、その政治思想の根底に、内容上は「自然の思想」があることを感取することができるが、形式上は「天道は員《うん》（䞫）員《うん》（䞫）として、各おの亓《そ》（其）の菫《ね》（根）に復《かえ》（復）らしむ。」のように、「天道」が「萬勿（物）」のすべての運動を主宰しているらしい。(3)

また、乙本第四十八章上段に、

學者日益、爲道者日損。損之或損、以至亡（無）爲也。亡（無）爲而亡（無）不爲。

とある。本章についても、すでに三、1「「無知」「無學」による否定超出」で検討した。聖人が最後に「爲す亡（無）くして爲さざる亡（無）し」というオールマイティ性に到達しえたのは、彼が「道を爲め」た結果に他ならず、その根底には「道」が「萬物」を主宰するとする哲學があった。

さらに、乙本第五十四章に、

善建者不拔、善休（保）者不兑（脫）、子孫以丌（其）祭祀不屯（頓）。攸（修）之身、丌（其）悳（德）乃貞。攸（修）之𡨦（家）、丌（其）悳（德）又（有）舍（餘）。攸（修）之向（鄉）、丌（其）悳（德）乃長。攸（修）之邦、丌（其）悳（德）乃奉（豐）。攸（修）之天下、〔丌（其）悳（德）乃愽（溥）。以𡨦（家）觀〕𡨦（家）、以向（鄉）觀向（鄉）、以邦觀邦、以天下觀天下。虗（吾）可（何）以智（知）天〔下之肰（然）哉、以此〕。

とある。本章についても、すでに二、3「「道」「德」によって「國」「天下」を治める」で検討した。その前半部分では、「善く建《た》て」「善く休《たも》（保）っ」た「道」が、「身」「𡨦（家）」「向（鄉）」「邦」「天下」の諸段階でそれぞれ有益な働き「德」を發揮することを述べる。しかし、本章の重點は、それよりもむしろ後半部分の、「天下」を統治するためには「天下」の「道」によるべきことを訴えるところにある。いずれにしても、本章の「道」は、「身」「豪（家）」「向（鄉）」「邦」「天下」を修めるという、倫理思想・政治思想の根底にすえられた存在論的原理である。

さらに、丙本第三十五章に、

埶〈執〉大象、天下往。往而不害、安・坪（平）・大（泰）。樂與餌、𢘉（過）客止。古（故）道〔之出言〕、淡可（乎）丌（其）無味也。視之不足見、聖（聽）之不足䎽（聞）、而不可既也■。

とある。本章についても、すでに二、1「「無知」「無爲」によって「天下を取る」」で検討した。その「大象」は「道」を指しているが、その內容は、「道〔の言を出《い》だすや〕、淡可《たんこ》（乎）として丌《そ》（其）れ味無きなり。之《こ》れを視れども見るに足らず、之れを聖《き》（聽）けども䎽《き》（聞）くに足らず、而《しか》れども既《つ》くす可《べ》からざるなり。」のように、人間の感覺では把えられない、またその働きは無盡藏である、と言う。以上のことを踏まえて、章頭の「大象《たいしょう》を埶《と》〈執〉れば、天下往く。往きて害あらず、安・坪《へい》（平）・大《たい》（泰）なり。」を考えれば、

聖人が偉大な象、すなわち道をしっかと握って離さなければ、天下のあらゆる事物はそれぞれ自ら動き始める。あらゆる事物が自ら動き始めて、何の障害も一切發生せず、天下はこの上なく安靜・平和・泰寧となる。

という意味であるにちがいない。「道」は、「天下」に「安・坪（平）・大（泰）なり」を實現しようとする政治思想の根底をなす哲學なのである。

さらに、丙本第十七章・第十八章に、

大上下智（知）又（有）之、丌（其）卽（次）新（親）譽之、丌（其）既〈卽（次）〉愄（畏）之、丌（其）卽（次）柔（侮）之。信不足、安（焉）又（有）不信。猷（猶）虐（乎）丌（其）貴（遺）言也、成事述（遂）𥘅（功）、

而百省（姓）曰我自肰（然）也。古（故）大道發（廢）、安（焉）又（有）㤅（仁）義。六新（親）不和、安（焉）又（有）孝孶（慈）。邦豪（家）緍（昏）〔亂〕、安（焉）又（有）正臣■。

とある。本章についても、すでに二、２「「聖人の無爲」により「萬物の自然」を通じて「天下を取る」」で檢討した。その後半部分の「大道發《すた》（廢）れて、安《すなわ》（焉）ち㤅《じん》（仁）義又《あ》（有）り。六新《りくしん》（親）和せずして、安《すなわ》（焉）ち孝孶《こうじ》（慈）又（有）り。邦豪《ほうか》（家）緍《こん》（昏）〔亂《らん》して〕、安《すなわ》（焉）ち正臣又（有）り。」は、「大道」が「㤅（仁）義」「孝孶（慈）」「正臣」などがまだ全然現れていなかった家庭・國家の理想狀態を作り出すものであることを、皮肉・逆說的に語った文章である。こうした皮肉・逆說的な意味において、「大道」は倫理思想・政治思想の根底に置かれている、と見ることができよう。

なお、郭店『老子』の中には、以上に檢討してきたのとは樣相を異にして、必ずしも政治思想・倫理思想・養生說の根底に定位するとは限らない、一般的な「道」「德」を說く哲學も存在する。例えば、甲本第五章中段に、

天陛（地）之刎（閒）、亓（其）猷（猶）囗乇（橐）籊（籥）與。虛而不屈（竭）、湩（動）而愈出■。

とある。この中の「天陛《てんち》（地）の刎《あいだ》（閒）」は、「天」と「陛（地）」にはさまれた、およそ考えられる限りの最大の空閒であり、「萬物」の存在する世界・宇宙を指す。その內部で「虛《むな》しけれども屈《つ》（竭）きず、湩《うご》（動）いて愈《いよ》いよ出ず。」という、「萬物」を生成する活動が營まれているところから判斷して、この「天陛（地）之刎（閒）」はほぼ「道」に相當する。したがって、本章中段は、「道」の「萬物」生成活動の無盡藏性、およびその多產性、という哲學を描くものであるが、しかし、政治思想・倫理思想・養生說とは特に關わりがないようである。

また、甲本第四十章に、

返（反）也者、道〔之〕僮（動）也。溺（弱）也者、道之甬（用）也。天下之勿（物）、生於又（有）、〔又（有）〕生於亡（無）■。

とある。本章については、すでに三、5「柔弱の提唱と堅強の否定」で檢討した。その後半部分は、「亡《む》（無）」つまり「道」が「又《ゆう》（有）」や「天下の勿《もの》（物）」を生み出す、とする存在論または宇宙生成論そのものであるが、しかし、政治思想・倫理思想・養生說との關わりは不明である。

さらに、乙本第四十一章に、

上士昏（聞）道、堇（勤）能行於丌（其）中。中士昏（聞）道、若昏（聞）若亡（無）。下士昏（聞）道、大芺（笑）之。弗大芺（笑）、不足以爲道矣。是以建言又（有）之、明道女（如）孛（費）、遲（夷）〔道女（如）類（纇）、進〕道若退。上悳（德）女（如）浴（谷）、大白女（如）辱、圭（廣）悳（德）女（如）不足。建悳（德）女（如）〔偸、質〕貞女（如）愈（渝）、大方亡（無）禺（隅）。大器曼（晚）成、大音祇（希）聖（聲）、天象亡（無）坓（形）。道〔褒亡（無）名。夫唯道、善始且善成〕。

とある。一章全體が「道」についての論述である。

始めに、上段では、「上士《じょうし》は道を昏《き》（聞）けば、堇《つと》（勤）めて能《よ》く丌《そ》（其）の中《ちゅう》を行う。中士《ちゅうし》は道を昏《き》（聞）けば、昏（聞）くが若《ごと》く亡《な》（無）きが若し。下士《げし》は道を昏（聞）けば、大いに之れを芺《わら》（笑）う。大いに芺（笑）わざれば、以て道と爲《な》すに足らず。」のように、「道」が世間からマイナスの價値評價を受けることを強調し、次に、中段では、「是《こ》こを以て建言《けんげん》に之《こ》れ又《あ》（有）り、「明道《めいどう》は孛《くら》（費）きが女《ごと》（如）く、遲《い》（夷）〔道は類《るい》（纇）なるが女（如）く、進〕道は退くが若《ごと》し。上悳《じょうとく》（德）は浴《たに》（谷）の女《ごと》（如）く、大白《だいはく》は辱《はじ》の女（如）く、圭《こう》（廣）悳《とく》（德）は足らざるが女（如）し。建悳《けんとく》（德）は〔偸《とう》なるが〕女（如）く、〔質《しつ》〕貞《てい》（定）は愈《か》（渝）わるが女（如）く、大方《たいほう》は禺《かど》（隅）

亡《な》（無）し。大器は曼《おそ》（晩）く成り、大音《たいおん》は聖《こえ》（聲）祇《かそけ》（希）く、天象《てんしょう》は坓《かたち》（形）亡（無）し。」と。」のように、本當はプラス價値であるはずの「道」「德」が逆にマイナス價値のように見えるありさまを詳述し、終わりに、下段では、「道は〔褒《おお》きくして名亡（無）し。夫《そ》れ唯《た》だ道のみは、善く始めて且《か》つ善く成す〕。」のように、「道」が「萬物」を開始させ、また完成させる主宰者的能力の持ち主であると結論づける。內容上、最も重點が置かれているのは、下段の「道」の存在論的哲學を論じたところにあるらしい。しかし、これも政治思想・倫理思想・養生說との關わりはないようである。

3.「萬物の自然」を根底に置いて

「道の無爲」を原因とする結果としての「萬物の自然」の思想は、上文の「二」と「三」に旣述した政治思想・倫理思想の根底に置かれる場合がある。これは、『老子』中に現れる新しい哲學であって、郭店『老子』では、從來型の古い「道→萬物」の主宰關係を形式上、まだ殘していることもある。ただし、內容上は「道→萬物」の主宰關係を棄てた「萬物の自然」の思想となることが多い。ここでは、諸思想の根底的哲學としてのそうした「萬物の自然」を取り擧げて檢討する。

例えば、甲本第六十四章下段に、

爲之者敗之、執之者遠〈遊（失）〉之。是以聖人亡（無）爲、古（故）亡（無）敗。亡（無）執、古（故）亡（無）遊（失）。臨事之紀、新（愼）冬（終）女（如）忌（始）、此亡（無）敗事矣。聖人谷（欲）不谷（欲）、不貴難导（得）之貨。孝（學）不孝（學）、逡（復）衆之所化（過）。是古（故）聖人能尃（輔）萬勿（物）之自肰（然）、而弗能爲。

とあり、丙本第六十四章下段に、

爲之者敗之、執之者遊（失）之。聖人無爲、古（故）無敗也。無執、古（故）〔無遊（失）也〕。訢（愼）終若詞（始）、則無敗事喜（矣）。人之敗也、亙（恆）於亓（其）䖒（且）成也敗之。是以〔聖〕人欲不欲、不貴𪉻（難）㝵（得）之貨。學不學、復（復）衆之所沘（過）。是以能補（輔）𢉖（萬）勿（物）之自肰（然）、而弗敢爲■。

とある。本章下段についても、すでに二、2「「聖人の無爲」により「萬物の自然」を通じて「天下を取る」」で検討した。ここに含まれている「聖人の無爲→萬物の自然」の政治思想は、既述のとおり、形式上は、「聖人」の主宰→「萬勿（物）」の被宰、という論理を根底に持っている。しかし、その「聖人」は「無爲」で何も爲さないのだから、内容上はほとんど主宰者性を保持していない。とするならば、むしろ「萬物の自然」こそが根底的な存在論的哲學となって、この政治思想を支えていると見なすことができるのではなかろうか。

また、甲本第三十七章に、

衍（道）亙（恆）亡（無）爲也。侯王能守之、而萬勿（物）牆（將）自𢡺（爲）。𢡺（爲）而雒（欲）复（作）、牆（將）貞（定）之以亡（無）名之蓁（樸）、夫亦牆（將）智（知）足。智（知）〔足〕以束（靜）、萬勿（物）牆（將）自定■。

とある。本章についても、すでに二、2「「聖人の無爲」により「萬物の自然」を通じて「天下を取る」」、および三、3「欲望追求の否定」で検討した。ここに見られるのも、「侯王」が「衍《みち》（道）」を把えて「亡（無）爲」となることができれば、彼は「萬勿《ばんぶつ》（物）は牆《まさ》（將）に自《みずか》ら𢡺《な》（爲）さんとす」「萬勿《ばんぶつ》（物）は牆（將）に自《みずか》ら定まらんとす」という内容において、「天下を取る」ことができるとする政治思想である。その根底には、形式上は、「侯王」の主宰

↓「萬勿（物）」の被宰、という論理がある。しかし、その「侯王」は内容上はほとんど主宰者性を具えていない。それゆえ、むしろ「萬物の自然」こそが根底的な哲學として、この政治思想を支えていると見なすことができよう。(4)

　また、甲本第二章に、

天下皆智（知）𢼸（美）之爲𢼸（美）也、亞（惡）已。皆智（知）善、此丌（其）不善已。又（有）亡（無）之相生也、戁（難）惖（易）之相成也、長耑（短）之相型（形）也、高下之相涅（盈）也、音聖（聲）之相和也、先後之相墮（隨）也。是以聖人居亡（無）爲之事、行不言之孝（教）。萬勿（物）㑅（作）而弗忌（治）也、爲而弗志（恃）也、成而弗居。天〈夫〉售（唯）弗居也、是以弗去也■。

とある。本章についても、すでに二、2「「聖人の無爲」により「萬物の自然」を通じて「天下を取る」」、および三、2「「美惡」「善不善」の區別を超えて」で檢討した。ここに含まれている「聖人の無爲・不言↓萬物の自然」の論理も、確かに「自然」という言葉は登場していないけれども、政治思想の根底に位置する「萬物の自然」の一般的普遍的なあり方、つまり存在論的哲學の一種なのである。

　さらに、甲本第二十五章に、

又（有）𤖣（狀）蟲（蚰）成、先天𨺟（地）生。敓（寂）繆（穆）蜀（獨）立不亥（改）、可以爲天下母。未智（知）亓（其）名、孳（字）之曰道。虛（吾）弜（強）爲之名曰大。大曰潛、潛曰遠、遠曰反。天大、𨺟（地）大、道大、王亦大。國中又（有）四大安（焉）、王凥（處）一安（焉）。人法𨺟（地）、𨺟（地）法天、天法道、道法自肰（然）■。

とある。本章についても、すでに二、2「「聖人の無爲」により「萬物の自然」を通じて「天下を取る」」で檢討した。ここでは、人類のトップに「王」を戴くとする政治思想の根底に、形式上は「𨺟（地）」「天」を媒介にして「道」の哲學が置かれているが、內容上は「道は自肰《しぜん》（然）に法《のっと》る」という「萬物の自然」の思想が置かれている。

注

（1）本編、二、1「「無知」「無爲」によって「天下を取る」」の「三つのタイプ」を參照。

（2）なお、乙本第五十二章中段に、

閟亓（其）門、賽（塞）亓（其）逘（穴）、終身不孞（敄）。啓亓（其）逘（穴）、賽（濟）亓（其）事、終身不逨■。

とあるのも、甲本第五十六章と同樣に考えることができよう。

（3）「天道」と竝んで、「天之道」も政治思想や倫理思想の根底に置かれる場合がある。例えば、甲本第九章に、

朱（持）天〈而〉浧（盈）之、不若〔亓（其）〕已。湍（揣）天〈而〉羣（君）之、不可長保也。金玉浧（盈）室、莫能獸（守）也。貴福（富）〔而〕喬（驕）、自遺咎也。攻（功）述（遂）身退、天之道也乚。

とある。本章については、すでに三、5「柔弱の提唱と堅強の否定」で檢討した。ここに含まれる倫理思想も、「攻《こう》（功）述《と》（遂）げ身退くは、天の道なればなり。」のように、「天の道」という哲學がその根底をなしている。

（4）甲本第三十七章と思想と表現のよく似た文章が、甲本第三十二章にある。

道亙（恆）亡（無）名。僕（樸）唯（雖）妻（細）、天陛（地）弗敢臣。侯王女（如）能獸（守）之、萬勿（物）牆（將）自貢（賓）■。天陛（地）相會也、以逾（輸）甘零（露）。民莫之命（令）、天〈而〉自均安（焉）。詞（始）折（制）又（有）名。名亦既又（有）、夫亦牆（將）智（知）步（止）。智（知）步（止）所以不詞（殆）。卑（譬）道之才（在）天下也、猷（猶）少（小）浴（谷）之與江海（海）■。

である。本章についても、すでに二、2「「聖人の無爲」により「萬物の自然」を通じて「天下を取る」」で檢討した。「侯王」が「亡（無）名」の「道」を守ることができれば、それが原因となって「萬勿《ばんぶつ》（物）は牆《まさ》（將）に自《みずか》ら貢《ひん》（賓）せんとす」「民は之れに命《れい》（令）する莫《な》くして、天《しこう》〈而〉して自ら均《ひと》しくす。」の結果がもたらされ、「侯王」は「天下を取る」ことになる。「萬物の自然」の哲學がこの政治思想の根底にあることは、甲本第三十七章とまったく同じ。

ただし、章末の「道の天下に才《あ》（在）るを卑《たと》（譬）うれば、猷《な》（猶）お少《しょう》（小）浴《こく》（谷）と江海《こうかい》（海）とのごとし。」は、甲本第三十二章にはない本章獨自の哲學である。これは、「小谷」が「江海」を生むことを比喩に用いて、「道」が「天下」の萬物を生成することを論ずる文である。しかし、本章の「萬物の自然」の思想を踏まえて考えるならば、ここでは、「道」の主宰者性が弱まり「萬物」の自發性自律性が強まっているために、むしろ「江海」が「小谷」から生まれてくるように、「天下」の萬物が「道」から生成してくる、といった流出論に傾いているように感じられる。

六　終わりに

以上、本編は、郭店楚墓竹簡『老子』三本に含まれる主要思想を、政治思想・倫理思想・養生説・哲學思想の四點にしぼって検討した。

ここで、その内容を要約して繰り返す必要はあるまい。筆者としては、諸思想に關して注意を喚起したい重要な論點ははなはだ多いが、すべて省略に從わせていただく。ただし、主要思想を検討し終えて、二三の感想を抱くに至ったので、それを簡潔に記しておきたい。

一、郭店『老子』の政治思想は、他の倫理思想・養生説などと比べると數量の上で最も多い。また、その政治思想の内容は、世間的なプラス價値を否定してその向こう側に超出していこうとする逆説的辨證法的な方法を取ってではあるが、「天下の貴と爲り」「天下の定（正）と爲っ」て「天下を取る」ことを目的としている場合が多い。このような政治思想の内容から、原本『老子』の成書を推測することも可能であると考えるが、この問題については本書、第七編、二「原本『老子』の成書」を參照されたい。郭店『老子』に天下の統一を目前にした社會狀況が反映していることは、非常に顯著な特徴であるが、從來あまり注意されてこなかったことのように思われる。

二、『老子』の倫理思想については、從來はこれを「保身の道」、「處世の法」(1)、「處世術」(2)などという言葉で理解することが少なくなかった。しかし、これらの言葉は一種の貶義語であって、『老子』の中に含まれている倫理思想を把える言葉・枠組としては、不適當である。そこには始めから、その倫理思想をせいぜいのところ世渡りの賢しらでしかない、とする低い評價が前提されているように感じられる。

しかしながら、『老子』の中にあるのは、人間がこの世にある限り必要とされる、生き方についての原理的な思考である。その實際の現れは、人間が「下・後」「爲す無し」のマイナス價値に身を置くことを通じて、かえって「上・前」「爲さざる無し」のプラス價値に轉じていくことを中心に、いかにこの現實社會に生きていくべきかを追求するものである。しかも、『老子』は、こうした人間の生き方の追求を、世界に存在する「萬物」の一般的普遍的なあり方や、その「萬物」を主宰する「道」「德」のあり方についての、存在論的な思索（すなわち哲學）とともに進めている。その場限りの場當たりな、ひねこびた知惠の披露とは、本質的に異なるものと把えなければならない。したがって、筆者はこれを「倫理思想」と呼んで、若干の檢討を行った。

三、郭店『老子』の養生説について言えば、他の政治思想・倫理思想・哲學思想と比べて數量の上で少ない。今本（王弼本）『老子』で比較的多いと感じられるのは、それ以後の道家の思想史の展開に伴って、馬王堆本や各種今本などが養生説を充實させてきたためではないかと思われる。他の特徴としては、個人の身體的生命の長生きという養生説を下敷きにした上で、國家統治・國家存續の長久化という政治思想上の命題を唱えるものがあったり（乙本第五十九章）、「天下」を統治する政治の課題は、萬民の身體・生命の重視に他ならないとして、養生説を政治思想の中に取りこもうとするものがあったり（乙本第十三章）するように、養生説が政治思想に浸透されていることである。

四、郭店『老子』の哲學思想については、從來、『老子』には哲學がないなどとする暴論も唱えられたことがあった。(3)しかし、本編は、郭店『老子』の政治思想・倫理思想・養生説の根底にこれらを支える哲學が常に存在することを確認してきた。その主な內容は、A、この世界に存在する「萬物」の一般的普遍的なあり方を說く哲學であり、「萬物」がマイナス價値に身を置くとかえってプラス價値に轉ずる（またその逆）のがその一般的普遍的なあり方である、と唱える存在論。B、「萬物」の窮極的根源に「道」「德」を措定し、それがオールマイティの能力を振るって「萬物」を主宰していると認める存在論、および人間が「無爲」などのマイナス價値に立つことで「道」「德」のオールマイティ性を獲得できると唱える主體性論。C、「聖人」が「無爲」などのマイナス價値に身を置くことで「道」「德」を把握するならば、それが原因となって「萬物」は自發的自律的（つまり「自然」）にさまざまのプラス價値を實現するという結果になる、と主張する「自然」の思想。以上である。

以上の哲學思想は、多くの場合、人間が世界の窮極的根源にある「道」とその働きである「德」を把えることを必須とする。したがって、郭店『老子』には、「道」と「德」について解明した文章がはなはだ多く現れる。(4)それらの中で、特に注目される哲學がある。――甲本第五十六章の「玄同」である。この哲學は、人間が自己の「穴」「門」の感覺器官を閉ざし塞いで「無知」「無言」に徹することによって、一切の價値・事實・存在の區別を認めない、脫構築された全一的な「玄同」の世界が出現するが、こうして出現したこの「玄同」に自らも融卽するという mysticism（神祕主義）を述べるものである。これと類似する哲學を含む文章は、郭店『老子』中では他に、甲本第二章、乙本第四十八章上段、乙本第二十章上段、乙本第十三章、乙本第五十二章中段、にも見えている。そして、郭店『老子』中のこの哲學は、『莊子』齊物論篇の「萬物齊同」の哲學とまったく同じものであり、(5)オリジナルな『莊子』の「萬物齊同」から引進して郭店『老子』に引き繼がれたものと考えることができよう。言い換えれば、郭店『老子』は比較的早い戰國末期に成書されたテキストの一つであったので、このように、より古い戰國中期の『莊子』の「萬物齊同」をよく保存しているのではなかろうか。

注

（1）「保身の道」「處世の法」という言葉で、『老子』の倫理思想を把えるのは、津田左右吉『道家の思想とその展開』（『津田左右吉全集』第十三巻、岩波書店、一九六四年）、第二篇、第一章「老子の思想」、である。本章において、津田左右吉は、

　われ〳〵は先づ「老子」の書が、一體、何を說いてゐるのかを考へてみなければならぬ。

と問題を立て、

　それが天下を治める術と世に處する法とを反復縷說したものに過ぎないことを容易に看守するであらう。

と答えている。『老子』にあるのは、ただ「天下を治める術」と「世に處する法」だけだと言うのである。

（2）「處世術」という言葉を用いるのは、武內義雄『中國思想史』（『武內義雄全集』第八巻「思想史篇」一、角川書店、一九七八年）、第五章、一「老子」である。

（3）この問題については、拙論「津田左右吉『道家の思想とその展開』——未熟な時代における私の格闘」（神戸大學中文研究會『未名』第二十七號、二〇〇九年三月）を參照。

（4）谷中信一「郭店楚簡『老子』及び「太一生水」から見た今本『老子』の成立」（前揭）は、第一部、第二章、（3）において、「郭店『老子』には「德」の概念についての積極的な言及が少なく。かつ「道」についての哲學的思索に乏しい」と主張する。しかし、これは初步的な事實認定の誤りである。

（5）『莊子』齊物論篇の「萬物齊同」の哲學の內容の分析、およびその成書年代の推定については、拙著『道家思想の新研究——『莊子』を中心として』（前揭）、第5章「「萬物齊同」の哲學」を參照。

第六編　郭店楚墓竹簡『老子』諸章の上段・中段・下段

――『老子』のテキスト形成史の中で

一　始めに

荊門市博物館『郭店楚墓竹簡』所收の『老子』甲本・乙本・丙本のいくつかの章に、「上段・中段・下段」の全部ではなく一部分だけが現れている章がある。本編はそのような章の合計十四箇所のすべてについて、(1)「上段・中段・下段」のあり方を網羅的に検討するものである。

郭店楚簡『老子』の甲本・乙本・丙本の三本は、(2)現存する『老子』の中で寫本として最も古いテキストであり、その意味では『老子』の原本に最も近い可能性のあるテキストである。そのテキストとしてのあり方は、內容・形式ともに相當多くの點で、各種今本『老子』や、(3)それに聯なる馬王堆帛書『老子』の甲本・乙本とは相異している。その相異の一つに、『老子』諸章の「上段・中段・下段」の問題がある。——馬王堆甲本・乙本や今本（王弼本）が、諸章それぞれに「上段・中段・下段」の全部が完全具足しているのに對して、郭店『老子』三本は、いくつかの章において、「中段・下段」は具足するが「上段」が缺けるとか、「上段・中段」は具足するが「下段」が缺けるとか、等々のように「上段・中段・下段」の一部分だけが現れる、という問題である。

この問題を本格的に研究した論著は、今日に至るまでまだ書かれていない。今日までに書かれた論著の中で、多少なりともこの問題に觸れたものは、ほとんど例外なく、諸章の「上段・中段・下段」の完全具足した『老子』がすでに春秋時代末期から戰國時代中期までの間に成書されていたことを不動の前提としており、『老子』というテキストの形成過程を解明することを可能にする問題として、これを解こうと試みた論著は一篇たりとも存在しないのである。そして、この問題に觸れた多くの論著は、郭店『老子』は、完全具足本『老子』を中國大陸の中原から遠く離れた邊鄙な南方、楚の國で抄寫したテキストだから、このように精善には寫せなかったのだとか、または、完具本の節略本を作って特定のある目的のために使用したのがこのテキストだから、このような內容・形式を具えているのだとか、あるいは、完具本『老子』が盜掘などの原因によってその多くの部分が殘缺・散佚してしまったために、このように不完全なものしか殘らなかったのだとか、さらには、抄寫者の學問的能力が低く『老子』の思想を理解することが難しかったために、このような不完全な結果に陷ってしまったのだとか、などといった說明を行っている。

これらの說明は、それぞれいずれも、立論の根據が薄弱であって、今日までに判明している中國古代思想史・學術史上の諸事實に合致していなかったり、あるいは思考の過程が曖昧であって、知的訓練を經た讀者を十分に納得させるだけの說得力を持っていなかったり、といった類の缺陷を含んでいる。筆者には、當該論著の著者の自由・奔放な思いこみに基づくものでしかない、ように感じられる。

本編では、上述の郭店『老子』諸章の「上段・中段・下段」の問題を、老子や『老子』についてのできあがった既存の知識（すなわち先入觀）に依據して外在的に說明するのではなく、可能な限りそれら一切の既存の知識を一旦白紙にもどし棚上げした上で、それぞれの箇所の文章表現と思想內容から離れずそれらに密に卽しつつ、內在的に檢討したいと思う。

なぜなら、この檢討を成功裏に行うことを通じて始めて、郭店『老子』それ自體の、實際に有する固有の內容・性質・構造などを把握することが可能となるからであり、さらにまた、郭店『老子』の、『老子』テキスト形成史上に占める位置と意義を解明することが可能となるからである。

そして、以上の檢討・解明の向こう側に、我々を待ちかまえているのが、他ならぬ『老子』テキストの形成過程の解明という大きな問題であるが、本編は、この大問題に對しても今まで論述してきた本論とは異なった側面から、全面的にではなく部分的にではあるけれども、答えようと企圖している。

最初に、郭店『老子』三本の諸章の出現狀況を、簡單に紹介しておきたい。(4)

郭店『老子』甲本は、

第十九章→第六十六章→第四十六章中段・下段（上段を缺く）→第三十章上段・中段（下段を缺く）→第十五章上段・中段（下段を缺く）→第六十四章下段（上段を缺く）→第三十七章→第六十三章上段・下段（中段を缺く）→第二章→第三十二章。

第二十五章→第五章中段（上段・下段を缺く）。

第十六章上段（下段を缺く）。

第六十四章上段（下段を缺く）→第五十六章→第五十七章。

第五十五章上段・中段・下段（最下段を缺く）→第四十四章→第四十章→第九章。

の順序に配列されており、乙本は、

第五十九章→第四十八章上段（下段を缺く）→第二十章上段（下段を缺く）→第十三章。

第四十一章。

第五十二章中段（上段・下段を缺く）→第四十五章→第五十四章。

の順序、丙本は、

第十七章→第十八章。

第三十五章→第三十一章中段・下段（上段を缺く）。

第六十四章下段（上段を缺く）。

の順序である。これらの內、「中段・下段（上段を缺く）」などという括弧內の附記のない、「第十九章」や「第六十六章」などは、當該章の文章がほぼ今本（王弼本）のとおりに完具していることを意味する。

以下、本編では、今本（王弼本）の經文の構成を基準に取って、それと異なる箇所のある郭店『老子』のすべてを、「上段を缺く諸章」「中段を缺く諸章」「下段を缺く諸章」の三つのタイプに大分しつつ、郭店『老子』のテキストとしてのあり方を検討する。重複を含めて合計十四箇所である。郭店『老子』の本當の姿は、このように單純ではなくもっと複雜であり微妙であるが、本編では、便宜的に以上のような三大分に基づいて議論を進めていこうと思う。

この檢討を行う際に採用する主な方法は、郭店『老子』三本を馬王堆兩本および今本（王弼本）と、形式と內容の二つの方面から比較・對照することである。馬王堆帛書『老子』甲本・乙本の概略については、本書、第七編、二、3「形成途上にある馬王堆帛書『老子』」を參照されたい。また、王弼『老子注』やその用いた『老子』のテキストについては、古來多くの問題が指摘されているところであるが、筆者は特に詳細な研究しているわけではないので、本編では暫時、王弼の生卒した魏の、西曆二二六年～二四九年のころの『老子』の經文およびその注釋書であると認めることとする。その主に依據したテキストは、島邦男『老子校正』所收の「王本校正」（前掲）、波多野太郎『老子道德經研究』所收の「老子王注校正」（前掲）、樓宇烈『王弼集校釋』上册所收の「老子道德經注」（前掲）である。

注

（1）本書、第一編、二「章と段について」の注（4）を參照。

（2）　本來であれば、甲本・乙本・丙本の三本だけでなく、丙本と同じテキストの形制、同じ抄寫の字體、類似する諸思想を持った『大一生水』をも、郭店『老子』を構成する一部分であると見なし、その中に入る文獻として一緒に取り扱うべきであるかもしれない。しかし、そのような取り扱い方をすると、問題が過度に複雜になってしまうので、ここでは行論の必要上、暫定的に甲本・乙本・丙本だけを議論することにした。この問題については、本書、「前書き」、一「郭店楚墓竹簡の發掘・構成と『老子』の書名」、およびその注（4）（5）（6）を參照。

（3）　本編では、立論や比較の根據を示す資料に、『老子』の各種今本の多くを擧げていたずらに煩瑣に流れるのを避けるために、各種今本の代表としては原則としてただ王弼本だけを擧げることにする。

（4）　この紹介は、行論の必要のために、本書、第一編、二「章と段について」で述べたことを繰り返したものである。その根據・背景や注意點などについては、本書、第一編、二「章と段について」、およびその注（2）を參照。

二　上段を缺く諸章の檢討

1．甲本第四十六章

郭店『老子』甲本第四十六章は、中段と下段は具わっているが、上段を缺く章である。その第四十六章の文章は、以下のとおり。

辠莫厚𪓐（乎）甚欲、咎莫僉（憯）𪓐（乎）谷（欲）㝵（得）、化（禍）莫大𪓐（乎）不智（知）足。智（知）足之爲足、此亙（恆）足矣。

また、馬王堆『老子』甲本の全文は、

●天下有道、〔却〕走馬以糞。天下无道、戎馬生於郊。●罪莫大於可欲、懸（禍）莫大於不知足、咎莫憯於欲得。〔故知足之足〕、恆足矣。

であり、馬王堆乙本の全文は、

〔天下有〕道、却走馬〔以〕糞。无道、戎馬生於郊。罪莫大可欲、禍〔莫大於不知足、咎莫憯於欲得。故知足之足、恆〕足矣。

であり、さらに、王弼本の全文は、

天下有道、卻走馬以糞。天下無道、戎馬生於郊。禍莫大於不知足、咎莫大於欲得。故知足之足、常足矣。

である。

まず、これらを形式の上から相互に比較・對照して検討しよう。郭店甲本第四十六章のこの文章の末尾には、郭店『老子』の諸他の章末に多く現れる「■」の符號が、例外的につけられていない。それに代わって、末尾の「矣」の字の下に「＝」の符號がつけられている。この「＝」の符號は、章末の「■」の符號と同じ意味であるか、もしくはその誤抄ではなかろうか。(1)

さて、馬王堆甲本は、上段の冒頭と中段・下段の冒頭にそれぞれ「●」の符號がつけてある。この符號は、抄寫者が文章のまとまり・區切りを意識していたことを示しているので、前漢時代初期の馬王堆甲本には第四十六章の「上段・中段・下段」を一つのまとまり（すなわち一つの章）とする考えは、まだ生まれていなかったことが分かる。そして、第四十六章の上段と中段・下段を二つに分ける馬王堆甲本の考えが、上段を含まず中段・下段だけを抄寫した古い郭店『老子』甲本（またはこれと類似するテキスト）に由來することは明らかである。ところが、馬王堆乙本からは、中段・下段の冒頭にあった「●」の符號が消えてしまっている。したがって、馬王堆乙本は甲本よりも一層、今本（王弼本）に接近したと見なすことができよう。

ちなみに、戰國時代末期の『老子』を用いたと考えられる『韓非子』解老篇は、第四十六章の上段と中段があって下段がなく、前漢時代初期の『老子』を用いたと考えられる同じく喩老篇は、第四十六章の上段・中段・下段がそろって含まれている。また、第四十六章中段の、

●罪莫大於可欲、憠（禍）莫大於不知足、咎莫憯於欲得。（馬王堆甲本）

の中に現れる、「罪・憠（禍）・咎」や「大・大・憯」や「欲・足・得」などのキー・ワードは、時代の推移とともに變化した『韓非子』解老篇・喩老篇、馬王堆甲本・乙本などにおける『老子』テキストの變遷の過程で、前代の表現を受けて後代の表現が一歩一歩整えられて、次第に修辭的に彫琢を加えられていった、その足跡を示すものである。この問題については、拙著『道家思想の新研究――『莊子』を中心として』（前掲）、第2章、第5節、B「『老子』甲本から乙本への發展」に、やや詳しい追究があるのを參照されたい。[2]

次に、これらを內容の上から檢討しよう。檢討の結果判明することは、上段と中段・下段を密接に關聯する文章であるとは見なしがたい、ということである。なぜなら、馬王堆甲本・乙本、今本（王弼本）の上段の思想は、

●天下に道が行われている時代には、走りのよい馬が畑を耕すのに［用いられる］けれども、天下に道が行われていない時代には、軍馬が首都の近郊に展開するようになる。（馬王堆甲本）

という戰爭反對を主張する內容であるのに對して、中段・下段だけから成る郭店甲本の思想は、

罪は厭《あ》くことなく欲しがる欲望ほど大きなものはなく、災いは得たいと願う物欲ほど痛ましいものはなく、不幸

は滿足するを知らないことほど大きなものはない。だから、滿足を知ることが肝要であるが、滿足することを知っている者の滿足は、永遠に變わらない滿足である。

という欲望追求を非難する內容であって、兩者の閒には、少なくとも表面上は何の關聯もつけられていないからである。試みに、本章を解說した『韓非子』解老篇の上段と中段の關聯を考察してみると、上段の解說は君主主導の戰爭に反對する見解を述べるが、君主の欲望追求に對する批判は弱く、一方、中段の解說は君主と民衆の欲望追求に對する批判を述べるが、君主主導の戰爭に反對する非難はない、という具合いに、兩者の關聯ははなはだ希薄である。ただし、喩老篇の解說は、上述の兩要素が緊密に一つに結び合わされている。

とするならば、『韓非子』解老篇において上段と中段が竝んで置かれているのは、偶然のなせるわざにすぎず、より古い郭店『老子』甲本のように、實は本來、兩者の閒には何の關聯もなかったのではなかろうか。その後、馬王堆乙本や『韓非子』喩老篇の段階に至って、始めて兩者を緊密に一つに結び合わせる（すなわち一つの章とする）ような處置が取られたと考えられる。なお、『韓詩外傳』卷九も『老子』第四十六章を引用するが、その引用には中段・下段はあるが、上段はない。この資料も、本來、上段と中段・下段が別々に取り扱われていた事實を證明するものであるかもしれない。

2. 甲本第六十四章と丙本第六十四章

郭店『老子』甲本第六十四章と丙本第六十四章も、下段は具わっているが、上段を缺く章である。これらの檢討は、すでに本書、第一編、三「第六十四章における上段と下段」において行ったので、ここでは省略に從う。それを參照されたい。

3．甲本第五章

郭店『老子』甲本第五章は、中段は具わっているが、上段と下段を缺く章である。その第五章の文章は、以下のとおり。

天陛（地）之刎（閒）、丌（其）猷（猶）囩（橐）籊（籥）與。虛而不屈（竭）、潼（動）而愈出■。

また、馬王堆『老子』甲本の全文は、

天地不仁、以萬物爲芻狗。聲（聖）人不仁、以百省（姓）〔爲芻〕狗。天地〔之〕閒、〔其〕猶橐籥輿（與）。虛而不淈（屈）、踵（動）而俞（愈）出。多聞數窮、不若守於中（盅）。

であり、馬王堆乙本の全文は、

天地不仁、以萬物爲芻狗。耶（聖）人不仁、〔以〕百姓爲芻狗。天地之閒、亓（其）猷（猶）橐籥輿（與）。虛而不淈（屈）、動而俞（愈）出。多聞數窮、不若守於中（盅）。

であり、さらに、王弼本の全文は、

天地不仁、以萬物爲芻狗。聖人不仁、以百姓爲芻狗。天地之閒、其猶橐籥乎。虛而不屈、動而愈出。多言數窮、不如守中。

である。

まず、これらを形式の上から比較・對照して檢討しよう。馬王堆『老子』甲本のこの箇所には、「●」の符號が全然つけられていない代わりに、かなり多くの句讀の切れ目に鉤號がつけられている。しかし、それら鉤號と鉤號の閒の文章を大きな一まとまり（一つの章）と認めるのには、相當の困難を感じざるをえない。他方、馬王堆乙本のこの前後を調べてみると、明らかに章が分かれるはずの箇所に鉤號も「●」の符號も全然つけられていない、という事態に直面する。したがって、この方面からの檢討を通じては、郭店甲本の末尾に文章のまとまり・區切りを表示する「■」の符號がついていることを確認する以外に、大した成果を得ることはできない。

次に、內容の上からこれらを檢討すれば、第五章も上段と中段と下段が密接に關聯する文章であるとは見なしがたい、と思う。と言うのは、上段の思想は、「天地」の「萬物」に對する對應のし方が、人閒・社會の中だけでしか通用しない「仁」などという狹い儒教倫理に背を向け、それを超越していることをモデルとして、「聲（聖）人」の「百省（姓）」に對する對應のし方も、「仁」などに背を向け、それを超越すべきだという政治思想を逆說的に主張するものである。試みに、馬王堆甲本の日本語譯を掲げてみよう。

天地は情けを知らぬ無慈悲なもので、萬物を藁人形のように取り扱う。同様に、聖人も情けを知らぬ無慈悲なもので、人民を〔藁〕人形のように〔取り扱う〕のだ。

それに對して、中段の思想は、「天」と「地」に圍まれた巨大な空閒が、實有ではなく虛無であるからこそ、かえって生產的なのだと說いて、「道」に關する存在論を示唆的に描いている。

天と地〔の〕閒は、あたかも鞴《ふいご》のようなものであろうか。その中は虛無であるけれどもその働きは無盡藏で、動くにつれて次から次へと萬物が生み出されてくる。（馬王堆甲本）

そして、下段の思想は、多くの知識を攝取して自己を充實させるよりも、「中（盅）」を守る方がよいと言って、「中（盅）」

の生き方を勸めるものである。

多くの知識を攝取して自己を充實させようとする者は、必ず行きづまる。「中（盅）」の態度を守るにこしたことはない。（馬王堆甲本）

こういう具合いに、上段と中段と下段は、相互に異なった語彙による文章表現を用いて、異なった領域の思想内容を、各箇ばらばらに述べていると考えられるからである。強いて言えば、中段（「虛」）と下段（「中（盅）」）は同じく虛無の德を述べた文章であるとも考えられるから、多少の關聯を認めてもよいかもしれない。（下段は中段の意味を一定の方向に限定するために、郭店『老子』甲本より後代に附加されたものであろう。）

しかしながら、上段と中段・下段は、ただ「天地」という同じ一つの共通語によってかろうじて繫がっているにすぎず、思想の上ではほとんど何の關聯もない。だから、郭店甲本第五章が、中段は具わるが、上段・下段を缺くという形態で出現したのは當然であり、まさしくそれが『老子』の本來の姿だったのである。恐らく、郭店甲本から馬王堆甲本・乙本に向かう過程で、上段の文章と下段の文章が新たに著述あるいは搜求されて、中段の前後に插入されるに至ったのではなかろうか。

ちなみに、『老子』第五章を引用した文章を調査してみると、戰國・秦・前漢の諸文獻の中に、この大して長くもない第五章の全文を引用するものが一つもない。例えば、『淮南子』道應篇は、下段だけを引用しているが、中段・上段は引用していない。また、成書年代がいつの時代であるか不明の『文子』では、自然篇が上段だけを引用して解說し、道原篇が下段だけを引用して解說しているが、これらにあっても第五章の上段と中段と下段は、相互に異なった思想をばらばらに述べていると考えられているようである。

4．乙本第五十二章

郭店『老子』乙本第五十二章は、中段だけが具わっていて、上段と下段を欠く章である。その第五十二章の文章は、以下のとおり。

閟亓（其）門、賽（塞）亓（其）𨓜（穴）、終身不否（敄）。啓亓（其）𨓜（穴）、賽（濟）亓（其）事、終身不來■。

また、馬王堆『老子』甲本の全文は、

●天下有始、以爲天下母。旣（既）得亓（其）母、以知亓（其）〔子、旣（既）得亓（其）子〕、復守亓（其）母、沒身不殆。●塞亓（其）悶（穴）、閉亓（其）門、終身不堇（勤）。啓亓（其）悶（穴）、濟亓（其）事、終身〔不來〕。●〔見〕小曰〔明〕、守柔曰強。用亓（其）光、復歸亓（其）明、毋遺身央（殃）、是胃（謂）襲常。

であり、馬王堆乙本の全文は、

天下有始、以爲天下母。既得亓（其）母、以知亓（其）子、既知亓（其）子、復守亓（其）母、沒身不佁（殆）。塞亓（其）堄（穴）、閉亓（其）門、冬（終）身不堇（勤）。開亓（其）堄（穴）、齊（濟）亓（其）〔事、冬（終）身〕不來。見小曰明、守〔柔曰〕強。用〔亓（其）光、復歸亓（其）明、无〕遺身央（殃）、是胃（謂）〔襲〕常。

であり、さらに、王弼本の全文は、

天下有始、以爲天下母。既得其母、以知其子、既知其子、復守其母、沒身不殆。塞其兌、閉其門、終身不勤。開其兌、濟其事、終身不救。見小曰明、守柔曰強。用其光、復歸其明、無遺身殃、是爲習常。

である。

まず、これらを形式の上から相互に比較・對照して検討するならば、馬王堆甲本は、上段の冒頭と中段の冒頭にそれぞれ「●」の符號がある。中段の末尾と下段の冒頭の「〔不來。●見〕」は、殘缺している箇所であるが、その缺字數を計ってみると三字乃至四字であるから、この箇所にはもともと「●」の一字が書かれていた可能性が高い。とすれば、前漢初期の馬王堆甲本には第五十二章の「上段・中段・下段」を一つの章とする考えは、まだ生まれていなかったのである。それとともに、また、第五十二章の上段と中段と下段を三つに分ける馬王堆甲本の考えは、上段・下段を含まず中段だけを抄寫した古い郭店『老子』乙本（またはこれと類似するテキスト）に由來するものと言うことができよう。目を轉じて、馬王堆乙本を見ると、中段の冒頭と下段の冒頭の「●」の符號が消えている。したがって、馬王堆乙本は甲本よりも一層、今本（王弼本）に接近したと見なして差し支えあるまい。

また、馬王堆甲本においては、上段に「沒身」という言葉が用いられているが、中段になると同じ意味であるにもかかわらず「終身」（二例）という言葉に變わっている。馬王堆甲本にある文章表現上のこのような齟齬も、馬王堆甲本において「上段・中段・下段」がまだ一つの章とはなっていなかったという事實を端的に示す證據に他ならない。(3) そして、この事實は、「沒身」を含まない、それゆえ齟齬のない、郭店甲本上段だけの單獨の存在というのが『老子』の本來の姿であることを示している。なぜなら、以上の馬王堆甲本のテキストとしてのあり方は、郭店甲本のそれが反映したものにちがいないからである。――馬王堆甲本では、上段に「終身」を含む文章が新たに著述あるいは捜求されて、前後に竝べて一緒に置かれるようにはなったけれども、しかし、中段の冒頭（と下段の冒頭）に「●」の符號がつけてあって、「上段・中段・下段」をまだ一つの章と見なすには至っていないのである。

次に、これらを內容の上から檢討するならば、上段と中段と下段を密接に關聯する文章と見なすことは到底できない。と言うのは、上段の思想は、「天下」の「萬物」を生み出す「母」としての「道」を把えた上で、その「子」である「萬物」のありさまを「知」り、また「子」である「萬物」のありさまを「得」た上で、さらにその「母」である「道」の立場を守るならば、一生危險な目に會うことがないと述べて、「道」を把えることと「萬物」を「知」ることの兩者をともに重視している。試みに、馬王堆甲本の日本語譯を掲げてみる。

●この天下の萬物には始まりがある。それを天下のすべてを生み出す母と呼ぼう。その母である道を把えた上で、その〔子である萬物のありさま〕を知り、〔またその子、萬物のありさまを把えた上で〕、さらにその母、道の立場を守るならば、身を終えるまで危險な目に會うことがない。

ところが、中段の思想は、人間がその「門」「涚（穴）」の感覺・知覺器官[4]を「閟《と》」ざし「賽《ふさ》（塞）」ぐ、すなわち「知」を抑えて生きていくならば、一生苦勞をしなくてすむけれども、逆にその「涚（穴）」を「啓」く、つまり「知」を驅使して「事を賽（濟）す」という作爲を行うならば、一生根本に立ち返ることはできないと述べて、「無知」の哲學を勸めている。試みに、郭店乙本の日本語譯を掲げてみる。

耳目鼻口の門を閉ざし、知覺の穴を塞ぐならば、一生の間、無理に務めなくてもすむけれども、耳目鼻口の穴を開き、作爲を行って仕事を進めるならば、一生の間、本來の自分に立ち返ることがない■。

そしてさらに、下段の思想は、人間が通常の耳目による知「光」を「用」いて、本來有していたはずの「道」を把える眞實の認識「明」に「復歸」するならば、自分自身の身體に災い「央（殃）」を受けることもないと述べて、「常に襲《い》る」すなわち恆常不變な「道」に參入する方法を論究している。馬王堆甲本の日本語譯を掲げてみる。

〔●〕微小なものを〔見定める〕のを〔明知〕と言い、柔らかさを保ち續けるのを強靱と言う。持って生まれた知惠の光を用いながら、道を知る明知に立ち返っていくならば、我が身の災いはすべて消え去るが、これをしも恆常不變の道への參入と言う。

このように、上段と中段と下段は、異なった語彙による文章表現を用いて、異なった領域の思想內容を、各箇ばらばらに述べているからである。中んづく、中段の、感覺・知覺器官を「閟・賽（塞）」する「無知」を勸める思想が、上段の、「天下」の「萬物」のありさまを「知」ることを肯定する思想、および、下段の、通常の耳目による知「光」を「用」いることを是認する思想と、本來、調和することができないことは、はなはだ明らかではなかろうか。

ちなみに、第五十二章を引用して解説している『韓非子』喩老篇には、下段の一部分「見小曰明」があるだけで、上段・中段がないし、また、『淮南子』道應篇には、中段の「塞其兌、閉其門、終身不勤。」と、下段の「見小曰明。」および「用其光、復歸其明也。」の三箇條が離れたところで別々に引用・解説されているが、これら相互の間には何の關聯もつけられていない。以上の資料も、本來、上段と中段と下段が別々に取り扱われていた事實を推測する助けになるかもしれない。

5. 丙本第三十一章

郭店『老子』丙本第三十一章は、中段と下段が具わっていて、上段を缺く章である。その第三十一章の文章は、以下のとおり。

君子居則貴左、甬（用）兵則貴右。古（故）曰、兵者、〔非君子之器也。不〕㝵（得）已而甬（用）之、銛（恬）纏（慴）爲上、弗敚（美）也。敚〈美〉之、是樂殺人。夫樂〔殺人、不〕以㝵（得）志於天下。古（故）吉事上左、喪事上右。是以卞（偏）𤖼（將）軍居左、上𤖼（將）軍居右、言以喪豊（禮）居之也。古（故）殺〔人衆〕、則以怸（哀）悲位（莅）之、戰𠡦（勝）、則以喪豊（禮）居之■。

また、馬王堆『老子』甲本の全文は、

夫兵者、不祥之器〔也〕。物或惡之、故有欲者弗居。君子居則貴左、用兵則貴右。故兵者、非君子之器也。〔兵者〕、不祥之器也。不得已而用之、銛（恬）襲（慴）爲上、勿美也。若美之、是樂殺人也。夫樂殺人、不可以得志於天下矣。是以吉事上左、喪事上右。是以便（偏）將軍居左、上將軍居右、言以喪禮居之也。殺人衆、以悲依（哀）立（莅）之。戰勝、以喪禮處之。

であり、馬王堆乙本の全文は、

夫兵者、不祥之器也。物或亞（惡）〔之、故有欲者弗居。君〕子居則貴左、用兵則貴右。故兵者、非君子之器。兵者、不祥〔之〕器也。不得已而用之、銛（恬）憹（慴）爲上、勿美也。若美之、是樂殺人也。夫樂殺人、不可以得志於天下矣。是以吉事〔上左、喪事上右〕。是以偏將軍居左、而上將軍居右。言以喪禮居之也。殺〔人衆、以悲依（哀）〕立（莅）〔之。戰〕朕（勝）、而以喪禮處之。

であり、さらに、王弼本の全文は、

夫佳兵者、不祥之器。物或惡之、故有道者不處。君子居則貴左、用兵則貴右。兵者、不祥之器、非君子之器。不得已而用之、恬淡爲上、勝而不美。而美之者、是樂殺人。夫樂殺人者、則不可以得志於天下矣。吉事尚左、凶事尚右。偏將軍居左、上將軍居右、言以喪禮處之。殺人之衆、以哀悲泣之。戰勝、以喪禮處之。

である。

まず、これらを形式の上から檢討しようとする場合、馬王堆甲本のこの箇所には、「●」の符號は全然つけられていない代わりに、句讀の切れ目に鉤號がいくつかつけられているが、それらによって文章の大きな一まとまり（一つの章）を認めるのは相當に困難である。他方、馬王堆乙本のこの前後には、本章と分かれる前章の末尾に鉤號がつけられてはいるけれども、「●」の符號は一つもつけられていない。だから、この方面からの檢討を通じては、郭店丙本の末尾に文章のまとまりを表示する「■」の符號がついていることを確認する以外に、大した成果を得ることはできない。

次に、內容の上からこれらを檢討すれば、上段の思想は、明らかに中段・下段の思想と密接に關聯している。とすれば、上段の文章は郭店丙本以前からすでに書かれていたのであって、これが丙本に缺けているのは偶然のことにすぎないと見なしてよいであろうか。筆者はそうでないと考える。なぜなら、上段・中段・下段の完全具足する馬王堆甲本・乙本、今本（王弼本）は、いずれも上段の「夫兵者、不祥之器也。」と中段の「兵者、不祥之器也。」が重複しており、少なくともものその內の一方は、後代になって追加された文であると推測することができる。そして、重複する上段の「夫兵者、不祥之器也。」と中段の「兵者、不祥之器也。」の內、どちらを後代に追加された文と見なすべきかと言えば、より古い郭店丙本中段に「兵者、（非君子之器也）。」と見えている[5]のであるから、馬王堆甲本・乙本、今本（王弼本）上段の「夫兵者、不祥之器也。」の方こそを、後代に追加された文と見なすべきであることになる。恐らく、馬王堆甲本の成書に至る過程で、「夫兵者、不祥之器（也）。」の一文だけでなく「物或惡之、故有欲者弗居。」の一文も、同時に合わせて著述あるいは捜求されたのではなかろうか。

ちなみに、『老子』第三十一章を引用した文章を調査してみると、戰國・秦・前漢の諸文獻の中に、上段を引用したと認められるものが一つもない。また、『文子』では、微明篇で中段の「兵者、不祥之器也、非君子之寶也。」を引用して解說し、また、上仁篇で中段と下段の「兵者、不祥之器也。不得已而用之、勝而勿美。……以哀悲泣之、以喪禮居之。」を點綴して解說しているが、上段だけは引用・解說していない。こうして見ると、第三十一章の上段は、馬王堆甲本以來、古い經文に追加されて存在していたことは確實であるが、それにもかかわらず、以上のような事情が原因となったためか、あまり重視されることはなかったようである。

注

（1）郭店『老子』には、文章の末尾につけられている「ㄴ」の符號に、章末の「■」の符號と同じ意味が與えられているらしい例がある。この問題については、この二、1「甲本第四十六章」を除いて、他に三、2「甲本第三十章」、四、4「乙本第四十八章」、および四、5「乙本第二十章」を參照。

（2）その他、拙著『老莊思想』改訂版（前掲）、3「新たに出土した馬王堆帛書『老子』」とその注（8）（9）、および拙著『《莊子》――「道」的思想及其演變』（前掲）、第Ⅰ部、第二章、第5節「新出土的馬王堆漢墓帛書《老子》」とその注釋（41）（42）をも參照。

（3）馬王堆乙本がこの「上段・中段・下段」を一つの章と見なしていたか否かは不明であるが、これより以後は、『老子』というテキストの經典としての權威が次第に高まっていったので、このような齟齬に敏感に反應してこれを修正する道家の思想家や抄寫者の活動は消えてしまって、結局、この齟齬はそのまま今本（王弼本）『老子』に受け繼がれている。

（4）「門」と「迯（穴）」は、ともに人間の感覺器官の比喩である。郭店乙本、馬王堆甲本・乙本、今本（王弼本）を問わず、『老子』第五十二章が論じているのは欲望の問題ではなく、感覺・認識の問題である。そのことは、重複する句のある第五十六章の冒頭に「智（知）之者弗言、言之者弗智（知）。」（郭店『老子』甲本）とあることからも明らかである。この問題については、本書、第三編、「第五十二章中段」を參照。

（5）本書、第四編、「第三十一章中段・下段」は、この箇所の缺字に「［非君子之器也。不］」の七字を補っている。しかし、この箇所の缺字數は合計約六字であるから、「［不祥之器也。不］」を補う可能性もないわけではない。

三　中段を缺く諸章の検討

1．甲本第六十三章

郭店『老子』甲本第六十三章は、上段と下段は具わっているが、中段を缺く章である。その第六十三章の文章は、以下のとおり。

爲亡（無）爲、事亡（無）事、未（味）亡（無）未（味）。大少（小）之多惖（易）必多⿱難土（難）。是以聖人猷（猶）⿱難土（難）之、古（故）終亡（無）⿱難土（難）■。

また、馬王堆『老子』甲本の全文は、

●爲无爲、事无事、味无未（味）。大小多少、報怨以德。圖難乎〔亓（其）易也、爲大乎亓（其）細也〕。天下之難作於易、天下之大作於細。是以聖人冬（終）不爲大、故能〔成亓（其）大。夫輕若（諾）必寡信、多易〕必多難。是〔以聖人〕猷（猶）難之、故終於无難。

であり、馬王堆乙本の全文は、

爲无爲、〔事无事、味无味。大小多少、報怨以德。圖難乎亓（其）易也、爲大〕乎亓（其）細也。天下之〔難作於〕易、天下之大〔作於細。是以耶（聖）人終不爲大、故能成亓（其）大〕。夫輕若（諾）〔必寡〕信、多易必多難。是以耶（聖）人〔猶難〕之、故〔終於无難〕。

であり、さらに、王弼本の全文は、

爲無爲、事無事、味無味。大小多少、報怨以德。圖難於其易、爲大於其細。天下難事必作於易、天下大事必作於細。是以聖人終不爲大、故能成其大。夫輕諾必寡信、多易必多難。是以聖人猶難之、故終無難矣。

である。

まず、形式の上から檢討すると、馬王堆甲本のこの箇所には、冒頭以外に「●」の符號がつけられていないのに對して、句讀の切れ目に鉤號はいくつかつけられているが、それらによって文章の大きな一まとまり（一つの章）を認めるのは困難である。他方、馬王堆乙本のこの前後は、殘缺がはなはだしいために正確なところは分からないけれども、鉤號も「●」の符號もつけられていないようである。それゆえ、この方面からの檢討を通じては、郭店甲本の末尾に文章のまとまりを表示する「■」の符號がついていることを確認する以外に、大した成果を得ることはできない。

次に、內容の上から檢討すると、上段と下段を直接繫ぐ郭店甲本は、確かに密接に關聯する一まとまりの文章であるけれども、それに對して、上段・中段・下段から成る馬王堆甲本・乙本、今本（王弼本）は、中段を上段と下段の間に割りこませることによって、そのようなまとまりを破壞してしまっている。――上段・下段の思想は、「亡（無）爲を爲し、亡（無）事を事とし、亡（無）未（味）を味わう。」という逆說的辨證法的な態度が、儒家を始めとする世間的常識とは異なった「道」の立場に基づく行動や生き方であるが、それによれば、「大少（小）」のあらゆる事態について「恳（易）」しいと甘く見てかかることの「多」い場合は、必ず「多」くの困「難（難）」に陷るものである。こういうわけで、「聖人」も事態を「難（難）」しいと考えて取り組むのであるが、そうであればこそ「聖人」は最後まで困「難（難）」に陷らないのだ、という內容である。この內容は、始めから終わりまで整合的な論理で一貫した文章、と認めることができる。

ところが、中段の思想は、「怨」みに對しては「德」でもって應ずる。(1)「難」事は「易」しい萌芽から考え、「大」事は「細」かな足下から行う。なぜなら、天下の「難」事はいずれも「易」しいところから發生し、天下の「大」事はいずれも「細」かなところから生起するからである。ゆえに「聖人」は最後まで「大」事を爲そうとはしないが、であればこそ、「大」事を成し遂げることができるのだ。一體、安請け合いは必ず「信」實に乏しいものだ。――以上のように述べて、主として、初步段階における「易・細」な仕事を積み重ねながら、最終段階における「難・大」な事業の成就を目指すべきだ、という主張に變えてしまっている。この主張は、明らかに戰國末期の代表的な儒家である荀子の「積微」の思想を踏まえたものであって、それかあらぬか、ここでは、上段・下段に含まれていた「恳(易)」と「鸌(難)」に關する逆說的辨證法的な思想が姿を消し、中段ではそれに取って代わって「難」と「易」に關する世間的常識論が主張されている。すなわち、上段・下段では、「多恳(易)↓多鸌(難)」「鸌(難)之↓亡(無)鸌(難)」の展開圖式を想定した上で、「鸌(難)之」(2)の立場に身を置くことを勸めているのに對して、中段では、「易↓難」「細↓大」の展開圖式を想定した上で、「易・細」の立場に身を置くことを勸めているのである。兩者を抱えこむ馬王堆甲本・乙本、今本(王弼本)の思想內容が、上段・下段と中段では相互に正反對の方向を向いており、特に中段と下段では相互に矛盾さえしているために、はなはだ混亂を來してしまっていることが、誰の目にも明らかである。

こういうわけで、郭店甲本第六十三章が、上段・下段は具わるが、中段を缺くという形態で出現したのは當然であり、まさしくそれが『老子』の本來の姿だったと考えなければならない。恐らく、郭店甲本から馬王堆甲本・乙本に向かう過程で、當時(戰國最末期)の代表的な儒家、荀子の「積微」の思想の壓倒的な影響を受けながら、中段の文章が新たに著述されるなりあるいは搜求されるなりして、上段と下段の閒に無理に插入されたのではなかろうか。(3)

ちなみに、『老子』第六十三章を引用した文章を調査してみると、戰國・秦・前漢以後の諸文獻の中で、上段の一部分だけを引用しているものには、『文子』道原篇と賈誼『新書』退讓篇と劉向『新序』雜事篇四があるが、これらはごく短い文の引用であるためにあまり參考にならない。中段だけを引用しているものには、『韓非子』喩老篇に「天下之難事必作於易、天下之大事必作於細。」「圖難於其易也、爲大於其細也。」とあり、同じく難三篇に「圖難者於其所易也、爲大者於其所細也。」とある。これらの資料によって、中段の文章は、上段・下段とは別のところで後代になって著述されたらしいこと、そのために、その經文は『韓非子』兩篇の段階に至ってもまだ不安定であること、などを確認することができよう。

2. 甲本第三十章

郭店『老子』甲本第三十章は、上段は具わるが、中段の一部分と下段を缺いている。その第三十章の文章は、以下のとおり。

以衍（道）差（佐）人宔（主）者、不谷（欲）以兵伹（強）於天下。善者果而已、不以取伹（強）。果而弗癹（伐）、果而弗喬（驕）、果而弗稐（矝）。是胃（謂）果而不伹（強）。丌（其）事好。

また、馬王堆『老子』甲本の全文は、

以道佐人主、不以兵強〔於〕天下、〔亓（其）事好還。師之〕所居、楚朸（棘）生之。善者果而已矣、毋以取強焉。果而毋驕（驕）、果而勿矝、果而〔勿伐〕、果而毋得已居、是胃（謂）〔果〕而不強。物壯而老、是胃（謂）之不道。不道蚤（早）已。

であり、馬王堆乙本の全文は、

以道佐人主者、不以兵強天下、亓（其）〔事好還。師之所居、楚〕棘生之。善者果而已矣、毋以取強焉。果而毋驕、果而勿矜、果〔而勿〕伐、果而毋得已居、是胃（謂）果而〔不〕強。物壯而老、是胃（謂）不道。不道蚤（早）已。

であり、さらに、王弼本の全文は、

以道佐人主者、不以兵強天下。其事好還、師之所處、荊棘生焉。大軍之後、必有凶年。善有果而已、不敢以取強。果而勿矜、果而勿伐、果而勿驕、果而不得已、果而勿強。物壯則老、是謂不道。不道早已。

である。

まず、形式の上から檢討しよう。郭店甲本第三十章のこの文章の末尾には、郭店『老子』の諸他の章末に多く現れる「■」の符號が、例外的につけられていない。それに代わって、末尾の「好」の字の下に「＝」の符號がつけられている。この箇所で文章が一旦終結しているのは明らかであるが、その下文に、文物本『郭店楚簡』【注釋】〔一七〕の言うように、「還」の一字が奪しているのか、あるいはさらに長い奪文があるのかは、今のところ未詳。ここでは、「＝」の符號が章末の「■」の符號と同じ意味であるか、もしくはその誤抄であると考えて、以下、考察を進める。

さて、馬王堆甲本のこの箇所には、「●」の符號が全然つけられていないのに對して、句讀の切れ目に鉤號はいくつかつけられているが、それらによって文章の大きな一まとまり（一つの章）を認めるのは難しい。他方、馬王堆乙本のこの前後には、章が分かれる箇所その他にいくつかの鉤號がつけられているけれども、「●」の符號は一つもつけられていない。したがって、この方面からの檢討では、ほとんど成果を得ることはできない。

次に、内容の上から検討するならば、中段の一部分を缺く郭店甲本の思想は、「人宔（主）」やそれを補「差（佐）」する者が「兵」つまり軍事力を行使することを否定するものではなく、下文にある戰爭を「善くする者」のあり方を描いた文章から分かるように、戰爭における「果」敢・「果」斷をむしろ肯定するものとなっている。ただ、「天下」に對して「兵」に訴えて「強」い態度を取ること、すなわち「癹（伐）」ること、「喬（驕）」ること、「矜（矜）」ることが否定されているにすぎない。

ところが、馬王堆甲本・乙本は、中段の一部分に「〔師之〕所居、楚朸（棘）生之。」という一文があり、これによって、軍事力の行使を全面的に否定する思想という印象を與えている。同じ箇所を今本（王弼本）は、「師之所處、荊棘生焉。大軍之後、必有凶年。」に作っているが、後者が軍事力の行使を否定する思想を強化するために、馬王堆甲本・乙本の延長線上に漢代以後、追加された文章であることは、疑問の餘地があるまい。そして、このような軍事力の行使を強く否定する思想は、郭店甲本の上段・中段の後半部分の思想とは十分に調和することができず、『老子』の本來の姿ではないと見なされる。――恐らく「〔師之〕所居、楚朸（棘）生之。」の一文も、郭店甲本から馬王堆甲本・乙本に向かう過程で、新たに著述あるいは捜求されて、中段の一部分に插入されるに至ったのではなかろうか。ちなみに、『呂氏春秋』應同篇には「師之所處、必生棘楚。」という文があるが、これは『呂氏春秋』では『老子』とは何の關係もつけられていないのに加えて、「大軍之後、必有凶年。」の一文を含んでいない。また、『漢書』嚴助傳は「淮南王安上書云」と冠して、

此老子所謂師之所處、荊棘生之者也。……臣聞軍旅之後、必有凶年。

とあるのを引用する。その後半部分の「軍旅之後、必有凶年。」は、『老子』からの引用であるか否か不明であるが、假りに『老子』の引用であったとしても、前漢、武帝期の『老子』の經文は王弼本との間にまだ若干の距離があるこ

とが分かる。(4)

それから、馬王堆甲本・乙本、今本（王弼本）の下段には、郭店甲本に缺ける「物壯而老、是胃（謂）之不道。不道蚤（早）已。」の文章がある。この文章のない郭店甲本が『老子』第三十章の本來の姿なのであろうか、それとも、この文章のある馬王堆甲本以下がその本來の姿なのであろうか。この文章は、實は『老子』第五十五章上段・中段・下段にも重複して現れている。その郭店『老子』甲本の文章は、以下のとおり。

酓（含）悳（德）之厚者、比於赤子。蟲（虺）蠆蟲它（蛇）弗羞（蓋）、攫鳥猷（猛）獸弗扣（搏）、骨溺（弱）菫（筋）秫（柔）天〈而〉捉固。未智（知）牝戊（牡）之合芴（朘）蒸（怒）、精之至也。終日唐（號）天〈而〉不憂（嚘）、和之至也。和曰県（常）、智（知）和曰明。賹（益）生曰羕（妖）、心事（使）㷬（氣）曰弜（強）。勿（物）壓（壯）則老、是胃（謂）不道■。

また、馬王堆『老子』甲本は、

〔含德〕之厚〔者〕、比於赤子。逢（蜂）悡（蠆）螝（虺）地（蛇）弗螫、擢鳥猛獸弗搏、骨弱筋柔而握固。未知牝牡〔之會〕而朘〔怒〕、精〔之〕至也。終日號而不发（嚘）、和之至也。和曰常、知和曰明。益生曰祥、心使氣曰強。〔物壯〕卽老、胃（謂）之不道。不〔道〕蚤（早）〔已〕。

であり、馬王堆乙本は、

含德之厚者、比於赤子。蠭（蜂）癘（蠆）蟲（虺）蛇弗赫（螫）、據鳥孟（猛）獸弗捕（搏）、骨筋弱柔而握固。未知牝牡之會而朘怒、精之至也。冬（終）日號而不嚘、和〔之至也。和曰〕常、知常曰明。益生〔曰〕祥（妖）、心使氣曰強。物〔壯〕則老、胃（謂）之不道。不道蚤（早）已。

であり、さらに、王弼本は、

含徳之厚者、比於赤子。蜂蠆虺蛇不螫、猛獸不據、攫鳥不摶。骨弱筋柔而握固、未知牝牡之合而全作、精之至也。終日號而不嗄、和之至也。知和曰常、知常曰明。益生曰祥、心使氣曰強。物壯則老、謂之不道。不道早已。

である。このように、「不〔道〕丕（早）〔已〕」を除く「勿（物）壓（壯）則老、是胃（謂）不道。」の一文は、重複する郭店甲本、馬王堆甲本・乙本、今本（王弼本）のいずれにも含まれているのである。そもそも第五十五章上段・中段・下段は、一章全體が「養生」思想を述べた文章であるから、その末尾に「養生」思想を內容とする「勿（物）壓（壯）則老、是胃（謂）不道。」といったアフォリズムが置かれても、違和感は全然なく、前後ぴたりと調和している。しかし、第三十章は上段・中段が軍事思想あるいは政治思想を述べているので、その下段にこの一文が置かれると若干、違和感・不調和を生じ、アフォリズムの內容が抽象的なレベルのものにぼけてしまう嫌いなしとしない。そうだとすれば、第五十五章上段・中段・下段の末尾に「勿（物）壓（壯）則老、是胃（謂）不道。」があり、第三十章の下段に「物壯而老、是胃（謂）之不道。不道丕（早）已。」がない、したがって兩章に重複する文章がないのが、『老子』の本來の姿であったのであり、第三十章の下段に重複する文章が追加されたのも、やはり郭店甲本から馬王堆甲本・乙本に向かう過程で發生したことであろう。

注

（1）「報怨以德」は、『論語』憲問篇に、

或曰、「以德報怨、何如。」子曰、「何以報德。以直報怨、以德報德。」

とある。この中の「以德報怨」は、馬王堆『老子』の「報怨以德」と同じ內容であるから、その「或曰」は馬王堆『老子』な

どを指しており、『論語』憲問篇のこの文章は、馬王堆『老子』などを踏まえて書かれているようである。（その成書年代は戰國中期以前ではありえない。）そして、孔子が否定した「報怨以德」の中には、やはり上文の「爲无爲、事无事、味无未（味）。」と同じような反世間常識的な「道」の立場が含まれているらしい。

（2）馬王堆甲本・乙本の「聖人冬（終）不爲大」は、言うまでもなく「聖人冬（終）爲細」の意味である。

（3）以上のような經緯から推測するならば、郭店『老子』甲本の成書年代および抄寫年代は、恐らく、荀子の思想がぼつぼつ世の中に知られ、かつ注目されるようになってはいるものの、まだ『老子』などの諸子がその壓倒的な影響を受けるに至る以前の時代（戰國末期）にあると思われる。本書、第一編、三「第六十四章における上段と下段」、およびその注（3）を參照。なお、荀子の「積微」の思想については、池田知久監修『郭店楚簡の研究』（二）の拙著「郭店楚簡『忠信之道』譯注」を參照。

（4）『漢書』魏相丙吉傳にも「軍旅之後、必有凶年。」とある。これも『老子』からの引用であるという明證はないが、假りに『老子』の引用であったとして、前漢、宣帝期の『老子』ですら王弼本との閒にまだ若干の距離があったのである。

四　下段を缺く諸章の檢討

1．甲本第十五章

郭店『老子』甲本第十五章は、上段と中段は具わるが、下段を缺いている。その第十五章の文章は、以下のとおり。

長古之善爲士者、必非（微）溺（妙）玄造、深不可志（識）。是以爲之頌、夜（豫）虐（乎）奴（如）冬渉川、猷（猶）虐（乎）丌（其）奴（如）愄（畏）四叟（鄰）、敢（儼）虐（乎）丌（其）奴（如）客、贚（渙）虐（乎）

亓（其）奴（如）懌（釋）、屯虘（乎）亓（其）奴（如）樸、坉虘（乎）亓（其）奴（如）濁■。竺（孰）能濁以朿（靜）者、牐（將）舍（徐）清。竺（孰）能庀〈安〉以迬（逗）者、牐（將）舍（徐）生。保此衍（道）者、不谷（欲）竘（常）呈（盈）。

また、馬王堆『老子』甲本の全文は、

〔古之善爲道者、微眇（妙）玄達〕、深不可志（識）。夫唯不可志（識）、故強爲之容。曰、與呵（乎）其若冬〔渉水、猶呵（乎）亓（其）若〕畏四〔哭（鄰）、嚴（儼）〕呵（乎）其若客、渙呵（乎）其若淩（凌）澤（釋）、□（敦）呵（乎）其若楃（樸）、湷〔呵（乎）亓（其）若濁、湛呵（乎）亓（其）〕若浴（谷）。濁而情（靜）之余（徐）清、女（安）以動之余（徐）生。葆（保）此道、不欲盈。夫唯不欲〔盈、是以能𧝓（敝）而不〕成。

であり、馬王堆乙本の全文は、

古之善爲道者、微眇（妙）玄達、深不可志（識）。夫唯不可志（識）、故強爲之容。曰、與呵（乎）亓（其）若冬渉水、猷（猶）呵（乎）亓（其）若畏四哭（鄰）、嚴（儼）呵（乎）亓（其）若客、渙呵（乎）亓（其）若淩（凌）澤（釋）、沌（敦）呵（乎）亓（其）若樸、湷呵（乎）亓（其）若濁、湛呵（乎）亓（其）若浴（谷）。濁而靜之徐清、女（安）以重（動）之徐生。葆（保）此道〔者、不〕欲盈。是以能𧝓（敝）而不成。

であり、さらに、王弼本の全文は、

古之善爲士者、微妙玄通、深不可識。夫唯不可識、故強爲之容。豫焉若冬渉川、猶兮若畏四隣、儼兮其若客、渙兮若氷之將釋、敦兮其若樸、曠兮其若谷、混兮其若濁。孰能濁以靜之徐清、孰能安以久動之徐生。保此道者、不欲盈。夫唯不盈、故能蔽不新成。

である。

まず、形式の上から檢討すると、郭店甲本第十五章のこの文章は、文章が明らかに區切れない途中の箇所に「■」の符號がつけられており、その反面、明らかに章が分かれるはずの末尾には、郭店『老子』の諸他の章末に多く現れる「■」の符號が、つけられていないようである。[1] また、馬王堆甲本のこの箇所には、「●」の符號が全然つけられていないのに對して、句讀の切れ目に鉤號はいくつかつけられているが、それらによって文章の大きな一まとまり（一つの章）を認めることは難しい。他方、馬王堆乙本のこの前後には、章が分かれる箇所その他に鉤號も「●」の符號も全然つけられていない。それゆえ、この方面からの檢討では、ほとんど成果を得ることはできない。

次に、內容の上から檢討すれば、下段を缺く郭店甲本は、上段と中段だけで確かに緊密に關聯する一まとまりの文章となっているが、それに對して、上段・中段の下文にさらに下段の一文を具える馬王堆甲本・乙本、今本（王弼本）は、下段の一文の新しい思想內容によって、そのようなまとまりを破壞してしまっている。すなわち、郭店甲本の上段・下段の思想は、「長古《ちょうこ》の善く士爲《た》る者」の「必ず非《び》（微）溺《みょう》（妙）にして玄造《げんぞう》し、深くして志《し》（識）る可《べ》からざ」る、姿・形を假りに描いてみようと前置きして、「夜《よ》（豫）虖《こ》（乎）として冬川を渉《わた》るが奴《ごと》（如）し」以下、それを六箇條の文を聯ねて描く。[2] その姿・形の特徴は、すぐ下文に、

竺《た》（孰）れか能《よ》く濁って以て束《しず》（靜）かなる者、牆《まさ》（將）に舍《おもむ》（徐）ろに清《す》ましめんとする■。竺《た》（孰）れか能《よ》く庀《やす》〈安〉らかにして以て迲《とど》（逗）まる者、牆（將）に舍（徐）ろに生ぜしめんとする。

とあるように、「長古の善く士爲る者」は、世間的常識の目から見るとマイナスに價値評價される「濁って以て束（靜）かなる者」「庀〈安〉らかにして以て迲《とど》（逗）まる者」であるが、そうであればこそ、かえって、

牆《まさ》（將）に舍《おもむ》（徐）ろに清《す》ましめんとす。……牆（將）に舍（徐）ろに生ぜしめんとす。

のように、眞實で絶對の「此の術《みち》（道）」の立場からプラスに價値評價される「清む」「生ず」を結果することができる。だから、「此の術《みち》（道）を保つ者」は、世間的常識のプラス價値である「𥪡《つね》（常）に呈《み》（盈）つる」姿・形を取ろうとしないのだ、というものである。これは、上段と中段の範圍內では、『老子』に特有の逆說的辨證法的な論理をもって一貫した整合的な文章である、と認めることができる。

　ところが、馬王堆甲本・乙本、今本（王弼本）の下段の思想は、

　そもそも〔充實を〕望まない〔からこそ、失敗してもそのままで、再び〕新たに成功し〔ないでいられるのだ〕。

（馬王堆甲本）

という內容である。眞實で絶對の「此の道を葆《たも》（保）つ」者であるにもかかわらず、「〔盈つ〕るを欲せず」のマイナス價値から逆說的辨證法的な論理によって、やがてプラス價値に轉じていくということはなく、「〔能く褩《たお》（敝）れて〕成ら〔ず〕」というマイナス價値のままで終結を迎えてしまう。下段を含む馬王堆甲本・乙本、今本（王弼本）の思想內容が、上段・中段と下段とでは相互に反對の方向を向いているために、はなはだ混亂を來してしまっているのである。してみると、郭店甲本第十五章の、上段・中段は具わるが下段を缺くという形態こそが、まさしく『老子』の本來の姿だったと考えなければならない。恐らく、これも郭店甲本から馬王堆甲本・乙本に向かう過程で、下段の文章が新たに著述あるいは捜求されて、無理に追加されるに至ったのではなかろうか。(3)

　ちなみに、『老子』第十五章を引用した文章を調査してみると、『淮南子』道應篇に「故老子曰」を冠して、「服此道者不欲盈。夫唯不盈、是以能弊而不新成。」とある。したがって、『淮南子』の成書された前漢、武帝期の初年には、馬王堆甲本・乙本の下段は經文としてほぼ定着していたと考えられる。また、『文子』九守篇にも「服此道者不欲盈。夫唯不盈、是以弊不新成。」とある。

2.　甲本第十六章

郭店『老子』甲本第十六章は、上段は具わるが、下段を缺いている。その第十六章の文章は、以下のとおり。

至虛亙〈亟（極）〉也、獸（守）中（盅）管（篤）也、萬勿（物）方（旁）复（作）、居以須遉（復）也。天道員（䝿）員（䝿）、各遉（復）亓（其）堇（根）■。

また、馬王堆『老子』甲本の全文は、

至（致）虛極也、守情（靜）表〈裘（篤）〉也、萬物旁（竝）作、吾以觀其復也。天〈夫〉物雲（䝿）雲（䝿）、各復歸於其〔根。曰情（靜）〕、情（靜）是胃（謂）復命。復命、常也。知常、明也。不知常、㠶（妄）。㠶（妄）作兇（凶）。知常容、容乃公、公乃王、王乃天、天乃道。〔道乃久〕、沕（沒）身不怠（殆）。

であり、馬王堆乙本の全文は、

至（致）虛極也、守靜督（篤）也、萬物旁（竝）作、吾以觀亓（其）復也。天〈夫〉物秐（䝿）秐（䝿）、各復歸於亓（其）根。曰靜、靜是胃（謂）復命。復命、常也。知常、明也。不知常、芒（妄）。芒（妄）作凶。知常容、容乃公、公乃王、〔王乃〕天、天乃道。道乃〔久〕、沒身不殆。

であり、さらに、王弼本の全文は、

致虛極、守靜篤、萬物竝作、吾以觀復。夫物芸芸、各復歸其根。歸根曰靜、是謂復命。復命曰常、知常曰明、不知常、妄作凶。知常容、容乃公、公乃王、王乃天、天乃道。道乃久、沒身不殆。

である。

まず、形式の上から検討すると、馬王堆甲本のこの箇所には、「●」の符號も句讀の切れ目を表す鉤號も全然つけられていないようである。その上、馬王堆乙本のこの前後にも、「●」の符號も鉤號も全然つけられていない。そのために、この方面からの検討では、郭店甲本の末尾に文章のまとまり・區切りを表示する「■」の符號がついていることを確認する以外に、ほとんど成果を得ることはできない。

次に、內容の上から検討すれば、上段だけの郭店甲本の思想は、主人公（ここでは、「吾」としておく。）がもしも「虛」「中（盅）」の態度を徹底して保持することができるならば、そのことを通じて、「萬勿（物）」は本來のあり方を取りもどして、廣い範圍にわたって興起しつつ、「各」々その「根」源である「道」に「⿺辶复（復）」っていく、という理想の世界が實現するようになる、という內容である。これは、主體「吾」が原因である「無爲」（「虛」や「中（盅）」がそれに相當する。）の立場に身を置くことによって、客體「萬物」が「自然」（「方《あまね》（旁）く复《お》（作）こる」や「堇《ね》（根）に⿺辶复《かえ》（復）る」がそれに相當する。）になるという結果が引き起こされるとする、いわゆる「無爲」―「自然」の思想の一種であって、『老子』にしばしば登場するものである。(4)

馬王堆甲本・乙本、今本（王弼本）に含まれる下段の思想も、必ずしも明瞭に述べられているわけではないが、上段と同じ「無爲」―「自然」や「復歸」の思想がその中心をなしている。すなわち、主人公「吾」の態度が「〔情《しず》（靜）〕か」である（馬王堆甲本・乙本上段の「虛」「情（靜）」に相當する。）ことを通じて、「萬物」が「命に復《かえ》る」という行動を取る（馬王堆甲本・乙本上段の「各復歸於其（根）」に相當する。）ようになるが、「道」によって支えられている「萬物」のそのような恆「常」不變性を、「吾」は「明」知する（馬王堆甲本・乙本上段の「吾以觀其復也」に相當する。）必要がある。「萬物」の「命に復る」という恆「常」不變性を、「吾」が「明」知するならば、それからやがて「明↓容↓公↓王↓

天↓道」のように次々にグレード・アップして、ついに「道」を把えることも可能となり、その結果、「吾」が「身」が「久し」く生きながらえて、「身を沕《お》（沒）うるまで怠《あや》（殆）うからず」という「養生」思想上の希望さえかなえることができる、という內容である。

上段と下段の思想內容が以上のとおりだとすれば、兩者は比較的よく關聯している文章と認めてもよいように考えられるかもしれない。けれども、『老子』の本來の姿は兩者の完具する上段・下段であり、ゆえに兩者は始めから關聯しあう文章であったと考えて、これを讀解しようとすると、我々はたちまちの內に多くの問題に逢着してしまう。ここでは、その中から二つの問題だけを指摘しておこう。

その一、馬王堆甲本・乙本、今本（王弼本）の下段の「〔曰情（靜）〕、情（靜）是胃（謂）復命。」の「〔情（靜）〕」は、その直前の上段の「天〈夫〉物雲（䞫）雲（䞫）、各復歸於其〔根〕。」を受け、それを踏まえた「〔情（靜）〕」である。上段の文章においては、後者は「至（致）虛極也、守情（靜）表〈裻（篤）〉也。」の「虛」「情（靜）」の結果であるから、よって、下段の「〔情（靜）〕」は、上段の「虛」「情（靜）」と同じレベルのものではなく、それより一段階高いレベルのものであるはずである。しかし、上段と下段の間にこのような立體的な二重のレベルを設定し、第十六章全體の思想內容を過度に複雑化させつつ關聯づけるのは、土臺、無理なことではなかろうか。それよりも、兩者は同じレベル、ほぼ同じ內容の思想が重複しているにすぎず、それは下段の文章が新たに著述あるいは捜求されて、前漢初期までに追加されたからだと考える方が、よほど自然でありかつ合理的である。

その二、上段の掲げる目標は、「萬物旁（竝）作、……。天〈夫〉物雲（䞫）雲（䞫）、各復歸於其〔根〕。」であるのに對して、下段の掲げる目標は、「〔道乃久〕、沕（沒）身不怠（殆）。」である、というように、兩者の目標は互いに相異しており齟齬している。前者は、「百姓」をも含む「萬物」の廣範圍にわたる興起という、全存在的・全人類的な

「復歸」であるが、それに對して後者は、「道」を把えることを通じて實現される、主として個人の「沕（沒）身不怠（殆）」という「養生」である。この場合もやはり、同じ一つの章の中に、最初からこのような相異や齟齬が含まれていたと想定するよりも、「無爲」―「自然」の思想の目標が、戰國末期の本來の『老子』すなわち郭店甲本では「萬物」の「復歸」であったのが、前漢初期を迎え新しい時代・社會のニーズに應えて、馬王堆甲本・乙本では個人の「養生」を強調せざるをえなかったので、このような事情を背景にして、下段の文章が新たに著述あるいは捜求されたのだと考える方が、自然かつ合理的である。

もっとも、馬王堆甲本・乙本、今本（王弼本）の下段に含まれる、「復命、常也。知常、明也。」という二文と類似する文章が、一章全體が「養生」思想を述べた第五十五章上段・中段・下段にもまた見えている。(5) 當該箇所は、郭店甲本は「和曰県（常）、智（知）和曰明。」、馬王堆甲本は「和曰常、知和曰明。」、馬王堆乙本は「〔和曰〕常、知常曰明。」、今本（王弼本）は「知和曰常、知常曰明。」である。こういうわけで、郭店甲本に「養生」思想がなかったと見なすことはできない。ただ、筆者としては、前漢初期は戰國末期に比べて、個人の「養生」が強調されるようになっていた事實を指摘したいのである。

ちなみに、『老子』第十六章を引用した文章を調査してみると、『淮南子』道應篇が「致虛極、守靜篤、萬物竝作、吾以觀其復也。」を引用して解説し、『文子』道原篇も「至虛極也、守靜篤也、萬物竝作、吾以觀其復。」を引用して解説している。これらは、ともに上段を引用するものであるが、下段を引用するものは見當たらないようである。

3. 甲本第五十五章

郭店『老子』甲本第五十五章は、上段と中段と下段は具わるが、最下段を缺いている。その郭店甲本、馬王堆甲本・乙本、今本（王弼本）の文章は、すでに本編、三、2「甲本第三十章」に掲げたので、ここでは再び全文を掲出することは省略する。下段・最下段だけを引用すれば、郭店『老子』甲本は、

勿（物）壓（壯）則老、是胃（謂）不道■。

であり、また、馬王堆『老子』甲本は、

〔物壯〕即老、胃（謂）之不道。不〔道〕蚤（早）〔已〕。

であり、馬王堆乙本は、

物〔壯〕則老、胃（謂）之不道。不道蚤（早）已。

であり、さらに、王弼本は、

物壯則老、謂之不道。不道早已。

である。

まず、形式の上から検討すると、馬王堆甲本の第五十五章には、「●」の符號が全然つけられていない代わりに、句讀の切れ目に鉤號がいくつかつけられているが、それらによって文章の大きな一まとまり（一つの章）を認めることは難しい。他方、馬王堆乙本の第五十五章には、章中に一二の鉤號がつけられてはいるけれども、「●」の符號は一つもつけられていない。したがって、この方面からの檢討では、郭店甲本の末尾に文章のまとまりを表示する「■」の符號がついていることを確認する以外に、何の成果も得ることはできない。

次に、内容の上から檢討する。馬王堆甲本・乙本、今本（王弼本）の最下段の「不〔道〕蚤（早）〔已〕」は、その上

文と密接に關聯する一文であると把えて差し支えあるまい。それでは、これが具わるのが本來の『老子』の姿であるかと訊ねてみると、やはり確實なことはそうであるとも、そうでないともはっきりと斷言することができないと思う。とすれば、今までに檢討してきた諸他の章と同じように、郭店甲本に最下段が具わっていないことと、その末尾に「■」の符號がついていることを重視して、郭店甲本こそが『老子』の本來の姿であろうと推測しておきたい。

4. 乙本第四十八章

郭店『老子』乙本第四十八章は、上段は具わるが、下段を缺いている。その第四十八章の文章は、以下のとおり。

　學者日益、爲道者日損。損之或損、以至亡（無）爲也。亡（無）爲而亡（無）不爲。

また、馬王堆『老子』甲本の全文は、

　爲〔學者日益、聞道者日云（損）。云（損）之有（又）云（損）、以至於无爲。无爲而无不爲。將欲〕取天下也、

　恆〔无事。及亓（其）有事也、不足以取天下〕。

であり、馬王堆乙本の全文は、

　爲學者日益、聞道者日云（損）、云（損）之有（又）云（損）、以至於无〔爲。无爲而无不爲。將欲〕取天下也、

　恆无事。及亓（其）有事也、〔不〕足以取天〔下矣〕。

であり、さらに、王弼本の全文は、

　爲學日益、爲道日損。損之又損、以至於無爲、無爲而無不爲。取天下、常以無事。及其有事、不足以取天下。

である。

まず、形式の上から檢討すると、郭店乙本第四十八章のこの文章の末尾には、郭店『老子』の諸他の章末に多く現れる「■」の符號が、例外的につけられていない。それに代わって、末尾の「爲」字の下に「ニ」の符號がつけられている。ここでは、「ニ」の符號が章末の「■」の符號と同じ意味であるか、もしくはその誤抄であると考えて、以下、考察を進める。

また、馬王堆甲本のこの箇所は、殘缺がはなはだしいために、「●」の符號も句讀の切れ目を表す鉤號もつけられているのか否か、全然不明。それに、馬王堆乙本のこの前後にも、「●」の符號も鉤號も全然つけられていないようである。それゆえ、この方面からの檢討では、郭店甲本の末尾に文章のまとまり・區切りを表示する「ニ」の符號がついていることを確認する以外に、何の成果を得ることもできない。

次に、內容の上から檢討する。上段だけの郭店乙本の思想は、

學問を修める者は日に日に知識を自己の外部から益していくが、道を聞く者は日に日に夾雜物を自己の內面から減らしていく。減らした上にもさらに減らしていくと、ついに一切の人爲のない無爲の境地に達する。無爲の境地に達すればいかなることも爲し遂げることができる。

という內容である。それに對して、馬王堆甲本・乙本、今本（王弼本）の下段の思想は、

天下を取り〔たいと思う〕ならば、常に〔無爲でなければならない。もし人爲を行うようになると、天下を取ることはできないのだ〕。（馬王堆甲本）

という內容であって、後者の「天下を取る」ことは、上段の「爲さざる亡（無）し」の一例として擧げられていると解釋することができるから、上段と下段は密接に關聯する文章と認めて差し支えない。とすれば、下段の文章は郭店

乙本以前からすでに書かれており、これが乙本に缺けているのは偶然にすぎないのであろうか。筆者は、そうではないと思う。と言うのは、郭店乙本、馬王堆甲本・乙本、今本（王弼本）の上段では、共通して「亡（無）爲」という言葉が用いられているが、馬王堆甲本・乙本、今本（王弼本）の下段になると、同じ意味であるにもかかわらず「〈无事〉」という言葉に變えられているからである。馬王堆甲本・乙本以下に存在している文章表現上のこうした齟齬は、第四十八章の上段と下段の兩者は、本來それぞれ別に書かれていた文章だったのが、ある段階で（すなわち前漢初期までに）關聯づけられて同じ一つの章を構成するに至ったものである、という『老子』經文の形成の歴史を今日に證言してくれる格好の資料である。したがって、「〈无事〉」を含まない、その分齟齬のない、郭店乙本上段だけの單獨の存在というのが、『老子』の本來の姿であると考えるべきであろう。

なお、下段の「天下を取る」ことに關する文章表現について附言すれば、馬王堆『老子』甲本第二十九章に、

将欲取天下而爲之、吾見其弗（得已）。夫天下、神）器也、非可爲者也。爲者敗之、執者失之。

という文章があり（馬王堆乙本もほぼ同じ）、郭店『老子』甲本第五十七章に、

以正之（治）邦、以𢦏（奇）甬（用）兵、以亡（無）事取天下。

という文があり、馬王堆『老子』甲本第五十七章に、

●以正之邦、以畸用兵、以无事取天下。

という文がある（馬王堆乙本もほぼ同じ）。このように、郭店『老子』では、甲本第五十七章の「亡（無）事」という言葉一種類だけが用いられているのに對して、馬王堆『老子』甲本・乙本では、第二十九章の「無爲」という言葉と第四十八章・第五十七章の「无事」という言葉の二種類が混在しており、狀況が複雜化している。

ちなみに、『老子』第四十八章を引用した文章を調査してみると、戰國・秦・前漢の諸文獻の中に、この全文を引用

するものは一つもないようであるが、『莊子』知北遊篇が「黄帝曰」の中で「故曰」を冠して、

爲道者日損。損之又損之、以至於无爲。无爲而无不爲也。

を引用している。これは、上段を引用するだけで、下段を一緒に引用していないところから推測して、郭店乙本第四十八章かあるいはこれと同類の原本『老子』を引用しているのではなかろうか。また、『文子』自然篇が「老子曰」を冠して、

古之善爲君者法江海、江海無爲以成其大、窊下以成其廣、故能長久。爲天下谿谷、其德乃足。無爲故能取百川、不求故能得、不行故能至。是以取天下而無事。

と述べている文章の「取天下而無事」は、すでに上段・下段の完具した『老子』第四十八章の下段を引用したものと思われる。

5. 乙本第二十章

郭店『老子』乙本第二十章は、上段は具わるが、下段を缺いている。その検討は、すでに本書、第一編、四「第二十章上段と第十三章の聯續と斷絕」で行ったので、ここでは省略する。それを參照されたい。

注

（1）　正確を期して注しておく。「■」の符號に當たる箇所は、正しくは編線の跡があるところであって、そのために「■」が残缺してしまった可能性もある。

（2）『老子』第十五章の經文は、郭店甲本、馬王堆甲本・乙本、今本（王弼本）相互の間で、相當に相異している。具體的にどこがどのように相異しているかについては、本書、第二編、「第十五章上段・中段」を參照。

（3）これに類似して、郭店甲本の段階では整合的に一貫して具わっていた逆說的辨證法的な思想が、馬王堆甲本・乙本、今本（王弼本）の段階になると、それとは全然異質の文章を追加することによって、混亂させられてしまった例が、他にもまだ存在している。本編、三、1「甲本第六十三章」を參照。

（4）『老子』を始めとする道家の「自然」の思想については、拙著『道家思想の新研究――『莊子』を中心として』（前掲）、第12章を參照。その他、筆者の手に成る論著としては、
拙論「中國思想史における「自然」の誕生」（東大中國學會『中國―社會と文化』第八號、一九九三年六月）
拙論「聖人の「無爲」と萬物の「自然」――新たな思想の展開」（拙著『老莊思想』改訂版（前掲）、13）
拙論「聖人的「無爲」與萬物的「自然」」（拙著『《莊子》――「道」的思想及其演變』（前掲）、第Ⅲ部、第十二章）
などがある。

（5）本編、三、2「甲本第三十章」を參照。

五　終わりに

1．郭店楚墓竹簡『老子』は最古のテキストである

以上、郭店『老子』三本の諸章の中に、「上段・中段・下段」の一部分だけが現れている「上段・中段・下段」について、問題となる郭店『老子』甲本・乙本・丙本のすべての箇所、合計十二章十四箇所を馬王堆『老子』甲本・乙本

および今本（王弼本）『老子』のすべての箇所と、形式と內容の兩方面から比較・對照することを通じて檢討してきた。その結果、主に以下の事實が明らかになった。すなわち、『老子』諸章の「上段・中段・下段」の完全具足していない郭店『老子』三本は、歷史上ほとんど最初にこの世に現れた古い『老子』の、その內部にそれほどの矛盾や齟齬を含まない本來の姿であり、同時にまた、テキストとしてまだ形成途上にあるはなはだ不安定な、原本に最も近い『老子』であること。それに對して、完具している馬王堆『老子』甲本・乙本、今本（王弼本）は、前漢初期までにさらにまたそれ以後に、新たな文章が著述されたり搜求されたりして成った『老子』の姿を示しており、それゆえ、內部に矛盾や齟齬を抱えつつも、テキストとして一歩一歩安定するようになっていった時代の『老子』であること。

この事實を、形式の上から裏づける資料としては、二で檢討した「甲本第四十六章」、「甲本第六十四章と丙本第六十四章」、「乙本第五十二章」、四で檢討した「乙本第二十章」を擧げることができる。また、內容の上から裏づける資料としては、二の「甲本第四十六章」、「甲本第六十四章と丙本第六十四章」、「甲本第五章」、「乙本第五十二章」、「丙本第三十一章」、三の「甲本第六十三章」、「甲本第三十章」、四の「甲本第十五章」、「甲本第十六章」、「乙本第四十八章」、「乙本第二十章」を擧げることができる。形式の上からも內容の上から裏づけることが困難な資料としては、ただ四の「甲本第五十五章」の一つがあるにすぎない。

2．想定される三つの可能性

ひるがえって考えてみれば、ここに同樣の文章表現と同樣の思想內容を有する、二種類のテキストがあるとしよう。――一つのテキストA本は、文章は稚拙・素樸であり概して短文が多く、全文の中に重複も現れず、思想はおおむね具象的で、内部に異質の要素を含まず、論理的整合性を有し首尾一貫しており、單純で純粋な内容を表明するものであるとする。別のテキストB本は、文章は洗練・彫琢されて時に長文があり、全文の中に若干重複が現れ、思想はまま抽象的で、内部に異質の要素を含み、論理的に齟齬や矛盾を抱えており、複雑で多岐にわたる内容を表明するものであるとする。これらのA本とB本は、どちらが先にありどちらが後にあるものであろうか、どちらが影響を與えどちらが影響を受けたものであろうか。

このような問題を検討しようという場合、想定される答えは次の三つに類型化することができよう。第一は、A本が先にあり影響を與えたテキストであり、B本は後にあり影響を受けたテキストである、というもの。第二は、A本が後にあり影響を受けたテキストであり、B本は先にあり影響を與えたテキストである、というもの。第三は、A本とB本は相互に何の影響も與えたり受けたりすることなく、同じ時代に竝行して別々に存在していた複數のテキストである、というもの。世の中に行われているテキストの實際のあり方は、勿論、もっと複雑に入り組んで微妙であり、三種類の想定それぞれのヴァリエーションも極めて多い、というのが常である。しかしながら、假りにもっと複雑に入り組んだ微妙な作業用のモデルを作ってみても、検討を進めるのに役に立たず何の結論をも出せないのでは困るので、筆者は、この三つの類型化で必要・十分であり、かつこれが最も現實的なモデルであると考える。

さて、郭店『老子』三本と馬王堆『老子』甲本・乙本、今本（王弼本）の先後・影響關係については、筆者はすでに本編において、第一の想定、すなわち、郭店『老子』三本が先にあり影響を與えたテキストであり、馬王堆『老子』甲本・乙本、今本（王弼本）は後にあり影響を受けたテキストである、という答えを提出してきた。そうではあるが、第二の想定と第三の想定は本當に成立することができないのであろうか。

第二の想定は、郭店『老子』三本が後にあり影響を受けたテキスト、馬王堆『老子』甲本・乙本、今本（王弼本）は先にあり影響を與えたテキスト、というものであり、中國を始めとして世界の學界において今日通說となっている。ただし、この想定が問題として意味を持ちうるのは、改めて言うまでもなく、成書年代に關する議論においてだけであって、抄寫年代に關する議論においては全然問題にならない。

この想定によれば、馬王堆甲本・乙本、今本（王弼本）などの『老子』、少なくともその原型が、春秋末期から戰國中期までの間に「五千言」をもって先に成書されており、その影響下に郭店『老子』三本が後に成書あるいは抄寫されたのだ、と考えることになる。しかし、これは明らかに成立することができない。そのことを證明することのできる根據ははなはだ多く、枚擧するに遑がないほどであるが、ここでは、ただ二點だけを擧げるに止めたい。

その一は、馬王堆甲本・乙本、今本（王弼本）『老子』の中には、本編、三、1「甲本第六十三章」で指摘したとおり、戰國最末期の荀子の「積微」の思想からの壓倒的な影響がある。それに對して、本編、二、2「甲本第六十四章と丙本第六十四章」で指摘したように、それほど壓倒的ではないけれども郭店『老子』もまた荀子の「積微」の思想から影響を受けていた。本編で檢討した合計十二章の範圍を超えて『老子』全體を調査・考察するならば、馬王堆『老子』甲本・乙本、今本（王弼本）の中に荀子の諸思想から影響を受けた箇所をさらに多く指摘することができるし、それどころか荀子の諸思想を批判した箇所さえ含まれている。ちなみに、本編で指摘した箇所を除いてそれ以外にも、馬王堆甲本・乙本、今本（王弼本）『老子』の中に荀子の諸思想から影響を受けた箇所があったり、また、荀子の諸思想を批判した箇所さえあることについて、筆者はかつて若干の事實を指摘したことがある。(1)

したがって、荀子の思想を判斷基準に取るならば、郭店『老子』三本は、荀子の思想が世の中にぽつぽつ知られるようになった戰國末期以後に、成書あるいは抄寫されたテキストであり、(2)馬王堆『老子』甲本・乙本はさらにその後、荀子の諸思想がかなり廣く廣まって各方面に壓倒的な影響を與えるに至った戰國最末期以後になって、郭店『老子』

三本などを踏まえながら成書あるいは抄寫されたテキストである、と判斷することができる。それに對して、郭店楚簡の下葬年代を戰國中期であると認める通說は、明らかにこのような判斷と相い容れないが、筆者には、通說には何か根本的な誤りが含まれているように感じられてならない。

その二は、本書、第一編、四「第二十章上段と第十三章の聯續と斷絕」で指摘したとおり、郭店『老子』と馬王堆『老子』との直接的な繼承關係を明示している資料として、馬王堆乙本(3)が郭店乙本を踏まえ、かつ郭店乙本を誤解して抄寫した箇所があることである。兩者の關係は、通說の想定によれば、馬王堆乙本の第十三章の「弄（寵）辱若驚、貴大患若身。……」と第二十章の「……人之所畏、亦不可以不畏人。……」の離れたところに置かれていた二つの文が、（語法上の誤りをも含めて）先にあり影響を與えて、郭店乙本の第二十章上段の末尾と第十三章の冒頭が、「人之所𥜽（畏）、亦不可以不𥜽（畏）。人𢤦（寵）辱若纓（攖）、貴大患若身。」のように、（語法上の誤りを正して）後に影響を受けて一つの箇所にまとめて抄寫された、と認めることになるのであろうか。

しかしながら、このような認定は極めて不合理であり、成立することが全く不可能である。と言うのは、馬王堆乙本から郭店乙本への變化を以上のような內容のものと認める場合、馬王堆乙本においてと同樣に、郭店乙本においても兩章は二つの別の章とされているのだから、郭店乙本においては、兩章を一つの箇所にまとめて抄寫した點には何の意味もなく、ただ「人」の字を第二十章から第十三章に移した點だけに意味があることになるが、しかし、以上の變化の中で有意味な處置がただこれだけであれば、何も特に離れたところに置かれていたこれら兩章の二文に基づいて、わざわざこのような處置を行うまでもないと思われるからである。結局のところ、やはり兩者の關係は、郭店『老子』→馬王堆『老子』の一方通行でしかありえず、その逆の變化が起こることはなかったと判斷すべきであろう。

以上の二點に基づいて、第二の想定は成立することができない、と認めるべきである。

第三の想定は、郭店『老子』三本と馬王堆『老子』兩本、今本（王弼本）は、主として戰國中期を前後する一定の期間、相互に何の影響も與えあわず、同時に竝行して別々に存在していたテキストである、と考えるものである。この想定が成立するか否かを正しく吟味するためには、郭店『老子』三本の經文が、馬王堆兩本や、王弼本を始めとする各種今本、および『韓非子』解老篇・喩老篇を始めとする多くの引用文の經文と、どのように同じでどのように異なるかという問題を、經文の一字一句に卽しつつ具體的かつ全面的に檢討する作業を行った上で、郭店『老子』の『老子』テキスト形成の歴史の中に占める位置と意義を解明する必要がある。しかしながら、この解明を本編で行うことは、不可能かつ不適當であろう。

筆者によるこの解明の實際は、郭店『老子』については、本書、第二編・第三編・第四編に、馬王堆『老子』については、拙著『老子』（「馬王堆出土文獻譯注叢書」、前揭）に讓るより他ない。ここにその結論の一端を示せば、――郭店『老子』三本は、內容・形式ともに相當多くの點で、馬王堆兩本、今本（王弼本）などとは相異しているにもかかわらず、『老子』テキストの形成史の上で、諸他から孤立した特異なテキストなどではなく、馬王堆兩本を始めとする、それ以後の諸テキストにきちんと踏まえられ承け繼がれていった、テキスト形成の流れに棹刺す正統的なテキストの一つである、と認めるのが適當である。こういうわけで、郭店『老子』三本についての一般論を述べるならば、第三の想定も、やはり成立することができないのである。

同じ指摘の重複になるが、具體的な檢討の結果を一つだけ示そう。上文の第二の想定の「その二」で述べたとおり、郭店『老子』と馬王堆『老子』の直接的繼承關係を明示する資料に、馬王堆乙本が郭店乙本を踏まえ、かつ後者を誤解して抄寫した箇所がある。郭店乙本の第二十章上段の末尾と第十三章の冒頭の接續箇所である。この箇所に對する上文の檢討に基づいて、我々は、馬王堆乙本が郭店乙本（またはこれと類似するテキスト）を直接目覩していて、その上で、後者の經文の文字をいじっていたと推測してよいと思われる。

以上の第二の想定と第三の想定に對する考察に基づくならば、馬王堆兩本・王弼本などの『老子』、少なくともその原型が、春秋末期～戰國中期に「五千言」をもって先に成書されており、その影響下に郭店『老子』三本が後に成書・抄寫されたのだ、とする今日の通説や、郭店『老子』三本と馬王堆兩本、今本（王弼本）などの『老子』は、主に戰國中期を前後する一定の期間、相互に影響も與えあわず、同時竝行で別々に存在していたテキストだ、とする見解は、いずれも成立不可能であると認めなければならない。とすれば、正しいのはやはり第一の想定であった。すなわち、郭店『老子』三本が先に成書・抄寫され他に影響を與えた、今日最古のテキストであり、馬王堆甲本・乙本、今本（王弼本）『老子』はその後、その影響下に成書・抄寫された新しいテキストなのである。

注

（1）拙著『老莊思想』改訂版（前揭）、10「「仁孝」の否定（3）——「性」における「天」と「人」」とその注（10）と、同じく13「「自然」という言葉の出現」の注（4）、および拙著『《莊子》——「道」的思想及其演變』（前揭）、第Ⅲ部、第九章、第3節「「仁孝」的職權恢復」とその注釋（43）、および同じく第十二章、第2節、第1項「「自然」出現的狀況和性質」の注釋（42）などを參照。

以上の指摘を行った後、郭店『老子』を研究する過程で、筆者は、馬王堆甲本・乙本、今本（王弼本）『老子』が荀子の諸思想を踏まえて成っていることについて、一層多くの箇所を擧げて自らの見解を補充した。すなわち、拙著『郭店楚簡老子研究』（前揭）において新たに補充して、馬王堆甲本・乙本、今本（王弼本）が荀子を踏まえて成っている事實を指摘した箇所は、『老子』第十八章（第一編、五「第十八章における一句の追加」とその注（10）および第四編、「第十八章」とその注（3）を參照）、第十九章（第二編、「第十九章」とその注（5）を參照）、第二十五章（第二編、「第二十五章」とその注（12）を參照）、第六十四章（第二編、「第六十四章上段」とその注（8）を參照）、第五十九章（第三編、「第五十九章」とその注（3）を參照）、第四十八章（第三編、「第四十八章上段」とその注（1）を參照）、第二十章（第三編、「第二十章上段」とその注（3）を參照）など、である。さらに、最近公刊した拙著『老子』（「馬王堆出土文獻譯注叢書」、東方書店、二〇〇六年）においても、この事實を再確認しつつさらに若干の箇所を追加している。

（2）念のために附言する。筆者は、郭店『老子』三本は、荀子の諸思想がぽつぽつ世に知られ、かつ注目されるようになってはいるものの、まだ廣汎に廣まって各方面に壓倒的な影響を與えるまでには至っていない、それ以前の時代（戰國末期）に、『老子』のテキストとしては歴史上ほとんど最初にその成書が開始され、以後徐々に文章が蓄えられていったその蓄積の結果に他ならない、と考えている。

（3）馬王堆甲本は、殘缺がはなはだしいので斷定することはできないが、恐らく甲本も乙本と同じであろう。本書、第一編、四「第二十章上段と第十三章の聯續と斷絶」の注（2）を參照。

第七編　郭店楚墓竹簡『老子』の儒教批判

一　始めに

『老子』に關する色々なディシプリン――例えば、哲學・思想史研究、古代史學・楚地域史研究、古文字學・音韻學・方言研究、等々――に基づく多種多様の研究は、一九七〇年代以降、馬王堆『老子』と郭店『老子』の出土と公表によって飛躍的に發展した。戰國時代末期～前漢時代初期に成書された馬王堆『老子』甲本・乙本と、戰國時代末期に成書された郭店『老子』甲本・乙本・丙本を研究することを通じて、各種今本のように後の時代の修飾の加わっていない、古い『老子』の本來の姿に確實に接近することができるようになったためである。『老子』の思想について言えば、これらの研究によって、從來の各種今本やその研究が畫いてきた、『老子』思想の中に含まれている誤解や偏向、空白や疑問を正したり補ったりすることが可能となったのである。(1) これは誠に慶賀すべきことと言ってよい。

しかし、その反面、近年では馬王堆『老子』や郭店『老子』の不適切な使用によって、誤った解釋が少なからず學界に登場するようになってきた。その誤った解釋の代表的な例の一つに、以下のような説がある。――郭店『老子』という古い『老子』の段階では、儒教に對する批判はまだ發生してはいなかった、もしくは儒教に對する批判はすでに發生してはいたが、まだ今本『老子』のように強烈ではなかった、とする説である。

本編は、現存する最古の『老子』である郭店『老子』に、儒教批判が含まれていない、もしくは含まれてはいるがまだ強烈ではないとする、以上のような誤解を批判的に檢討して、郭店『老子』に強烈な儒教批判が含まれていることを明らかにすることを、主な目的とする。(2)

郭店『老子』中の儒教批判は、實際には多岐にわたって展開されているが、本編では、郭店丙本第十八章の「仁義」

批判について、やや詳しく検討する。なぜなら、古い『老子』に儒教批判がなかったとする誤解は、郭店丙本第十八章の「仁義」批判などを主な根據として唱道されているからである。

注

（1）筆者の著した郭店『老子』に關する著書としては、『郭店楚簡老子研究』（東京大學文學部中國思想文化學研究室、一九九九年）があり、馬王堆『老子』に關する著書としては、『老子』（「馬王堆出土文獻譯注叢書」、東方書店、二〇〇六年）がある。

（2）出土資料に基づく近年の研究の中に、筆者が危惧を抱かざるをえないものがあることについては、郭店楚簡研究會編『楚地出土資料と中國古代文化』（汲古書院、二〇〇二年）の拙論「まえがき」を參照。

二　原本『老子』の成書

1.『史記』老子列傳の問題點(1)

（1）『史記』老子列傳の問題點

『史記』老子列傳は、その中に非常に重大かつ多くの問題を含んでいるために、その敍述を單純・安易に信ずるわけにはいかないことで古來、特に有名な文獻である。以下、そのことについて略述する。

第一に、初めてまとまった老子の傳記を書いた司馬遷自身が、老子が一體、誰であるかについて確信が持てなかった、という事實がある。『史記』老子列傳には、老子は老耼である、老萊子である、周の太史儋である、とする三說が竝記されている。

第二に、老子の年齡の設定が「百有六十餘歲」または「二百餘歲」のように著しく不合理であり、その上、老子列傳の內部に自己矛盾をもたらしている。

第三に、司馬遷が列傳を構成するに際して採用した材料を檢討してみると、それらの多くが道家系の諸文獻の中でも比較的新しい、戰國末期～前漢初期に成った部分から採られており、より古い戰國中期～戰國後期に成った部分からは採られていない。

第四に、老子は儒家の開祖孔子よりもかなり先輩という設定であるから、道家の開祖としてその思想を始めた者と畫いているはずである。ただし、『史記』老子列傳の世界だけに閉じこもらず、眼を轉じて廣く春秋時代～前漢初期の諸文獻を眺めてみると、「老子を開祖とし彼から源を發した道家（または道德）という思想上の一學派」というこの概念も、決して春秋・戰國時代の道家に關するリアル・タイムの歷史的な事實ではない。これは、司馬遷の父でやはり太史令の職（紀元前一四〇年～一一〇年在職）にあった司馬談において萌し始め、その數十年後、司馬遷が初めて本格的に唱えるようになったもので、それ以前には前漢初期の時點に降ってさえ、影も形も見えなかった全く新しいアイディアなのである。したがって、春秋・戰國時代の諸子百家が一とおり開花しおえた後に位置して、前漢時代、武帝期の知識人がそれらの諸思想を整理するために必要とするに至った道具の一つ、と把えるのが適當である。

(2)『史記』老子列傳についての結論

以上を總括しながら結論を出そう。――『史記』老子列傳によるならば、道家の思想家で『老子』の著者としての老子は、三名の有力候補者がいるにはいるが、誰が老子であるかは決められず、また誰に決まってもその人物の實在性は疑わしい。「老子」という言葉は、上記の三名の他に老龍吉や老成子などをも加えて、道家系の理想的な人物という意味の一種の集合名詞として理解するのがよい、というのが筆者の密かな妄想である。

こういうわけであるから、『史記』老子列傳中の老子の出身地・姓名・職業・活動年代・子孫の系圖などの具體的な記述も、ほとんど信用するに足りないものである。とりわけ、老子の活動年代を春秋時代の孔子よりも早い、あるいは孔子と同時と畫くのは、歷史的事實としては到底成立しがたい。それは、逆に道家系の思想家たちが戰國末期～前漢初期に盛んに作ったフィクションであるから、それらの材料によって把えられる限りの老子は、むしろ戰國末期～前漢初期以後という時代の文化狀況が生み出した人物と見なす方がよい。さらに、「老子を開祖とし彼から源を發した道家という一學派」なる概念に至っては、春秋・戰國時代の歷史的事實でないことは言わずもがな、前漢初期に降ってもまだ思いつかれず、前漢、武帝期になって始めて諸思想を整理するために使用された全く新しいアイディアなのである。

したがって、道家の開祖として畫かれた老子は、むしろ前漢、武帝期以後という時代の文化狀況を背負った人物と見なすべきである。――話を分かりやすくするために極端に單純化してしまえば、老子は戰國末期～前漢初期の人であり、彼が道家の開祖となるのは前漢、武帝期のことである。

（3）「道家」概念の形成史の中で

今ここに述べたような、老子のイメージの時代とともに移りゆく展開は、實は道家系の諸思想が次第に整理されて「道家」に向かって進んでいくプロセスの一つの現れでもあった[2]。

なぜなら、道家系の人物・書物・思想などは、戰國中期に「道」という窮極的根源的な實在を思索の中心にすえて誕生して以來、全天下にばらばらに分散して存在しており、相互の間にはっきりした繼續性も繋がりもないという實態にあった。ところが、戰國末期以後になると、それらを「黄老」「老莊」「道家」「老莊申韓」などの概念を用いてグルーピングする試行錯誤が行われた擧げ句、ついに老子を中心とするこのグルーピングが他を抑えて「老子を開祖とし彼から源を發した道家という思想上の一學派」なる概念が形作られ、以後そのまま これが定着していったというのが、諸思想の學問的な整理の歴史的事實だからである。

この展開を促したものは、直接は諸子百家の學派對立の激化の趨勢であるけれども、その背景には秦漢統一帝國の形成に向かう歴史社會のあわただしい動きがあった。

2. 戰國時代末期に編纂された『老子』(3)

(1)『荀子』『呂氏春秋』に現れた『老子』

老子の人物や思想が思想界に廣く知られるのは、戰國末期になってからであって、この點は同じ道家に屬する莊子の場合と同じ。しかし、『老子』の編纂は戰國末期～前漢初期であって、『莊子』の場合とは異なる。『老子』の編纂は、『莊子』のある部分が成書されてから後、『莊子』の全體が編纂されるより前に、比較的短期間に行われている。

老子の人物や思想は、戰國初期～前漢初期の『墨子』や戰國中期の『孟子』にはまだ登場していない。『莊子』を除く現存の諸文獻の中で最も早く老子の人物や思想に言及しているのは、『荀子』と『呂氏春秋』である。『荀子』は、天論篇で「老子」の名を擧げており、明らかに老子の人物や思想を知っている。また『荀子』の中には、道家系の諸思想から影響を受けたと覺《おぼ》しい文句や觀念が散見する。それゆえ、荀子の當時、それが老子であるか否かは別として、道家系の人物や思想がすでに誕生していたことも疑いえない。けれども、『荀子』には『老子』からの引用が一條もないので、今本（王弼本）の原形となる『老子』はまだ編纂されていなかったと判斷される。

『呂氏春秋』になると、老子の人物や思想についての言及は增えてきて、凡そ五條に上る。『呂氏春秋』では、その他、「老聃」「老耽」の名も見える。しかし、『呂氏春秋』には『老子』からの引用であると明言した例が一條もなく、この段階になっても原本『老子』は、やはりまだ編纂されていなかった。とは言うものの、『呂氏春秋』には、老子または『老子』の言葉であると明言しないまま、今本の『老子』と一致または類似する文が非常に多く載せられている。

以上の諸事實に基づいて推測するならば、『呂氏春秋』編纂の當時（前二三九年乃至二三五年）、道家系の思想家たちが多數活動し、道家系の思想書が多數書かれていて、後者は間もなく『老子』に編纂されることになる一歩手前にまで接近していた、すなわち、道家系の思想書から『老子』の編纂に轉ずる臨界點にほとんど達していたのである。

（2）『韓非子』に現れた『老子』

降って『韓非子』ともなれば、『老子』の編纂はすでに一まず終了していた。何よりも『韓非子』にはもっぱら『老子』を解釋することを目的とした解老篇・喩老篇の二篇が含まれている。これは歴史上初めて現れた『老子』の注釋書であるが、『老子』中の凡そ二十一條の文章を引用して逐條的な解釋を加えている。解老・喩老の二篇以外にも、『韓非子』には「老聃」「老子」の言葉と明言して『老子』の文を引く例が三條ある。したがって、この時、『老子』の編纂は一まず終了していたにちがいない。

ただし、以上の諸篇は、今日、韓非（前二八〇年～二三三年）の自著ではなく、彼よりやや後の後學の手に成るものであることが判明しているし、それに韓非の自著と認められる孤憤・說難・姦劫弑臣・五蠹・顯學などの諸篇には、老子の人物と思想が全然見えていない。結局、『老子』の編纂は、韓非の卒した後の戰國最末期～前漢初期に行われたものと推測される。解老篇・喩老篇などが用いた『老子』は、多分、編纂されたばかりの最もホットなテキストだったのである。

筆者は今「『老子』の編纂は一まず終了していた」と書いた。しかし、解老篇・喩老篇などが用いた『老子』の經文と馬王堆『老子』・今本（王弼本）『老子』とを比較してみると、兩者の間にまだ若干の距離があり相異がある。それゆえ、『老子』の編纂はこの段階で完了したわけではなく、なお暫くは編纂の作業が續けられたと考えるべきであろう。

（3）『莊子』に現れた『老子』

老子の人物や思想に言及することが諸文獻の中で最も多い『莊子』についても觸れておく。『莊子』には、老子または『老子』の言であると明言しないで、今本（王弼本）『老子』と一致または類似する文章が非常に多く載っている。『老子』の編纂を推測するという觀點から論ずるならば、それらは、大體のところ『呂氏春秋』の場合に『韓非子』の場合を加えたような狀況となっている。――すなわち、『莊子』のある文章は『老子』の編纂に先だって書かれ、『老子』に取り入れられる材料を提供している。また、ある文章は『老子』の編纂とほぼ同時に竝行して書かれ、『老子』との先後・影響關係については決定的なことは何とも言いがたい。さらに、ある文章は『老子』の編纂が一まず終了した後に書かれ、『老子』の強い影響を被っている。なぜこのような狀況になるのかと言えば、『莊子』は一人または少數の思想家が一時または短時に書き上げた書物ではなく、多數の道家系の思想家たちが戰國中期～前漢、武帝期の約二〇〇年間、書き繼いで成った一種の全集だからである。

『莊子』には「老耼」「老子」が登場する老子物語が凡そ十七條含まれているが、これらの物語も『老子』の編纂に先だつ文章、『老子』と竝行して書かれた文章、『老子』の後のその影響を被った文章、の三つに分けることができよう。

3．形成途上にある馬王堆漢墓帛書『老子』(4)

（1）馬王堆帛書『老子』の出土

一九七三年、湖南省長沙市の郊外の馬王堆にある前漢時代の墓（三號墓）から、副葬品として大量の帛書・竹簡とともに二種の『老子』のテキストが出土した。馬王堆『老子』甲本・乙本である。墓主人は、長沙國の丞相である軑侯利蒼の息子で、文帝の初元十二年（前一六八年）に下葬されたことが判明している。

甲本は、縦幅約二十四センチメートルの帛上に、篆文と隷書の中間の字體で墨書されている。その體裁は、『老子』あるいは『道德經』などという書名がつけられていない、「一章」「二章」……「八十一章」の分章も行われていない、まして「體道」「養身」などの章名もつけられていない、また、約五四〇〇字の全體が二つの部分に大分されてはいるが、それぞれに「德經」「道經」という名稱もつけられていない、という古樸なものである。

その抄寫年代はいつごろかという問題であるが、用いられている字體については、秦の始皇帝が文字を統一した後の、篆文から隷書に向かって變化しつつある過渡期の字體であることと、皇帝の諱を避ける文字については、前漢の惠帝劉盈の「盈」、高后呂雉の「雉」、文帝劉恆の「恆」などは、いずれもみな避けていないものの、高祖劉邦の「邦」を避けて「國」に改めている部分があること、の二點を根據にして、惠帝期（前一九四年～一八八年）乃至呂后期（前一八七年～一八〇年）の抄寫ではないかと推測する。

乙本は、縦幅約四十八センチメートルの帛上に隷書の字體で墨書されている。その體裁は、甲本と同じように、『老子』や『道德經』などの書名、「一章」「二章」……「八十一章」の分章、「體道」「養身」などの章名がすべて存在しないが、しかし、甲本と異なって、全體が二つに大分された部分の末尾に、それぞれ「德　三千卌一」「道　二千四百廿六」の如く篇名と字數が記されている。

その抄寫年代は、用いられている字體が、よく整えられるに至った時期の美しい隸書であることと、皇帝の避諱の文字が、高祖の「邦」を避けているけれども、惠帝の「盈」以下をいずれも避けていないこと、の二點によって、文帝期（前一七九年～一五七年）の初年で、前一六八年まではないかと推測したい。

（2）馬王堆帛書『老子』の系統

大體から言って、馬王堆『老子』甲本・乙本の二つは、同一の系統に屬するテキストである。明らかに甲本が古く乙本が新しいという相異はあるにしても。『韓非子』解老篇・喩老篇が用いた最初の『老子』から馬王堆『老子』の抄寫に至るまでの間は、わずかに三十年～五十年しか隔たっていないが、解老篇・喩老篇の『老子』と馬王堆『老子』とを比較してみると共通點もあれば相異點もある。

共通點とは、兩者ともに「德經」に當たる部分が前にあり「道經」に當たる部分が後にあるという構成になっていること。最初のテキストは解老篇・喩老篇の『老子』の順序に文章を竝べていたにちがいない。また、今本に比べて解老篇・喩老篇の『老子』の經文と馬王堆『老子』の經文がより親近な關係にあること。このことを検證できる例は相當に多い。

相異點とは、馬王堆『老子』が解老篇・喩老篇の『老子』にあった文章をいくらか捨て去り、なかった文章を大量に追加・補充して成っていること、また文章それ自體をかなり加筆・修正してよく整った文章に改めていること、などである。

（3）馬王堆帛書『老子』の甲本と乙本

馬王堆『老子』の甲本と乙本は、同一の系統に屬するテキストではあるが、抄寫年代が約二十年離れているために、甲本→乙本のような發展が認められる。

第一に、甲本はテキストの全體が二大分されていたが、それぞれに何の名稱もつけられていなかった。それに對して、乙本は二大分された部分にそれぞれ「德」「道」の名稱を與えている。『道德經』の起こりは、このあたりに胚胎していたのではなかろうか。

第二に、甲本は縱幅約二十四センチの帛上に抄寫されていた。それに對して、乙本は縱幅約四十八センチの帛上に抄寫されている。これはテキストの中身の發展ではないが、甲本の段階では、『老子』はまだ一般的な書物として取り扱われるにすぎなかったのが、乙本の段階になると、經典的な書物と見なされるに至ったのだ。と言うのは、後漢の王充（紀元後二十七年ごろ～一〇〇年）が『論衡』謝短篇において、

彼人曰、二尺四寸、聖人文語。朝夕講習、義類所及、故可務知。漢事未載於經、名爲尺藉短書。比於小道、其能知、非儒者之貴也。

と言い、同じく書解篇において、

知屋漏者在宇下、知政失者在草野、知經誤者在諸子。諸子尺書、文明實是。

と言うように、漢代の書物用の木簡・竹簡には長短二種の尺度があり、長簡は漢尺の二尺四寸で經典を書寫するのに用い、短簡は一尺乃至一尺二寸で諸子を書寫するのに用いた。これとほぼ見合って、帛書にも全幅と半幅の二種の尺度があり、全幅の帛上に書寫された文獻は重要と見なされた著作であるのに對して、半幅の帛上に書寫された文獻は一般的な讀み物であった、と考えられるからである。それゆえ、ここには黄老思想がまだ盛行する以前の一般的な書物としての甲本から、黄老思想がまさに盛行している時代の經典的な書物としての乙本への發展があったことになる。

第三に、甲本の文章それ自體についても、乙本は加筆・修正して整った文章に改めている箇所が少なくない。

第四に、馬王堆『老子』の後世に向けた顔をも眺めておこう。『莊子』天下篇の見た『老子』は馬王堆乙本に二三十年後れるテキストであるが、今本（王弼本）よりは馬王堆本に近い。しかし、當時、馬王堆本や今本（王弼本）とは系統の異なる諸テキストも存在しており、天下篇が見たのはそれであるらしい。だから、『老子』はまだ馬王堆本や今本（王弼本）だけに收斂してはいなかったのである。その後、馬王堆乙本に七、八十年後れるテキストを見たのが、司馬遷である。『史記』老子列傳は、

> 於是老子迺著書上下篇、言道德之意五千餘言而去。

と記している。馬王堆甲本・乙本に初めて認められた全體を二大分する處置は、ここでも維持されて「上下篇」となった。乙本が初めてそれぞれに名稱を與えた「德」「道」を、ここでは「道德之意」としたのであろう。そうだとすれば、この段階で「德」「道」が覆されて「道經」と「德經」、つまり今本（王弼本）と同じ順序・配列の『道德經』が成立していたのかもしれない。また、乙本が初めて計算した「德　三千卌一」「道　二千四百廿六」の總字數約五四〇〇字は、ここでも變更がなく「五千餘言」である。こうして、多數あったと思われる、系統の異なる諸テキストを蹴落として、馬王堆甲本・乙本は各種今本の形成に向かって進んでいったのである。

以上の經緯から、極めて大雜把に抑えるならば、馬王堆『老子』は、今本（王弼本）『老子』の直接の原形と言って差し支えない。

4．最古のテキスト郭店楚墓竹簡『老子』(5)

（1）郭店楚簡『老子』甲本・乙本・丙本——最古のテキスト『老子』

一九九八年、今日我々が見ることのできる最古の『老子』が新たに出版・公表された。『郭店楚墓竹簡』（前掲）所収の郭店『老子』甲本・乙本・丙本である。この郭店『老子』の基本的事項については、本書劈頭の「前書き」の一「郭店楚墓竹簡の發掘・構成と『老子』の書名」においてすでに述べた。ここでは、必要最小限のことについてごく簡單に觸れるに止める。

この郭店『老子』三本は、疑いなく今日我々が見ることのできる最古の『老子』の抄寫本であり、それゆえ、原本『老子』に最も近いテキストである。

三本ともに戰國時代の楚系文字をもって墨書されている。竹簡の長さは、甲本が約三十二センチ、乙本が約三十センチ、丙本が約二十六センチであるが、これらの間にある長短の相異は、上述したような、漢代の書籍用の木簡・竹簡・帛書に認められた長短二種の尺度を意味しているわけではないらしい。

三本の體裁は、『老子』あるいは『道德經』などという書名がつけられておらず、また全體が二つの部分に大分されてそれぞれに「德經」「道經」という名稱が與えられる、という處置も施されていない。さらに、「一章」「二章」……「八十一章」の分章も行われておらず、まして「體道」「養身」などの章名もつけられていない。その上、各章の配列は「一章」「二章」「三章」……の馬王堆『老子』や今本『老子』の順序のようには竝んでおらず、各章の文章構成も馬王堆本や今本（王弼本）のようには完全具足していない（本書、第一編に既述）ものがある、といった最も古樸なテキストである。

郭店『老子』三本に含まれる（王弼本を基準とする）章とその配列の順序は、すでに本書、第一編、二「章と段について」において、「諸章の出現狀況」として示したので、それを參照されたい。

全體として、郭店『老子』三本で出現した章は、『老子』八十一章中の三十一章であり（第六十四章下段の一箇所だけは重複して出現）、三本の合計字數は二〇四六字である。したがって、今本（王弼本）の約五分の二が出現したことになる。

以上に紹介した郭店『老子』三本に對して、筆者が今日まで行った研究によれば、以下の結論を導き出すことができる。――上段・中段・下段の完全具足していない諸章を含む郭店『老子』三本は、歷史上ほとんど最初にこの世に現れた古い『老子』の、その內部にそれほどの矛盾や齟齬を含まない本來の姿を示している。同時にまた、テキストとしてまだ形成途上にあるはなはだ不安定な、原本に最も近い內容を持った『老子』でもある。それに對して、各段の完具している馬王堆本・今本（王弼本）は、前漢初期までにあるいはそれ以後に、新たな文章が著述されたり搜求されたりして成った『老子』の姿を示しており、それゆえ、內部に矛盾や齟齬を抱えつつもテキストとして一步一步安定するようになっていった時代の『老子』である。

（2）郭店楚簡『老子』は戰國末期の成書である

郭店楚墓は、一體いつごろ下葬されたものであろうか。この問題については、すでに中國の研究者に見解があり、今日の世界の學界では、その前三〇〇年前後の下葬とする見解が最も盛行している。

しかし、筆者は、この見解に根本的な疑問を抱いている。と言うのは、筆者は、かつて『郭店楚簡』の中に收められている『窮達以時』という文獻を、具體的かつ詳細に研究したことがあるが[6]、この『窮達以時』の中には『荀子』天論篇の「天人之分」の思想に由來する文章が發見されるからである。研究の方法は、『窮達以時』の思想內容および文章表現を、これと密接に關聯する諸文獻――『荀子』天論篇・『呂氏春秋』愼人篇・『荀子』宥坐篇・『韓詩外傳』卷七・『說苑』雜言篇・『孔子家語』在厄篇など――と比較・對照することである。その結果、上述の盛行している見解とは根本的に異なる郭店楚墓の下葬年代を想定せざるをえないと考えるに至った。すなわち、その下葬年代は戰國末期であり、前二六五年前後～二五五年より少し後であろうと考える。

そして、もし郭店楚墓の下葬年代を以上のように想定することが許されるならば、郭店『老子』三本の成書年代あるいは抄寫年代の下限を、戰國末期、前二六五年前後～二五五年より少し後までに置くことが荒唐無稽ではなくなり、そのことを通じて、郭店『老子』三本の中に荀子の思想を踏まえている箇所があることを始めとして、郭店『老子』の抱く思想內容全體に對しても、一層、合理的な解釋、正確な分析を行うことが可能となるのである。

注

（1）本節の論述內容の詳細については、以下の拙著を參照。
『老莊思想』（放送大學教育振興會、一九九六年）、1、「謎に包まれた老子という人物」
『《莊子》――「道」的思想及其演變』（黃華珍譯、中華民國國立編譯館、二〇〇一年）、第Ⅰ部、第一章、第1節「《史記・老子列傳》所包含的矛盾」
『道家思想の新研究――『莊子』を中心として』（前揭）、第1章、第1節「多くの矛盾を含む『史記』老子列傳」
『道家思想的新研究――以《莊子》爲中心』上（前揭）、第一章、第一節「包含許多矛盾的《史記・老子列傳》」

（2）この部分の內容の詳細については、以下の拙著を參照。
『老莊思想』（前揭）、4「「黃老」から「老莊」を經て「道家」へ」
『《莊子》――「道」的思想及其演變』（前揭）、第Ⅰ部、第三章「概括莊子各種概念的演變――從「黃老」經「老莊」到「道家」」

（3）本節の論述内容の詳細については、以下の拙著を參照。
『道家思想の新研究――『莊子』を中心として』（前掲）、第3章「「黃老」から「老莊」を經て「道家」へ」
『道家思想的新研究――以《莊子》爲中心』上（前掲）、第三章「經由從〝黃老〟到〝老莊〟走向〝道家〟」
『老莊思想』（前掲）、3、「戰國末期における『老子』の編纂」
『《莊子》――「道」的思想及其演變』（前掲）、第Ⅰ部、第二章、第4節「戰國末期《老子》的編纂」
『老子』（前掲）、解說（その二）、一「戰國時代末期における『老子』の編纂」
『道家思想の新研究――『莊子』を中心として』（前掲）、第2章、第4節「戰國末期に編纂された『老子』」
『道家思想的新研究――以《莊子》爲中心』上（前掲）、第二章、第四節「戰國末期編纂的《老子》」

（4）本節の論述内容の詳細については、以下の拙著を參照。
『老莊思想』（前掲）、3、「新たに出土した馬王堆帛書『老子』」
『《莊子》――「道」的思想及其演變』（前掲）、第Ⅰ部、第二章、第5節「新出土馬王堆漢墓帛書《老子》」
『老子』（前掲）、解說（その二）、二「馬王堆漢墓帛書『老子』甲本・乙本の體裁と抄寫年代など」および三「馬王堆漢墓帛書『老子』甲本・乙本より諸本へ」
『道家思想の新研究――『莊子』を中心として』（前掲）、第2章、第5節「馬王堆帛書『老子』の出土」
『道家思想的新研究――以《莊子》爲中心』上（前掲）、第二章、第五節「馬王堆帛書《老子》的出土」

（5）本節の論述内容の詳細については、以下の拙著を參照。
『郭店楚簡老子研究』（前掲）、第一編「形成途上にある最古のテキストとしての郭店楚墓竹簡『老子』」
『老子』（前掲）、解說（その二）、附論「郭店楚墓竹簡『老子』三本の新たな出土」
『池田知久簡帛研究論集』（前掲）、「郭店楚簡《老子》各章的上中下段――從《老子》文本形成史的角度出發」
『道家思想の新研究――『莊子』を中心として』（前掲）、第2章、第6節「郭店楚簡『老子』の新たな登場」
『道家思想的新研究――以《莊子》爲中心』上（前掲）、第二章、第六節「郭店楚簡《老子》的新登場」

（6）『窮達以時』の具體的かつ詳細な研究については、以下の拙論を參照。
「郭店楚簡『窮達以時』の研究」（池田知久監修『郭店楚簡の思想史的研究』第三卷、東京大學郭店楚簡研究會編、二〇〇〇年一月）
「郭店楚簡〈窮達以時〉之研究」（上・下）（『古今論衡』４・５、中央研究院歴史語言研究所、二〇〇〇年六月・十二月）
「郭店楚簡《窮達以時》研究」（『池田知久簡帛研究論集』、前掲）

三　郭店楚墓竹簡『老子』の儒教に對する批判

郭店楚簡『老子』は、一「始めに」で言及したような新説が唱えられているにもかかわらず、實際には様々の側面から儒教批判を行っている。本章では、二三の重要な側面を指摘する。

1．郭店楚墓竹簡『老子』の「聖人」「君子」に對する批判

(1) 郭店『老子』の「聖人」への批判

郭店『老子』には、自らの考える理想的な人間類型を「聖人」と稱して、その理想的なあり方を畫く文章が少なくない。また、稀には「君子」と稱することもある。

例えば、甲本第六十四章下段に、

是以聖人亡（無）爲、古（故）亡（無）敗。亡（無）執、古（故）亡（無）遊（失）。……聖人谷（欲）不谷（欲）、不貴難导（得）之貨。斈（學）不斈（學）、復（復）衆之所华（過）。是古（故）聖人能専（輔）萬勿（物）之自肰（然）、而弗能爲。

とあって、自らの理想的人間を「聖人」と稱し、その屬性を「亡（無）爲」「亡（無）執」「谷（欲）不谷（欲）」「斈（學）不斈（學）」「能専（輔）萬勿（物）之自肰（然）、而弗能爲。」と書いている。(1) 丙本第六十四章下段にも、

聖人無爲、古（故）無敗也。無執、古（故）〔無遊（失）也〕。……是以〔聖〕人欲不欲、不貴戁（難）导（得）之貨。學不學、復（復）衆之所𨑍（過）。是以能補（輔）墓（萬）勿（物）之自肰（然）、而弗敢爲■。

のように、ほぼ同じ文章がある。これらに見えている「聖人」の描寫は、「聖人」を主として「無爲」「無欲」「無學」とするものであるが、改めて言うまでもなく、これらはいずれも『老子』獨特の思想を現している。

ところで、『老子』が思想界に登場する以前に、理想的人間としての「聖人」について最も多くを語ったのは、言うまでもなく儒家であった。例えば、『論語』雍也篇に、

子貢曰、如有博施於民、而能濟衆、何如。可謂仁乎。子曰、何事於仁、必也聖乎。堯舜其猶病諸。夫仁者己欲立而立人、己欲達而達人。能近取譬、可謂仁之方也已。

とあり、同じく述而篇に、

子曰、若聖與仁、則吾豈敢。抑爲之不厭、誨人不倦、則可謂云爾已矣。公西華曰、正唯弟子不能學也。

とあるように、孔子を始めとする儒家は、中國思想史上、最も早くから自らの「聖人」像を最も多く語ってきていた。そのような先行する儒家の「聖人」像に對して、『老子』はまったく異なった獨特の「聖人」像を新たに提唱したのである。したがって、このこと自體が、明確な儒教批判、その「聖人」批判であったと把えなければならない。それだ

けでなく、儒家の「聖人」像をより具體的に調べてみると、例えば、上引の『論語』雍也篇の例でも述而篇の例でも、その「聖人」は、「博施於民、而能濟衆。」「爲之不厭」のようにひたむきに「爲す」ことに努める者であり、「己欲立而立人、己欲達而達人。」のように「欲」を有する者であり、「誨人不倦」のように人々に對する「敎」あるいは「學」に勤《いそ》しむ者である。こういう點から考えるならば、『老子』の「無爲」「無欲」「無學」などを旨《むね》とする「聖人」が、儒敎の「有爲」「有欲」「有學」を旨とする「聖人」を批判する意圖を持って、新たに提唱されていることは、誰にとっても明らかではなかろうか。

郭店『老子』甲本第二章に、

是以聖人居亡（無）爲之事、行不言之𡥉（敎）。

とあり、同じく甲本第五十七章に、

是以聖人之言曰、我無事、天〈而〉民自禧（富）。我亡（無）爲、天〈而〉民自蠭（爲）。我好青（靜）、天〈而〉民自正。我谷（欲）不谷（欲）、天〈而〉民自樸乚。

とあるのも、同じように考えることができよう。

なお、『論語』衞靈公篇に、

子曰、無爲而治者、其舜也與。夫何爲哉、恭己正南面而已矣。

とあるのは、『論語』中にある唯一の「無爲」の「聖人」であるが、これは戰國末期以後、『老子』の「聖人」像が廣く流布している狀況の影響を受けて、儒家がこれを『老子』などから借用したものであって、儒家が孔子以來抱いていた本來の思想ではない[2]。

（2）郭店楚簡『老子』の「君子」への批判

郭店『老子』には、また自らの理想的人間を「君子」と稱する場合もある。例えば、丙本第三十一章中段・下段に、

君子居則貴左、甬（用）兵則貴右。古（故）曰、兵者、〔非君子之器也。不〕㝵（得）已而甬（用）之、銛（恬）

纅（惛）爲上、弗𢽹（美）也。

とある。「君子」は、郭店『老子』・各種今本では本章だけに見える言葉である（馬王堆『老子』甲本・乙本には第二十六章にも見える）。ここでは「道」の體得者として取り扱われており、「聖人」よりも一段格下であるがそれに準ずる者である。ところで、「君子」という言葉に倫理的な意味を賦與してこれを多用したのも、やはり儒家であった。したがって、儒家とは全然異なる「君子」像を新たに掲げることそれ自體が、やはり明確な儒教批判、その「君子」批判だったのである。『論語』に現れている總括的な「君子」像としては、例えば、公冶長篇に、

子謂子產。有君子之道四焉。其行己也恭、其事上也敬、其養民也惠、其使民也義。

泰伯篇に、

曾子有疾、孟敬子問之。曾子言曰、鳥之將死、其鳴也哀。人之將死、其言也善。君子所貴乎道者三。動容貌、斯遠暴慢矣。正顏色、斯近信矣。出辭氣、斯遠鄙倍矣。籩豆之事、則有司存。

顏淵篇に、

司馬牛問君子。子曰、君子不憂不懼。曰、不憂不懼、斯謂之君子矣乎。子曰、內省不疚、夫何憂何懼。

憲問篇に、

子曰、君子道者三、我無能焉。仁者不憂、知者不惑、勇者不懼。子貢曰、夫子自道也。

憲問篇に、

子路問君子。子曰、修己以敬。曰、如斯而已乎。曰、修己以安人。曰、如斯而已乎。曰、修己以安百姓。修己以安百姓、堯舜其猶病諸。

とある。郭店『老子』の「君子」は、戰爭の實態に分け入って積極的に反戰の態度を取る者であるが、『論語』諸篇の「君子」とまったく異なることは明らかである。衞靈公篇の、

衞靈公問陳於孔子。孔子對曰、俎豆之事、則嘗聞之矣。軍旅之事、未之學也。明日遂行。

は、「君子」論の文章として讀んでも差し支えないと思われるが、郭店『老子』の「君子」は、このように「軍旅之事」について默して語らない「君子」と一八〇度反對方向を向いている。

（3）郭店楚簡『老子』甲本第十九章の「絕智棄辯」

周知のように、『老子』第十九章の冒頭に、各種今本にはいずれも、

絕聖棄智、民利百倍。

という文がある。また、馬王堆甲本は、

絕聲（聖）棄知（智）、民利百負（倍）。

に作り、乙本は、

絕耶（聖）棄知、而民利百倍。

に作っていて、基本的に今本と同じである。ところが、郭店甲本の冒頭は、

㡭（絕）智（智）弃妄（辯）、民利百伓（倍）。

に作っていて、ここには批判される對象としての「聖」が登場していない。そこで近年では、この事實を根據の一つにして、郭店『老子』などの古い『老子』にはもともと「聖人」に對する批判、さらには儒敎に對する批判がなかった、もしくは弱かったのだ、とする新説が出現しているわけである。例えば、

谷中信一「郭店楚簡『老子』及び「太一生水」から見た今本『老子』の成立」（前掲）

楠山春樹『老子の人と思想』（前掲）

などが、これを唱える。しかし、上に述べた事實に基づいて考えれば、この新説は事柄の表面をしか見ておらず、不適當な解釋である。

2．郭店楚墓竹簡『老子』の「不知足」に對する批判

(1) 郭店楚簡『老子』の「不知足」への批判と「知足」の提唱

郭店『老子』には、人間の持つ欲望に注目して、欲望追求の行動を行う場合、一定の範圍內で滿足して、その行動を停止すべきだとする主張が目立って多い。「不智（知）足」に對する批判や「智（知）足」の提唱であるが、「甚欲」「谷（欲）㝵（得）」に對する批判や「寡欲」「欲不欲」の提唱、また「智（知）歨（止）」「智（知）止」の提唱も、ほぼ同じ思想と見ることができる。

甲本第四十六章中段・下段に、

皐莫厚虐（乎）甚欲、咎莫僉（憯）虐（乎）谷（欲）㝵（得）、化（禍）莫大虐（乎）不智（知）足。智（知）足

之爲足、此亙（恆）足矣。

とあり、甲本第三十七章に、

衍（道）亙（恆）亡（無）爲也。侯王能守之、而萬勿（物）牆（將）自悹（爲）。……夫亦牆（將）智（知）足。智（知）〔足〕以朿（靜）、萬勿（物）牆（將）自定■。

とあり、甲本第四十四章に、

名與身管（孰）新（親）、身與貨管（孰）多、貢（得）與貢（亡）管（孰）疠（病）。甚忎（愛）必大竇（費）、厚（厚）贓（藏）必多貢（亡）。古（故）智（知）足不辱、智（知）止不怠（殆）、可以長舊（久）■。

とある。これらの文章における「不智（知）足」批判と「智（知）足」提唱の目的は、「萬勿（物）牆（將）自定」という政治的目的（甲本第三十七章）、「可以長舊（久）」という養生の目的（甲本第四十四章）などで、まちまちであるが、郭店『老子』に具わる顯著な思想であることは疑いない。

ところで、この「不智（知）足」という言葉は、『荀子』榮辱篇に、

人之情、食欲有芻豢、衣欲有文繡、行欲有輿馬、又欲夫餘財蓄積之富也。然而窮年累世不知足、是人之情也。

とあるのと、正反對の方向を向いて對立している。『荀子』榮辱篇では、永遠に「足るを知らざ」る人間の多面的な欲望追求を、「人之情」つまり生まれながらにして有する人間の「性」であると見なし、これをすべての出發點にしてその社會思想を構築する方向に向かっていく。そのような意味において、永遠に「足るを知らざ」る人間の多面的な欲望という思想は、荀子の全體思想にとって根本的に不可缺な要素であった(3)。それに對して、郭店『老子』諸章は、そのような「足るを智（知）らざ」る欲望追求こそが逆に人間最大の不幸であると唱え、「足るを智（知）る」知恵の力によって永遠に「足り」た狀態を作り出そうとしているが、あくまでも荀子に對抗する思想であって、『老子』の方に

プライオリティーがあるようには感じられない。このように考えると、『老子』諸章の「不智（知）足」批判は、『荀子』の欲望論の直後に現れてそれを批判のターゲットにしたものと思われる。

ちなみに、『荀子』正論篇には、いわゆる寡欲說を批判する文章が記されているが、ここで批判されているのはただ子宋子だけであって、老子も莊子もまったく批判の對象になっていないことが參照される。また、『荀子』の中で欲望論に論及されているのは、天論篇においても解蔽篇においても、ただ宋子だけであって、老子も莊子もその欲望論にはやはり一言たりとも論及されていない。もし荀子が老子・莊子の「無欲」の說を知っていたならば、それに論及しないなどということは、ありえないのではなかろうか。

また、前二三九年～二三五年に編纂された『呂氏春秋』爲欲篇には、荀子あるいはその周邊（すなわち荀子學派）の欲望肯定の立場からする、主として莊子の「無欲」の說に對する批判が載っている。

使民無欲、上雖賢猶不能用。夫無欲者、其視爲天子也與爲輿隸同、其視有天下也與無立錐之地同、其視爲彭祖也與爲殤子同。天子至貴也、天下至富也、彭祖至壽也。誠無欲、則是三者不足以勸。輿隸至賤也、無立錐之地至貧也、殤子至夭也。誠無欲、則是三者不足以禁。會有一欲、則北至大夏、南至北戶、西至三危、東至扶木、不敢亂矣。犯白刃、冒流矢、趣水火、不敢卻也。晨寤興、務耕疾庸、棋爲煩辱、不敢休矣。故人之欲多者、其可得用亦多。人之欲少者、其得用亦少。無欲者、不可得用也。人之欲雖多、而上無以令之、人雖得其欲、人猶不可用也。令人得欲之道、不可不審矣。

このように、荀子學派が老子や莊子の「無欲」の說を知悉した上で、これを批判するようになるのは、もう少し後のことだったようである。

（2）郭店楚簡『老子』の「甚欲」「欲得」への批判

すでに見たように、甲本第四十六章中段・下段に、

辠莫厚虐（乎）甚欲、咎莫僉（憯）虐（乎）谷（欲）㝵（得）、化（禍）莫大虐（乎）不智（知）足。智（知）足之爲足、此亙（恆）足矣。

とある。この第一文の「辠（罪）」は、人間の欲望追求の活動を、國家の法律に違反して犯罪を犯すことに繫がるという視角から議論しており、また第二文の「咎」（『周易』に頻出する言葉）は「天」「鬼神」の意思に背き宗教的なタブーを犯して咎を得ることになるという視角から議論している。第三文の「化（禍）」（「禍福」の「禍」）が家庭・鄕里における日常生活の中で誰もが願う幸福とは逆の禍いに歸結するという視角からの議論であるのと合わせて、一種の總合的な欲望批判の議論になっている。

人間社會における諸惡の根源を人間の欲望追求の活動に求めたこの思想は、當時の儒家の思想、特に荀子が、人間の欲望追求を社會發展の基礎的エネルギーとして位置づけたのと鋭く對立する。荀子の欲望論が、主として上記の第一文と關係するだけであるのに引きかえ、郭店『老子』本章の欲望批判がさらに廣い問題領域を抑えている點に注意されたい。『老子』と『荀子』のこれらの思想の先後・影響關係は、必ずしも一概に『老子』→『荀子』とは決められず、章によっては、反對に『荀子』→『老子』である場合も考えられるが、本章は後者でありやはり一種の儒教批判、特に荀子の欲望論批判であったと思われる。

（3）郭店楚簡『老子』の「寡欲」「欲不欲」の提唱

甲本第十九章に、

三言以爲㝔（事）不足、或命（令）之或（有）虐（乎）豆（續）。視（示）索（素）保芺（樸）、少ム（私）須〈寡〉欲。

とある。人々が利益を享受しておらず貧困であること、世に盗賊がはびこっていて治安が悪いこと、人々に孝慈の家族倫理がなくなってしまったこと。本章は以上の三つを現代社會の重要問題と見なし、その原因を統治者の「智（智）妄（辯）」「攷（巧）利」「悥（爲）慮」重視にあると考えて、この社會問題を解決するためにこれらの諸原因を捨て去ることを提唱した。本章の末尾で行われているこの補足的な提案も、同じ社會問題を解決するための方策であって、その一つとして統治者が「須〈寡〉欲」になるべきことを求めている。

また、甲本第六十四章下段に、

聖人谷（欲）不谷（欲）、不貴難𢔶（得）之貨。斈（學）不斈（學）、逡（復）衆之所𨑕（過）。是古（故）聖人能尃（輔）萬勿（物）之自肰（然）、而弗能爲。

とある。本章は、「事」の失敗を無くして、成功裏に「天下を取る」ためには、逆説的に「谷（欲）不谷（欲）」「斈（學）不斈（學）」「弗能爲」、つまり「無欲」「無學」「無爲」の方法を採らなければならないことを訴えた文章である。なお、丙本第六十四章下段にも、

是以〔聖〕人欲不欲、不貴𪫺（難）𢔶（得）之貨。學不學、逡（復）衆之所𨑕（過）。是以能補（輔）𪏚（萬）勿（物）之自肰（然）、而弗敢爲■。

のように、ほぼ同じ文章がある。

また、甲本第五十七章に、

以正之（治）邦、以𢦏（奇）甬（用）兵、以亡（無）事取天下。……是以聖人之言曰、我無事、天〈而〉民自福（富）。我亡（無）爲、天〈而〉民自蠶（爲）。我好青（靜）、天〈而〉民自正。我谷（欲）不谷（欲）、天〈而〉民自樸乚。

とある。本章は、正道や奇策ではなく「亡（無）事」つまり「無爲」の方法でもって「天下を取る」ことを目指すべきことを提唱した文章である。[4] 同じ提唱は、章末の「聖人之言」の中でも繰り返されており、「聖人」が「無事」「亡（無）爲」「好青（靜）」「谷（欲）不谷（欲）」であるならば、「民」はその結果「自福（富）」「自蠶（爲）」「自正」「自樸」となると言う。[5] そして、後者こそが「聖人」が「天下を取っ」た状態に他ならない。こういうわけで、「谷（欲）不谷（欲）」は、「聖人」が「天下を取る」ための方法の一つに位置づけられているのである。

こうして見ると、郭店『老子』の「寡欲」「欲不欲」は、いずれも『老子』の政治思想の大枠の中で、その基礎・根底に位置づけられていることが分かる。そして、『荀子』の欲望論も、「欲」に對する評價が『老子』とは一八〇度反對の方向を向いてはいるものの、まったく同じ位置づけなのである。兩者の先後・影響關係については、『老子』→『荀子』であるか、それとも反對に『荀子』→『老子』であるかは、なかなか難しい問題であるが、大雜把に把えるならばほぼ同時代の産物であり、兩者は疑問の餘地なく鋭く對立する二つの思想であった。

（4）郭店楚簡『老子』の「知止」の提唱

甲本第三十二章に、

道亙（恆）亡（無）名。……侯王女（如）能獸（守）之、萬勿（物）牆（將）自賓（賓）■。……詞（始）折（制）又（有）名。名亦既又（有）、夫亦牆（將）智（知）步（止）。智（知）步（止）所以不詞（殆）。卑（譬）道之才（在）天下也、猷（猶）少（小）浴（谷）之與江海（海）■。

とある。また、甲本第四十四章に、

名與身篙（孰）新（親）、身與貨篙（孰）多、貢（得）與貢（亡）篙（孰）疠（病）。甚忞（愛）必大贊（費）、厚（厚）贓（藏）必多貢（亡）。古（故）智（知）足不辱、智（知）止不怠（殆）、可以長舊（久）■。

とある。これらの「智（知）步（止）」「智（知）止」は、欲望追求の行動を行う場合、一定の範圍內で滿足してその行動を停止することであり、上述の「智（知）足」とほぼ同じ意味と認められる。第三十二章においては、「侯王」の萬物に對する欲望追求が「步（止）まるを智（知）り」、そのことを通じて「詞（殆）うからず」が結果する、のように展開していくが、その「詞（殆）うからず」は「侯王」が不老長壽を保つという養生說的な意味だけでなく、統治者としての地位を長く保つという政治思想的な意味をも、含意しているはずである。そうだとすれば、第四十四章においても、「止まるを智（知）り」、そのことを通じて「不怠（殆）、可以長舊（久）■。」が結果するわけであるが、その「怠（殆）うからず、以て長舊（久）なる可し■。」には養生說的意味だけでなく、政治思想的意味も含まれていたと推測することができよう。

3. 郭店楚墓竹簡『老子』の「學」に對する批判

郭店『老子』には、同時代の「學」に對する批判の文章がいくつか含まれている。

（1）郭店楚簡『老子』の「學不學」の提唱

甲本第六十四章下段に、

聖人谷（欲）不谷（欲）、不貴難㝵（得）之貨。𡥈（學）不𡥈（學）、𨓍（復）衆之所𠨘（過）。是古（故）聖人能専（輔）萬勿（物）之自肰（然）、而弗能爲。

とあり、丙本第六十四章下段に、

是以〔聖〕人欲不欲、不貴戁（難）㝵（得）之貨。學不學、𨓍（復）衆之所𨒥（過）。是以能補（輔）墓（萬）勿（物）之自肰（然）、而弗敢爲■。

とある。これらの「𡥈（學）不𡥈（學）」「學不學」は、「無學」と言うのと異ならず、「學」への批判あるいは「無學」の提唱である。その「不學」とは「衆の𠨘（過）ぐる所」であり、逆に「學」とは「衆の止まる所」であるから、それゆえ本章の「學」への批判は、世間の「學」と正反對の性質を有する「道」の體得の提唱でもあった。

ところで、先秦時代において「學」を「衆の止まる所」にまで廣めた學派を擧げるとすれば、儒家を措いて他にはありえない。『論語』學而篇に、

子曰、學而時習之、不亦說乎。有朋自遠方來、不亦樂乎。人不知而不慍、不亦君子乎。

とあり、同じく陽貨篇に、

子曰、由也女聞六言六蔽矣乎。對曰、未也。居、吾語女。好仁不好學、其蔽也愚。好知不好學、其蔽也蕩。好信不好學、其蔽也賊。好直不好學、其蔽也絞。好勇不好學、其蔽也亂。好剛不好學、其蔽也狂。

とあり、また『荀子』勸學篇に、

君子曰、學不可以已。……故木受繩則直、金就礪則利、君子博學而日參省乎己、則知明而行無過矣。故不登高山、不知天之高也。不臨深溪、不知地之厚也。不聞先王之遺言、不知學問之大也。干越夷貉之子、生而同聲、長而異俗、敎使之然也。

とあるとおりである。したがって、郭店『老子』甲本・丙本第六十四章下段の形而上學的な「斈（學）不斈（學）」「學不學」の提唱は、先行する儒教の形而下學的な「學」に對する批判をも意味していたのである。

（2）郭店楚簡『老子』の「學」への批判

乙本第四十八章上段に、

學者日益、爲道者日損。損之或損、以至亡（無）爲也。亡（無）爲而亡（無）不爲。

とある。ここに畫かれている「學者日益」の學問觀、すなわち日々、倫理や知識を外部から攝取して自己を豊かにしていくという學問觀は、當代の儒家の思想家の中でも、[6]特に性惡說の立場に立った荀子の學問觀である。『荀子』勸學篇に、

吾嘗終日而思矣、不如須臾之所學也。吾嘗跂而望矣、不如登高之博見也。登高而招、臂非加長也、而見者遠。順風而呼、聲非加疾也、而聞者彰。假輿馬者、非利足也、而致千里。假舟楫者、非能水也、而絕江河。君子生非異也、善假於物也。

とあるように、荀子の學問觀は、本來自己の內部に具わっていないものを外部から「假り」て來る、というタイプになるからである。それに引きかえ、性善說の立場に立つ孟子は、『孟子』告子上篇で、

孟子曰、仁人心也、義人路也。舍其路而不由、放其心而不知求、哀哉。人有鷄犬放、則知求之。有放心而不知求。

學問之道無他、求其放心而已矣。

と唱える。本來自己の內部に完具していた「心」を取りもどす、それに復歸する、というタイプになる。これが「學者日益」という學問觀とは全然異質であることは、言うまでもない。したがって、「學者日益、爲道者日損。」の一文は、荀子の形而下の「學」を取りあげてそれに批判を加えつつ、それと正反對の、心中に虛無を作り出す方向に向かう自らの形而上の「道を爲める」を提唱したものと把えるのが適當である。

なお、以下に擧げる日本の諸入門書は、いずれも「學者日益」の句に『老子』の「學」への批判を感取していないが、この種の解釋は正しいとは思われない。――諸橋轍次『掌中　老子の講義』（前揭）、福永光司『老子』下（前揭）、楠山春樹『老子の人と思想』（前揭）、小川環樹『老子』（前揭）、蜂屋邦夫『老子』（前揭）。

（3）郭店楚簡『老子』の「絕學」の提唱

乙本第二十章上段に、

　　
（絕）學亡（無）憂（憂）。售（唯）與可（訶）、相去幾可（何）。完（美）與亞（惡）、相去可（何）若。人之所𢜔（畏）、亦不可以不𢜔（畏）。

とある。『老子』にとっての「學」とは、この箇所にあるように、人々に「售（唯）與可（訶）」の相異、「完（美）與亞（惡）」の區別を教えるものである（「完（美）與亞（惡）」の區別については後述）。その「售（唯）」は、目上の者に對する禮儀正しい返事。上の「可」は、「訶」の省字あるいは假借字で、大聲で怒ること。「售（唯）與可（訶）」は、これと完全に同じではないが、「唯」と「諾」の相異が當時やかましく論じられていたことを、我々は郭店『五行』および馬王堆『五行』の第二十二章の經・說、『禮記』曲禮上篇・玉藻篇などから窺うことができる。

ここで、馬王堆『五行』第二十二章を検討してみよう。(7) その經に、

〔●〕耳目鼻口手足六者、心之役也。心曰唯、莫敢不〔唯〕。〔心曰若（諾）、莫〕敢不〔若（諾）。心〕曰進、莫敢不進。〔心曰退、莫敢不退。心曰深、莫敢不深。〕心曰淺、莫敢不淺。

とある。「唯」は、『禮記』曲禮上篇の「必愼唯諾」の『經典釋文』に「唯、應辭也。」とあるように、應答の言葉である。「若」は、「諾」の假借字または省字。『廣雅』釋詁に「唯、諾、應也。」とあり、これも應答の言葉。「唯」と「諾」の相異は、『禮記』玉藻篇に、

父命呼、唯而不諾。手執業則投之、食在口則吐之、走而不趨。

とあるように、「唯」の方が「諾」よりも恭敬の度合が強い。また『禮記』曲禮上篇にも、

父召無諾、先生召無諾、唯而起。

とあり、鄭玄注は「應辭。唯恭於諾。」と解説する。『五行』第二十二章經の前半部分の意味は、本章說に、

心曰雖（唯）、莫敢不雖（唯）、心曰雖（唯）、〔耳目〕鼻口手足音聲貇（貌）色皆雖（唯）。是莫敢不雖（唯）也。

若（諾）亦然。

とあるように、人體の「耳目鼻口手足」が「心」の「唯せよ」「若（諾）せよ」という命令に逆らうことなく忠實に從うことである。

第二十二章經の「進・退」の部分の意味は、本章說に「進亦然、退亦然。」と解釋されており、「耳目鼻口手足」が「心」の「進め」「退け」という命令に忠實に從うこと。前後の「唯・若（諾）」と「深・淺」はどちらも「禮」の作法に關することであるから、この「進・退」も一般的な「進退」ではなく、「禮」の作法としてのそれのはずである。『論語』子張篇に、

子夏之門人小子、當洒掃應對進退則可矣。

とあり、『禮記』曲禮上篇に、

遭先生於道、趨而進、正立拱手。先生與之言則對、不與之言則趨而退。

とあるような「進・退」であるにちがいない。

第二十二章經の「深・淺」の部分は、本章說に、

心曰深、〔莫〕敢不深。心曰淺、莫敢不淺。深者、甚也。淺者、不甚也。深淺有道矣。故父謼（呼）、口〔含〕食則堵（吐）之、手執〔業〕則投〔之〕、雖（唯）而不若（諾）、走而不趨。是莫敢不深也。於兄則不如是亓（其）甚也。是莫敢不淺也。

とあるように、「父」に對する「禮」の作法の「甚だしき」を「深」と言い、「兄」に對する「禮」の作法の「甚だしからざる」を「淺」と言ったもの。この部分の意味は、「耳目鼻口手足」は「心」の「深くせよ」「淺くせよ」という「禮」の作法に關する命令に忠實に從って行動する、ということ。

以上に基づいて論ずるならば、郭店『老子』乙本第二十章上段の「醫（絕）學」は、主として當時の儒教の「禮學」などを批判したものと考えなければならない。

ちなみに、「醫（絕）學亡（無）憂（憂）」の四字は、表面的には今本『老子』第十九章の、

絕聖棄智、民利百倍。絕仁棄義、民復孝慈。絕巧棄利、盜賊無有。

に類似する。そのために、かつて易順鼎・馬敍倫・蔣錫昌・李大防などが、第二十章の章頭に來るのではなく、第十九章の末尾に置くべきことを主張していたが、この四字を第二十章上段の冒頭に置く郭店『老子』が出土したことによって、これらの諸說の誤りであることが確實となり、懸案のこの問題についに決着がついた。この四字は、やはり

もともと第二十章に屬していたのであって、表面上は第十九章の「絕聖棄智」などと類似するにもかかわらず、內容上は第十九章とは無關係なのである。ただし、郭店『老子』第二十章は、上段だけが存在していて、下段は存在していない。形成途上にある古い『老子』の第二十章は、このように上段だけの存在するテキストであったのである。そして、下段の部分は郭店『老子』以後、馬王堆『老子』の形成過程において附加されたのではなかろうか。

(4) 郭店楚簡『老子』の「智」「慮」への批判

以上のように見てくると、郭店『老子』中に含まれる「智（智）」や「慮」に對する批判も、主として儒家のそれらを批判のターゲットにしていると推測することができよう。すでに引用したように、甲本第十九章に、

㡭（絕）智（智）弃支（辯）、民利百伓（倍）。㡭（絕）攷（巧）弃利、覜（盜）惻（賊）亡（無）又（有）。㡭（絕）憍（僞）弃慮、民复（復）季〈孝〉子（慈）。

とある。また、甲本第五十六章に、

智（知）之者弗言、言之者弗智（知）。閟（閟）亓（其）逸（穴）、賽（塞）亓（其）門、和亓（其）光、週（通）亓（其）新（塵）、副（剉）亓（其）頟（銳）、解亓（其）紛。是胃（謂）玄同。

とあるのは、「智（智）」に對する單純な批判とは異なるが、ほぼ同じように取り扱うことができる。また、甲本第五十七章に、

以正之（治）邦、以戟（奇）甬（用）兵、以亡（無）事取天下。虗（吾）可（何）以智（知）亓（其）肰（然）也。夫天多期（忌）韋（諱）、天〈而〉民爾（彌）畔（貧）。民多利器、天〈而〉邦慈（滋）昏。人多智（智）、天〈而〉戟（奇）勿（物）慈（滋）记（起）。法勿（物）慈（滋）章（彰）、覜（盜）惻（賊）多又（有）。

とある。これらも上述した「學」の問題とほぼ同じように、主として儒教の「智（智）」「慮」への批判と見なして差し支えないが、ここでは詳論を省略する。

4. 郭店楚墓竹簡『老子』の「爲」「事」に對する批判

(1) 郭店楚簡『老子』の「爲」への批判と「無爲」の提唱

郭店楚簡に限らず、『老子』の中に人間の「爲」を批判して、「無爲」を提唱する文章が極めて多く現れることは、周知のとおり。これらすべてが儒教の「爲」の思想に對する批判であるか否かは、別に機會を設けて詳論する予定であるが、『老子』の「爲」への批判と「無爲」の提唱が、同時代の儒家荀子の人爲・作爲を勸める思想と鋭く對立していることは、紛れもない事實である。例えば、『荀子』勸學篇に、

學惡乎始、惡乎終。曰、其數則始乎誦經、終乎讀禮、其義則始乎爲士、終乎爲聖人、眞積力久則入、學至乎沒而後止也。故學數有終、若其義則不可須臾舍也。爲之人也、舍之禽獸也。

とあり、脩身篇に、

故蹞步而不休、跛鼈千里。累土而不輟、丘山崇成。厭其源、開其瀆、江河可竭。一進一退、一左一右、六驥不致。彼人之才性之相縣也、豈若跛鼈之與六驥足哉。然而跛鼈致之、六驥不致、是無他故焉、或爲之或不爲爾。道雖邇、不行不至、事雖小、不爲不成。其爲人也多暇日者、其出入不遠矣。

とあり、性惡篇に、

人之性惡、其善者僞也。今人之性、生而有好利焉。順是、故爭奪生而辭讓亡焉。生而有疾惡焉。順是、故殘賊生而忠信亡焉。生而有耳目之欲、有好聲色焉。順是、故淫亂生而禮義文理亡焉。然則從人之性、順人之情、必出於爭奪、合於犯分亂理而歸於暴。故必將有師法之化、禮義之道、然後出於辭讓、合於文理、而歸於治。用此觀之、然則人之性惡明矣、其善者僞也。

とあるとおりである。性惡篇の「其善者僞也」とは、人間が善であるのは「人爲」（努力）の結果だという意味であって、「いつわりだ」という意味ではない。(8) そのことは、正名篇が「僞」を定義して、

散名之在人者、生之所以然者、謂之性。……心慮而能爲之動、謂之僞。慮積焉能習焉而後成、謂之僞。……是散名之在人者也、是後王之成名也。

と述べていることからも、明らかである。

以下、郭店『老子』の中の「爲」を批判し「無爲」を提唱する文章を、參考のための資料として擧げておく。甲本第十九章に、

㡭（絕）智（智）弃支（辯）、民利百伓（倍）。㡭（絕）攷（巧）弃利、䟺（盜）悬（賊）亡（無）又（有）。㡭（絕）憍（爲）弃慮、民复（復）季〈孝〉子（慈）。

とあり、甲本第六十四章下段に、

爲之者敗之、執之者遠〈遊（失）〉之。是以聖人亡（無）爲、古（故）亡（無）敗。亡（無）執、古（故）亡（無）遊（失）。……聖人谷（欲）不谷（欲）、不貴難尋（得）之貨。孝（學）不孝（學）、逡（復）衆之所作（過）。是古（故）聖人能尃（輔）萬勿（物）之自肰（然）、而弗能爲。

とあり、甲本第三十七章に、

衍（道）亙（恆）亡（無）爲也。侯王能守之、而萬勿（物）牆（將）自愍（爲）。……智（知）〔足〕以朿（靜）、萬勿（物）牆（將）自定■。

とあり、甲本第六十三章上段・下段に、

爲亡（無）爲、事亡（無）事、未（味）亡（無）未（味）。

とあり、甲本第二章に、

天下皆智（知）敚（美）之爲敚（美）也、亞（惡）已。皆智（知）善、此丌（其）不善已。又（有）亡（無）之相生也、戁（難）惖（易）之相成也、長耑（短）之相型（形）也、高下之相浧（盈）也、音聖（聲）之相和也、先後之相墮（隨）也。是以聖人居亡（無）爲之事、行不言之𡕒（教）。

とあり、甲本第五十七章に、

是以聖人之言曰、我無事、天〈而〉民自福（富）。我亡（無）爲、天〈而〉民自蟡（爲）。我好青（靜）、天〈而〉民自正。我谷（欲）不谷（欲）、天〈而〉民自樸乚。

とあり、乙本第四十八章上段に、

學者日益、爲道者日損。損之或損、以至亡（無）爲也。亡（無）爲而亡（無）不爲。

とあり、丙本第六十四章下段に、

爲之者敗之、執之者遊（失）之。聖人無爲、古（故）無敗也。無執、古（故）〔無遊（失）也〕。……是以〔聖〕人欲不欲、不貴戁（難）㝵（得）之貨。學不學、逡（復）衆之所沘（過）。是以能補（輔）薑（萬）勿（物）之自肰（然）、而弗敢爲■。

とある。

（2）郭店楚簡『老子』の「事」への批判と「無事」の提唱

郭店『老子』には「無爲」の提唱と竝んで「無事」も提唱されている。例えば、甲本第六十三章上段・下段に、

爲亡（無）爲、事亡（無）事、未（味）亡（無）未（味）。

とあり、甲本第五十七章に、

以正之（治）邦、以戠（奇）甬（用）兵、以亡（無）事取天下。……是以聖人之言曰、我無事、天〈而〉民自福（富）。我亡（無）爲、天〈而〉民自𢽴（爲）。我好青（靜）、天〈而〉民自正。我谷（欲）不谷（欲）、天〈而〉民自樸乚。

とあり、乙本第五十二章中段に、

閟亓（其）門、賽（塞）亓（其）兌（穴）、終身不孞（敄）。啓亓（其）兌（穴）、賽（濟）亓（其）事、終身不來■。

とある。

これらの「無事」の意味については、諸橋轍次『掌中　老子の講義』（前掲）は、今本第四十八章において、

無事とは、爲すべき事のない意味ではあるが、同時に又、無事太平の意である。これに對して、有事とは、爲すべき事のあることではあるが、同時に又、戰爭のある亂世をあらわしている。

と注している。その他、木村英一・野村茂夫『老子』（前掲）、福永光司『老子』下（前掲）、小川環樹『老子』（前掲）もこの解釋に近い。しかし、金谷治『老子　無知無欲のすすめ』（前掲）、神塚淑子『『老子』――〈道〉への回歸』（前掲）

が言うように、「無事」は「無爲」とほぼ同じ意味である。楠山春樹『老子入門』（前掲）は、今本第五十七章の「無事」について、

> 「無事」とは、「無爲」の語が、心のあり方まで含めて廣義であるのに對して、具體的な行爲についてだけいう。

とするが、これは日本語の「事」の字義に引かれた望文生義の解釋ではなかろうか。上引の『荀子』正名篇に「正利而爲、謂之事。正義而爲、謂之行。」とあったのを參照すれば、「事」とは「利」などの獲得・實現を目指して行う、目的意識性のより強い「爲」と把えることができよう。ちなみに、郭店『老子』甲本第二章に「亡（無）爲之事」という言葉が見えていたが、これも「爲」と「事」がほぼ同意であることを證している。したがって、「事」への批判と「無事」の提唱は、基本的に、上文の（1）「郭店楚簡『老子』の「爲」への批判と「無爲」の提唱」と同じように考えて構わない。

以上に見てきたように、郭店『老子』には、實際、極めて多くの「爲」「事」に對する批判が現れている。そして、この「爲」「事」への批判は、「爲すこと」「事とすること」を一概に否定するものであるから、その守備範圍は相當に廣いと言わなければならない。こうした「爲すこと」「事とすること」の一概の否定の中に、より小さな「仁義」の否定が含まれていることは、道理として當然ではなかろうか。後に詳論するように、近年、郭店『老子』の中には、「仁義」の否定はまだ現れていない、もしくはその否定はまだ後世ほどには強くない、などと主張する新説が登場している。しかし、こうした新説の成立する餘地が全然ないことは、ただ郭店『老子』の「爲」「事」への批判に基づいて考えるだけで、すでにはなはだ明らかであると思う。

（3）郭店楚簡『老子』における荀子「積微」思想の影響

ところで、郭店『老子』には、以上に述べた「爲」「事」への批判とは様相を異にする、「爲」「事」への肯定も現れている。甲本第六十四章上段に、

亓（其）安也、易朱（持）也。亓（其）未茲（兆）也、易𢘽（謀）也。亓（其）毳（脆）也、易畔（判）也。亓（其）幾也、易後（散）也。爲之於亓（其）亡（無）又（有）也、絧（治）之於亓（其）未亂。合〔抱之木、生於毫〕末、九成之臺、己（起）〔於羸（蘽）〕土、百仁（仞）之高、台（始）於〕足下■。

とある。本章の趣旨は、ものごとは「未だ茲《きざ》（兆）さざる」「幾《かす》かな」萌芽の狀態であれば、それに對處することが容易であるから、「又（有）る亡（無）き」「未だ亂れざる」萌芽狀態にある內に「爲」すべきである。そういうところから始めて、微小な努力をこつこつと積み重ねながら、最後に巨大な事業を爲しとげるべきだ、ということである。まさしく「爲」「事」の肯定に他ならない。

本章の內、「爲之於亓（其）亡（無）又（有）也、絧（治）之於亓（其）未亂。」の兩句は、『尙書』周官篇に、

制治於未亂、保邦於未危。

とあり、『戰國策』楚策一に、

蘇秦爲趙合從、說楚威王曰、……臣聞治之其未亂、爲之其未有也。患至而後憂之、則無及已。

とある（『史記』蘇秦列傳にもほぼ同じ文章がある。）ように、『老子』に固有の思想の現れとは見なしがたい。恐らく民間に流布していたこの表現の原型を借用したのではなかろうか。もっとも、前者について、大田方『老子全解』・王鳴盛『尙書後案』は、『尙書』周官篇が『老子』本章を利用したものと言うけれども。なお、賈誼『新書』審微篇に、

老聃曰、爲之於未有、治之於未亂。管仲曰、備患於未形、上也。

『吳志』孫策傳注に、

……可謂爲之於其未有、治之於其未亂者也。

とあるのは、勿論『老子』本章を利用したものである。

また、「合〔抱之木、生於毫〕末、九成之臺、己（起）〔於羸（虆）土、百仁（仞）之高、台（始）於〕足下■。」の文章は、『論語』子罕篇に、

子曰、譬如爲山、未成一簣、止吾止也。譬如平地、雖覆一簣、進吾往也。

『淮南子』說山篇に、

先針而後縷、可以成帷。先縷而後針、不可以成衣。針成幕、虆成城。事之成敗、必由小生。言有漸也。

『文子』道德篇に、

十圍之木、始於把。百仞之臺、始於下。此天之道也。

とあるのと類似する。しかし、これは戰國末期の代表的な儒家荀子の「積微」（微小な努力をこつこつと積み重ねて巨大な事業を爲しとげる）の思想を踏まえ、かつそれを自らの思想體系の中に包攝しようとしたものと考えられる。なぜなら、このような「積微」の思想は、先秦諸子の中では他の儒家にも見られない、性惡說に根ざした荀子獨特の思想だからである。『荀子』の中からその主な資料を擧げてみよう。例えば、勸學篇に、

積土成山、風雨興焉。積水成淵、蛟龍生焉。積善成德、而神明自得、聖心備焉。故不積蹞步、無以至千里。不積小流、無以成江海。騏驥一躍、不能十步。駑馬十駕、則亦及之。功在不舍。

勸學篇に、

昔者瓠巴鼓瑟、而流魚出聽、伯牙鼓琴、而六馬仰秣。故聲無小而不聞、行無隱而不形、玉在山而草木潤、淵生珠而崖不枯。爲善積邪、安有不聞者乎。

脩身篇に、

故蹞步而不休、跛鼈千里。累土而不輟、丘山崇成。厭其源、開其瀆、江河可竭。一進一退、一左一右、六驥不致。彼人之才性之相縣也、豈若跛鼈之與六驥足哉。然而跛鼈致之、六驥不致、是無他故焉、或爲之或不爲爾。道雖邇、不行不至、事雖小、不爲不成。其爲人也多暇日者、其出入不遠矣。

儒效篇に、

性也者、吾所不能爲也、然而可化也。情〈積〉也者、非吾所有也、然而可爲也。注錯習俗、所以化性也。竝一而不二、所以成積也。習俗移志、安久移質。竝一而不二、則通於神明、參於天地矣。故積土而爲山、積水而爲海。旦暮積謂之歲、至高謂之天、至下謂之地、宇中六指謂之極。涂之人百姓、積善而全盡、謂之聖人。彼求之而後得、爲之而後成、積之而後高、盡之而後聖。故聖人也者、人之所積也。人積耨耕而爲農夫、積斲削而爲工匠、積反貨而爲商賈、積禮義而爲君子。工匠之子莫不繼事、而都國之民安習其服。居楚而楚、居越而越、居夏而夏、是非天性也、積靡使然也。故人知謹注錯、愼習俗、大積靡、則爲君子矣。縱情性而不足問學、則爲小人矣。

彊國篇に、

積微、月不勝日、時不勝月、歲不勝時。凡人好敖慢小事、大事至然後興之務之。如是則常不勝夫敦比於小事者矣。是何也。則小事之至也數、其縣日也博、其爲積也大。大事之至也希、其縣日也淺、其爲積也小。故善日者王、善時者覇、補漏者危、大荒者亡。故王者敬日、覇者敬時、僅存之國危而後戚之、亡國至亡而後知亡、至死而後知死。亡國之禍敗、不可勝悔也。覇者之善著焉、可以時託〈記〉也。王者之功名、不可勝日志也。財物貨寶、以大爲重。

政教功名反是、能積微者速成。詩曰、德輶如毛、民鮮克擧之、此之謂也。

性惡篇に、

塗之人可以爲禹、曷謂也。……今使塗之人者、以其可以知之質、可以能之具、本夫仁義之可知之理、可能之具、然則其可以爲禹明矣。今使塗之人、伏術爲學、專心一志、思索孰察、加日縣久、積善而不息、則通於神明、參於天地矣。故聖人者、人之所積而致也。

大略篇に、

雨小漢故潛。夫盡小者大、積微者著、德至者色澤洽、行盡而聲問遠。小人不誠於內、而求之於外。

とあるなど、枚擧するに遑がない。

このように見てくると、郭店『老子』甲本第六十四章上段に、荀子の「績微」思想から影響を受けた部分があることは、否定できないと思われる。しかし、そうなると、新たに二、三の問題が發生する。以下に、それらについて簡略に考察しておく。

第一に、こうした甲本第六十四章上段の、「爲」「事」を肯定する「積微」思想は、以上に述べた「爲」「事」への批判と、明らかに自己矛盾する性質を持っている。これについてどう考えるかという問題が、新たに發生するわけである。筆者は、兩者の閒に矛盾が存在することはやはり認めざるをえないけれども、最古の『老子』、郭店楚簡といえども一人一時の作ではなく多人多時の作であって、古い時代に書かれた「爲」「事」を否定する『老子』本來の文章と、新しい時代に入って別人が書いた「爲」「事」を肯定する「積微」の文章のように、成書年代を異にするいくつかの部分が位相をなして折り重なっている、と見なせばよいのではないかと考えたい。

第二に、だとすれば、郭店『老子』の最終的な成書年代は、荀子と同時代かまたはそれよりやや後ということになる。日本において『荀子』の研究で多大の成果を擧げた內山俊彦の『荀子』（前揭）は、荀子の生涯と事績のアウトラインを以下のように畫く。(9)――荀子は、前三一四年ごろ趙に生まれ、前二六五年前後、すなわち齊の襄王（前二八四年〜二六五年在位）の末年もしくは王建（前二六四年〜二二〇年在位）の初年に、五十歳で齊を訪れた。國都臨淄の稷下では、三度祭酒に推されるなどして、十年ほどの期間を齊で過ごした。しかし、この國を去らなければならない運命に逢着したらしく、前二五五年、すなわち楚の考烈王（前二六三年〜二三八年在位）の八年、荀子は齊を去って楚に赴き、間もなく春申君によって蘭陵の令に任命された。そして、考烈王の薨じた前二三八年よりあまり遠くないある年、蘭陵の地で卒した、とする。筆者は、これに依據して考えて、荀子が齊に滯在していた前二六五年〜二五五年の約十年の間に、臨淄の稷下において郭店『老子』を執筆した道家の思想家たちが荀子と接觸を持ち、荀子の「積微」思想から影響を受けたのではないかと推測している。

第三に、郭店『老子』の中に甲本第六十四章上段のように、荀子の「爲」「事」を肯定する「積微」思想の影響を受けた部分があるとするならば、以上に述べた「爲」「事」を否定する「無爲」「無事」の思想の中にも、荀子の人爲・作爲を勸める思想に反發しながら、それを批判のターゲットとして書かれた部分があるのではないかと思われてくる。郭店『老子』の荀子の作爲思想に對する態度は、このように否定と肯定、批判と攝取の入り交じったものであったことになるが、やはり現實は決して單純ではなく、相當に複雜な樣相を呈していたと把えたい。なお、この問題については、別に機會を設けて詳論する予定である。

5. 郭店楚墓竹簡『老子』の「美」「善」に對する批判

（1）郭店楚簡『老子』の「美」「善」への批判

郭店『老子』には、價値概念である「美」と「惡」（醜）、「善」と「不善」（惡）などの區別を相對化し、それらを全體として撥無した「美・惡」の向こう側、「善・不善」の彼岸に、眞實の價値（すなわち「道」）を定立しようとする思想がある。例えば、甲本第二章に、

天下皆智（知）敚（美）之爲敚（美）也、亞（惡）已。皆智（知）善、此丌（其）不善已。又（有）亡（無）之相生也、囏（難）惖（易）之相成也、長耑（短）之相型（形）也、高下之相浧（盈）也、音聖（聲）之相和也、先後之相墮（隨）也。是以聖人居亡（無）爲之事、行不言之孝（教）。

とある。これは、人間の「敚（美）」という價値判斷が實は反對に「亞（惡）」であるかもしれず、「善」という價値判斷が實は反對に「不善」であるかもしれないように、はなはだ不確實であることを述べるところから筆を起こして、「又（有）」と「亡（無）」の相互に規定しあって同時に發生する存在判斷も、人間の作爲・言論の所產であって、「萬勿（物）」の卽自的な世界それ自體にはまったく存在しないものであり、さらに「囏（難）」と「惖（易）」、「長」と「耑（短）」、「高」と「下」、「音」と「聖（聲）」、「先」と「後」などといった事實判斷も、いずれもみな本來「萬勿（物）」それ自體の中には全然存在しないものであるのに、人間が「萬勿（物）」のあれこれに對して作爲・言論を弄したために、相互規定的に同時に發生するに至ったレッテルにすぎない、ということを唱える文章である。これらの內、存在判斷と事實判斷の相對化と撥無については、ここでは論じないことにする。しかし、「美・惡」と「善・不善」という價値判斷の相對化と撥無について述べれば、これは主として儒教の「美」「善」という價値概念の狹さを批判するものである。

なぜなら、當時、倫理的な價値概念としての「美」「善」を最も熱心に說いていたのは、何と言っても儒家であったからである。例えば、『論語』里仁篇に、

子曰、里仁爲美。擇不處仁、焉得知。

同じく顏淵篇に、

子曰、君子成人之美、不成人之惡。小人反是。

同じく述而篇に、

子曰、聖人吾不得而見之矣。得見君子者、斯可矣。子曰、善人吾不得而見之矣。得見有恆者、斯可矣。亡而爲有、虛而爲盈、約而爲泰、難乎有恆矣。

『孟子』盡心下篇に、

（浩生不害曰）、何謂善、何謂信。曰、可欲、之謂善。有諸己、之謂信。充實、之謂美。充實而有光輝、之謂大。大而化之、之謂聖。聖而不可知之、之謂神。

同じく告子上篇に、

孟子曰、水信無分於東西、無分於上下乎。人性之善也、猶水之就下也。人無有不善、水無有不下。今夫水搏而躍之、可使過顙。激而行之、可使在山。是豈水之性哉、其勢則然也。人之可使爲不善、其性亦猶是也。

『荀子』不苟篇に、

君子崇人之德、揚人之美、非諂諛也。正義直指、擧人之過、非毀疵也。言己之光美、擬於舜禹、參於天地、非夸誕也。

同じく性惡篇に、

孟子曰、今人之性善、將皆失喪其性、故惡也。曰、若是則過矣。今人之性、生而離其朴、離其資、必失而喪之。用此觀之、然則人之性惡明矣。所謂性善者、不離其朴而美之、不離其資而利之也。使夫資朴之於美、心意之於善、若夫可以見之明不離目、可以聽之聰（聽）不離耳、故曰目明而耳聰（聽）也。今人之性、飢而欲飽、寒而欲煖、勞而欲休、此人之情性也。今人飢、見長而不敢先食者、將有所讓也。勞而不敢求息者、將有所代也。夫子之讓乎父、弟之讓乎兄、子之代乎父、弟之代乎兄、此二行者、皆反於性而悖於情也。然而孝子之道、禮義之文理也。故順情性、則不辭讓矣。辭讓、則悖於情性矣。用此觀之、然則人之性惡明矣、其善者僞也。

同じく性惡篇に、

堯問於舜曰、人情何如。舜對曰、人情甚不美、又何問焉。妻子具而孝衰於親、嗜欲得而信衰於友、爵祿盈而忠衰於君。人之情乎、人之情乎、甚不美、又何問焉。唯賢者爲不然。

とあるように、儒家は大量に「美」「善」を說いた文章を書き殘してきたが、それらの「美」「善」はいずれもそれぞれの儒家の倫理思想にとって、根本に位置づけられる最重要の價値概念であった。郭店『老子』甲本第二章は、そうした儒教の「美」「善」をターゲットにして批判したのである。

また、乙本第二十章上段に、既引のとおり、

𢇍（絕）學亡（無）𢝊（憂）。售（唯）與可（訶）、相去幾可（何）。㓞（美）與亞（惡）、相去可（何）若。人之所㬥（畏）、亦不可以不㬥（畏）。

とある。先に、この文章の「𢇍（絕）學」は、當時の儒教の「禮學」などを批判したものと指摘しておいたが、その「㓞（美）」と「亞（惡）」についての論述も、やはり當時の儒家の價値判斷を相對化しさらに撥無しようとしたものと考えられる。この文章の末尾に「人之所㬥（畏）、亦不可以不㬥（畏）。」とあるのは、「學」というスコラ的な知を否

定した老子が、それに代わる肯定的なものとして、世間の人々の素樸な判斷に從うがよいと言って行った、新しい提案と見ることができよう。

なお、蛇足を附記する。「美」「善」は比較的大きな總括的な倫理概念であるから、甲本第二章と乙本第二十章上段における「美」「善」批判は、より小さい具體的な倫理概念である「仁義」を、郭店『老子』がどのように評價したかを予想させるに十分である。後に詳論するように、近年、郭店『老子』の中には、「仁義」の否定はまだ現れていない、またはその否定はまだ後世ほどには強くない、などと主張する新説が登場している。しかし、こうした新説の成立する餘地が全然ないことは、ただ郭店『老子』の「美」「善」への批判に基づいて考えるだけで、すでにはなはだ明らかではなかろうか。

（2）郭店楚簡『老子』の「美」「善」への批判の理論的由來

甲本第二章における、價値判斷の相對化と撥無、事實判斷の相對化と撥無、存在判斷の相對化と撥無、という一連の「知」批判の理論的由來は、郭店『老子』よりも古い戰國中期（前三〇〇年ごろ）の、初期道家の筆に成る『莊子』齊物論篇にある。その南郭子綦・顏成子游問答である。[10]

南郭子綦・顏成子游問答が行っているのは、いずれもみな眞實の「道」を探し求める思索である。その展開過程の思索全體を通じて問答の作者が採用している方法は、一種の批判主義と言うことができる。すなわち、問答の作者が第一に批判する對象は、「小成」「榮華」に伴う「愛」などの感情判斷であり、これは作者によれば最下等の判斷である。これを撥無した後、第二に批判する對象は、

故有儒墨之是非。以是其所非、而非其所是。

とあるように、儒家と墨家の「是非」をめぐる價値判斷であり、これは下から二番目に劣った判斷である。これを撥無した後、第三に批判する對象は、主に名家の「彼是」をめぐる事實判斷であり、これは下から三番目に劣った判斷である。そして、第三批判の後に出現した「知」およびそれが畫く世界が、作者自身の「一の有」つまり「萬物齊同」に他ならない。しかし、作者は、第四に自分自身の「萬物齊同」をも不十分であると言って撥無しようとする。「今且有言於此。」より「無適焉。因是已。」に至るまでの一段落がその第四批判であって、これによって作者は最終的に「一の無」に到達し、ついに「道」を定立するのであった。

以上に概略を説明したとおり、問答の作者の最終目的は「道」を定立することであるが、その最終目的に至る思索全體の中で、價値判斷の批判はほとんど最初に位置している。そして、批判の對象は「儒墨」と明記されている。この問答が書かれた戰國中期には、墨家は「顯學」としてまだ健在であったから、問答の言う「儒墨」は文字どおり儒家の價値判斷と墨家の價値判斷、の兩者を指していたと認められよう。しかし、郭店『老子』の書かれた戰國末期には、墨家はその集團が三墨に分かれて主導權爭いに明け暮れていたから、彼らの中國社會に對する影響力はほとんどなくなっていた、と見てよい。こういう事情から推測しても、甲本第二章の「美」「善」の相對化と撥無は、當時の主として儒教の思想をターゲットにして批判している、と把えるべきではなかろうか。

6. 郭店楚墓竹簡『老子』の『禮記』大學篇「八條目」に對する批判

(1) 郭店楚簡『老子』の『禮記』大學篇「八條目」への批判

乙本第五十四章に、

善建者不拔、善休（保）者不兑（脱）、子孫以丌（其）祭祀不屯（頓）。攸（修）之身、丌（其）悳（德）乃貞。攸（修）之豪（家）、丌（其）悳（德）又（有）舍（餘）。攸（修）之向（鄉）、丌（其）悳（德）乃長。攸（修）之邦、丌（其）悳（德）乃奉（豐）。攸（修）之天下、〔丌（其）悳（德）乃博（溥）。以豪（家）觀〕豪（家）、以向（鄉）觀向（鄉）、以邦觀邦、以天下觀天下。虛（吾）可（何）以智（知）天〔下之肰（然）哉、以此〕。

とある。この文章の前半部分は、「善建」「善休（保）」した『老子』の「道」を、「身」「豪（家）」「向（鄉）」「邦」「天下」の諸段階に適用すれば、それぞれの段階で有益な成果が得られることを述べる。それゆえ、その「道」は諸段階に共通して適用することのできる普遍的一般的な原理ということになる。それに反して、後半部分は、諸段階には相互に轉用することのできないそれぞれの「道」があることを訴える。したがって、それぞれの「道」は一つの段階にのみ適用できる個別的具體的な原理であるということになる。

前半の「道」の普遍性一般性と後半の「道」の個別性具體性は、この兩者を統一することは不可能ではなく、現に少し後の時代（前漢初期）になると、道家は「道一理殊」說を創って兩者の統一を圖っているが、これは宋學の「理一分殊」說の先驅的な形態と見なすことができる哲學であった。(11) しかしながら、郭店『老子』乙本第五十四章においては、兩者を統一するロジックはまだ開示されていない。そして、道家の思想史の發展の上から言えば、前半は初期道家以來の傳統的な思想であり、それよりもむしろ後半に新しさがある。後半の中でも、本章の主張の重點は、

以天下觀天下。虗（吾）可（何）以智（知）天〔下之肰（然）〕哉、以此。

にあること、すなわち、「天下」を治めるには「天下」の「道」によるべきことを訴える點にあることは、言うまでもない。

だとするならば、本章の主張の重點は、『禮記』大學篇のいわゆる大學の「八條目」の思想と對立する性質を持っていることになる。『禮記』大學篇には、周知のとおり、

古之欲明明德於天下者、先治其國。欲治其國者、先齊其家。欲齊其家者、先脩其身。欲脩其身者、先正其心。欲正其心者、先誠其意。欲誠其意者、先致其知、致知在格物。物格而后知至、知至而后意誠、意誠而后心正、心正而后身脩、身脩而后家齊、家齊而后國治、國治而后天下平。自天子以至於庶人、壹是皆以脩身爲本。其本亂而末治者否矣、其所厚者薄、而其所薄者厚、未之有也。此謂知本、此謂知之至也。

のように、「脩身→齊家→治國→平天下」という倫理・政治の圖式があるが、これは四つの段階が「脩身」から出發して有機的に結びつく發展を構想したものである。この圖式によれば、「自天子以至於庶人」のあらゆる人間にとって、「脩身」の「道」と「平天下」の「道」は本質的に異ならず同じものであり、しかも「脩身」が「本」、「平天下」は「末」であるから、「平天下」を實現するための「道」は、まずもって「脩身」を行うことに他ならない、はずである。まさに、郭店『老子』本章は、『禮記』大學篇の「八條目」と正反對に對立するものであった。

問題は、兩者の先後・影響關係はどうであったかにある。『禮記』大學篇の著者や成立については、あれこれ若干の傳說は存在するが、しっかりした證據に基づいて事實を確定することは至難のわざである。よって、本編ではその問

題には立ち入らない(12)。ただし、『禮記』大學篇の「脩身→齊家→治國→平天下」という倫理的政治的な圖式に類似するものは、孔子・孟子以來、儒教のしばしば説いてきたところであった。例えば、『論語』學而篇に、

有子曰、其爲人也、孝弟而好犯上者、鮮矣。不好犯上而好作亂者、未之有也。君子務本、本立而道生。孝弟也者、其爲仁之本與。

とあり、同じく爲政篇に、

或謂孔子曰、子奚不爲政。子曰、書云、孝乎惟孝、友于兄弟、施於有政。是亦爲政、奚其爲爲政。

とあり、『孟子』離婁上篇に、

孟子曰、人有恆言、皆曰、天下國家。天下之本在國、國之本在家、家之本在身。

とあり、『荀子』君道篇に、

請問爲國。曰、聞脩身、未嘗聞爲國也。君者儀也、儀正而景正。君者槃也、槃圓而水圓。君者盂也、盂方而水方。君射則臣決。楚莊王好細腰、故朝有餓人。故曰、聞脩身、未嘗聞爲國也。

とあり、同じく宥坐篇に、

孔子爲魯司寇、有父子訟者、孔子拘之、三月不別。其父請止、孔子舍之。季孫聞之不說曰、是老也欺予、語予曰、爲國家必以孝。今殺一人、以戮不孝、又舍之。

とあり、『孝經』孝治章に、

子曰、昔者明王之以孝治天下也、不敢遺小國之臣、而況於公侯伯子男乎。故得萬國之懽心、以事其先王。治國者不敢侮於鰥寡、而況於士民乎。故得百姓之懽心、以事其先君。治家者不敢失於臣妾、而況於妻子乎。故得人之懽心、以事其親。夫然、故生則親安之、祭則鬼享之、是以天下和平、災害不生、禍亂不作。故明王之以孝治天下也

如此。詩云、有覺德行、四國順之。

とあり、同じく廣揚名章に、

子曰、君子之事親孝、故忠可移於君。事兄悌、故順可移於長。居家理、故治可移於官。是以行成於內、而名立於後世矣。

とあるなど、同じような思想の表現は枚擧するに遑がない。したがって、『禮記』大學篇が假に前漢後期に成書された文獻であるにしても、類似する思想が早ければ春秋末期以來、まちがいなく儒家の傳統となっていたのである。郭店『老子』乙本第五十四章の後半部分は、假に『禮記』大學篇の圖式を直接批判した文章ではないにしても、春秋末期以來、儒家の傳統となっていた類似の思想を批判した文章であったことは、やはりまちがいあるまい。

(2) 郭店楚簡『老子』と『管子』牧民篇との關係

ところで、『管子』牧民篇に、

以家爲鄉、鄉不可爲也。以鄉爲國、國不可爲也。以國爲天下、天下不可爲也。以家爲家、以鄉爲鄉、以國爲國、以天下爲天下。毋曰不同生、遠者不聽。毋曰不同鄉、遠者不行。毋曰不同國、遠者不從。如地如天、何私何親。如月如日、唯君之節。

とある。これは、『禮記』大學篇と類似の「脩身→齊家→治國→平天下」という倫理・政治の圖式を熟知し踏まえた上で、それが陷りやすい缺陷と失敗に終わることを指摘しつつ、結局、郭店『老子』と同じ「以家爲家、以鄉爲鄉、以國爲國、以天下爲天下。」という倫理・政治の方法を提唱した文章である。儒教の圖式が陷りやすい缺陷・最終の失敗とは、以下のとおり。――「以家爲鄉」を行う場合は、「家」の原理は「不同生」の者を排除しがちになるので、「遠者不聽」という缺陷があり、であるから「鄕不可爲也」という失敗に終わる。同樣に、「以鄕爲國」を行う場合は、「鄕」の原理は「不同鄕」の者を排除しがちであるから、「遠者不行」の缺陷があり、だから「國不可爲也」という失敗に終わる。同樣に、「以國爲天下」を行う場合は、「國」の原理は「不同國」の者を排除しがちだから、「遠者不從」の缺陷があり、だから「天下不可爲也」という失敗に終わる、というのである。これもやはり、春秋末期以來、儒教が傳統的に抱いてきた、血緣主義・地緣主義に基づくゲマインシャフト的な倫理・政治の發展圖式に對して、そうした圖式は現實に合致しないと言って痛烈に批判したもの、と把えることができよう。

『管子』牧民篇の著者と成書は、管仲が春秋初期に著したものでないことは言うまでもないが、この問題を實證的に研究することは極めて困難である。本編では、『管子』の研究で成果を擧げた金谷治『管子の研究』（岩波書店、一九八七年）の見解を引用して、假にこれに從っておく。その終章、第二節「『管子』諸篇の思想史的展開」、（一）では、

牧民第一――戰國中期の初め。とくに最初の國頌章などは戰國初期あるいはそれ以前にも溯る古い時代からの傳承を持つ資料と見られる。一部には新しい加筆があると思われるが、全篇中で最も古く、政治思想として全篇の中心思想が見られる。

と結論づける。また、その第三章、「「經言」諸篇の吟味」では、『老子』第五十四章と類似する文章の成立について、『老子』の成書に先行する可能性を、以下のように指摘する。

『老子』との類似の句なども、必ず『老子』の書が成立してからの引用だとは決められないからには、諸派の成立以前の未分の思想狀況の反映とも見なせるわけであろう。

郭店『老子』乙本第五十四章、『管子』牧民篇、『禮記』大學篇（と同類の思想）の三者の當該部分を比較・對照してみると、內容上、最も單純な文獻は『禮記』大學篇（と同類の思想）であり、最も複雜な文獻は郭店『老子』乙本

第五十四章であり、『管子』牧民篇はそれらの中間にある。したがって、思想發展の道筋の自然性に基づいて考えるならば、最初に、『禮記』大學篇（と同類の思想）が儒教的な圖式を畫いたのに對して、次に、『管子』牧民篇が現實を重視する立場からそれを批判し、最後に、郭店『老子』乙本第五十四章が『管子』牧民篇の側にシフトしつつ、道家の立場から兩者を統一しようとした、と抑えることができるようである。

7. 郭店楚墓竹簡『老子』の「孝慈」に對する批判

郭店『老子』においては、甲本第十九章に、

> 㡭（絕）𣉻（智）弃妄（辯）、民利百伓（倍）。㡭（絕）攷（巧）弃利、覜（盜）恳（賊）亡（無）又（有）。㡭（絕）𢡺（爲）弃慮、民复（復）季〈孝〉子（慈）。

という「季〈孝〉子（慈）」への肯定があり、丙本第十八章に、

> 古（故）大道發（廢）、安（焉）又（有）𢝀（仁）義。六新（親）不和、安（焉）又（有）孝斈（慈）。邦𡨄（家）緍（昏）〔亂〕、安（焉）又（有）正臣■。

という「孝斈（慈）」への否定がある。「孝慈」という儒教倫理に關する郭店『老子』の評價は、古い丙本第十八章の否定から、新しい甲本第十九章へと歷史的に展開していったのである。このテーマについては、筆者はかつて詳細な檢討を行ったことがある。[13] よって、ここでは省略に從う。

注

（1）以下、郭店『老子』諸章の分析の詳細については、次の拙著の諸章を參照。
『郭店楚簡老子研究』（前掲）、第二編「郭店楚墓竹簡『老子』甲本注解」・第三編「郭店楚墓竹簡『老子』乙本注解」・第四編「郭店楚墓竹簡『老子』丙本注解」
本書、第二編「郭店楚墓竹簡『老子』甲本譯注」・第三編「郭店楚墓竹簡『老子』乙本譯注」・第四編「郭店楚墓竹簡『老子』丙本譯注」

（2）『論語』衞靈公篇の引用文の分析については、津田左右吉『論語と孔子の思想』（『津田左右吉全集』第十四巻、岩波書店、一九六四年）、第四篇、第一章「論語の內容における孟子の時代より後の分子」を參照。

（3）『荀子』の欲望論を中心とする性悪説に關する拙論としては、
「『荀子』の性悪説――その本質と機能――」（上・下）（『高知大國文』第二號・第三號、高知大學國語國文學會、一九七一年八月・一九七二年八月）
「上海楚簡『孔子詩論』に現れた「豐（禮）」の問題――關雎篇評論における人間の欲望を規制するものとしての「豐（禮）」――」（『東方學』第一〇八輯、東方學會、二〇〇四年一月）
「上海楚簡『孔子詩論』中出現的〝豐（禮）〟的問題――以關雎篇中所見節制人欲的〝豐（禮）〟爲中心――」（曹峰譯、"RETHINKING CONFUCIANISM", Selected Papers from the Third International Conference on Excavated Chinese Manuscripts, Mount Holyoke College, April 2004, Edit. by WEN XING, Trinity University, San Antonio, Texas, U.S.A., 2006.
がある。

（4）『老子』における「無爲」と「無事」がほぼ同じ意味であることについては、本編、三、4「郭店楚墓竹簡『老子』の「爲」「事」に對する批判」に詳論した。

（5）『老子』を始めとする道家の「自然」の思想とその歷史的展開については、以下の拙著を參照。
『老莊思想』（前揭）、13「聖人の「無爲」と萬物の「自然」——新たな思想の展開」
《莊子》——「道」的思想及其演變』（前揭）、第Ⅲ部、第十二章「聖人之「無爲」和萬物之「自然」」
『道家思想の新研究——『莊子』を中心として』（前揭）、第12章「聖人の「無爲」と萬物の「自然」」
『道家思想的新研究——以《莊子》爲中心』下（前揭）、第十二章「聖人的〝無爲〟和萬物的〝自然〟」

（6）『老子』第四十八章の批判する學問觀が、特に儒家の學問觀を指すことについては、金谷治『老子　無知無欲のすすめ』（前揭）がすでに指摘している。

（7）馬王堆『五行』第二十二章經・說の分析の詳細については、以下の拙著を參照。
『馬王堆漢墓帛書五行篇研究』（汲古書院、一九九三年）、第二部、「第二十二章經」および「第二十二章說」
『馬王堆漢墓帛書五行研究』（王啓發譯、中國社會科學出版社、二〇〇五年）、第二部、「第二十二章經」および「第二十二章說」
また、郭店『五行』の全體について總合的に研究した論文としては、以下の拙論がある。
「郭店楚簡『五行』の研究」（池田知久監修『郭店楚簡の思想史的研究』第二卷、東京大學郭店楚簡研究會編、一九九九年十二月）
「郭店楚簡《五行》研究」（曹峰譯、『中國哲學』第二十一輯、遼寧教育出版社、二〇〇〇年一月）
「郭店楚簡『五行』研究」（曹峰譯、武漢大學『國際簡帛研討會論文集』、二〇〇〇年五月）

（8）『荀子』性惡篇の「其善者僞也」の「僞」の意味と性惡說の趣旨については、
內山俊彥『荀子』（講談社、一九九九年）、Ⅱ章、2、「性惡善僞」を參照。

（9）內山俊彥『荀子』（前揭）、Ⅰ章、2「戰國最後の儒家——荀子の生涯」を參照。

（10）本項の論述內容の詳細については、以下の拙著を參照。

『老莊思想』（前掲）、6「「萬物齊同」の哲學」
『《莊子》——「道」的思想及其演變』（前掲）、第Ⅱ部、第五章「「萬物齊同」的哲學」
『道家思想の新研究——『莊子』を中心として』（前掲）、第5章「「萬物齊同」の哲學」
『道家思想的新研究——以《莊子》爲中心』上（前掲）、第五章「〝萬物齊同〟的哲學」

（11）その詳細については、以下の二つの拙著を參照。
『道家思想の新研究——『莊子』を中心として』（前掲）、第12章、第5節、B、a「「道理」概念の形成」
『道家思想的新研究——以《莊子》爲中心』下（前掲）、第十二章、第5節、B、a「〝道理〟概念的形成」

（12）津田左右吉「儒敎の研究」三（『津田左右吉全集』第十八卷、岩波書店、一九六五年）、第四篇「「大學」の致知格物」は、
中庸篇や樂記篇は前漢の後半期もしくは末期の作であるから、かういふ見かたからは、「大學」もまた其のころのものとしなければならぬことになる。
とする。また、武內義雄『儒敎の倫理』（『武內義雄全集』第二卷「儒敎篇」一、角川書店、一九七八年）、第二章、三「大學の道」は、
結局大學は漢代の述作と見るのが事實に近いように思われる。
とする。さらにその後の研究を擧げてみると、板野長八『儒敎成立史の研究』（岩波書店、一九九五年）第六章、第三節（一）「『大學篇』作成の時期」は、基本的に武內義雄の說に贊成している。

（13）その詳細については、以下の拙著を參照。
「『老子』の二種類の「孝」と郭店楚簡『語叢』の「孝」」（郭店楚簡研究會『楚地出土資料と中國古代文化』（前掲））
「『老子』の二重の「孝」と郭店楚簡『語叢』の「孝」」（韓國文、李承律譯、『儒敎文化研究』第四輯、成均館大學校儒敎文化研究所、二〇〇二年八月）
Ikeda Tomohisa："The evolution of the concept of filial piety (*xiao*)in the *Laozi*, the *Zhuangzi*, and the Guodian bamboo text *Yucong*", Alan K. L. Chan and Sor-hoon Tan edited "Filial Piety in Chinese Thought and History", pp. 12～28,

RoutledgeCurzon, London and New York, 2004.
「《老子》的二種〝孝〞和郭店楚簡《語叢》的〝孝〞」（曹峰譯、『池田知久簡帛研究論集』、（前揭））
『道家思想の新研究――『莊子』を中心として』（前揭）、附録２「『老子』に現れる二種類の「孝」――郭店楚簡『語叢』の「孝」との關聯において」

四　郭店楚墓竹簡『老子』の「仁義」に對する批判

近年、郭店『老子』などの古い『老子』の中には、「仁義」の否定はまだ現れていなかった、もしくはその否定はまだ後世ほどには強くなかった、などと主張する新説が登場している。この新説は、丙本第十八章に、

古（故）大道發（廢）、安（焉）又（有）𢝊（仁）義。六新（親）不和、安（焉）又（有）孝孥（慈）。邦豙（家）緍（昏）〔亂〕、安（焉）又（有）正臣■。

とあるのに基づいて主張されている。そこで、丙本第十八章をやや詳細に検討する。

1．郭店楚墓竹簡『老子』丙本第十七章と丙本第十八章

以上言及したような新説を主張する學者は、中國では少なくないが、ここではただ、

丁原植『郭店竹簡老子釋析與研究』（前揭）
谷中信一「郭店楚簡『老子』及び「太一生水」から見た今本『老子』の成立」（前揭）

だけを取りあげて、兩者に對して批判的な檢討を行うことにする。

丙本第十八章を訓讀するならば、

古（故）に大道發（廢）れて、安《ここ》（焉）に悬（仁）義又（有）り。六新（親）和せずして、安《ここ》（焉）に孝孥（慈）又（有）り。邦豪（家）緍（昏）〔亂〕して、安《ここ》（焉）に正臣又（有）り■。

となる。これが大多數の日本の研究者の讀み方であり、また同時に筆者の讀み方でもある。その現代語譯を以下に示す。

こういうわけで、絶對的な道が失われたために、仁義などという高潔な倫理がもてはやされるようになった。家族の間にあった和が消えたために、孝行や慈愛などという義務が要求されるようになった。國家の秩序が〔亂れた〕ために、正義の臣下などという立派な人物が尊重されるようになったのだ■。

ところが、日本でも近年になって谷中信一は、丁原植の「安」字の解釋（後述）に從って、この部分を、

古（故）に大道發（廢）れて、安《いずく》んぞ悬（仁）義又（有）らん。六新（親）和せずして、安《いずく》んぞ孝孥（慈）又（有）らん。邦豪（家）緍（昏）□して、安《いずく》んぞ正臣又（有）らん。

と訓讀し、

大道が廢れてしまったならば、一體どこに仁義を求められよう。六親が仲睦まじくなくなってしまったならば、一體どこに孝慈を求められよう。國家が道理に暗くなってしまったならば、一體どこに正臣を求められよう。

と現代語譯した。その上で、

今本のように「大道」を高く位置づけることによって、その對極に「仁義」を置いて、これを貶めていることにはならず、あくまでも「仁義」が存在する根據として「大道」を立てていると解釋せざるを得ない。そうすると、

丙本は決して今本のようには「仁義」を根底から否定しているわけではないことがわかる。……それゆえ今本『老子』の如く「聖」「知」「仁」「義」を具體的な標的として特定したうえで否定していく態度は、郭店『老子』では未だ確立していなかったと推測される。從って、今本『老子』の如き鋭い儒家批判は、それ以後の思想界の儒道の對立の先鋭化という現實が生み出した『老子』の變容と理解されるのである。

とする解釋を提示している。(1)

丁原植と谷中信一がこの新説を唱える最大の語學的な根據は、丙本第十八章の「安」字を反語の疑問詞として「いずくんぞ」「なんぞ」と讀もうとする點にある。しかし、この「安」字は本來同一の章であった丙本第十七章にも、まったく同じ用法で登場している。それゆえ、まず、丙本第十七章と第十八章の繫がりを解明することが必要である。

(1) 郭店楚簡『老子』丙本第十七章と第十八章は一つの章である

郭店『老子』丙本第十八章は、章頭に「古（故）に」という言葉を冠して始まる。しかし、そもそも「古（故）に」で始まる文章など、古今東西、道理の上から言ってあるはずがない。その上また、丙本において第十七章と第十八章が竝んで置かれているのみならず、直前の丙本第十七章の末尾に、文章のまとまり・區切りを表示する「■」などの符號がついていないことも、この判斷の正しさを裏づける。「古（故）に」以下の丙本第十八章は、本來、丙本第十七章に直接繫がる同一の章だったのである。そして、この件――郭店『老子』丙本第十七章と第十八章が、本來一つの章であったということ――は、今日ではすでに定論となっている。(2)

馬王堆『老子』もこの點はまったく同じであって、甲本・乙本ともに第十八章の章頭に「故」という字が冠されている。したがって、馬王堆『老子』乙本の段階に至るまでの古い『老子』においては、第十七章と第十八章は一つの章として取り扱われていたのである。(3) ところが、今本（王弼本）になると、「古」あるいは「故」の字が削除されて、第十八章を第十七章から獨立した別の章として取り扱うように變わっている。我々は、こうした今本『老子』を見慣れた目をもって、本來の古い郭店『老子』・馬王堆『老子』の取り扱い方を誤らないように注意しなければならない。

さて、丙本第十七章は、

大上下智（知）又（有）之、丌（其）卽（次）新（親）譽之、丌（其）既〈卽（次）〉愳（畏）之、丌（其）卽（次）柔（侮）之。信不足、安（焉）又（有）不信。猷（猶）虐（乎）丌（其）貴（遺）言也、成事逑（遂）祉（功）、而百省（姓）曰我自肰（然）也。

であり、それを現代語譯すれば、

最善の統治者とは、人民にただその存在が知られているだけの君主。次善の統治者は、人民から親しまれ譽められる君主。その次の統治者は、人民から畏れられる君主。最惡の統治者は、人民から侮《あなど》られる君主である。統治者に十分な信實がなければ、人民の不信を買うことになる。（最善の統治者のように）ぼんやりと言葉を捨てさるならば、事業を成し遂げ功績を擧げることができるが、これを人民は、自分たちが自力で成し遂げたものだと考える。

となる。この第十七章と第十八章は、内容の上で緊密に一つに結びついた章である。すなわち、第十七章のように、「大上」の「下智（知）又（有）之」という統治者は、「猷（猶）虐（乎）丌（其）貴（遺）言也」という政治のやり方によって、「成事逑（遂）祉（功）」の成果をきちんと擧げることができていたが、それは第十八章のように、「大道」がまだ「發（廢）れて」おらず、「六新（親）」がまだ「和して」おり、「邦冢（家）」がまだ「緍（昏）〔亂〕して」いなかった社會における、理想的な政治状況であった。ところが、第十七章のように、「丌（其）卽（次）……、丌（其）

既〈即（次）〉……、丌（其）即（次）……。」という、低いレベルの統治者が次々に社會に登場するに及んで、第十八章のように、「大道」が「癹（廢）れ」、「六新（親）」が「和せず」、「邦豪（家）」が「緍（昏）〔亂〕して」、かつての理想的な政治狀況が變質してしまった。そこで現代社會にあっては、以上の缺を彌縫する必要上、第十八章のように、「𢙇（仁）義」「孝孶（慈）」「正臣」という代替物が作られて、それをもてはやすという狀況さえ出現している。以上のような趣旨である。

　とするならば、この第十七章と第十八章とは、內容上だけでなく語學上も十分整合的に解釋する必要がある。

（2）郭店楚簡『老子』丙本第十七章の「安」と第十八章の「安」

丁原植と谷中信一の新說の最大の語學的な根據が、丙本第十八章に現れる「安」字の解釋にあることは上述したとおり。しかし、この「安」字は同一の章である第十七章にも、まったく同じ用法で登場している。第十七章の、

　信不足、安（焉）又（有）不信。

は、主として最悪の統治者「丌（其）即（次）柔（侮）之」について、彼に十分な信實がなければ、人民の不信を買うことになる、というコメントをつけたものである。この「安」が、第十八章の、

　古（故）大道癹（廢）、安（焉）又（有）𢙇（仁）義。六新（親）不和、安（焉）又（有）孝孶（慈）。邦豪（家）緍（昏）〔亂〕、安（焉）又（有）正臣■。

とまったく同じ語法であることは、明らかである。

　それでは、第十七章の「安」は、「いずくんぞ」「なんぞ」という反語の疑問詞として讀むことができるであろうか。もし無理に讀むとすれば、「信足らざれば、安（焉）んぞ信ぜられざること又（有）らんや。」とでも訓讀して、もし

統治者の「信が足らなければ」、どうして人民に「信じられないことがあろうか」、すなわち、人民によく「信じられる」という意味に取る他あるまい。しかし、こうした無理な解釋を強引に施したと場合でさえも、文意を通じさせることはできないのである。

第十七章の讀み方について、谷中信一は不問に附したまま、默して何も語らないが、丁原植は以下のように解釋する。

但簡文〝安〟字、也可能表示一種疑問的語氣、意謂：〝哪裡〟。（參閱下文分析）〝信〟、此處指〝人君的誥令〟與〝下民的信服〟的關係。此句意謂：〝信〟的問題得不到充分的處置（指〝信不足〟）、哪裡還能（指〝安〟）靠著缺乏〝信〟的措施（指〝有不信〟）？

しかし、この解釋は問題の文の前半部分「信不足」の内容と、後半部分「安（焉）又（有）不信」の内容を同じである、すなわち同句反復と見る解釋であって、このようなやり方では、一文は全然意味をなさない。すなわち、第十七章の「安」を反語の疑問詞として讀む丁原植の說は、成立しようがないのである。この一文の正しい解釋は、前半の「信不足」は統治者の「信」つまり信實さ・誠實さが不十分であるならば、ということ。後半の「安（焉）又（有）不信」はその結果人民は統治者を「信」じなくなる、ということ。これ以外の解釋がありうるであろうか。(4)

次に、馬王堆『老子』第十七章・第十八章を見ると、甲本は、

信不足、案有不信。……故大道廢、案有仁義。知快出、案有大僞。六親不和、案〔有〕畜茲。邦家閪亂、案有貞臣。

に作り、乙本は、

信不足、安有不信。……故大道廢、安有仁義。知慧出、安有〔大僞〕。六親不和、安又孝茲。國家閲亂、安有貞臣。

に作る。甲本は「案」字で統一され、乙本は「安」字で統一されているが、郭店『老子』との閒に意味上の相異はまったくない。

甲本の「案」について、『馬王堆漢墓帛書』〔壹〕（文物出版社、一九八〇年）の註〔三二〕は、

案、乙本作安。通行本此處多作『信不足焉、有不信焉』。安、案與焉、音近義通、作『於是』解、或誤以焉爲句尾語詞、屬之上句、遂竝下句增一焉字。

のように、一種の接續詞であるとする。これは、王念孫『讀書雜志』餘編、上卷、「老子」、および王引之『經傳釋詞』弟二に基づく說であるが、今本・馬王堆『老子』にだけ妥當するのではなく、郭店『老子』にも妥當する、確固不動の定說であると思われる。(5)

ちなみに、郭店『老子』甲本・乙本・丙本を精査してみると、他に甲本第三十二章に「民莫之命（令）、天〈而〉自均安（焉）。」とあり、甲本第二十五章に「國中又（有）四大安（焉）、王凥（處）一安（焉）。」とあるように、三例の「安」字が現れるが、これらはいずれも句末の語氣詞「焉」の假借字であって、丁原植と谷中信一の主張するような、反語の疑問詞としての「安」「案」「焉」は一例も存在していない。

2. 郭店楚墓竹簡『老子』丙本第十八章の思想內容と逆說表現

(1) 郭店楚簡『老子』丙本第十八章の思想內容と逆說表現

さらに、思想と表現の上から丙本第十八章を考察してみると、丁原植・谷中信一の新説では二進《につち》も三進《さつち》もいかなくなる。谷中信一は、上に紹介したように、第十八章を、

古（故）に大道癹（廢）れて、安《いずく》んぞ𢚧（仁）義又（有）らん。六新（親）和せずして、安《いずく》んぞ孝孥（慈）又（有）らん。邦豪（家）緍（昏）□して、安《いずく》んぞ正臣又（有）らん。

と訓讀し、

大道が廢れてしまったならば、一體どこに仁義を求められよう。六親が仲睦まじくなってしまったならば、一體どこに孝慈を求められよう。國家が道理に暗くなってしまったならば、一體どこに正臣を求められよう。

と現代語譯していた。

このように讀むとすれば、それは、本章が、「𢚧（仁）義」「孝孥（慈）」「正臣」が「又（有）る」ことをプラス價値のものとして肯定的に評價する根據・前提として、戰國末期の當代社會において「大道が癹（廢）れず」「六新（親）が和し」「邦豪（家）緍（昏）〔亂〕していない」という現實を認めている、と見ることになるはずである。しかし、このような見方が郭店『老子』諸章の思想內容と全然一致しない、荒唐無稽な謬說であることは、改めて縷說する必要もあるまい。戰亂に明け暮れる時代を生きていると思われる老子を、一體全體、こんな呑氣な人間と畫くことがで

きるであろうか。谷中信一や楠山春樹『老子入門』（前掲）は、郭店『老子』第十八章にあるのは「特定の學派を徹底して否定しようとの」(6)儒教批判ではなくて、より廣く高い立場からの文明批判であると主張するが、こんな呑氣な文明批判などあろうはずがない。

その上、丙本第十八章をこのように讀むならば、「悬（仁）義」「孝孳（慈）」「正臣」という、一般社會ではプラス價値のものとして肯定的に評價されている諸現象に對して放った、『老子』（の至るところに見出すことができる）一流の強烈な皮肉あるいは逆說表現の風味が消えてしまう。上引の丙本第十七章に、

大上下智（知）又（有）之、亓（其）卽（次）新（親）譽之、亓（其）既〈卽（次）〉愄（畏）之、亓（其）卽（次）柔（侮）之。

とあるは、「大上下智（知）又（有）之」が『老子』を始めとする道家の掲げる「無爲」の政治を行う統治者、「亓（其）卽（次）新（親）譽之」が人民から「新（親）譽さ」れる儒家の理想とする統治者、「亓（其）既〈卽（次）〉愄（畏）之」が人民から「愄（畏）畏れ」られる法家の提唱する統治者、「亓（其）卽（次）柔（侮）之」が人民から「柔（侮）ら」れる最低ランクの凡庸な統治者、にそれぞれ相當すると見なすことができよう。「大上」の道家タイプの統治者をも含めて、以下の儒家タイプ・法家タイプ・凡庸タイプの統治者の描寫には、『老子』一流の強烈な皮肉あるいは逆說がこめられているが、丙本第十八章の丁原植・谷中信一の新說は、同一の章內にありながら、こういう風味と少しも調和しなくなってしまうのである。

（2）道家文獻に現れる『老子』第十八章と同類の思想表現

丙本第十八章の「悬（仁）義」「孝孳（慈）」「正臣」などの主に儒教倫理に對する皮肉・逆說、結局のところ批判、

またこれらと極めてよく類似する思想表現は、道家文獻に少なからず現れる。多くの場合、それらに對する批判は丙本第十八章と同様に、一種の疎外論や退歩史觀に基づいて進められている。

まず、馬王堆『老子』甲本第三十八章に、

失道而后德、失德而后仁、失仁而后義、〔失義而后禮。夫禮者、忠信之泊（薄）也〕、而亂之首也。〔前識者〕、道之華也、而愚之首也。是以大丈夫居亓（其）厚、而不居亓（其）泊（薄）。居亓（其）實、〔而〕不居亓（其）華。故去皮（彼）取此。

とある。(7) この中の「失道而后德、……而愚之首也。」の部分は、「道」が失われたためにそれに代わるものとして「德」が現れ、以下「道↓德↓仁↓義↓禮・前識」のように、疎外や歴史の退歩が進んで現代の「亂・愚」に至った、と述べている。その趣旨と表現（皮肉と逆說）は、上述の郭店『老子』丙本第十八章に極めて近い。

また、『莊子』知北遊篇に黄帝の言葉として、

黄帝曰、……故曰、失道而後德、失德而後仁、失仁而後義、失義而後禮。禮者、道之華、而亂之首也。

と見えるが、「〔前識者〕、道之華也、而愚之首也。」の一句がない點において、『莊子』知北遊篇は馬王堆『老子』甲本第三十八章よりも古樸なテキストであるらしい。

以上の馬王堆『老子』第三十八章や『莊子』知北遊篇の文章は、明らかに當代（戰國末期〜前漢初期）の儒教を批判したものである。なぜなら、これらは「仁・義・禮・前識（つまり知）」といった倫理を、道家の考える最高の價值「道・德」の疎外・退歩した形態と把え、とりわけ「禮・前識（知）」を疎外・退歩の窮極にある最低の倫理と見なすことによって、それらを痛烈に批判したものだからである。恐らくこれらは、當代の儒家の中でも「禮」や「知」を重視した荀子に對する批判であろうと思われる。それに對して、郭店『老子』丙本第十八章の儒教批判は、「悬（仁）義」「孝

孳（慈）」「正臣」への批判に止まっており、まだ荀子の「禮」「前識（知）」にまで及んでいない。それゆえ、類似する思想表現ではあっても、郭店丙本第十八章は古い原型であり、馬王堆第三十八章はその影響を受けた新しい發展型であって、であればこそ郭店『老子』に第三十八章はまだ含まれないのである。

次に、『莊子』馬蹄篇に、

夫至德之世、同與禽獸居、族與萬物竝。惡乎知君子小人哉。同乎无知、其德不離、同乎无欲、是謂素樸。素樸而民性得矣。及至聖人、蹩躠爲仁、踶跂爲義、而天下始疑矣。澶漫爲樂、摘僻爲禮、而天下始分矣。道德不廢、安取仁義。性情不離、安用禮樂。五色不亂、孰爲文采。五聲不亂、孰應六律。夫殘樸以爲器、工匠之罪也。毀道德以爲仁義、聖人之過也。

とある。これもまた儒教の唱える「仁・義・樂・禮」に對して皮肉・逆説、結局のところ批判を加えた文章であるが、「仁・義・禮・樂」を完全であった「至德」「道德」を疎外・退歩させて「爲《つく》」った粗惡品（まがい物）である、という理由でもって批判する點は、郭店丙本第十八章と共通している。しかし、批判の矛先が「仁義」だけでなく「禮樂」にまで及んでいるのは、丙本第十八章にまだなかったことであり、むしろ『莊子』知北遊篇・馬王堆甲本第三十八章に近い。それだけでなく、この文章中には「仁・義・禮・樂」が聖人の作爲したものだとする荀子思想も、明確に取りこまれて批判されている。こういうわけで、當代の有力な儒家、禮樂説・聖人作爲説を唱えた荀子を主な批判のターゲットに定めて書かれたこの文章も、やはり古い郭店丙本第十八章の影響を受けた、戰國最末期～前漢初期に成った新しい發展型であった。

さらに、前漢初期に成書された『淮南子』になると、俶眞篇に、

今夫積惠重厚、累愛襲恩、以聲華嘔符嫗掩萬民百姓、使之訢訢然、人樂其性者、仁也。擧大功、立顯名、體君臣、

正上下、明親疏、等貴賤、存危國、繼絶世、決挐治煩、興毀宗、立無後者、義也。閉九竅、藏心志、棄聰明、反無識、芒然仿佯于塵埃之外、而消搖于無事之業、含陰吐陽、而萬物和同者、德也。是故道散而爲德、德溢而爲仁義、仁義立而道德廢矣。

とあり、齊俗篇に、

率性而行謂之道、得其天性謂之德。性失然後貴仁、道失然後貴義。是故仁義立而道德遷矣、禮樂飾則純樸散矣、是非形則百姓眩〈眩〉矣、珠玉尊則天下爭矣。凡此四者、衰世之造也、末世之用也。

とあるが、これらの文章も、先行する郭店丙本第十八章や馬王堆第三十八章の影響を受けて書かれたものと考えられる。

3. 馬王堆漢墓帛書『老子』第十八章における一文の追加

(1) 馬王堆帛書『老子』第十八章における「智慧出、焉有大僞。」の追加

馬王堆『老子』甲本第十八章は、

故大道廢、案（焉）有仁義。知（智）快（慧）出、案（焉）有大僞（爲）。六親不和、案（焉）〔有〕畜（孝）茲（慈）。邦家閲（昏）亂、案（焉）有貞臣。

であり、同じく乙本第十八章は、

故大道廢、安（焉）有仁義。知（智）慧出、安（焉）有〔大僞（爲）〕。六親不和、安（焉）又（有）孝茲（慈）。

國家閟（昏）亂、安（焉）有貞臣。

である。ここでは、以下、甲本によって論ずることにする。なお、王弼本は、

大道廢、有仁義。慧智出、有大僞。六親不和、有孝慈。國家昏亂、有忠臣。

に作る。

これらの文章が上述の郭店『老子』丙本第十八章と最も異なっている點は、ここに第二文の「知（智）快（慧）出、案（焉）有大僞（爲）。」が存在していることである。この事實に基づくならば、これはもともと郭店『老子』のような古い『老子』にはなかった文であり、それ以降、馬王堆『老子』甲本・乙本の形成過程で新たに附加されたものと判斷される。なぜなら、郭店『老子』の段階ではまだ存在していない文・句が、後の馬王堆『老子』の段階になって新たに附加される例は、相當に多いからである。(8)

この一文は、一體いかなる意味であろうか。日本人學者の解釋の代表例として、諸橋轍次『掌中　老子の講義』（前揭）を見てみよう。諸橋轍次は、

ただ第二句の、「慧智出でて大僞有り」は、若干他の四句と形を異にしており、人間にさかしらな知識、利口さが出て來ると、必ずそこに大いなる僞りが生ずるとの意味である。

と解釋する。その後に世に出た、福永光司『老子』上（前揭）、金谷治『老子　無知無欲のすすめ』（前揭）、楠山春樹『老子入門』（前揭）、小川環樹『老子』（前揭）、蜂屋邦夫『老子』（前揭）、神塚淑子『『老子』――〈道〉への回歸』（前揭）も、いずれもみな同樣の解釋を繰り返している。また、中國人學者も以上に類似する解釋を述べる者が多いが、ここでは取りあげない。

しかしながら、諸橋轍次およびその後の諸家の解釋は誤りである。なぜなら、この四聯對句の第二文を、その他の

三文と同じ構造、同じ趣旨の文として讀もうとしないからである。

（2）馬王堆帛書『老子』第十八章の「智慧出、焉有大僞。」の意味

まず、「知（智）快（慧）出」は、前後の「大道廢」「六親不和」「邦家閲（昏）亂」と同様に、老子の目から見てマイナス價値の意味であるはずである。したがって、人間の古き良き「無知」あるいは人間の古き良き「素樸」さがスポイルされたために、という意味でなければならない。

次に、「案」字は、「焉」の假借字ではあるが、丁原植・谷中信一の主張するような反語の疑問詞ではなく、「於是」という意味の接續詞である（上に既述）。

最後に、「有大僞」は、前後の「有仁義」「（有）畜（孝）茲（慈）」「有貞臣」と同様に、當代社會の常識的な目から見てプラス價値の内容を有し、なおかつそれへの皮肉あるいは逆說がこめられているはずである。とすれば、この「有大僞」を「大いなる僞《いつわ》りが生ずる」と解釋した諸橋轍次などが誤っていることは、自ずから明らかではなかろうか。その「僞」という言葉は、「いつわり」というマイナス價値の意味と把えることはできず、世間の常識的な目から見てプラス價値の意味と把えるべきである。それゆえ、「僞」は、文字としては「爲」の假借字あるいは異體字と取るのがよい。そして、「大僞」は、大いなる人爲・作爲つまり人間の偉大な努力という意味であり、「仁義」「畜（孝）茲（慈）」「貞臣」と列んで主に當代の儒家が唱えていた倫理の一つとして、世間の常識的な目からプラス價値の評價を受けていたものと考えなければならない。

結局のところ、第二文「知（智）快（慧）出、案（焉）有大僞（爲）。」の大意は、

本來の無知・素樸のよさが忘れられて智慧などといった小賢しいものが登場したために、大いなる人爲（人間の偉

大なる努力）などといった立派な倫理がもてはやされるようになった。

ということになる。

ちなみに、木村英一・野村茂夫『老子』（前掲）は、この部分を、

智慧がはびこる結果、廣く作爲が行われる。

と現代語譯した上で、

荀子に「人之性惡、其善者僞也」とあるように、「大僞」は「禮」を意識したものか。

と注釋する。筆者はこれを基本的に正しい解釋と認める者であるが、「大僞」が「禮」だけを指すとする理解は、やや窮屈ではなかろうか。

（3）馬王堆帛書『老子』第十八章と荀子の作爲思想

このように見てくると、「知（智）快（慧）出」は、上述したような、郭店『老子』中に含まれる「𣉻（智）」に對する批判、あるいは「無𣉻（智）」の提唱、と軌を一にする思想であることに氣づく。馬王堆『老子』において第十八章にこの句が書きこまれた時、『老子』の「𣉻（智）」批判、「無𣉻（智）」の提唱は、すでに世間に廣く浸透してよく知られるようになっていたにちがいない。

また、「大僞（爲）」については、それが「仁義」「畜（孝）茲（慈）」「貞臣」と竝んで主に儒家が唱えていた倫理として、世間的常識からプラス價値の評價を受けるものであったとすれば、それは荀子の人爲・作爲を勸める思想に對する、皮肉あるいは逆說と認める他はあるまい。

『老子』とほぼ同時代の儒家荀子が、性惡說という人間理解に立脚しつつ、その「性惡」を矯正するために種々様々

の人爲・作爲の必要性を強調したことは、周知のとおりである。そうした意味の人爲・作爲を、『荀子』では、「爲」という字を用いて表現する場合も勿論少なくない。その例は、上文で引用したように、勸學篇に、

學惡乎始、惡乎終。……故學數有終、若其義則不可須臾舍也。爲之人也、舍之禽獸也。

とあり、脩身篇に、

故蹞步而不休、跛鼈千里。累土而不輟、丘山崇成。……一進一退、一左一右、六驥不致。彼人之才性之相縣也、豈若跛鼈之與六驥足哉。然而跛鼈致之、六驥不致、是無他故焉、或爲之或不爲爾。道雖邇、不行不至、事雖小、不爲不成。

とある。しかし、また「僞」という字を用いて表現する場合もある。例えば、上引のように、性惡篇に、

人之性惡、其善者僞也。……然則從人之性、順人之情、必出於爭奪、合於犯分亂理而歸於暴。故必將有師法之化、禮義之道、然後出於辭讓、合於文理、而歸於治。用此觀之、然則人之性惡明矣、其善者僞也。

とあり、正名篇に、

散名之在人者、生之所以然者、謂之性。性之和所生、精合感應、不事而自然、謂之性。性之好惡喜怒哀樂、謂之情。情然而心爲之擇、謂之慮。心慮而能爲之動、謂之僞。慮積焉能習焉而後成、謂之僞。……是散名之在人者也、是後王之成名也。

とある。

したがって、この一文「知（智）快（慧）出、案（焉）有大僞（爲）。」の含まれない郭店『老子』丙本第十八章の成書は、荀子の作爲思想がぼつぼつ世に知られ、かつ注目されるようになってはいるものの、まだ『老子』がその影響を受けるに至る以前の時代にあった。それに對して、一文の含まれる馬王堆『老子』第十八章の成書は、荀子の作

爲思想が十分に世に知られるようになって、すでに『老子』がその影響を受けるに至っただけでなく、『老子』自らもその「爲」への批判と「無爲」の提唱の立場から、強烈な皮肉・逆説を加えざるをえない狀況になった時代にあった、と考えられる。

ちなみに、『老子』の儒教批判の中で、先にある郭店『老子』段階ではあまり明確に言われていなかった荀子への批判が、後に來る馬王堆『老子』段階では明確な荀子の「禮・前識（つまり知）」への批判となる例があることについては、すでに上に指摘したとおりである。(9)

注

（1）谷中信一「郭店楚簡『老子』及び「太一生水」から見た今本『老子』の成立」（前揭）、第一部、第二章、（4）「郭店老子には「仁・義・聖・智」に對する極端なまでの否定的態度が見られない」を參照。

（2）丁四新『郭店楚竹書《老子》校注』（武漢大學出版社、二〇一〇年）、楚竹書老子丙編、一章「太上下知有之」を參照。

（3）『老子』第十七章と第十八章が本來分けることのできない、一緖に取り扱われるべき章であるとする見解は、馬王堆『老子』の研究を通じて約二十年前から、ほぼ定說になっていた。この問題については、例えば、

　吳福相『帛書老子校釋』（中國文化學院中國文學研究所碩士論文、一九七九年）、「十八章」

　拙著『老子』（前揭）、老子（甲本）、道經、「第十八章」

を參照。郭店『老子』丙本の出現は再びそれを證明したのである。

（4）丁四新『郭店楚竹書《老子》校注』（前揭）、楚竹書老子丙編、一章「太上下知有之」を參照。

（5）高明『帛書老子校注』（中華書局、一九九六年）、道經校注、「十七」も、これと同じ見解を詳しく述べている。

（6）これは、谷中信一「郭店楚簡『老子』及び「太一生水」から見た今本『老子』の成立」（前揭）、第一部、第二章、（4）「郭店老子には「仁・義・聖・智」に對する極端なまでの否定的態度が見られない」の言葉である。

（7）乙本第三十八章も基本的にこれと同じ文章である。馬王堆『老子』甲本第三十八章の分析の詳細については、以下の拙著を參照。

『老子』（前掲）、老子（甲本）、德經、「第三十八章」

なお、『老子』第三十八章の文章は、馬王堆甲本・乙本が最も優れており、王弼本（道藏本）などの今本には多くの混亂がある。

（8）その詳細については、本書、第六編「郭店楚墓竹簡『老子』諸章の上段・中段・下段――『老子』のテキスト形成史の中で」を參照。

（9）本編の四、2、（2）「道家文獻に現れる『老子』第十八章と同類の思想表現」を參照。

五　終わりに

本編では、郭店『老子』中の儒敎批判をいくつかの側面に卽して、具體的に檢討してきた。――「聖人」「君子」に對する批判、「不知足」に對する批判、「學」に對する批判、「爲」「事」に對する批判、「善」「美」に對する批判、『禮記』大學篇「八條目」に對する批判、「孝慈」に對する批判であり、そして「仁義」に對する批判である。

檢討を進める過程で、一つ一つの側面において、郭店『老子』が明確に儒敎批判を行っていることを確認してきた。最古の『老子』である郭店『老子』に、儒敎批判が含まれていない、もしくは含まれてはいるがまだ強烈ではないとする、近年登場した新説は、根本的な誤りを犯しており、成立する餘地がないものであったのである。

附編　郭店楚墓竹簡『老子』著書目錄

この目錄は、郭店楚墓竹簡『老子』について論じた論文集、著書を集めたものである。單發の論文、雜誌・新聞記事・會報、學會發表などは一切割愛した。それらを「論文集の部」「著書の部」に分けて、刊行年月の古いものから新しいものへと、順次竝べている。

目錄の作成は、前著『郭店楚簡老子研究』の「郭店楚墓竹簡關係論著目錄」をいくらかは參考にした。しかし、その「目錄」は一九九九年までのものでしかなく、その後、約十年間に發表・公刊されたおびただしい關係論著をカヴァーしていない。そこで本來であれば、その「目錄」を增補する形で、近十年間の論著を加えた新「目錄」を作成すべきであるかもしれない。その上で、「論文集の部」「著書の部」は言うに及ばず、前著のやり方に倣って「論文の部」「雜誌・新聞記事・會報の部」「學會發表の部」を設けるだけでなく、最近發展の著しい「インターネット掲載論文の部」を新設すべきである、と思われる。しかし、殘念ながら今の筆者には、それだけの時間的勞力的な余裕がない。それゆえ、本編では、前著の一九九九年までの「論文の部」「雜誌・新聞記事・會報の部」「學會發表の部」の目錄も、割愛せざるをえなかった。

ここでは、筆者が二〇一〇年六月ぐらいまでに備忘錄として作っておいたものに、若干の整理を加えて本書に「附編」として收錄した。郭店『老子』の著書目錄としても完備したものではなく、遺漏が少なくないことを恐れるが、讀者におかれてはこれを諒とされて、自ら補足・修正版を作成していただければ幸いである。

一　論文集の部

朱伯崑『國際易學研究』第四輯（華夏出版社、一九九八年五月）
國際儒學聯合會聯絡工作委員會『國際儒學聯合會簡報』（國際儒學聯合會祕書處、一九九八年第二期（總第十四期）、一九九八年六月）
中國社會科學院簡帛研究中心『簡帛研究』第三輯（廣西教育出版社、一九九八年十二月）
編輯委員會『張以仁先生七秩壽慶論文集』（上册・下册、臺灣學生書局、一九九九年一月）
《中國哲學》編輯部・國際儒學聯合會學術委員會『郭店楚簡研究』（『中國哲學』第二十輯、遼寧教育出版社、一九九九年一月）
中國出土資料學會『中國出土資料研究』第三號（「小特集：郭店楚簡」、一九九九年三月）
陳福濱『本世紀出土思想文獻與中國古典哲學研究論文集（上）（下）』（輔仁大學出版社、一九九九年四月）
『道家文化研究』第十七輯（『郭店楚簡專號』、三聯書店、一九九九年八月）
『郭店楚簡國際學術研討會論文匯編』第一册・第二册（北京大學、一九九九年十月）
《中國哲學》編輯部・國際儒學聯合會學術委員會『郭店簡與儒學研究』（『中國哲學』第二十一輯、遼寧教育出版社、二〇〇〇年一月）
武漢大學中國文化研究院『郭店楚簡國際學術研討會論文集』（湖北人民出版社、二〇〇〇年五月）
李學勤・謝桂華『簡帛研究二〇〇一』（上册、中國社會科學院簡帛研究中心、廣西師範大學出版社、二〇〇一年九月）
郭店楚簡研究會『楚地出土資料と中國古代文化』（汲古書院、二〇〇二年）
艾蘭・魏克彬・邢文『郭店老子　東西方學者的對話』（學苑出版社、二〇〇二年）
大阪大學中國學會『新出土資料と中國思想史』（『中國研究集刊』第三十三號別册、大阪大學中國哲學研究室、二〇〇三年六月）
郭店楚簡研究（國際）中心『古墓新知』（國際炎黃文化出版社、二〇〇三年）
馮天瑜『人文論叢』二〇〇二年卷（武漢大學出版社、二〇〇三年十一月）

艾蘭・邢文『新出簡帛研究』（『新出簡帛國際學術研討會論文集　２０００年８月・北京』、文物出版社、二〇〇四年十二月）
『華學』第七輯（中山大學出版社、二〇〇四年十二月）
楊昶・陳蔚松他『出土文獻探賾』（崇文書局、二〇〇五年）
李學勤・謝桂華『簡帛研究二〇〇二・二〇〇三』（上册、中國社會科學院簡帛研究中心、廣西師範大學出版社、二〇〇五年六月）
邢文『郭店老子與太一生水』（學苑出版社、二〇〇五年）
丁四新『楚地簡帛思想研究（三）』（湖北教育出版社、二〇〇七年四月）
陳偉『楚地出土戰國簡册〔十四種〕』（經濟科學出版社、二〇〇九年）

二　著書の部

荊門市博物館『郭店楚墓竹簡』（文物出版社、一九九八年）
『上海博物館中國歷代書法館　Shanghai Museum Chinese Calligraphy Gallery』
丁原植『郭店竹簡老子釋析與研究』（萬卷樓圖書有限公司、一九九八年）
崔仁義『荊門郭店楚簡《老子》研究』（科學出版社、一九九八年）
吉田篤志『一九九八年度研究報告書１　郭店竹簡『老子』・馬王堆帛書『老子』・王弼注『老子』對照文』（大東文化大學人文科學研究所、一九九九年三月）
高定彝『老子道德經研究』（北京廣播學院出版社、一九九九年）
張光裕・袁國華『郭店楚簡研究』第一卷文字編（藝文印書館、一九九九年）
劉信芳『荊門郭店竹簡老子解詁』（藝文印書館、一九九九年）
魏啓鵬『楚簡《老子》柬釋』（萬卷樓圖書有限公司、一九九九年）

侯才『郭店楚墓竹簡《老子》校讀』（大連出版社、一九九九年）
池田知久『郭店楚簡老子研究』（東京大學文學部中國思想文化學研究室、一九九九年）
Robert G. Henricks, *Lao Tzu's Tao Te Ching*: A Translation of the Startling New Documents Found at Guodian, Columbia University Press, New York, 2000.（二〇〇〇年）
Sarah Allan and Crispin Williams(edit.), *The Guodian Laozi* : Proceedings of the International Conference, Dartmouth College, May 1998, The Society for the Study of Early China and the Institute of East Asian Studies, University of California, Berkeley, 2000.（二〇〇〇年）
彭浩『郭店楚簡《老子》校讀』（湖北人民出版社、二〇〇〇年）
張守中・張小滄・郝建文『郭店楚簡文字編』（文物出版社、二〇〇〇年）
鄒安華『楚簡與帛書老子』（民族出版社、二〇〇〇年）
丁四新『郭店楚墓竹簡思想研究』（東方出版社、二〇〇〇年）
郭沂『郭店竹簡與先秦學術思想』（上海教育出版社、二〇〇一年）
尹振環『楚簡老子辨析』（中華書局、二〇〇一年）
李零『郭店楚簡校讀記』（增訂本、北京大學出版社、二〇〇二年）
韓祿伯『簡帛老子研究』（邢文改編、余瑾譯、學苑出版社、二〇〇二年）
楠山春樹『老子の人と思想』（汲古書院、二〇〇二年）
楠山春樹『老子入門』（講談社、二〇〇二年）
陳偉『郭店竹書別釋』（湖北教育出版社、二〇〇二年）
丁四新『楚地出土簡帛文化思想研究（一）』（湖北教育出版社、二〇〇二年）
廖名春『郭店楚簡老子校釋』（清華大學出版社、二〇〇三年）
劉釗『郭店楚簡校釋』（福建人民出版社、二〇〇三年）

聶中慶『郭店楚簡《老子》研究』（中華書局、二〇〇四年）
李若暉『郭店竹書老子論考』（齊魯書社、二〇〇四年）
廖名春『出土簡帛叢考』（湖北教育出版社、二〇〇四年）
鄭剛『楚簡道家文獻辨證』（汕頭大學出版社、二〇〇四年）
裘錫圭『中國出土古文獻十講』（復旦大學出版社、二〇〇四年）
淺野裕一『戰國楚簡研究』（萬卷樓圖書股份公司、二〇〇四年）
鄧各泉『郭店楚簡《老子》釋讀』（湖南人民出版社、二〇〇五年）
陳錫勇『郭店楚簡老子論證』（里仁書局、二〇〇五年）
劉笑敢『老子古今――五種對勘與析評引論』上卷（中國社會科學出版社、二〇〇六年）
張松輝『老子研究』（人民出版社、二〇〇六年）
池田知久『池田知久簡帛研究論集』（曹峰譯、中華書局、二〇〇六年）
鄧立光『老子新詮――無爲之治及其形上理則』（上海古籍出版社、二〇〇七年）
蜂屋邦夫『老子』（岩波書店、二〇〇八年）
神塚淑子『『老子』――〈道〉への回歸』（岩波書店、二〇〇九年）
譚寶剛『老子及其遺著研究――關於戰國楚簡《老子》、《太一生水》、《恆先》的考察』（巴蜀書社、二〇〇九年）
丁四新『郭店楚竹書《老子》校注』（武漢大學出版社、二〇一〇年）
劉晗『《老子》文本與道儒關係演變研究』（人民出版社、二〇一〇年）

後書き

本書は、郭店楚墓竹簡『老子』という重要な新出資料についての、ささやかな研究成果である。本書の內容が關心を有する研究者によって檢討され、國內外の諸分野の研究の進展に多少なりとも貢獻することができるならば、筆者の喜びはこれに勝るものはない。

本書の刊行は、日本學術振興會の平成二十三年度科學研究費補助金（研究成果公開促進費）によっている。ここに記して關係各位に厚くお禮申し上げる。また、本書の出版を快く引き受けて下さった汲古書院の石坂叡志社長に深甚なる謝意を表すとともに、本書を擔當された同社の柴田聰子氏に厚くお禮申し上げる。そして、最後に、索引作りを手傳ってくれた大東文化大學の田中良明氏にもお禮申し上げたいと思う。

二〇一一年四月十四日

東京練馬の寓居において

池田知久

著者紹介

池田　知久（いけだ・ともひさ）

1942年　朝鮮に生まれる　本籍は東京都
1965年　東京大學文學部卒業
現　在　大東文化大學文學部中國學科教授
專　攻　中國思想史

〔主要著書〕

『莊子』上・下（學習研究社、1983年・1986年）
『淮南子』（講談社、1989年）
『馬王堆漢墓帛書五行篇研究』（汲古書院、1993年）
『老莊思想』（放送大學教育振興會、1996年）
『郭店楚簡老子研究』（東京大學中國思想文化學研究室、1999年）
『池田知久簡帛研究論集』（中華書局、2006年）
馬王堆出土文獻譯註叢書『老子』（東方書店、2006年）
共著『中國思想史』（東京大學出版會、2007年）
『道家思想の新研究』（汲古書院、2009年）

郭店楚簡老子の新研究

平成二十三年八月一日　發行

著　者　池　田　知　久
發行者　石　坂　叡　志
整版印刷　中台整版
日本フィニッシュ
モリモト印刷

發行所　汲　古　書　院
〒102-0072　東京都千代田區飯田橋二―五―四
電　話〇三（三二六五）九七六四
FAX〇三（三二二二）一八四五

ISBN978-4-7629-2898-7　C3010

索　　引

書名索引

凡例

一、基本的に書名の索引であり、その下位の篇名・章名などは採らない。

一、『老子』については、書名ではなく章名（第一章・第二章など）を掲げる。ただし、郭店楚簡『老子』甲本・乙本・丙本、馬王堆帛書『老子』甲本・乙本、今本（王弼本）などのテキストの相異は區別しない。

一、今本『老子』の諸テキストについては、基本的にこれを掲げない。

一、『老子』および他の諸古典の注釋（「王弼注」「鄭玄注」など）は、書名としては採らない。

一、本文中に二字下げで引用した文章中の書名は、本索引の對象としない。

一、本文中に二字下げで掲示した論著は、これを採らない。

一、本書の第二編～第四編の「注」については、他編の本文と同様に扱う。ただし、第二編～第四編以外の諸編の「注」の文章は、本索引の對象としない。

一、本書の「目次」「凡例」「附編」「後書き」の文章は、本索引の對象としない。

あ行

か行

さ行

た行

な行

は行

ま行

ら行

人名索引

凡例

一、基本的に人名の索引であり、團體名・組織名などは採らない。(「荀子學派」「莊子學派」は、「荀子」「莊子」として揭げるが、「儒家」「道家」などは揭げない。また、「黄老」「老莊」などの概念的學派名に含まれる人名も、これを揭げない。)

一、『老子』および他の諸古典の書名(「玄宗本」など)に含まれる人名は、これを揭げない。

一、『老子』および他の諸古典の注釋書名(「王弼注」「段玉裁注」など)に含まれる人名や、篇名・章名(「老子列傳」など)に含まれる人名は、これを揭げない。

一、時代を示す言葉(「僖公十六年」「文帝期」など)に含まれる人名は、これを揭げない。

一、本文中に二字下げで引用した文章中の人名は、本索引の對象としない。

一、本文中に二字下げで揭示した論著の著者名は、これを採らない。

一、本書の第二編～第四編の「注」については、他編の本文と同様に扱う。ただし、第二編～第四編以外の諸編の「注」の文章は、本索引の對象としない。

一、本書の「目次」「凡例」「附編」「後書き」の文章は、本索引の對象としない。

ま行

や行

ら行